Adèle et Amélie

Du même auteur aux Éditions LOGIQUES

Marie Mousseau 1937-1957, roman
1997

Un purgatoire, roman,
1996

Les bouquets de noces, roman,
1995

Les parapluies du diable, récit autobiographique,
1993

Denis Monette

Adèle et Amélie

ROMAN

Les Éditions
LOGIQUES

LOGIQUES est une maison d'édition reconnue par les organismes d'État responsables de la culture et des communications.

Nous remercions le Conseil des Arts du Canada, le ministère du Patrimoine canadien et la Société de développement des entreprises culturelles pour leur appui à notre programme de publication.

Révision linguistique: Claire Morasse, Nathalie Prince
Mise en pages: Mario Labelle
Graphisme de la couverture: Christian Campana
Photo de l'auteur: Guy Beaupré

Distribution au Canada:
Logidisque inc., 1225, rue de Condé, Montréal (Québec) H3K 2E4
Téléphone: (514) 933-2225 • Télécopieur: (514) 933-2182

Distribution en France:
Librairie du Québec, 30, rue Gay-Lussac, 75005 Paris
Téléphone: (33) 1 43 54 49 02 • Télécopieur: (33) 1 43 54 39 15

Distribution en Belgique:
Diffusion Vander, avenue des Volontaires, 321, 13-1150 Bruxelles
Téléphone: (32-2) 762-9804 • Télécopieur: (32-2) 762-0662

Distribution en Suisse:
Diffusion Transat s.a., route des Jeunes, 4 ter C.P. 125, 1211 Genève 26
Téléphone: (022) 342-7740 • Télécopieur: (022) 343-4646

Les Éditions LOGIQUES
1247, rue de Condé, Montréal (Québec) H3K 2E4
Téléphone: (514) 933-2225 • Télécopieur: (514) 933-3949
Site Web: http://www.logique.com

Les Éditions LOGIQUES / Bureau de Paris
Téléphone: (33) 1 42 84 14 52 • Télécopieur: (33) 1 45 48 80 16

Adèle et Amélie

© Les Éditions LOGIQUES inc., 1997 (pour la seconde édition)
Dépôt légal: Troisième trimestre 1997
Bibliothèque nationale du Québec
Bibliothèque nationale du Canada

ISBN 2-89381-490-5
LX-604

À ma petite-fille Corinne,
qui a vu le jour lorsque
j'en étais à tracer... les premières lignes

Chapitre 1

L'infirmière entrouvrit tout doucement le tiroir de la petite commode et Adèle s'emporta. «Ne touchez pas à mes choses!» Puis, s'approchant elle-même de ce coffret aux souvenirs, elle déplia d'une main tremblante une coupure jaunie sur laquelle on pouvait lire: «On ne vieillit, au fond, que pour perdre... jusqu'au jour où l'on est emporté soi-même au cimetière.» Citation signée Clara Schumann. Ah! cette chère Clara Wieck, qui avait eu l'insigne honneur d'avoir été l'épouse de Robert Schumann! L'homme qui, avec sa dive musique, avait ébloui les nuits d'Adèle. Comme elle l'avait aimé jadis, ce Schumann, et comme elle avait pleuré de n'avoir pu partager son siècle! De l'*Allegro* opus 92 à la *Toccata* opus 7, elle avait adulé l'œuvre de Schumann sans dédaigner pour autant «son petit Chopin», comme elle l'appelait affectueusement, tout en tolérant Beethoven qu'elle trouvait rustre. Mais ce Robert Schumann, dont elle avait conservé le buste fort longtemps, Adèle l'aurait aimé jusque dans la démence qui l'emporta prématurément. «Pourquoi ne suis-je pas née plus tôt?» disait-elle dans sa jeunesse à des amies. Elle en voulait même à Clara d'avoir pu, elle, partager sa musique et son lit. Elle l'aurait étreint sur sa poitrine, aurait tenu son lutrin bien en place. Schumann avait été, pour Adèle, l'homme de sa vie. Celui qu'elle seule aurait compris si Dieu lui avait prêté vie au siècle du romantisme.

Tout au fond du tiroir, une photo d'un homme aux cheveux blancs, son père qu'elle aimait tant. Cet homme qui lui avait donné la vie pour ensuite la marquer. Ce père à qui elle ressemblait et duquel elle aurait voulu tout posséder, même son talent de peintre en bâtiment. Ce vieillard qu'elle avait finalement servi et qui avait jeté son dévolu sur la douce Amélie. Oui, ce père qu'elle avait aimé par crainte de le haïr et qui reposait depuis belle lurette au cimetière, dans une tombe voisine de celle de sa mère. Poussant une main tremblante, Adèle atteignit une liasse de papiers ficelée par un ruban de dentelle. Précieux poèmes que ceux d'Anna de Noailles, dont elle avait lu l'œuvre entière. Ses yeux ne discernaient plus que quelques rimes, mais n'avait-elle pas encore au fond du cœur l'essence funèbre des vers les plus noirs de la célèbre poétesse? De ce petit cylindre froissé s'échappa une mèche de cheveux blonds. Adèle la glissa entre ses doigts et une larme s'évada de sa paupière. Non, elle ne se souvenait plus à qui elle avait appartenu, mais son âme s'émouvait encore même si la tête ne savait plus pourquoi. Amélie aurait certes pu lui dire que c'était là une boucle de celui qu'elle appelait «son petit Jacquot» quand la cadette le passait à l'aînée pour le bercer. Ce cher petit garçon prénommé Jacques et qu'Amélie avait eu bien du mal à garder à cause des cris éhontés de sa sœur. Oui, Amélie aurait pu le lui dire. Mais, plus confuse qu'Adèle, il lui arrivait de regarder la mèche et de se demander s'il ne s'agissait pas de quelques cheveux de sa première poupée.

Sous une boîte de menthes, une lettre. Une douce missive écrite à Cosima Wagner en 1924 et qui lui était revenue avec la mention «adresse inconnue». Oui, elle avait jadis clamé son admiration à la femme de Richard Wagner, heureuse de respirer en même temps qu'elle. Elle lui avait souligné son enthousiasme pour son père Franz Liszt, et l'avait priée de lui faire parvenir, ne serait-ce qu'une feuille de musique, un signet, une photo, un mot. Cosima ne reçut jamais l'émouvante complainte et la pauvre Adèle, à l'aube de ses vingt ans, en avait pleuré de douleur. «Non, vraiment (s'était-elle alors écriée), je ne suis pas née pour me nourrir du passé même sur les séquelles du présent!» Mais elle avait toujours conservé cette lettre, se contentant parfois de la lire à haute voix, penchée sur un portrait de Liszt dissimulé entre les pages d'un dictionnaire.

Après avoir replacé quelques objets épars dont une brosse à cheveux, un carnet d'adresses de gens disparus, une paire de boucles d'oreilles serties d'émeraudes et de larmes de cristal, un flacon vide d'un parfum importé de Paris, Adèle referma le tiroir, jeta un œil en direction de l'autre lit où était allongée sa sœur et cria à pleins poumons: «Garde, garde… Amélie m'a volé ma catin!»

L'infirmière, qui n'était qu'à quelques pas, somma Adèle de se taire.

— Non, Adèle, lui dit-elle, Amélie n'a pas volé ta catin. Elle est à elle et non à toi. Et pourquoi dis-tu encore catin quand je t'ai répété cent fois que, de nos jours, on appelait ça une poupée? Tu as la tête dure, à ce que je vois. Surtout, ne crie plus comme ça, sinon je vais te punir encore une fois. Tiens! récite ton chapelet en silence, ça te permettra de méditer sur ta désobéissance.

— Mais, garde…

— Pas un mot de plus, Adèle, sinon tu es en pénitence. Regarde comme Amélie est gentille, elle. Toi, tu n'es pas du monde. Tu n'es pas endurable!

Dans le lit voisin, Amélie serrait contre elle une poupée chauve que sa sœur tentait de lui ravir constamment. Amélie, voyant que la pauvre Adèle avait les yeux baissés vers le plancher, regarda sa sœur d'un air attendri et lui murmura: «Je te le prêterais bien, mon bébé, mais la dernière fois, tu l'as fait pleurer.»

Adèle prit son chapelet entre ses doigts, l'égrena avec rage et, profitant du départ de l'infirmière, regarda sa sœur pour la darder d'une horrible grimace.

Amélie jeta un œil par la fenêtre, distraite par le vent glacial qui la secouait. Elle s'emmitoufla dans sa couverture de laine et se laissa tomber sur l'oreiller pendant que ce 5 février 1989 tentait en vain de lui rappeler que l'hiver était dans sa pleine rigueur. C'était la fête de sainte Agathe, vierge et martyre, mais les deux femmes avaient depuis longtemps oublié les pieux rappels du calendrier.

Ces «petites filles», comme les infirmières les appelaient, allaient avoir quatre-vingt-cinq et quatre-vingt-quatre ans au cours de l'année si Dieu voulait bien les prolonger. Adèle avait été toute sa vie un éminent professeur dans des écoles privées tandis qu'Amélie avait à son actif plusieurs trophées à titre de musicienne. Jadis respectées, vouées à tous les égards et révérences, voilà que maintenant on les tutoyait sans manières. Dans cette Résidence des lilas où s'achevait leur vie, on les considérait non pas comme les doyennes d'une société, mais comme les «p'tites vieilles» de la place. Ce «tu» si dur à l'oreille face aux cheveux blancs des sœurs Berthier était coutumier, même de la part des jeunes de vingt ans. Les nobles demoiselles, de leur côté, dispersaient des «vous» de part et d'autre à ces écervelées qui n'avaient pas compris que le respect devait survivre au trépas de la raison. Adèle et Amélie, quoique séniles, n'étaient pas folles. Cerveau quelque peu flétri, mémoire endolorie, souvenances perturbées, elles n'en avaient pas moins conservé cette dignité qui leur avait été mandat d'honneur. Elles redescendaient tout doucement le parcours parfois ardu de leur noble ascension. Elles en étaient à l'âge de leurs premières années, sans doute les plus belles, et dans ce petit hôpital, au bord de la rivière, on oubliait qu'elles avaient été de celles devant qui, jadis, l'on se prosternait. Cette grossière familiarité se voulait maintenant le lot des deux infortunées. Les deux patientes n'en faisaient aucun cas, mais l'ouïe des visiteurs était souvent choquée. Mais qui donc aurait osé leur dire qu'on ne devait pas traiter ces vieillardes comme des enfants? Qui donc aurait pu leur raconter le merveilleux périple de ces deux sœurs si respectables? Cherchait-on seulement à savoir ce qu'avait été leur vie? Bien sûr que non! Pas en une fin de siècle où les deniers l'emportent sur les vocations. Pas en un temps où les soins essentiels font fi des sentiments. Une ancienne élève d'Adèle avait tenté un jour de rappeler une jeune infirmière à l'ordre.

— Vous devriez avoir honte de tutoyer une si grande dame.

L'autre était partie en haussant les épaules après avoir expliqué très poliment que ça ne regardait qu'elle. La visiteuse ne sut jamais cependant que la petite garde avait lancé à une compagne:

— De quoi a s'mêle, la grosse!

Quinze heures trente, le même après-midi. Adèle se tient contre la porte de la chambre et soudainement elle s'écrie: «Amélie, Amélie, viens vite, c'est papa qui arrive!»

Effectivement, un gros monsieur bonasse aux cheveux blancs s'avance dans le petit corridor, un bouquet de roses blanches à la main.

— Il nous apporte des fleurs, Amélie. Non, ce n'est pas pour toi, juste pour moi, n'est-ce pas, papa?

Le gros monsieur s'arrête devant la petite dame en jaquette rose et lui sourit tout en lui disant:

— Bonjour, mademoiselle Adèle. Mais non, je ne suis pas votre papa. Vous vous rappelez? Je suis le mari de madame Eugénie.

Adèle le retient par le bras, tente de lui ravir quelques tiges, et le brave homme la reconduit, comme chaque jour, à son fauteuil non sans lui avoir offert une fleur de son bouquet. De là, tout doucement, il regagne la chambre de sa chère Eugénie. Amélie, pour sa part, ne prenait jamais garde à ce visiteur et quand Adèle pleurait, faute de n'avoir pu serrer son père contre elle, c'est elle qui la consolait.

— Il va revenir demain, Adèle. Il a dû travailler très fort aujourd'hui. Laisse-le donc se reposer un peu.

Petites de taille, minces comme un fil, Adèle et Amélie avaient conservé une longue crinière blanche qu'elles brossaient chaque matin avant d'y nouer une tresse qui leur pendait jusqu'aux fesses. On aurait pu jurer qu'elles étaient jumelles. Encore belles, les traits fins et délicats, elles étaient gracieuses et avaient gardé un certain souci de leur apparence. Amélie avait certes le regard plus tendre, le geste plus délicat, mais Adèle avait conservé cet air hautain, cette poigne de fer, cette assurance qui avaient toujours fait d'elle la femme forte des années prospères. Peu flétries par le fardeau des ans, elles avaient tenu le coup dans la maison paternelle jusqu'au jour où la société décida qu'elles en étaient au déclin de leurs capacités. Adèle, souffrant d'angine et d'arthrite, échappait les casseroles et sa mémoire chancelait de plus en plus. Amélie, sénile à souhait, perdait graduellement l'usage de la vue et ne se souciait de rien. On avait dû vendre pour elles maison, meubles, bibelots et, peine atroce, le piano de la douce Amélie. Valises à la main, une ou deux robes, quelques souvenirs, et les sœurs Berthier avaient emprunté le chemin de leur dernier espoir. Cinq années écoulées depuis leur arrivée. Cinq années à dépérir, à descendre le courant, à perdre peu à peu la notion du temps et à subir la détérioration cérébrale des femmes de tête qu'elles étaient. De la fenêtre de cette chambre, où elles étaient confinées à deux, c'était vue sur la rivière. Des arbres morts, des lilas recouverts de frimas, un ciel gris, quelques étoiles dispersées la nuit... et l'infini. La vie s'était arrêtée sur un hier qu'elles tentaient en vain de régénérer.

— Garde, garde, Amélie veut fumer!

La jeune infirmière accourut à grands pas et enleva la cigarette des mains de l'octogénaire.

— Où as-tu pris ça, Amélie? Qui te l'a donnée? Tu as, en plus, des allumettes? Dis-moi qui t'a donné tout ça.

Amélie baissa la tête et répondit timidement:

— Mon cavalier.

— Ce n'est pas vrai. Elle n'a pas de cavalier. Papa ne veut pas!

Garde Dubé, qui avait plus d'affection pour Amélie que pour Adèle, fit taire cette dernière. D'une main gentille, avec un tantinet de tendresse, elle essuya une larme sur la joue de la vieille et lui murmura doucement:

— Amélie, tu ne dois plus jamais fumer. Tu sais bien que le docteur te l'a interdit. Allons, sois sage et berce ta poupée.

— Et vous ne la punissez même pas? d'interroger Adèle.

Garde Dubé sortit de la chambre sans répondre. Adèle, estomaquée, regarda sa sœur d'un air haineux et lui débita:

— Attends que je le dise à papa. Il sera bien fâché contre toi et c'est moi qui aurai la catin. Attends qu'il arrive, tu vas voir. Tu as un cavalier, hein? Attends, petite dévergondée.

Amélie lui tourna le dos, serra sa poupée entre ses bras et lui chuchota:

— Ne l'écoute pas, elle est méchante. Tu resteras avec moi.

Perdue dans ses plus douces nostalgies, Amélie s'endormit avec «son petit» entre les bras. Adèle s'allongea sur son lit et, regardant sa sœur, l'apostropha en ces termes:

— Tu boudes encore? Tu ne me parles pas? Attends que papa apprenne ça!

Si vieillir était tout perdre avant d'aller au cimetière, ces femmes d'un monde mort pour elles auraient au moins l'insigne honneur de ne pas voir leur histoire enterrée... avec les restes.

Chapitre 2

D e gros flocons tombaient du ciel afin de couvrir d'un tapis blanc les rues animées de la petite ville de North Bay, Ontario, en ce 23 décembre 1905. À deux pas de Noël, tout n'était que réjouissances et les petits attendaient avec anxiété la visite de Santa Claus. Le marchand général offrait ses jouets et la modiste s'affairait à ses chapeaux pendant que, dans la forêt, de braves pères bûchaient pour abattre le fameux *Christmas tree* qui ornerait le salon familial. Les dindes avaient depuis quelques jours le cou en charpie et les tourtières n'attendaient plus que le crépitement du four à bois. Madame Latimer vendait ses manchons de fourrure, le *candy store*, ses friandises, et le brave curé s'émerveillait devant sa cathédrale qui venait à peine d'être érigée. Le temps était doux, les préparatifs se multipliaient et les heures s'écoulaient dans la joie, le bonheur et de bien durs labeurs.

Au 34 de la rue Worthington, dame Henri Berthier, née Georgina Labrèche, retenait son souffle en enfonçant ses doigts dans son ventre. Elle allait donner naissance à son second enfant. Elle aurait bien souhaité, cette jeune maman de vingt et un ans, que son petit arrive deux jours plus tard tel un Jésus sur la paille, mais le ciel avait voulu que ce fût deux jours plus tôt que sorte du sein de sa mère, une mignonne petite fille de huit livres qu'on allait baptiser, le jour même, Marie Charlotte Amélie. En ce samedi plutôt affairé, la jeune femme s'était levée alerte, même si quelques signes laissaient présager la délivrance du bébé. Georgina s'était rendue chez la fleuriste afin de faire provision de poinsettias et s'était même arrêtée chez l'épicier pour quelques victuailles de dernière heure. Henri était demeuré à la maison avec la petite Adèle qui avait tout juste dix-sept mois. Il brassait sa bière Pilsener pendant que l'enfant s'en donnait à cœur joie sur son cheval de bois. La cathédrale venait à peine de sonner l'Angélus lorsque Georgina, de retour à la maison, cria:

— Henri, va chercher Estelle et le docteur Weiss, je pense que le p'tit s'en vient!

Henri, aussi nerveux que si c'était la première fois, courut à toute vitesse jusqu'à la troisième maison de la même rue où Estelle, la sœur de Georgina, habitait. Cette dernière se dépêcha d'accourir chez sa cadette non sans avoir lancé à son mari:

— Jules, occupe-toi des enfants, Georgina accouche!

Alerté, le bon vieux docteur Weiss s'empressa d'arriver au chevet de la future mère. L'eau du canard bouillait déjà sur le poêle et la pauvre Estelle épaulait sa jeune sœur dans ses plus grosses douleurs. Trois heures plus tard, Amélie lançait son premier cri pendant que le docteur épongeait le front en sueur de la mère. Henri, ému, attendri, monta le petit escalier qui menait à la chambre à coucher et se pencha pour déposer un baiser sur la joue de sa chère Georgina. Celle-ci, ouvrant les yeux, lui murmura comme avec regret:

— Ce n'est pas un p'tit gars, Henri. Ce n'est pas un p'tit gars.

— Ça n'a pas d'importance, ma femme, on s'reprendra.

— Le docteur a dit que la p'tite était en bonne santé. Regarde comme elle est belle. Je pense qu'elle te ressemble.

Estelle était revenue sur les lieux avec Adèle dans les bras. L'enfant semblait estomaquée devant les pleurs du nouveau-né. Elle la regardait, stupéfaite, puis s'agita comme si elle voulait la toucher. Georgina lui sourit et lui chuchota d'une voix faible.

— Oui, ma puce. Tu as une petite sœur. Elle est belle, hein?

La petite se débattait dans les bras de sa tante. Elle voulait toucher ce nouveau jouet qui bougeait et hurlait. Estelle dut quitter la chambre pour que sa sœur se repose et la petite Adèle se mit à pleurer. Elle voulait rester auprès du bébé.

À six heures le même soir, lorsque l'Angélus sonna une dernière fois, la petite Amélie, bien emmitouflée, était baptisée à la cathédrale de l'Assomption par l'abbé Murphy. Estelle et son mari étaient là à titre de parrain et marraine et la servante du curé portait l'enfant. Amélie était la première enfant baptisée dans la nouvelle cathédrale et tous les habitants de North Bay s'étaient réunis pour célébrer cet honneur. Peu avant minuit, à deux jours du fameux *Christmas Day*, la petite Amélie dormait comme un ange sur le sein de sa mère qui somnolait en caressant de la main son petit paquet. Henri mettait du bois dans le poêle tout en dégustant une pinte de bière. À ses côtés, dans un berceau en noyer, Adèle avait fini par s'endormir, lasse d'avoir tant pleuré pour regagner la chambre de sa mère. Dehors, le vent s'élevait peu à peu et l'on pouvait entendre et sentir son passage désobligeant par quelques fentes mal calfeutrées de la chaumière en papier brique.

Henri Berthier, fils unique, vivait à North Bay depuis l'âge de dix-sept ans avec sa mère qui n'arrivait plus à joindre les deux bouts à Montréal. Veuve depuis sept ans, elle avait œuvré à titre de midinette dans une manufacture, mais, sans parenté aucune sauf ce fils qu'elle adorait, elle avait opté pour l'Ontario et spécialement North Bay où la construction était à la hausse. De cette façon, Henri, qui était peintre en bâtiment tout comme son défunt père, trouverait sûrement un emploi tout en apprenant l'anglais. De santé chancelante, les mains usées par le travail, la brave femme misait sur son fils pour lui assurer sa pitance. Elle dénicha un petit logis de trois pièces qu'elle meubla modestement de ses quelques économies, mais six mois après son arrivée elle décédait d'une embolie pulmonaire, laissant son fils seul face à la vie. Henri, qui avait acquis une certaine maturité, se trouva un emploi digne de son savoir-faire et put, tant bien que mal, garder le logis, manger et s'habiller convenablement. C'est lors d'une soirée paroissiale qu'il fit la connaissance de Jules Sabourin, un autre journalier de sa trempe qui venait tout juste d'épouser Estelle Labrèche. La jeune femme lui avait alors dit, à l'heure de la brunante:

— Dites donc, j'ai une jeune sœur de seize ans. Ça vous plairait de la rencontrer?

Henri avait répondu par l'affirmative. Estelle était jolie. Sa sœur se devait de l'être aussi. De plus, à dix-huit ans, il était grandement temps qu'il pense à faire sa vie.

Le lendemain soir, il rencontrait officiellement Georgina Labrèche. Petite de taille, douce comme une mouche et jolie comme une fleur, la jeune fille avait tout pour plaire. Très sérieuse pour son âge, un tantinet enjouée, elle apprenait la couture et avait le verbe agréable. Vêtue d'une robe rose en dentelle, de longs boudins châtains tombaient sur ses épaules.

Dans ses cheveux, une boucle rose retenait la crinière et ses lobes d'oreilles étaient parés de deux *fresh water pearls* qui s'agençaient avec la candeur de son regard. Elle sembla trouver fort à son goût ce rouquin timide qui l'appelait Miss Georgina et qui tentait malhabilement de lui faire la cour en anglais. Georgina lui parla du petit *Hammond Organ* sur lequel elle jouait des mélodies à l'aide d'un cahier. Elle lui raconta également la mort tragique de ses parents, happés par un train en traversant la voie ferrée par un soir où la poudrerie faisait rage. Elle lui parla de l'orphelinat où Estelle et elle avaient été placées et de la bonne madame Ritter, une veuve qui les avait recueillies et qui venait à peine de rendre l'âme. Elle le questionna sur sa mère qu'elle avait vue une seule fois par hasard sur le parvis de la vieille église... et à la fin de la soirée, Henri Berthier était follement amoureux d'elle. Comme Georgina habitait avec Estelle et Jules dans la maison héritée de madame Ritter, il lui demanda la permission de revenir veiller avec elle. Georgina lui sourit timidement et acquiesça en lui affirmant qu'elle devait obtenir d'abord la permission de sa sœur.

Jamais nuit ne fut plus belle. Les étoiles semblaient se faire complices du premier amour de Georgina. Elle sentait qu'elle allait avoir à son tour un cavalier, un beau garçon de la grande ville... et son cœur palpitait. Une seule rencontre et leur destin semblait déjà tracé. Georgina et Henri n'allaient plus se quitter.

Courte fréquentation, fiançailles au jour de l'An et, dix-huit mois plus tard, le lendemain de ses dix-huit ans, Georgina Labrèche devenait dame Henri Berthier. Petit mariage, réception intime avec quelques voisins, Estelle et Jules, et les jeunes mariés partirent en voyage de noces à Toronto, métropole de l'Ontario...

Quelques saisons de Vivaldi et voilà que Noël s'amenait en toute sérénité deux jours après la naissance de la petite Amélie. Dans cette modeste maison de deux étages achetée à la sueur du front d'Henri, on se préparait à la fête. Mère pour la seconde fois en trois ans de mariage, Georgina était déjà sur pied et s'affairait tant bien que mal à préparer un petit réveillon pour les siens ainsi que pour Estelle et son mari qui viendraient les rejoindre avec leurs deux enfants, Charles et Edna. Sans l'avoir encore avoué, la grande sœur de Georgina était à son tour enceinte de deux mois.

Henri avait placé sur la porte une couronne de feuilles de houx ornée de boulettes d'ouate. À l'intérieur, le sapin n'était pas gros, mais Georgina y avait accroché quelques décorations de carton ainsi qu'un petit ange qui présidait, du sommet. On n'était pas riches chez les Berthier. Le peintre en bâtiment trimait dur l'été, mais les hivers étaient creux et c'est à force d'économies qu'on pouvait survivre par temps froid. Habile de ses mains, Henri avait confectionné, pour sa petite Adèle, un jeu de blocs et Georgina avait tout au long de l'été rembourré de paille un restant de nappe pour en faire un ourson dont les yeux étaient des boutons de chemise. Pour son époux, elle avait tricoté, avec la laine d'une veste défaite, deux paires de chaussons. Pour sa part, le mari obligeant avait réussi à offrir à sa douce moitié une boîte de *gum drops*, les bonbons à la gélatine les moins chers du *candy store*. Sur le rond du poêle, une marmite de soupe aux pois et, au four, un petit dindon agrémenté d'une sauce maison et de patates. Une tarte au sucre accompagnait le modeste menu, mais Henri et Jules pouvaient se gaver de bière *home made* et d'un petit flasque de caribou acheté de peine et de misère. Les dames avaient droit au thé anglais avec du sucre et un peu de lait.

Tous allèrent à la messe de minuit sauf Georgina qui, vu son faible état, préféra rester pour garder les enfants. La cathédrale était bondée, le notaire chanta le *Holy Night* et le docteur Weiss y alla de sa voix de baryton pour le *Jesus of Bethlehem*. Au moment de la quête, pendant que les riches y allaient de *quarters*, les plus démunis, tel Henri, y déposaient avec générosité un ou deux *pennies*. Sur le perron, les *Merry Christmas* fusaient de partout et, de retour à la maison, on mangea, on causa, on but et Georgina chanta en s'accompagnant de son petit orgue précieux. Charles courait sans cesse. Edna dormait dans sa graisse de bébé et la petite Adèle, plus éveillée qu'un hibou, applaudissait en même temps que les grands à chacune des chansons de maman. Là-haut, à poings fermés et tel un Jésus de plâtre, Amélie sommeillait, ne sachant pas encore ce que lui réservait ce monde des vivants auquel elle appartenait désormais. Sur le bord de la fenêtre, une seule carte de Noël. Elle venait de Montréal et était signée Antonio Fiorito, un ami de jeunesse d'Henri qui n'avait jamais perdu sa trace. Un petit Italien grassouillet, son voisin d'antan. Très poliment, Georgina lui avait répondu sur une carte découpée du carton d'une boîte d'allumettes. Elle y avait dessiné le visage de la Vierge et quelques bougies.

Aux petites heures, les enfants endormis, les hommes, s'inspirant de la *Gazette*, jasaient du massacre de cinq mille Juifs par les cosaques à Odessa, de Sir Wilfrid Laurier, Premier ministre du Canada, du décès du comte Philippe de Flandres, héritier du trône, du pape Léon XII qui priait pour la paix dans le monde, du Premier ministre Parent qui avait été élu l'an dernier au Québec, de l'Université d'Ottawa encore inoccupée depuis qu'elle avait été dévastée par les flammes et de ce que serait Montréal dans cent ans, selon les experts. Jules et Henri apprenaient au gré du quotidien. Sans grande instruction, monsieur Berthier avait une mémoire phénoménale et s'intéressait à tout ce qui touchait la politique et l'aspect social... sauf les arts!

Pour leur part, Estelle et Georgina avaient d'autres conversations. On pouvait même les entendre rire lorsque Estelle racontait:

— Je l'avais prédit que les chapeaux ornés d'oiseaux empaillés ne seraient pas longtemps à la mode. Imagine-toi donc que, dans le Wisconsin, une fille de seize ans qui en portait un a été victime d'un aigle.

— Allons, tu blagues, Estelle!

— Non, non, je l'ai lu, Georgina. Elle se promenait et l'aigle l'a suivie avec persistance. Quand elle s'est mise à courir, il l'a enlevée par les brides de son chapeau et quand ce dernier s'est détaché, la pauvre fille est retombée par terre sur le derrière pendant que l'aigle s'envolait avec l'oiseau convoité. On dit que, le lendemain, aucune femme ne voulait en porter. Tu vois ça d'ici, Georgina? Sur le derrière avec son chapeau cher parti dans les airs!

Grand éclat de rire. Si fort qu'Henri murmura:

— Chut! les femmes. Vous allez réveiller les p'tits.

— Dis-moi, Estelle, tu as encore le livre d'Alphonse Daudet?

— *Les Amoureuses*? Mais c'est de la poésie, ma chère.

— Tu veux bien me le prêter?

— *Of course*, Georgina. Tu sais que j'ai fait venir d'une librairie française *Les Lettres de mon moulin*? Depuis qu'il est mort, ses livres se vendent comme des fours à la crème. Depuis quand aimes-tu lire ainsi, petite sœur?

— On m'a dit qu'il était très romanesque.

— Tiens, tiens… tu as pourtant ton prince charmant?

— Oh! Estelle!

Et les éclats de rire reprirent de plus belle.

Comme l'aube allait poindre, les deux hommes manifestèrent le désir d'aller se coucher. La bière d'Henri avait eu son effet et Jules dormait quasiment sur sa chaise. Estelle le secoua violemment.

— Viens, rentrons. Je viendrai chercher les enfants dans la matinée.

Georgina avait repéré sa cape et son bonnet.

— Mais, où vas-tu de ce pas? lui demanda Estelle.

— Je vais assister à la messe de sept heures. C'est à mon tour, astheure.

— Allons donc, tu viens d'accoucher et tu n'as pas encore dormi.

— Je me sens forte, Estelle. Ne t'en fais pas pour moi.

— Tu n'es pas raisonnable, ma petite sœur. L'abbé Murphy ne t'en voudra pas, tu sais, et c'est pas le bon Dieu qui va te le reprocher. Henri, dis-lui que ça n'a pas de bon sens.

— Non, non, laissez-moi y aller. Je veux absolument prier pour les âmes des fidèles défunts. J'ai même promis d'allumer un lampion.

— Et ta petite Amélie?

— Je vais revenir juste après le sanctus pour sa tétée. Henri va s'en occuper en attendant, n'est-ce pas, mon homme?

Les premiers rayons du soleil perçaient de leur feu les nuages. Georgina se dirigea à pas rapides jusqu'à la cathédrale pendant qu'Henri, titubant quelque peu, se frottait les yeux pour rester éveillé. Sur la rue Worthington, des enfants déjà levés scandaient: «*Merry Christmas*, madame Berthier!» Noël 1905 était effervescent.

16 mai 1911.

— Maman, maman, regarde ce que Miss Thompson m'a donné pour ma fête. Un beau petit bonhomme en pain d'épice!

— Oh! Adèle, comme c'est gentil! Tu as bien remercié la maîtresse d'école, j'espère?

— Oh oui! maman, je l'ai même embrassée sur la joue.

— Amélie est avec toi?

— Non, elle est trop lente et je n'ai pas voulu l'attendre.

— Allons, Adèle, tu ne dois pas la laisser seule. Elle est plus jeune que toi. Tu sais pourtant qu'elle a peur des chiens.

— Mais, maman, elle est si lente, si lente. Elle s'arrête partout en chemin.

À l'instant même, Amélie entra et courut embrasser sa mère.

— Pauvre petite, tu n'as pas croisé de chiens, au moins?

— Non, maman. J'ai rencontré Edna et elle a marché avec moi.

— Pourquoi ne suis-tu pas ta sœur, Amélie? Pourquoi tardes-tu?

— Adèle court sans cesse, maman. Je ne peux pas la suivre.

— Menteuse, menteuse, c'est toi qui es lente. Tu parles à tout le monde.

— Adèle, ça suffit. Je t'interdis de dire de tels mots à ta petite sœur, tu entends? Excuse-toi, sinon je vais le dire à ton père.

Adèle se mit à bouder, refusa de s'excuser et Amélie ajouta:

— Ça ne fait rien, maman, Edna est toujours là qui m'attend. C'est vrai, Adèle, que Miss Thompson t'a offert un cadeau?

— Oui, c'est vrai et tu n'en auras pas un seul morceau.

— Adèle, monte à ta chambre sur-le-champ et laisse ton pain d'épice à la cuisine, tu m'entends?

— Mais, maman, c'est mon anniversaire… clama Adèle, les larmes aux yeux.

Georgina se reprit et, avec tendresse, lui répliqua:

— Oui, c'est vrai, et ne pleure pas, mais je ne veux plus te voir enguirlander ta sœur, c'est compris?

Adèle hocha la tête et, quand sa mère tourna le dos, elle tira la langue à sa sœur qui préféra n'en rien dire pour que le gâteau soit sur la table quand papa rentrerait.

Les mois, les ans s'étaient écoulés depuis ce Noël inoubliable. Henri avait enfin trouvé un emploi stable et le pain était sans cesse en abondance lors des repas. Très économes, les époux vivaient encore du strict nécessaire et déposaient chaque semaine des piastres à la banque au cas où les jours seraient encore gris. Georgina, fragile et maladive, ne lui avait pas donné le p'tit gars dont il rêvait en silence. Elle avait entamé une autre grossesse en 1908, mais le fœtus était mort au troisième mois. Alors qu'elle était plus faible que jamais, le docteur Weiss lui avait suggéré de ne plus tenter d'être mère. La jeune femme, qui voulait combler son pauvre Henri d'un héritier, avait tout fait pour l'être, mais c'est comme si le ciel n'entendait plus ses prières. Estelle, pour sa part, avait donné naissance à une autre fille prénommée Rita. Une fille dodue, un gros bébé de douze livres. Jules était tombé malade et on ne savait trop ce qui le tenaillait. Il perdait du poids à vue d'œil, était faible, ne mangeait plus, ne travaillait plus. Estelle devait tirer le diable par la queue pour joindre les deux bouts et, bien souvent, c'est Henri qui payait les légumes de la petite famille. Le docteur Weiss ne put jamais diagnostiquer le mal qui emporta le pauvre Jules en 1909. Tous étaient atterrés. Jules Sabourin n'avait que trente-deux ans. Comment avait-il pu partir, emporté par un mal mystérieux, et laisser une femme avec trois enfants sur les bras? Elle avait beaucoup pleuré, la pauvre Estelle, mais débrouillarde et décidée, elle s'était mise à la couture et, en moins d'un an, ses chapeaux avaient acquis une renommée. Sa petite maison se transforma donc en boutique et le vivoir devint le magasin des élégantes de North Bay. Ses feutres ornés de plumes firent tellement de bruit que les dames aisées venaient même de Sudbury pour les acheter. Les enfants étaient certes plus à l'étroit, mais leur mère avait trouvé le moyen de les nourrir en travaillant de ses dix doigts. Fidèle à l'homme qu'elle avait aimé, Estelle, quoique courtisée, n'allait jamais se remarier. Désormais, son cœur n'appartiendrait qu'à ses petits et sa tête ne servirait qu'à gérer ses affaires. Georgina l'admirait et l'aidait même parfois à coudre des rubans moyennant quelques cennes d'encouragement.

Henri, ayant compris qu'il n'aurait jamais son p'tit gars, avait jeté toute son affection sur ses filles, surtout sur Amélie qui, tout comme sa mère, était frêle et gentille. Modestement vêtues mais toujours propres, les petites Berthier grandissaient gracieusement telles de véritables demoiselles. Georgina, qui était très ferme sur le bon parler et les belles manières, se chargeait de leur éducation. Elle devait, en revanche, rappeler très souvent à l'ordre son homme. Ce dernier avait la mauvaise habitude des jurons.

— Verrat! pas encore un compte à payer?

— Je t'en prie, Henri, soigne ton langage. Les petites!

— Bâtard! y'a encore une mouche dans la maison!

— Henri, fais attention aux gros mots. S'il fallait que les petites…

Georgina Labrèche avait de grandes ambitions pour ses filles. Elle voulait absolument qu'elles deviennent de ces jeunes filles racées si bien dépeintes par Daudet dans ses romans. Elle avait de grandes idées, madame Berthier. Adèle et Amélie seraient, aux yeux de tous, des demoiselles comme on en voyait à Paris. Si l'aînée était quelque peu rebelle à cette sévérité, Amélie s'y complaisait et tirait déjà sa révérence comme une personne distinguée. Adèle emboîtait gauchement le pas, mais, avec ce caractère hérité de son père, il restait encore beaucoup à faire.

Henri rentra de son dur labeur et Adèle se précipita vers lui:

— Papa, papa, j'ai sept ans aujourd'hui!

— Je sais, ma chérie. Viens que je t'embrasse.

— Tu m'as acheté un cadeau, dis?

— Un cadeau? Tu penses? Attends que je réfléchisse…

— Oh oui! papa. Tu as sûrement un cadeau pour moi!

Conscient de l'angoisse de l'enfant, le brave père ne put se retenir plus longtemps et lui tendit un petit colis enrubanné.

— Qu'est-ce que c'est, papa? Tu l'as dit à maman et à Amélie?

— Ouvre-le, Adèle. Tu seras la première à le découvrir.

La petite s'empressa de déballer le petit colis et se retrouva avec un écrin de velours entre les mains. Un velours rouge qu'elle flatta du doigt. Elle l'ouvrit et y découvrit deux jolies barrettes ornées de perles et de sillons d'argent. Adèle resta muette, ravie, stupéfaite. Elle les retira doucement du coffret et les posa l'une après l'autre dans ses cheveux soyeux. Amélie la regarda et s'exclama:

— Comme tu es belle, Adèle!

Georgina fronça les sourcils et murmura à son mari:

— Henri, c'est de la folie. Tu as dépensé beaucoup trop.

— Mais non, ma femme. Le marchand m'a offert un bon *discount*.

On passa vite à table, mais on eut peine à éloigner Adèle du miroir devant lequel elle contemplait, altière, le sublime présent. Elle caressait de la main ces deux papillons qui semblaient s'être posés sur ses tempes et lança:

— Merci, papa, c'est le plus beau cadeau de la terre. Regarde comme je suis jolie!

Georgina avait cuit un bon gâteau aux noix qu'elle avait orné de sept bougies et d'une fleur séchée, mais Adèle n'osait le trancher de peur de l'abîmer. La joie était à son comble. Amélie lui tendit gentiment une petite carte confectionnée de sa main et sur laquelle étaient épinglées sept petites roses. À l'intérieur, elle avait écrit en lettres attachées: «Bonne fête, Adèle.» Préoccupée par les barrettes, par le gâteau, par son bonhomme en pain d'épice, Adèle referma la carte et la déposa sans plus d'égards sur la commode, juste à côté du panier débordant de linge sale. Amélie la regarda tristement, baissa les yeux et avala sans mot dire sa petite pointe de gâteau.

Le jour de la première communion approchait et c'était là tout un événement dans les familles de North Bay. Le plus inusité, c'est que les deux petites Berthier allaient communier la même journée. Fiévreuse et alitée l'an dernier, Adèle n'avait pu s'approcher de la table sainte et en avait beaucoup pleuré. Elle aurait tant voulu avoir ce jour rien qu'à elle, et voilà qu'elle serait obligée de le partager avec Amélie. Georgina avait tout fait pour qu'elle soit admise dans les rangs l'année précédente, fiévreuse ou pas, mais le bon curé l'avait refusée. Adèle ne savait pas toutes ses prières.

— Henri, Henri, tu as une lettre de ton ami Fiorito!

— Tonio? Ça fait longtemps que je n'ai pas eu de ses nouvelles.

Henri ouvrit l'enveloppe et put lire, dans un français cassé, les doléances de son copain de jeunesse. L'Italien lui apprenait que sa mère était morte et que sa sœur, Vanera, était maintenant mariée avec un policier.

— Ah! cette petite coquine de Vanera. Elle a fini par se trouver un mari.

— Qui est-elle? de s'informer Georgina.

— La sœur de Tonio, ma première blonde quand j'avais onze ou douze ans.

— Elle était jolie?

— Pas mal, mais elle avait les cheveux trop noirs à mon goût.

— Et ton ami Tonio, que lui arrive-t-il de bon?

— Rien de spécial. Il est encore célibataire et a maintenant sa propre cordonnerie. Tu sais, Georgina, il parle même de venir nous visiter dans le courant de l'été.

— Ici? Mais nous ne pourrons pas le loger, mon pauvre Henri.

— Bah! Tonio en a vu d'autres et j'suis certain qu'il se contentera d'une paillasse sur le plancher du salon. Je pense qu'il n'attend qu'une invitation pour se montrer le bout du nez.

— Mais, sa visite va t'occasionner des dépenses, mon mari.

— Ouais, mais je l'connais. Il va arriver les bras chargés et je pense que ça ne coûtera pas bien cher pour le recevoir.

— Tu as envie de le revoir, n'est-ce pas?

— Verrat, que ça m'ferait plaisir! Oui, Georgina, j'aimerais ça si ça n'te dérange pas.

— D'accord, Henri. Écris-lui et dis-lui que ta femme sera ravie de le connaître. Je demanderai à Estelle de me prêter un matelas.

Ce fut un beau dimanche que celui du 11 juin et tout un événement pour les deux communiantes qui s'agitaient comme des couleuvres. Adèle et Amélie étaient debout depuis cinq heures tant l'anxiété était forte. Elles s'étaient longuement préparées à recevoir Jésus dans leur cœur pour la première fois. Amélie, plus douée que sa sœur dans le «par cœur», connaissait toutes ses prières et avait maintes fois aidé Adèle à retenir les réponses de l'examen oral. Tante Estelle s'était depuis longtemps mise de la partie: c'est elle qui avait eu la tâche de les habiller comme des jumelles. Comme Amélie était sa filleule, elle n'avait en rien ménagé ses dentelles et ses rubans de nylon. Robes de soie avec bordure en dentelle, turbans ajustés avec grosse boucle de chiffon, bas trois-quarts en laine brossée, chaussures en *patent leather*, les deux fillettes avaient l'air de véritables poupées avec chacune un bouquet de roses à la main. Adèle était un peu plus grande, mais qu'importe, elles étaient toutes deux ravissantes. Estelle avait tout payé, sauf les bouquets et les souliers qu'Henri avait payés. Georgina avait cousu jour et nuit pour que ses petites aient l'allure de deux princesses. Le fer à friser était chaud au-dessus de la vapeur du canard et, en moins de cinq minutes, les petites étaient bouclées et poudrées pour la grande occasion.

Les cloches de la cathédrale tintaient à l'unisson. La foule nombreuse était déjà dans les bancs «achetés» par les familles. Celui d'Henri et de Georgina n'était pas tout à fait à l'avant, faute d'argent, mais les enfants devaient passer auprès d'eux et ils pourraient quand même recueillir leur sourire. Une rangée de petits garçons en noir avec brassard et boucle de soie et une rangée de petites filles en blanc, aussi gracieuses que des fées. Le hasard voulut que l'escorte d'Amélie soit le fils du bedeau, un petit blond très beau. Adèle avait, pour sa part, un freluquet affublé de *barniques*, ce qui la mit un moment en colère. Sa mère dut lui rappeler qu'elle était là pour le bon Dieu et la prière. Amélie déambulait tête baissée dans sa pureté pendant qu'Adèle, plus altière, lançait des regards pour être certaine qu'on l'avait remarquée. Miss Thompson dut lui faire de gros yeux pour qu'elle retrouve le sérieux qu'exigeait la cérémonie. Des murmures d'admiration s'élevaient de la foule. On aurait dit vingt petits couples de mariés. L'Ave Maria, le sanctus... et arriva le moment solennel: les enfants tendirent la langue pour recevoir le corps du bon Dieu. Georgina, bien habillée et coiffée d'un chapeau d'Estelle, faisait noble figure. Sa sœur lui avait même prêté des boucles de rubis pour mettre à ses oreilles. Ce jour-là, le couple Berthier figurait parmi les plus nantis. Henri, fier de sa femme, lui avait murmuré:

— Je n't'ai jamais vue aussi belle!

Cérémonie terminée, les petites se rendirent chez James Blackburn, le photographe de la région. Henri voulait à tout prix un souvenir de cette belle occasion.

Il avait, au gré de son orgueil, délié les cordons de sa bourse. Rien de trop beau pour ses petites donzelles. Ce portrait se devait de passer à la postérité.

À la maison, c'était fête et les invités étaient réunis. Tante Estelle et ses marmots ainsi que le docteur et madame Weiss qui s'amenèrent avec leurs cinq enfants. Une oie, des fruits, des légumes, des pâtisseries et des friandises. Le festin était d'apparat. Adèle reçut un crucifix, un bénitier et un chapelet de perles rosées. Amélie reçut également un chapelet de cristal de tante Estelle, une statuette de la Vierge Marie et un superbe Jésus de cire qu'elle déposa précieusement sur sa table de nuit. Le fils du bedeau, en petit garçon bien élevé, lui avait même offert un lys dans un petit vase blanc de la part de ses parents. Ce geste rendit Adèle furieuse. Amélie avait un cadeau de plus et quasiment un cavalier. C'en était trop pour sa jalousie déjà bien amorcée.

— Vous avez été charmantes toutes les deux! de s'exclamer Henri.

— Merci, *daddy,* de répondre la fière Adèle. Tu sais que Miss Thompson m'a dit que j'étais la plus belle des communiantes?

— Mais, Amélie avait une robe semblable à la tienne, de rétorquer sa mère.

— Oui, je sais, mais elle est bien plus petite que moi.

Amélie, seule dans un coin, faisait mine de ne rien entendre. Isolée dans son univers d'enfant, elle contemplait le Jésus de cire devant lequel elle avait déposé le lys blanc et souriait.

— Tu es contente, ma petite Amélie? de questionner le père.

— Oh oui! papa. Jésus est maintenant dans mon cœur.

Adèle, qui l'avait à l'œil, demanda à sa mère:

— Pourquoi tante Estelle lui a-t-elle donné un chapelet plus beau que le mien?

Antonio Fiorito descendit du train par un beau samedi, le 15 juillet de la même année. Henri, Georgina et les petites l'attendaient impatiemment sur le quai de la petite gare de North Bay. Petit, trapu, presque chauve en dépit de ses vingt-cinq ans, le dodu personnage avait revêtu pour la circonstance son plus bel habit. Henri le serra dans ses bras et lui empoigna fermement la main.

— T'as fait un beau voyage, mon Tonio?

— Très beau, mais, dis donc, c'est loin, chez vous! Heureusement que j'ai loué dans le *char* dortoir, car j's'rais ben fatigué à matin. Tiens! c'est ta femme? C'est donc elle, la belle Georgina?

Elle s'avança timidement et Tonio lui serra la main fermement en lui disant:

— J'ai ben entendu parler d'vous, madame Georgina.

— Moi de même, monsieur Antonio. Je suis ravie de vous connaître.

— Et pis, là, c'est les p'tites, Henri? Ah! qu'celle-là t'ressemble!... ajouta-t-il en pointant Adèle du doigt.

— Bonjour, monsieur, entonnèrent en même temps les petites Berthier.

— Tu as beaucoup de bagages, mon brave Tonio?

— Une ou deux valises pis une boîte de carton.

— J'ai donc bien fait d'apporter la *barouette*. Viens, on va marcher tous ensemble. On est juste à deux rues de la maison.

— Ça m'semble une belle p'tite ville, icitte!

Georgina le trouva fort sympathique même si elle ne prisait guère le français peu châtié qu'il utilisait et qui serait un bien mauvais exemple pour ses filles. Tout au long du parcours, Tonio s'exclamait devant les petites maisons qu'il croisait. Il ajouta même, au grand déplaisir de Georgina:

— Hum! les filles ont l'air assez belles, par icitte!

Adèle et Amélie éclatèrent d'un franc rire. Ce petit bonhomme joufflu semblait déjà, pour elles, un clown qui saurait les divertir.

Tonio apprécia l'ambiance de la maison d'Henri et Georgina s'empressa de lui offrir une tasse de thé.

— Du thé? Non, non, madame Georgina. C'est avec un bon verre de vin importé d'Italie qu'il faut faire connaissance.

Sur ces mots, Tonio sortit d'une valise une bouteille encerclée de paille que les petites regardaient en retenant leur souffle. À North Bay, le vin n'était pas populaire et c'était la première fois qu'un nectar aussi cher prenait place sur la table.

— Vous allez ben en prendre un p'tit verre, madame Georgina?

Georgina sourit, trempa ses lèvres dans la petite coupe qui servait d'habitude au brandy et grimaça en ajoutant:

— Il est fort, votre petit Napoli, monsieur Tonio.

— Non, il est sec, madame. Juste c'qui faut pour tuer les microbes!

Tonio avait un rire qui partait de la gorge pour se perdre dans les pieds, ce qui faisait ricaner d'emblée Adèle et Amélie, d'autant plus que leur mère semblait mal à l'aise quand l'Italien s'esclaffait de la sorte.

— J'peux-tu vous appeler Georgina, madame Berthier?

— Bien sûr, faites, et comme vous êtes un ami d'Henri, je vais vous appeler Tonio.

Pour les petites et sur l'ordre de leur mère, il allait être à tout jamais, monsieur Tonio. Elle ne leur avait permis que l'abréviation du prénom. Le grassouillet petit homme déballa sa boîte et en sortit des cadeaux enveloppés dans du papier ciré, ce qui émerveilla les enfants.

— Celui-là est pour vous, Georgina. Tiens! c'est pour toé, Henri, et les deux autres sont pour les p'tites. Prenez-les, mes p'tites chèvres!

Les enfants éclatèrent de rire pendant que leur mère fronçait les sourcils.

Georgina déballa le minuscule colis et y découvrit de jolis pendants d'oreilles avec des boules noires et blanches. Ravie, elle remercia Tonio qui s'empressa d'ajouter avec gonflement de poitrine:

— Elles viennent tout droit de chez Henry Birks, le magasin le plus cher à Montréal!

— C'est beaucoup trop, Tonio, mais j'apprécie le geste et je vous en remercie. Elles iront à merveille avec le dernier chapeau que m'a offert ma sœur Estelle.

Henri, pour sa part, reçut de son ami un beau *record* du ténor Caruso.

— T'aimes ça, les belles chansons, Henri? C'est le plus grand chanteur de l'Italie, ce Caruso. J'espère que t'as au moins un gramophone?

— Non, pas encore, mais Georgina m'a parlé d'en acheter un pour les fêtes.

Adèle, qui avait déjà ouvert son paquet, s'émerveillait devant la petite sacoche en nylon garnie d'un soleil de coton. Elle pourrait même la porter sur son épaule pour aller à la messe. Amélie était muette de satisfaction; le gros Tonio lui avait acheté une poupée de chiffon avec des cheveux de laine et de gros yeux ronds. Sur la robe de la catin, on pouvait lire: «Mon nom est Suzon la drôle». Amélie embrassa le brave mécène et lui demanda timidement:

— Je n'aime pas beaucoup son nom. Je peux l'appeler Marie?

Selon Georgina, Tonio était un bon vivant, mais ce manque de culture de sa part l'ennuyait. Elle aurait aimé s'enquérir des théâtres de Montréal, des arts, de la musique, mais Tonio évitait ses questions, ignorant les réponses. Il lançait plutôt à Henri:

— Tu sais que le gros Louis Cyr veut écrire un livre sur sa vie d'homme fort?

Il changeait vite de sujet et faisait observer tout d'un coup, sans même prévenir:

— Le choléra est à nos portes, Henri. C'te maudite Russie, pis le Japon, y vont finir par nous contaminer avec leurs maladies!

Du coq-à-l'âne sans arrêt. Des propos futiles et sans importance. Le lendemain, devant tante Estelle qu'il venait à peine de rencontrer et voulant se montrer fin pour cacher sa timidité, il lui avait dit pour la distraire:

— Vous avez entendu parler de la Sainte-Catherine, madame Estelle? On dit que les filles ont tellement peur d'en coiffer le bonnet qu'elles font les yeux doux aux garçons pour ne pas rester vieilles filles!

Éclatant d'un rire gras, Tonio ajouta devant une Estelle stupéfaite:

— Les vierges tardives seront moins nombreuses, car il paraît que les gars tombent dans l'piège. Vous devriez voir ça, c'est ben drôle, c't'affaire-là!

Georgina avait vite décelé que le gros Tonio s'intéressait à sa sœur. Il avait visité son magasin, l'avait félicitée sur ses dons de modiste et avait même acheté des bonbons à Charles et Edna pour s'attirer leur sympathie. À Henri, il avait demandé secrètement:

— Tu penses qu'elle accepterait de sortir avec moé, la p'tite veuve?

Georgina en avait soufflé quelques mots à sa sœur qui lui avait répondu:

— Allons, Georgina. Il est sympathique, l'ami d'Henri, mais tu me vois avec ce gros morceau de lard?

Un éclat de rire suivit la boutade et Georgina ajouta, sérieuse:

— C'est sûr que ce n'est pas ton Jules, mais il aime bien les enfants.

— Quoi? Tu penses vraiment que je pourrais avoir un faible pour lui?

Georgina tenta de se contenir pour jouer le jeu, mais n'en pouvant plus, elle pouffa de rire.

— Ah! ma petite gueuse! s'exclama Estelle, se rendant compte de la blague de sa sœur.

Tonio s'apprêtait à prendre le chemin du retour. Bagages faits, il avait trouvé le moyen de dépenser encore quelques dollars pour offrir un vase de Chine acheté au magasin général et qu'il présenta à Georgina en guise de remerciement.

— Ce n'était pas nécessaire, Tonio. Vous dépensez trop.

— Si, si, vous m'avez nourri comme un bœuf tout l'temps que j'ai été icitte.

Puis, s'adressant à Henri, il lui demanda avec appréhension:

— T'es sûr, Henri, que tu t'ennuies pas de Montréal?

— Bah! des fois, oui, mais j'ai fait ma vie ici, maintenant.

— T'es sûr d'avoir du travail tout l'hiver, au moins?

— J'sais pas, mais j'me débrouillerai autrement si ça manque.

— Penses-y, Henri, à Montréal, t'aurais une job tout d'suite dans les bâtiments.

— Oui, j'sais que ça avance plus vite là-bas, mais j'suis quand même pas pour tout vendre ici et risquer de rien trouver rendu là.

— Non, mais si j'te trouvais une bonne job et un beau logement?

— Non, Tonio. T'as pensé aux p'tites, à Georgina, à sa sœur? C'est ici qu'elles sont nées et qu'elles sont heureuses. J'pense pas que Georgina s'arrêterait à l'idée, même si je gagnais quinze piastres de plus par mois.

— Écoute, Henri, j'insiste pas, mais si jamais t'es mal pris, tu m'le dis pis j'm'arrange pour que tout marche sur des roulettes. J'pense pas qu'tu fasses d'l'argent icitte. C'est à Montréal qu'est le futur.

— Bah! J'suis pas si sûr de ça. On dit qu'il y a plein d'monde qui sont sur le secours direct.

— Pas toé, Henri, ça t'arriverait pas. Pas avec ton gros Tonio qui t'ouvrirait sa porte si jamais t'avais d'la misère.

— On verra dans l'temps comme dans l'temps, Tonio. Pour l'instant, ça va bien ici et il ne faudrait pas que Georgina entende ce que tu m'dis là.

Après le départ de son ami, alors qu'on ne voyait plus que le dernier wagon du train qui l'emportait, Henri était pensif.

— Qu'as-tu donc, mon homme? lui demanda Georgina.

— J'pense que je vais m'ennuyer d'lui… bâtard!

— Henri… les petites!

Plus que songeur, Henri Berthier n'était pas resté insensible aux propos du gros Tonio. Sans même se l'avouer, il avait imaginé plusieurs fois ce que pourrait être sa vie au bercail de ses parents. Oui, il s'ennuyait de Montréal. Il était même passé à un cheveu d'en parler à Georgina quand tout allait très mal. Il s'était tu, retenu, pour ne pas chagriner sa douce moitié qui ne jurait que par Estelle et North Bay. Tonio avait raison. Il ne ferait jamais d'argent dans une petite ville où le travail était aussi rare que les denrées. Il y avait pensé sans jamais en parler, mais ce réveil brutal de la part de Tonio le minait. De retour à la maison, c'est en silence qu'il mangea sa soupe. Georgina le regarda avec complaisance et lui murmura:

— Allons, Henri, la visite de Tonio t'a fait un tel effet? Tu sais, je l'aime bien moi aussi, mais je ne passerai pas la nuit à y jongler.

Henri, pour la première fois, s'emporta:

— C'est mon ami, Georgina, mon seul ami. Peux-tu au moins comprendre ça?

Voyant l'effarement sur le visage de sa femme, il lui prit tendrement la main.

— Excuse-moi, je pense que je suis bien fatigué.

La petite Amélie, qui avait suivi la scène des yeux tout en caressant sa catin, laissa échapper:

— Papa, pourquoi tu n'embrasses jamais maman?

Georgina, sidérée, répliqua:

— Amélie, où prends-tu ces idées? Pourquoi dire de telles choses? Ton papa m'embrasse chaque matin avant d'aller travailler.

— Juste sur le front, maman.

— Amélie, les enfants n'ont pas à discuter de ces choses avec leurs parents.

— Ne te fâche pas, maman. C'est parce que j'ai vu le grand Arnold embrasser Virginia derrière l'église. J'ai fermé les yeux, maman, mais ils se sont embrassés sur la bouche.

— Ça suffit, Amélie. Ne parle plus jamais de ces choses et monte te coucher. A-t-on idée d'arriver ainsi avec de telles sornettes?

La petite monta tête baissée pendant qu'Adèle lui criait:

— Tu es une mauvaise fille, Amélie Berthier!

Henri, qui n'avait pas prononcé un seul mot, regarda sa femme après le départ des enfants et ne put retenir un sourire. Georgina en fit autant et ajouta:

— Tu sais, Henri, elles grandissent, ces petites, et on ne s'en rend même pas compte. Tiens! tu veux bien m'embrasser comme le font Arnold et Virginia?

Henri se mit à rire, encercla la taille de sa douce Georgina et un baiser fut échangé comme aux tout premiers jours de leur si grand amour.

L'hiver avait été impitoyable. Le clos de bois s'était départi de six de ses employés dont Henri Berthier qui avait misérablement survécu grâce à ses maigres économies. Les rafales de vent multipliées avaient tenu les habitants dans leurs maisons mal chauffées et l'on avait pu entendre les quintes de toux d'une rue jusqu'à l'autre. Les chômeurs étaient plus nombreux que de coutume et le temps des fêtes avait été navrant pour les commerçants. Le *candy store* n'avait pas vendu le tiers de ses provisions et tante Estelle avait réussi tant bien que mal à se défaire à rabais de quelques chapeaux. Adèle et Amélie n'avaient reçu pour tout cadeau qu'une paire de mitaines tricotées par leur mère et un jeu de blocs que le pauvre Henri avait sculptés de ses mains pendant que Georgina y appliquait des gravures découpées dans de vieux magazines. Un sapin avait été coupé, mais le repas n'avait consisté qu'en une tourtière et un gâteau maison sans glaçage. Les vêtements usés des enfants avaient été raccommodés et les pardessus pour les pieds étaient ceux de l'an dernier. Adèle s'était même fait des cors avec les siens. C'était quasiment le seuil de la pauvreté et la marge de crédit allouée par le magasin général avait été gelée.

Le printemps s'annonçait peut-être un peu plus prometteur, mais, pour Henri Berthier, c'était le bas-fond de la survie. Endetté, sans espoir de travail avant le mois d'avril, il avait sombré dans un excès d'angoisse inquiétant pour Georgina qui, elle-même, n'en menait pas large. Alitée une partie de l'hiver à cause d'une grippe pulmonaire, elle avait pu passer à travers grâce au sirop que lui avait donné Estelle et aux soins gratuits du bon vieux docteur Weiss qui s'était fait le Samaritain de la paroisse. Reprendre le dessus? Henri n'y pensait plus. Le courage usé jusqu'à la corde, il n'entrevoyait pas, en dépit des bourgeons des arbres, se remettre à bord de son arche quand un tel déluge l'avait renversé. Au clos de bois on lui avait dit:

— Peut-être que dans un mois, monsieur Berthier…

Il aurait pu peinturer quelques salons ou cuisines des maisons du quartier, mais personne n'avait les moyens de le payer. Le premier deux piastres qu'il empocha lui vint de la femme du clerc de notaire qui l'engagea pour laver ses murs et plafonds parce qu'elle souffrait de la goutte. Plus désastreuse que sa situation, il n'y avait que celle des familles nombreuses qui en étaient réduites à mendier un morceau de pain. On avait certes fait une quête pour leur venir en aide, mais Georgina n'avait même pas pu fournir un croûton, n'ayant pas une cenne en trop. Chez les Berthier c'était le désarroi et tante Estelle, malgré sa bonne volonté, joignait à peine les deux bouts pour nourrir ses trois enfants. Heureusement pour elle, son commerce lui permettait d'avoir toujours une bonne soupane sur la table, mais ce n'était guère le faste auquel étaient habitués Charles, Edna et la petite Rita.

— Georgina, ça n'a plus de bon sens. On devrait aller vivre à Montréal!

La phrase était partie tout de go et la jeune femme qui tricotait en silence ne sursauta même pas. Les petites étaient déjà au lit.

— Je sentais que ça viendrait, Henri. J'étais sûre qu'un de ces jours tu allais m'arriver avec cette solution.

— Je sais que je te fais de la peine, ma femme, mais je n'ai plus la force de continuer ainsi. Les enfants sont de plus en plus démunies, je suis endetté, et tôt ou tard, on va finir par perdre la maison. Elle a besoin d'un toit neuf et je n'ai même pas d'argent pour mettre un *beef stew* dans ton chaudron. Tonio m'a toujours dit…

Georgina posa son index sur les lèvres de son mari et lui murmura en douceur:

— T'ai-je dit quoi que ce soit, Henri? Moi aussi, je suis rendue au bout du rouleau. J'ai beau prier la Madone, faire brûler des lampions, je vois bien qu'il n'y a pas de soleil à l'horizon. Tu vas sûrement travailler cet été, mais comment sera le prochain hiver? Moi, je suis prête à bien des sacrifices, mais je n'en peux plus de voir les petites aller à l'école dans des chaussures trop étroites et des robes rapiécées. Si tu penses qu'on aura plus de chance ailleurs, je suis prête à te suivre. Je ne veux pas que tu te rendes malade, mon homme, car nous avons besoin de toutes tes forces pour franchir les années. Fais pour le mieux, Henri, écris à Tonio, informe-toi et si ça peut fonctionner, on partira quand tu voudras.

Henri avait des larmes au bord des paupières. Il s'attendait à une forte opposition et voilà que sa Georgina, qui avait souhaité mourir à North Bay, acceptait de le suivre dans une ville où elle ne connaissait pas un chat. Touché, visiblement ému, il mit ses mains sur les épaules de sa dulcinée et parvint à articuler:

— Tu es sérieuse, Georgina? Tu me jures que tu ne m'en voudras pas?

— Qui prend mari prend pays, Henri. C'est cela même que nous prêche l'abbé en chaire. Rassure-toi, je ne le fais pas dans le seul but de m'y plier. Une mère se doit de penser à ses enfants. Une femme se doit de songer aussi à son mari. Tu es un brave homme, Henri. Tu as du cœur au ventre et ici, tu crèves à petit feu. De plus, j'aimerais que nos filles réussissent dans la vie, qu'elles soient instruites, bien éduquées, et la grande ville pourra les y aider.

— Et ta sœur, Georgina, tu y as pensé?

— Il faut d'abord penser à nous, Henri, à nos petites. Estelle a son commerce et pourra toujours se débrouiller. Elle va peut-être se trouver un second mari, qui sait? Oui, je sais que je vais pleurer en quittant tout ce que je laisse ici, mais c'est peut-être la bonne Sainte Vierge qui nous suggère d'aller ailleurs. On ne peut pas lui demander sans cesse la charité, il faut qu'on s'aide aussi. Va, mon homme, écris à Tonio et, si ça marche, on part et on recommence à neuf. On vendra tout ce qu'on a ici et on partira juste avec notre linge. Ne jongle plus, Henri, on en a assez arraché. Il est temps de laisser la misère derrière nous.

— Et les petites, Georgina? Elles ne vont pas être déçues de partir, de quitter leurs amis, leur école, leur église, Miss Thompson?...

— Laisse, Henri. Je me chargerai de leur faire voir un arc-en-ciel. Adèle est fort influençable et Amélie est très soumise. Laisse-moi ça, Henri.

Tout ce que le peintre en bâtiment avait prévu de la part de sa femme… était venu de lui. C'est elle qui lui avait tenu le discours qu'il avait longuement mijoté dans sa tête pour la persuader et c'est finalement lui qui avait débité d'un trait tout le recul qu'il attendait d'elle. Décontenancé, surpris de la tournure de la conversation, il l'avait prise dans ses bras et lui avait dit:

— Georgina, c'est une sainte femme que j'ai mariée.

— Allons, mon homme, ne dis pas des choses comme ça. Je fais juste ce que ma conscience me dicte. Les saintes ont beaucoup plus de mérite que moi.

Ce que Georgina n'osait avouer, c'est qu'elle en avait assez d'être une pauvresse, de voir ses filles pointées du doigt quand elles allaient à la messe avec des robes chiffonnées. Elle en avait marre de quémander sans que ça paraisse. Elle avait même honte d'avoir à accepter d'Estelle une bouteille de sirop ou une tarte en trop. Georgina Labrèche avait elle aussi… sa fierté! Par surcroît, la mauvaise mine de son mari l'inquiétait. Le docteur ne lui avait-il pas dit, en parlant d'Henri:

— Je crains la dépression, madame Berthier.

Elle ne voulait pas le voir atteindre la folie, un mal dont on ne guérit pas. Georgina aimait Henri de tout son être. Il lui fallait le sauver, renaître avec lui, assurer le bonheur de ses filles. Ce déménagement ne comportait aucun risque. N'avaient-ils pas déjà tout perdu? Partir, c'était sans doute s'offrir la chance de tout gagner. Georgina s'était conditionnée peu à peu à quitter North Bay pour avoir moins de chagrin quand elle ne verrait plus le quai de la gare. Elle avait tout pesé. Henri la regardait encore d'un œil sceptique. On pouvait même lire dans ses yeux quelques interrogations et y voir une poussière de méfiance.

— Viens te coucher, mon mari, et dès demain matin écris vite à Tonio. Pendant ce temps, je trouverai quelqu'un à qui vendre les rideaux.

La lettre était parvenue à Tonio qui, fou de joie, avait vivement répondu sur un bout de papier: «Enfin, tu te décides. Compte sur moé, j'vais tout t'arranger ça. J'pense même que j'ai déjà une job en vue pour toé.» Bref message, mais combien rassurant pour Henri qui s'empressa de le montrer à Georgina. Elle regarda son mari pour lui dire:

— La Sainte Vierge a sûrement quelque chose à voir dans tout ça.

C'est cependant avec hésitation qu'elle s'était rendue chez sa sœur la veille pour l'informer de leur éventuel départ.

— Quoi? Quitter North Bay? Mais, tu n'y penses pas. Toute notre vie est ici, Georgina. Henri panique, tu ne le vois pas?

— Non, Estelle, Henri est calme et confiant. D'ailleurs, cet éloignement n'est pas seulement son idée, mais aussi la mienne.

— Et moi, Georgina, que vais-je devenir si tu n'es plus là?

— Ne fais pas cette tête, Estelle. Montréal, ce n'est pas si loin que ça. On se visitera souvent. Te rends-tu compte que tu n'as jamais pris le train? Pense à tes enfants, ils seraient si contents de voyager et de voir d'autres lieux. Et puis, il n'est pas dit que tu ne te remarieras pas.

— Oh! grand Dieu! non, Georgina. Jamais je ne ferai ça à mon défunt Jules. Tu me dis ça pour que je prenne ton départ aisément, *right*?

— Mais non, Estelle. Tu vois bien dans quel pétrin nous sommes. Avons-nous vraiment le choix? Pense à nos petites, au métier d'Henri qu'il ne peut même pas pratiquer ici. Et peut-être bien qu'on pourra m'engager dans une confiserie là-bas? Estelle, nous sommes plus pauvres que Job. On est criblés de dettes en plus et si on perd la maison, où irons-nous?

— Nous aurions pu habiter tous ensemble ici et sauver des sous, non?

— Non, Estelle, ce n'est pas une vie, ça. Chacune a sa famille et ses obligations. Il vaut mieux prendre la chance de remonter la pente chacune de son côté que de périr ensemble, tu ne penses pas?

Estelle essuya une larme du rebord de sa jupe et murmura:

— Oui, tu as sans doute raison, mais ce ne sera plus pareil sans toi.

— Allons, ne pleure pas comme ça. De toute façon, ce n'est pas encore fait et si la chose arrive, c'est parce que le bon Dieu l'aura voulu.

Estelle se jeta dans les bras de sa sœur bien-aimée pour ajouter:

— Pardonne-moi, Georgina, je suis décourageante de parler comme ça, mais je t'aime tellement…

Puis, relevant la tête:

— Il m'arrive trop souvent d'oublier le bien-être de ton Henri. C'est peut-être parce que je n'ai plus de mari que je n'y pense pas. Tu as épousé un brave homme, ma petite sœur. Ce soir, je vais prier le bon Dieu et je te jure que je ne vais pas lui demander d'arranger les choses en ma faveur. Non, je vais juste lui demander de faire de son mieux pour que les jours qui viennent soient meilleurs. Ah! ma petite sœur, c'est Edna et Rita qui vont avoir bien de la peine de perdre leurs cousines. Quant à Charles, il comprendra. C'est un petit homme, lui.

— Attends que ce soit officiel avant d'en parler à qui que ce soit, Estelle. Henri vient tout juste d'écrire à son ami Tonio.

— Ah! celui-là, ne m'en parle pas. Maudit Italien qu'il est!

— Estelle, tu n'es pas correcte. Tonio a un cœur d'or et n'a rien à voir dans notre décision. Comme je l'ai dit à Henri, c'est peut-être la Sainte Vierge qui se sert de lui pour nous venir en aide.

— Il est juste bon à faire boire ton mari, Georgina.

— Allons, Estelle, ton défunt Jules levait le coude avec lui bien avant que Tonio n'arrive dans les parages. Voyons, ma sœur, t'as quand même pas oublié ça, non?

— Monsieur Berthier, la maîtresse de poste m'a dit de vous dire qu'elle avait une lettre pour vous... lui cria le petit gars d'à côté.

Un mois s'était écoulé depuis le bout de papier de l'Italien. D'un pas pressé, Henri alla quérir la fameuse lettre, sachant d'avance qu'elle ne pouvait être que de son ami. Impatient de la lire, il prit place sur un petit banc de parc et décacheta nerveusement l'enveloppe froissée.

Mon cher Henri,

Tout s'arrange pour le mieux. Pour commencer, si t'arrives en juillet, mon chum *Donato Druda qui est* foreman *dans la construction est prêt à t'engager comme peintre en bâtiment pour sa compagnie. Le salaire n'est pas ben gros pour commencer, mais t'auras de l'avancement avec lui. En plus, ma sœur Vanera qui s'achète une maison a parlé à son propriétaire et il est prêt à te louer son loyer. C'est un beau quatre pièces dans un deuxième. Il y a deux chambres, une cuisine, un salon, un passage pis une toilette. Y'a même un petit balcon privé. C'est situé sur la rue Saint-Vallier, un quartier chic avec du ben bon monde. Tu diras à Georgina que c'est tout près de l'église Saint-Édouard qui sera votre paroisse. Si ça peut faire pour commencer, tu pourras te trouver un bas plus tard. Ma sœur m'a dit qu'elle vous laisserait pour pas une cenne, ses rideaux pis ses prélarts. Pour sa glacière, elle ne demande pas cher. Le logement est chauffé par le bas avec une fournaise à charbon à part ça. On serait pas loin toé pis moé parce que j'ai mon logement sur la rue Saint-Hubert juste en haut de ma cordonnerie. Si ça te tente, j'endosserai tout pour toé et je vais même payer les dix piastres pour le premier mois que tu me remettras plus tard. L'école pour les p'tites n'est pas loin. Ça se fait à pied. Comme Vanera déménage le 15 juillet, tu pourrais arriver à ce moment-là pis a va t'remettre la clef. Faut absolument qu'tu viennes, Henri. Pour toé pis ta famille, ça va être une nouvelle vie. Si tu dis oui, Donato va me signer ton engagement. Vends tout ce que t'as. T'achèteras du neuf avec cet argent-là et je vais signer pour ton crédit. Dis à Georgina qu'elle va pas s'ennuyer icitte et de pas s'inquiéter, j'vas prendre soin d'vous autres. Y'a plein de p'tites filles sur la rue et les p'tites vont se faire des amies. Je sais que ça presse parce que c'est déjà le 20 mai, mais en une semaine tu devrais être capable de tout vendre ce que t'as. Donne-moi vite une réponse et laisse pas passer ta chance. Tu vas voir que, même l'hiver, on peut gagner de l'argent icitte. Je souhaite que tu viennes, Henri. Ça va me faire une famille à moi aussi. Dis à Georgina de pas porter trop attention à mes phrases. Vanera m'a un peu aidé pour écrire la lettre, mais elle est pas tellement meilleure que moi. J'attends de tes nouvelles au plus vite. Salue ta femme pis tes enfants pour moé.*

Tonio

Fou de joie, Henri s'empressa de rentrer à la maison.

— Georgina, Georgina, t'es en haut? Descends vite, j'ai reçu une lettre de Tonio!

La jeune mère descendit rapidement le petit escalier. Elle n'avait pas vu son homme aussi souriant depuis bien longtemps. Heureuse, quoique inquiète, elle prit la lettre que son mari lui tendait en lui disant:

— Tiens! lis ça, Georgina. Je pense que nos problèmes achèvent.

La femme relut à haute voix ce qu'Henri savait déjà puis, songeuse, déposa la lettre sur la table en regardant par la fenêtre.

— Qu'est-ce qui ne va pas? Tu as changé d'idée?

— Non, non, mon homme, mais c'est tout un chambardement. La grande ville, le bruit, la foule. Tu sais, je ne suis jamais sortie d'ici, moi.

— On n'peut quand même pas laisser passer une telle chance, ma femme?

— Non, sans doute, mais ça ressemble à quoi, un logement dans un deuxième étage? Est-ce que ça veut dire que nous aurons à partager notre vie avec d'autres locataires? Des inconnus, en plus? *For God sake*, Henri, c'est à y penser, tu ne trouves pas?

Georgina qui n'employait jamais l'anglais dans ses conversations familiales avait, sur le coup de l'énervement, retrouvé ses origines. Henri, qui comprenait fort bien le sentiment de crainte qui habitait sa femme, lui dit fermement:

— Écoute, Georgina, la poule qui n'a jamais quitté le poulailler finit toujours sur la bûche!

— Oui, et celle qui s'enfuit finit souvent dans la gueule du loup!

Sentant la moutarde lui monter au nez, Henri fit un effort pour garder son calme. Il prit sa femme dans ses bras et la rassura tant bien que mal.

— Nous n'avons vraiment rien à perdre, tu sais. Pense aux petites, pense à la job qui m'attend, à la paix d'esprit. Pense à…

— Chut! lui murmura sa femme en lui posant le pouce sur les lèvres. Excuse-moi, Henri, c'est la surprise qui m'a fait réagir ainsi. Tu sais, il est normal d'avoir peur au dernier moment. Laisse-moi m'en remettre et ça va aller. Devant l'inévitable, je savais que j'allais avoir cette réaction.

Georgina relut la lettre de Tonio trois fois, s'imagina le décor, les situations, les nouveaux jours. Revenue de ses émotions, elle regarda son mari droit dans les yeux et lui avoua:

— Nous partirons, Henri, et le plus tôt possible à part ça.

— Donc, je peux commencer à trouver des acheteurs pour les meubles?

— Oui, mais, avant tout, écris vite à Tonio pour qu'il s'occupe de nous.

À huit heures le même soir, la lettre était cachetée, timbrée et prête à être déposée sur le comptoir de la maîtresse de poste. À l'intérieur, entre un paquet de phrases nerveuses, on pouvait lire: «On arrive en juillet.»

Adèle s'était fait une joie d'aviser toutes ses compagnes de classe qu'elle s'en allait vivre dans une grande ville, qu'elle aurait désormais de jolies robes, une maison à pignons, un salon avec des lustres, de l'argent, etc. Bref, le summum de l'élégance. Elle allait quitter North Bay avec l'attitude de la grenouille qui fuit l'étang pour devenir le cygne blanc d'une mer bleue. Elle parlait du tramway qu'elle prendrait chaque jour, des grands magasins où elle achèterait ses bijoux, des cinémas où elle aurait son siège au premier rang, d'une école privée. C'est tout juste si elle ne leur disait pas qu'elle était pour habiter à deux pas de Sir Wilfrid Laurier. Amélie l'écoutait et la contredisait.

— Maman n'a rien dit de tout ça, Adèle.

— Qu'en sais-tu? Chaque fois, tu dormais ou tu jouais avec le chat!

Amélie, à l'annonce de la nouvelle par sa mère, s'était mise à sangloter.

— Je ne verrai plus Edna et Rita? Je n'irai plus au *candy store*?

Sa mère l'avait bercée tout en la consolant. Elle lui fit miroiter, tel un paradis, le havre qu'elle craignait elle-même. Tante Estelle reçut la nouvelle du départ officiel comme un dard au cœur.

— Ma pauvre sœur, tu vas vraiment me quitter? C'est impensable.

— Sois heureuse pour nous, Estelle, le bon Dieu est de notre côté.

Devant l'irrémédiable, l'aînée s'était inclinée, mais n'en gardait pas moins un immense chagrin au fond de l'âme.

— Et vous partirez quand, tous les quatre?

— Dans le courant de juillet, au moment où Henri aura son emploi et moi, mon logement.

— *Gee whizz!* Maudit Italien! Oh! excuse-moi, Georgina, excuse-moi!

Le vendredi 14 juillet 1911. La famille Berthier est sur le quai de la gare, attendant le train dont le sifflet se fait entendre au loin. Les petites sont agitées, surtout Adèle qui, pour impressionner ses compagnes et cousines, laisse voir le billet qui lui permettra de prendre place sur une banquette en velours rouge. Le voyage «en gros chars», celui dont tous les enfants rêvent, Adèle Berthier va le faire en première classe, selon elle, même si les banquettes rouges sont les moins chères. La paroisse, ou presque, s'est donné rendez-vous pour les adieux à une famille très estimée. Le docteur Weiss et son épouse, la maîtresse d'école, le marchand général et sa famille, le propriétaire du *candy store*, les compagnons de travail d'Henri, Estelle et ses enfants, les religieuses du couvent, le petit cavalier d'Amélie avec encore des fleurs… et même l'abbé Murphy qui en voulait au Seigneur de laisser partir ainsi ses ouailles.

Georgina et Henri n'avaient pas perdu une seule minute depuis la lettre de Tonio. Ils avaient vendu leur maison à un couple de jeunes mariés, dettes incluses, et les meubles à une dame âgée. Les fioritures allaient à qui en voulait bien, pour presque rien. Ils avaient peu à vendre, donc peu à récolter. Estelle s'était approprié quelques bibelots chers à la famille et Georgina s'était départie avec peine de son *Hammond Organ*. Henri avait, pour sa part, entassé dans six grosses boîtes de carton les restes de leur avoir. La dernière nuit, la famille l'avait passée chez Estelle et Henri avait même eu droit à deux petites pintes de bière dans le but de fêter. Le cœur n'était guère à la joie, mais l'espoir scintillait dans les yeux. Georgina n'avait pu fermer l'œil de la nuit. Songeuse, rêveuse, elle revoyait en images son enfance se dérouler sous ses yeux embués de larmes. Quitter North Bay était pour elle un adieu à la plus belle phase de sa vie… malheurs inclus.

Estelle l'avait bordée dans son lit pendant que la petite Adèle s'inventait une féerie devant laquelle Charles, Edna et Rita s'extasiaient.

Le train fulminait sur les rails de la petite gare et déjà quelques voyageurs s'entassaient. Des *goodbye* et des *good luck* fusaient de partout et Henri les rendait avec le sourire. Georgina, dans les bras de sa sœur, pleurait comme jamais.

— Si tu savais comme tu vas me manquer, ma petite sœur.

— Oh! Estelle, toi aussi, toi aussi, mais cesse de me faire pleurer, j'ai déjà le cœur en morceaux.

— Tu m'écriras dès votre arrivée, c'est promis?

— Oui, je te le jure. Je t'écrirai chaque semaine par la suite et dès que tout ira mieux, je viendrai te visiter.

«*All aboard!*» cria le chef de gare.

Adèle avait franchi la première la portière de fer en soufflant des baisers à la foule venue les saluer au départ. Henri la suivit en serrant des mains à gauche et à droite. Au dernier moment, Georgina demanda à l'abbé Murphy:

— Vous voulez bien bénir une petite fille de North Bay?

Le prêtre s'exécuta et traça même un second signe de croix sur le front d'Amélie qui n'avait pas laissé la main de sa mère. Juste avant de monter, la petite embrassa Edna et Rita et salua de la main son cousin Charles et le petit cavalier qui, tristement, la regardait partir. D'une fenêtre, des signes de la main, des effusions de la part d'Adèle, des clins d'œil d'Henri et des sourires de Georgina. Plus loin, dans l'embrasure d'une petite fenêtre juste en arrière, Amélie regardait ses cousines et pleurait en silence en serrant très fort sa catin sur sa poitrine. Dans le char aux bagages, les six boîtes avaient été rangées les unes par-dessus les autres. Sifflet strident, départ bruyant et Adèle jubilait d'être la voyageuse du grand moment. Assise sur la banquette rouge, muette de consternation, Amélie dénouait le ruban de son chapeau de paille en demandant à sa mère qui pleurait:

— Dis, maman, on va revenir bientôt, n'est-ce pas?

Chapitre 3

Quelques feuilles mortes, éparses sur le sol, gisaient encore sous la première neige de novembre. Dans le petit logis des Berthier, c'était certes vivable, mais très inconfortable. Couloir étroit, petites pièces désuètes, on pouvait facilement entendre les conversations des voisins en appuyant discrètement l'oreille sur le mur, ce qui faisait la joie d'Adèle surtout quand monsieur Morin rentrait saoûl et qu'il engueulait sa pauvre femme. Georgina n'était pas heureuse, mais n'osait s'en plaindre à son Henri pour qui l'ère de la famine semblait révolue. Donato Druda le considérait comme son meilleur manœuvre et lui confiait un travail si ardu que les journées de quinze heures étaient multiples. La sueur lui perlait souvent au front, mais les sous s'accumulaient et les meubles se payaient. Le brave homme ressentait le désarroi de sa douce compagne, mais feignait de n'en rien voir. Il avait dit à son ami Tonio:

— T'en fais pas, avec le temps, elle s'habituera.

— Mais, elle sourit plus, Henri. Georgina a l'air ben triste.

— Bah! ce n'est rien. Elle ne file pas actuellement. Elle mange sans cesse et perd du poids. C'est peut-être l'ennui, j'sais pas, mais je vais tout faire pour qu'elle consulte un docteur, juste au cas…

— Elle veut même plus venir souper chez Vanera, Henri.

— Oui, je sais, mais Georgina est bien fragile et bien fatiguée.

— Pourtant, elle était en bonne santé à North Bay?

— Pour sûr, mais tu sais, Tonio, il y a aussi le changement de climat.

Georgina était de plus en plus songeuse. Il lui arrivait souvent de penser à sa petite ville, à sa maison mal chauffée où pourtant le cœur se sentait bien. Et puis, il y avait les lettres d'Estelle qui n'aidaient pas. Les jérémiades de l'aînée, les nouvelles de North Bay ne faisaient qu'attiser la mélancolie de la pauvre exilée. Elle s'efforçait par contre de ne rien laisser paraître. Pour la quiétude d'Henri, pour le bonheur de ses enfants, la jeune mère tournait une à une les pages du calendrier sans le moindre soupir. Un matin où elle semblait atterrée, Henri avait fini par lui demander:

— Tu es certaine de ne pas t'ennuyer ici, ma femme?

— Non, non, tout va bien et nous ne manquons de rien.

— Ta sœur te donne souvent de ses nouvelles, à ce que je vois?

— Ah! la pauvre Estelle, elle a bien du mal à se résoudre à ne plus me voir auprès d'elle, mais ça lui passera.

— Tu t'entends bien avec Vanera, au moins?

— Oui, oui… la sœur de Tonio est une bonne personne. Elle m'a même offert des cornichons qu'elle a mis en pots de ses mains. C'est une brave femme et les petites l'aiment bien.

— Parlant des p'tites, elles s'accommodent du quartier?

— Ça va. Adèle est le boute-en-train de l'école et Amélie s'est déjà déniché une bonne petite amie. Ça va, Henri, ne t'inquiète pas.

— Mais, tu n'es plus la même, Georgina. Qu'est-ce qui ne va pas?

— Rien, mon mari, sauf de la fatigue et un manque de force.

— Tu ne voudrais pas consulter un docteur? Tonio en connaît un très bon.

— Non, non, pas maintenant, ça va se replacer. C'est sans doute le déménagement qui m'a rendue si lasse. Ne t'en fais pas pour moi.

— Et si nous allions manger tous les deux dans un bon restaurant?

— Pas ce soir. Une autre fois, Henri. J'ai eu une grosse journée.

— Donc, tu es heureuse ici? On n'en reparle plus?

— C'est ça, n'en parlons plus et cesse de t'en faire pour moi. Vanera m'a dit qu'après une année je ne voudrai plus jamais quitter ce quartier. Donne-moi juste encore un peu de temps pour m'y accoutumer.

Henri se pencha et déposa un baiser sur le front tiède de sa femme.

— C'est comme tu voudras, Georgina.

— N'oublie pas ta boîte à lunch, Henri, j'y ai mis des viandes et des fruits.

La pétillante Adèle avait mis quelque temps à s'habituer aux règlements sévères des religieuses de l'école. Loin de Miss Thompson avec qui elle avait fait ce qu'elle voulait, elle devait se plier aux normes et à la discipline d'une école où le costume était de rigueur. Enjouée, subtile, elle avait vite réussi à épater les copines avec son anglais si bien parlé et cette grande ville digne des contes des Mille et une nuits de laquelle elle venait. Au sein de ce quartier pauvre et populo, elle avait adopté l'attitude de la petite fille riche qui venait de l'Ontario. Éloquente plus que jamais, Adèle leur parlait de tante Estelle, la femme la plus riche de North Bay, de son cousin Charles qui ressemblait à un petit acteur, de la pauvre Edna qui avait, selon elle, déjà des prétendants et de Rita à qui elle avait inventé une infirmité, histoire de piquer la curiosité. Adèle portait des rubans de velours dans les cheveux et avait même emprunté à sa mère un collet de dentelle, cadeau de tante Estelle, non sans dire aux petites infortunées du quartier qu'il venait des États-Unis. Très populaire, très à l'aise parmi les plus démunies, Adèle y allait de discours sur ses «voyages»… imaginaires! Elle n'avait pas vraiment d'amies. Adèle s'était entourée à l'école «d'une cour» formée des plus niaises et de laquelle elle s'était couronnée elle-même… impératrice!

Amélie, plus modeste, d'un grade plus bas en classe, s'était liée d'amitié avec Germaine Brisson, la fille aînée du laitier. Elle n'était pas belle, Germaine, mais combien douce. Elles allaient en classe main dans la main, partageaient tous leurs jeux et soupaient souvent chez l'une comme chez l'autre. Savaient-elles seulement qu'elles allaient être amies pour la vie? Moins forte en classe que sa sœur Adèle, la petite Amélie étudiait pourtant de tout cœur. Sa tristesse d'avoir quitté North Bay et sa chère Edna l'avait quelque peu freinée dans son désir d'apprendre. Sa mère le sentait. Amélie n'était-elle pas au diapason de ses propres émotions? Germaine Brisson ne quittait plus Amélie Berthier. Elles étaient inséparables, liées l'une à l'autre au point que la chère Adèle, s'apercevant de la chose, avait dit à sa sœurette:

— Elle est donc bien laide, ton amie Germaine!

— Non, elle n'est pas laide. Tu es jalouse parce qu'elle est mon amie.

— Moi, jalouse? Tu as vu ses pattes croches?

L'opulence était certes sur la table, mais ce premier Noël à Montréal n'avait rien de la magie du 25 décembre de North Bay. Tonio, Vanera et son mari s'étaient amenés jusqu'au logis d'Henri et Donato Druda, patron satisfait, lui avait offert pour sa famille un superbe panier de fruits. Les fillettes avaient pendu leur bas de laine pour y trouver, le lendemain, les petites étrennes de leur bon vieux Santa Claus. Adèle avait reçu un bonnet et un manchon de fourrure et Amélie, une petite maison de poupée avec un ber pour le bébé en caoutchouc, cadeau du gros Tonio. De tante Estelle, sa marraine, elle avait reçu des mitaines et des friandises. Somme toute, elle avait été plus comblée que sa sœur qui, s'indignant du fait, avait demandé à son père pour la première fois:

— Dis, papa, c'est qui ma marraine à moi?

— C'était une voisine de ta mère qui a quitté North Bay peu après ta naissance et dont nous sommes sans nouvelles.

— Pourquoi ça n'a pas été tante Estelle?

— Parce que, ma petite chérie, ta tante n'avait pas les moyens à ce moment de t'offrir une robe de baptême. Les temps étaient durs pour elle et c'était tout juste si elle pouvait payer le sirop de son petit Charles.

— C'est injuste. Regarde comment Amélie a été comblée, elle.

— Voyons, Adèle, monsieur Tonio t'a également offert un cadeau, non?

— Bah! juste des souliers noirs que je ne porterai pas.

— Et pourquoi donc? Ce n'est pas gentil, ce que tu dis là.

— Ils sont laids, papa. Ils sont lacés comme ceux des religieuses!

— Georgina, notre voisine, madame Morin, m'a demandé pourquoi tu ne lui adressais jamais la parole.

— Je n'ai pas envie de faire sa connaissance, Henri.

— Voyons, ma femme, ça ne se fait pas. Elle partage le même escalier que nous et son balcon fait face au nôtre. Elle me semble une bonne personne. Qu'as-tu donc à lui reprocher?

— Rien, mais elle ne me plaît pas, c'est tout.

— Tu n'as pourtant pas l'habitude d'être sauvageonne? Tu pourrais quand même faire un effort pour la saluer. Elle voudrait tant te plaire.

— Je n'y tiens pas, Henri. Cette femme a une façon de vivre qui n'est pas la mienne. Je la trouve commune dans ses manières.

— Quelles manières? Parce qu'elle porte du fard à joues?

— Non, mais elle fume la cigarette et boit de la bière, si tu veux le savoir.

— Ce n'est que ça? Allons, Georgina, ce n'est pas de nos affaires et ça ne l'empêche pas d'avoir toujours le sourire. Elle ne dérange personne, à ce que je sache. Prends la femme de mon patron, elle boit bien son vin à tous les repas, non?

— Ce n'est pas pareil, Henri, c'est dans la coutume des Italiens.

— Bon, fais ce que tu voudras, mais je te trouve bien injuste parfois.

— Je ne suis pas injuste. Cette femme est un mauvais exemple pour nos filles.

— Bon, n'en parlons plus, veux-tu? Tu savais que Tonio venait veiller ce soir?

— Oui, mais j'aimerais qu'il parte tôt, Henri, je suis si fatiguée.

— Georgina, il faudrait que tu vois le docteur. Tu maigris à vue d'œil, tu dors sans cesse et ce n'est pas normal. Ça m'inquiète, tu sais, les petites aussi. Elles se demandent même…

— Je fais mon possible, Henri, je fais même plus que mon possible.

— Bâtard! j'te reproche rien, Georgina. C'est pas une réponse, ça!

Pour la première fois, en entendant un juron, Georgina ne s'écria pas: «Henri, les petites!» Elle regagna son lit, posa la tête sur l'oreiller et se mit doucement à pleurer pendant qu'Henri, confus, lui murmurait:

— Excuse-moi, Georgina. J'ai pas voulu t'faire de la peine.

La fonte des neiges avait été longue et pénible et la jeune femme plus frêle qu'un rosier avait tenu le coup, parfois couchée, parfois debout. Elle mangeait bien, trop même, et maigrissait au point d'avoir l'air rachitique. Prise de tremblements, il lui arrivait de pleurer pour un rien, comme si la dépression s'était emparée d'elle. Henri avait fait part de ses inquiétudes à Estelle qui lui avait répliqué dans une lettre: «C'est bien simple, vous n'avez qu'à revenir à North Bay.» Était-ce là la solution? Georgina lui avait juré que non.

— Je suis malade, Henri, mais ça passera, tu verras.

— Si au moins tu voulais voir un docteur. Pour l'amour des petites!

— Pour qu'il me trouve une maladie? Pour qu'il t'arrache ton argent? N'y pense pas. Je vais guérir toute seule… à la manière des chats.

En ce 13 avril d'une année bissextile, Tonio s'amena pour veiller, ce qui sembla importuner au plus haut point la pauvre femme chancelante. Henri et lui parlaient des nouvelles qui les intéressaient sans se soucier de la malade qui lisait le journal dans un coin pendant que les petites se préparaient pour le coucher.

— T'as vu, Henri? J'te l'avais ben dit que le boxeur français Georges Carpentier aurait raison de l'Anglais Jim Sullivan. Il l'a battu devant une foule nombreuse à Monte Carlo. Tu connais Carpentier?

— Tu sais, Tonio, la boxe, c'est pas mon sport préféré. Non, j'le connais pas, ton Français. Toi, t'as entendu parler de la grève des charbonniers en Angleterre? C'est ben plus important que la boxe, ça.

— Toé, Henri, t'as toujours des mauvaises nouvelles à m'annoncer.

— Il faut être renseigné, Tonio, c'est important ce qui s'passe dans l'monde.

— Dites donc, Georgina, vous lisez quoi, vous?

— Les dernières découvertes de Marie Curie et la nomination du poète et peintre Charles Gill qui a été élu président de l'École littéraire de Montréal.

— Charles qui? Dites donc, vous êtes pas mal instruite, vous!

— C'est pourtant écrit en gros dans *La Presse*, Tonio. Mais comme il n'y a que les sports qui vous intéressent, ne me demandez surtout pas de vous dire qui est Charles Gill. Bon, vous allez m'excuser, moi j'ai mieux à faire que de vous écouter. Je couche les petites et je me retire dans ma chambre. Bonsoir, Tonio.

Le brave Italien la regarda partir avec stupéfaction. Jamais Georgina ne lui avait paru aussi maussade. Mal à l'aise, il regarda Henri.

— Mais qu'est-ce qu'elle a, ta Georgina?

— Elle est malade, Tonio, très malade.

— Oui, je sais, Vanera m'en a parlé, mais tu pourrais faire venir le docteur, maudit!

— Elle ne veut pas en entendre parler, Tonio. Moi, j'sais plus quoi faire.

— Vanera pourrait peut-être lui faire comprendre…

— Laisse faire, Tonio, j'vais m'arranger avec ça.

— Comme tu veux, mais c'est pas correct, Henri. Tu peux pas la laisser comme ça.

— Chut, pas si fort. Si elle t'entend, elle pourrait ben t'sacrer dehors!

Deux jours plus tard, incapable de se lever pour s'occuper de ses enfants, Georgina prit le bras d'Henri et lui chuchota:

— Je pense qu'il est temps de faire venir un docteur, mon mari.

— Enfin! Pourquoi n'as-tu pas accepté avant, Georgina?

— Parce que j'ai pensé que, comme les chats… mais il y a les enfants. Tu pourrais demander à Vanera de les recevoir à dîner?

— Elle est chez l'oncle de son mari, Georgina. Si tu veux, je vais rester pour m'en occuper. Monsieur Druda va comprendre ça.

— Non, Henri, tu ne peux pas manquer une journée, d'autant plus qu'on va avoir un docteur à payer et peut-être des remèdes à acheter.

— Et si je demandais à madame Morin de s'en occuper? Je suis sûr qu'elle serait fière de pouvoir nous rendre ce service.

— Tu n'y penses pas, Henri? Je ne lui ai jamais parlé.

— Ça ne fait rien, Georgina. Amélie cause souvent avec elle et Adèle fait même ses commissions. Laisse-moi faire, je suis sûr qu'elle va accepter. Comme elle n'a pas d'enfants, elle sera contente de pouvoir s'occuper des nôtres. Après tout, c'est juste pour une fois. Tu veux bien, Georgina?

— Ah… si tu savais comment ça me gêne, ces choses-là!

Henri avait vite eu recours au docteur de Tonio qui s'empressa d'arriver au chevet de la malade. Les petites étaient parties à l'école le cœur bien gros et comme Adèle ne savait retenir sa langue, la religieuse avait demandé aux enfants de réciter un chapelet pour la mère de leur petite compagne. Amélie, distraite par le chagrin, n'avait osé rien dire et avait raté son examen. Madame Morin avait accepté de grand cœur de recevoir les petites Berthier à dîner.

Le docteur Lapierre détecta d'abord une forme d'anémie et prescrivit à la malade du repos et des vitamines. Après un questionnaire plus poussé, il opta plutôt pour un début de dépression, mais lorsque Georgina lui fit part de sa faim constante, de ses tremblements, de ses urines fréquentes, il regarda Henri et l'informa sans ménagement.

— Il faudrait que votre femme soit hospitalisée, monsieur Berthier.

— C'est grave, docteur? Dites-moi la vérité.

— Ce que je pense est grave, monsieur, mais je ne peux pas me prononcer pour l'instant.

Georgina, qui avait tout entendu de la chambre, supplia:

— Pas l'hôpital, docteur, j'ai deux enfants. Je ne peux pas les laisser seules.

— Madame, il y va de votre santé. Soyez raisonnable.

Henri s'approcha de sa femme et, feignant d'être fort, lui murmura:

— Je vais m'en occuper, Georgina, ne t'en fais pas. Monsieur Druda va comprendre ça et toi, avec ta bonne volonté, tu seras vite sur pied.

Georgina s'agrippa à son mari et le supplia:

— Et si je n'en réchappe pas, Henri? C'est peut-être plus grave que tu ne le crois? Si je n'en réchappe pas, tu me promets de toujours t'en occuper comme je l'aurais fait moi-même? Ne les énerve surtout pas avec moi. Je ne veux pas qu'elles me voient partir en ambulance. Demande à la voisine de les faire dîner au restaurant et…

— Allons, madame, calmez-vous. Ne vous agitez pas de cette façon et ne prenez surtout pas panique. Vous avez besoin de toutes vos forces pour vous aider.

— Mais docteur, elles sont si jeunes et…

— Georgina, je t'en prie, repose-toi et aie confiance. Il faut penser à toi, rien qu'à toi pour l'instant. Arrête de parler, ça te met dans un bien mauvais état.

Henri arpentait le couloir de l'hôpital et jetait parfois des regards dans la chambre où sa femme semblait somnolente. Le docteur Lapierre, accompagné de spécialistes, s'approcha de lui pour lui apprendre avec difficulté:

— Votre femme est dans le coma, monsieur Berthier.

— Quoi? Qu'est-ce qu'elle a? C'est donc si grave que ça?

— Votre femme souffre d'une maladie liée à un trouble de l'assimilation des glucides. En un mot, elle est atteinte du diabète sucré.

Henri s'effondra, éclata en sanglots et leur demanda:

— C'est une maladie qui ne pardonne pas, n'est-ce pas?

— Nous allons tout faire ce que nous pouvons, monsieur, mais le cas est avancé. Il aurait fallu détecter le mal beaucoup plus tôt et encore…

— Sauvez-la, docteur, sauvez-la pour mes enfants!

Henri se remit à pleurer à chaudes larmes et l'infirmière tentait en vain de le consoler. Pendant ce temps, Tonio s'était chargé des enfants avec l'aide de sa sœur Vanera, rentrée précipitamment. Adèle et Amélie sentaient qu'il se passait quelque chose d'anormal. La plus jeune demanda à Vanera:

— Dites-moi, où sont papa et maman? Ils vont rentrer pour le souper, n'est-ce pas?

Henri n'avait pas quitté l'hôpital de la nuit. Georgina n'était pas sortie de son coma et les spécialistes, au nombre de trois, avaient perdu tout espoir de la sauver en dépit des injections et médicaments encore impropres à la survie des diabétiques. En plein après-midi, alors que les oiseaux chantaient encore sur les branches d'arbres, les médecins sortirent de la chambre tête baissée sans oser regarder dans les yeux celui qui implorait, de ses prières, le ciel et la science.

— Monsieur Berthier, nous avons tout essayé…

— Elle n'est pas… non, elle n'est pas…

— Elle nous a quittés, monsieur. Soyez courageux.

Henri s'agrippa au mur et cria de rage:

— Non, Georgina, tu ne peux pas me faire ça. Non, non, pense aux petites. Pourquoi toi? Qu'avons-nous fait au bon Dieu? Ma femme, mes petites. Non, non, c'est trop injuste!

On le contint tant bien que mal et ce n'est qu'après une heure, alors que tout était sorti de lui, qu'Henri se calma peu à peu. Sa Georgina, sa petite femme chérie était partie brusquement. Sans un adieu, sans un baiser à ses enfants.

Découragé, défait, meurtri, il appela Tonio pour lui dire d'une voix étouffée par les sanglots:

— C'est fini, Tonio. Elle est partie comme un ange. Viens vite!

Le soir même, avant de parler à ses enfants, Henri expédia un télégramme à North Bay. Un télégramme sans retenue qui disait: «Estelle, sois forte. Ta sœur est morte.» Puis, avec tout le courage qui l'habitait, il se rendit chez Vanera, prit ses enfants dans ses bras et leur déclara, le visage mouillé de larmes:

— Mes petites, votre maman est partie au ciel. Venez, nous allons prier pour elle.

L'église Saint-Édouard réunissait parenté et badauds pour le service funèbre de dame Henri Berthier. Un modeste cercueil en bois de pin avec, sur le dessus, une gerbe de roses de la part de l'époux et deux lys blancs de la part des enfants. Une dame de Sainte-Anne chantait l'Ave Maria de Gounod pendant que le curé aspergeait d'eau bénite et enveloppait de la fumée de l'encens le cercueil de la défunte. Dans le premier banc, Henri se tenait stoïque entre ses deux filles qui assistaient tête baissée au dernier hommage rendu à leur mère. Juste derrière eux, tante Estelle, mouchoir à la main, pleurait la perte de sa sœur pendant que la jeune Edna qui l'accompagnait sanglotait, émue de voir sa maman en larmes. Le docteur Weiss et son épouse étaient venus de North Bay avec Estelle et avaient déposé dans le panier de doléances les cartes qui témoignaient de la sympathie de tous les amis. De l'autre côté, le gros Tonio, dans son plus bel habit, sa sœur Vanera et son mari. Derrière eux, madame Morin et son ivrogne de mari à qui la défunte n'avait jamais adressé la parole. Les copines de classe des deux petites orphelines de mère, les religieuses, Germaine Brisson, ses parents et son frère Vianney. Le boucher, le boulanger, bref, toutes les connaissances du couple sans oublier Donato Druda et sa femme ainsi que les compagnons de travail d'Henri et quelques vieilles dames fidèles à la prière pour le repos des âmes. Cérémonie touchante, émouvante, inacceptable. Une si jeune femme et mère de deux enfants. La paroisse entière était consternée. Si belle, encore au printemps de la vie et emportée par les ravages du diabète sucré tant redouté. Dix ans plus tard, avec la découverte de l'insuline, Georgina eut été sauvée.

Bien sûr que les petites avaient pleuré. Adèle avait même piqué une crise d'hystérie. Amélie, muette de chagrin, secouée par le choc, avait versé tous ses pleurs sur sa statuette de la Vierge Marie. Henri, en dépit de son horrible douleur, avait tout fait pour les consoler. Il leur disait qu'elles devaient être fortes, ne pas en vouloir au Seigneur qui était venu chercher leur mère afin qu'elle soit auprès de lui dans son paradis. Adèle n'avait rien compris et s'entêtait à réclamer sa mère à grands cris. Amélie, sous l'effet du désespoir, lui parlait déjà dans le ciel, assurée que sa mère lui répondrait. Henri avait longuement parlé avec ses filles… comme si elles étaient des adultes. Il leur avait si bien parlé qu'Adèle avait fini par lui dire:

— Nous sommes grandes, papa. Nous allons t'aider à tenir la maison comme maman nous l'a enseigné. Nous n'aurons pas besoin d'une servante. Amélie et moi sommes capables. Nous allons t'aider, papa, ne pleure pas!

Dès ce jour, moins éloquente dans ses petits mensonges, plus sereine dans sa façon d'être, Adèle se préparait déjà à remplacer sa mère en souhaitant que son père ne lui soit aussi ravi par le bon Dieu. Amélie, sage et résignée, avait de la tête acquiescé.

Estelle avait tenté, mais en vain, de ramener le corps de sa sœur jusqu'au petit cimetière de North Bay. Henri lui avait répondu d'un ton ferme que sa femme reposerait à Côte-des-Neiges afin qu'un jour il puisse la rejoindre. Estelle n'avait pas insisté, mais avait réclamé fortement la garde des enfants, du moins, celle de sa filleule Amélie.

— Mes filles ne seront pas séparées, Estelle, et je serai toujours avec elles.

— Mais, elles sont si petites, mon beau-frère.

— Déjà grandes… quoique petites, avait rétorqué le père. Et ne t'en fais pas, Estelle, je ne me remarierai pas. Je serai tout comme toi, fidèle à l'être aimé jusque dans l'éternité.

— Mais tu n'as que trente et un ans, Henri, et avec deux enfants à t'occuper…

— Qu'importe, Estelle, je ne me remarierai jamais. Désormais, et j'en fais le serment, je vais vivre pour le bonheur de mes enfants, et pour personne d'autre.

Dans un moment aussi bouleversant, Estelle avait préféré ne rien dire. Le cortège se rendit jusqu'au cimetière et, pendant qu'on descendait le cercueil dans son trou, Henri sanglotait et Estelle pleurait à chaudes larmes. Adèle détournait la tête pour éviter le tourment et la petite Amélie regardait la bière descendre en terre, les yeux rougis par la douleur et la main bien serrée dans celle de son père. Une dernière prière et la foule se dispersa. Tonio avait le cœur bien gros et madame Morin murmurait à une religieuse:

— Pauvre elle. Et dire qu'elle ne m'a jamais parlé, sauf pour me dire merci quand j'ai gardé ses enfants. J'aurais tellement aimé la connaître. Mon Dieu que cette mort est bête!

— Allons, madame, ne blasphémez pas ainsi. Le Seigneur sait ce qu'il fait.

Les oiseaux assistaient sans cris au départ de cette bonne âme. À petits pas, en douceur, comme pour ne pas réveiller la morte, les gens avaient regagné le chemin. Amélie, qui n'avait pas lâché la poigne de son père, se retourna une dernière fois et vit, juste à côté de la fosse, une pierre tombale qui attendait d'être mise en place. Sur ce carré de marbre, on pouvait lire:

Ici repose

GEORGINA LABRÈCHE

épouse de Henri Berthier

née le 4 février 1884

décédée le 16 avril 1913

à l'âge de 29 ans.

Que Dieu ait son âme.

Estelle avait rejoint Adèle et, la prenant à part, lui chuchota:

— Tu ne veux pas venir à North Bay avec ta sœur pour l'été?

— Non, je préfère rester ici avec papa et Amélie.

— Tu sais, tu pourrais revoir le *candy store*.

— Tante Estelle!.. on ne parle plus l'anglais par ici!

Chapitre 4

Le mardi 16 mai 1989. La Résidence des lilas n'a pas un cœur de pierre. Fenêtre de chambre entrouverte sur un printemps qui enfin s'éveille et Amélie s'amuse à taquiner un écureuil en quête d'arachides. Il saute d'une branche à l'autre, s'agite à la vue d'un gros chat et la douce Amélie rit de bon cœur pendant que sa sœur la somme de fermer la fenêtre parce qu'elle meurt de froid.

— Regarde, Adèle, comme il est gentil.

— Ferme la fenêtre, Amélie, on gèle ici!

Garde Dubé s'amène, sourire aux lèvres, suivie de la directrice. Elle tient entre ses mains un bouquet de roses et un petit colis enrubanné et orné d'un chou gris.

— Bonjour, Adèle. Tu sais quel jour on est aujourd'hui?

— Non, je ne m'en souviens pas. Vous le savez, vous?

— Mais oui, Adèle, c'est ta fête aujourd'hui et c'est pour toi qu'on apporte ces fleurs. Bonne fête, ma petite Adèle!

Amélie, qui regardait la scène sans trop comprendre, s'écria:

— C'est sa fête? Adèle, c'est ta fête, c'est ta fête!

Garde Dubé lui remit les fleurs et le cadeau en ajoutant gaiement:

— Eh oui! Adèle, tu as quatre-vingt-cinq ans aujourd'hui. Tu es contente?

Adèle regardait les fleurs qu'on avait déposées sur ses genoux et, sans trop comprendre ce qui lui arrivait, ajouta avec un sourire d'enfant:

— C'est pour moi? C'est ma fête? Amélie, regarde, c'est pour moi.

Puis, déballant maladroitement le colis, elle y découvrit une superbe broche ornée d'un camée, cadeau des employés de la résidence.

— Oh! comme elle est belle! Je peux la porter quand je veux?

— Oui, mais pas sur ta jaquette. Aujourd'hui, tu vas mettre une belle robe et on va même te coiffer pour le dîner.

— Tu entends, Amélie? C'est ma fête. Je suis gâtée, tu vois?

— Comme elle est belle, ton épinglette! Tu vas me la prêter?

— Non, Amélie, c'est juste pour moi, pour ma robe à moi. Si tu me la prends, je vais le dire à papa.

— Allons, les p'tites filles, pas de chicane aujourd'hui. D'ailleurs, Amélie sera aussi invitée pour ton beau dîner.

— Et Edna, garde, elle viendra aussi?

— Qui?

— Edna, ma cousine de North Bay. Et Charles viendra aussi?

— Bien sûr qu'ils viendront… de rétorquer l'infirmière qui regardait la directrice d'un œil complice.

— Et papa aussi, n'est-ce pas? Et monsieur Tonio?

— Mais d'où sors-tu tous ces noms-là, ma pauvre Adèle? Qui sont ces gens?

— Et Jacquot, il viendra aussi quand le docteur sera parti?

À l'évocation de ce nom, Amélie sursauta, regagna son lit et cria à sa sœur dans un élan de rage:

— Non, Jacquot ne viendra pas parce qu'il ne t'aime pas.

— Mais qui donc est ce Jacquot, Amélie? questionna la directrice.

— Regardez, madame, il y a un écureuil qui a peur du chat.

— Bon, soyez sages à présent. Après le déjeuner, garde Dubé reviendra vous faire une beauté et nous aurons un beau dîner.

Adèle avait brossé ses longs cheveux blancs avant de les remonter en chignon. Amélie en avait fait tout autant. Garde Dubé était revenue afin d'aider Adèle à enfiler une robe de dentelle rose et poser sur son corsage le camée si apprécié. Elle avait même déposé un peu de rouge sur les lèvres de la vieille demoiselle et un tantinet de bleu sur ses paupières.

— Regarde comme tu es belle, Adèle. On dirait une mariée.

Adèle se regarda dans le miroir et, fort agitée, précisa:

— Garde, je veux aussi mettre mes pendants d'oreilles!

Amélie, pour sa part, avait revêtu une robe de taffetas beige et avait jeté un châle vert sur ses épaules. Timidement, elle s'adressa à la jeune infirmière:

— Je peux avoir aussi du rouge pour mes lèvres?

— Bien sûr, Amélie. Viens ici, je vais te maquiller toi aussi.

Besogne accomplie, garde Dubé lui demanda:

— Tu veux aussi mettre tes boucles d'oreilles?

— Non, garde, ça pince trop, ça me fait mal.

— Ça va, ce ne sera pas nécessaire. Tu es bien belle comme ça.

— Dites, je peux emmener ma catin au dîner?

— Tu ne penses pas qu'elle serait mieux ici à se reposer?

— Vous avez bien raison, le bruit lui fait peur.

— Alors, on est prêtes, les p'tites filles?

— Il y aura beaucoup de monde à mon banquet? Papa sera là?

— Viens, Adèle, tu verras. Tout le monde sera là.

Les deux sœurs se rendirent à la grande salle à manger. Fort intimidée par la chanson d'accueil en l'honneur de la fête d'Adèle, la cadette se tint à l'écart, et il fallut la tirer de force pour qu'elle prenne place à table.

— Regarde, Amélie, papa est là, papa est là!

Une fois de plus, le brave mari de madame Eugénie s'avança vers elle:

— Je ne suis pas votre papa, mais j'ai un beau cadeau pour vous.

Adèle, oubliant ce père instantané, déballa le paquet pour en sortir un beau livre en couleurs sur la reine d'Angleterre.

— Regarde, Amélie, comme c'est beau. C'est la reine et son château.

— Tu vas me le prêter quand tu en auras fini?

— Peut-être, mais je veux le regarder au moins trois fois.

Elles touchèrent peu au dîner, goûtèrent le gâteau orné de fleurs à la crème et, voyant passer un jeune infirmier, Amélie l'arrêta:

— Vous n'auriez pas une cigarette à me donner, monsieur?

— J'aimerais bien ça, madame, mais je ne fume pas.

— Amélie, je t'ai entendue. Garde, elle veut encore fumer et elle sait que le docteur ne veut pas. Vous l'avez entendue?

Garde Dubé s'approcha d'Amélie et lui dit doucement:

— Amélie, tu ne dois plus jamais fumer, plus jamais, c'est compris?

— Oui, garde, parce que ce n'est pas bon pour mes poumons.

— Tu peux avoir une tasse de thé si tu veux.

— Non, j'aimerais mieux un petit verre de brandy.

La salle s'esclaffa. On croyait à une plaisanterie. Amélie les regarda, interloquée... puis choquée.

— Qu'est-ce qu'il y a? Papa veut bien, lui!

— Non, tu bois trop et papa aussi... de lui faire observer Adèle qui n'avait jamais admis que sa sœur ait hérité quelque peu du vice de leur défunt père. Ça, personne ne le savait, surtout pas à la Résidence des lilas. Le passé n'avait pas suivi jusque-là.

Le docteur Girard, attaché à la Résidence des lilas, était venu pour sa visite mensuelle. Toujours souriant, cheveux grisonnants, affable et courtois, il s'était pris d'une affection sans bornes pour les vieilles demoiselles desquelles il connaissait les grandes lignes de vie. Lorsqu'on annonçait sa visite, Adèle, dans un dernier élan de coquetterie, retrouvait sa fierté d'antan. Elle brossait ses longs cheveux qu'elle laissait pendre sur ses épaules et se poudrait le bout du nez. Amélie, plus discrète, ne changeait rien à son allure si ce n'est le châle qu'elle jetait par pudeur sur ses épaules.

— Bonjour, mesdemoiselles, vous allez bien ce matin?

— Oh! oui, docteur! mais mon arthrite me fait souffrir et je suis souvent à bout de souffle… de répondre Adèle, pendant que sa sœur l'appuyait d'un signe de tête.

— Vous dansez peut-être trop, mademoiselle Adèle. Vous ne pensez pas?

— Peut-être bien que oui, convint l'octogénaire en riant gentiment.

— Allons, laissez-moi vous ausculter. Je suis certain que ce n'est rien.

Pendant qu'il s'affairait auprès de sa patiente, qu'il évaluait sa pression, les battements de son cœur, Adèle qui le dévisageait lui murmura timidement:

— Vous avez de bien beaux cheveux, docteur.

— Oh! mais voyez comme ils grisonnent, mademoiselle Adèle.

— Vous sentez bon, docteur. J'aime beaucoup votre eau de toilette.

— Adèle, voyons. On ne dit pas ces choses-là à un homme!

— Amélie est jalouse, docteur. Ne l'écoutez pas. Elle a toujours été jalouse de moi parce que je suis la plus jolie des deux.

— Allons, mesdemoiselles, soyez bonnes amies. Vous savez que vous me gênez?

— Excusez-moi, docteur, mais moi, je dis toujours la vérité en face. Je voudrais vous demander une petite faveur si vous me le permettez.

— Dites toujours, je verrai si je peux vous être utile.

— Vous avez de la musique de Schumann à la maison?

— Quoi? Vous aimez Robert Schumann? Bien sûr que j'en ai, mais comment ferez-vous pour l'écouter?

— Je pense que madame Eugénie a un gramophone dans sa chambre. Je suis certaine qu'elle me le passerait si je le lui demandais.

— Mais, il y en a un dans la grande salle, non?

— Oui, mais j'aimerais mieux écouter cette musique seule dans ma chambre.

— Et vous, Amélie, vous aimez aussi Schumann?

— Oh! oui, docteur! s'empressa de répondre Adèle à sa place. Amélie jouait ses œuvres sur son piano.

— C'est vrai, mademoiselle Amélie? Vous étiez musicienne?

Amélie acquiesça et ajouta:

— J'aimais aussi jouer Chopin.

— Elle a même gagné des concours, vous savez, insista Adèle.

— C'est vrai ce que votre sœur me dit, Amélie?

La timide cadette fit signe que oui tout en oubliant, faute de mémoire, d'ajouter qu'elle avait donné plusieurs récitals au temps de sa jeunesse.

— Et vous, Amélie, la santé est bonne?

— Je n'ai aucun problème, docteur. C'est mon petit qui n'est pas bien. Et sur ces mots, Amélie désigna la poupée qu'elle tenait entre ses bras. Moments de lucidité, moments de sénilité. Le docteur Girard qui savait faire la part des choses lui promit d'ausculter «son enfant».

— Docteur, Amélie fume encore, vous savez.

— Grande langue. Tu n'étais pas obligée de le dire.

Le docteur avait froncé les sourcils et rétorqué gentiment:

— C'est pour votre bien que votre sœur me confie votre secret. Je vous en prie, Amélie, il ne faut plus fumer. Vos poumons sont fragiles et, de plus, cette fumée, ce n'est pas bon pour «votre petit».

Amélie baissa la tête, promit encore une fois de ne plus fumer et demanda au médecin si elle allait bientôt pouvoir descendre au jardin.

— Absolument, Amélie. Dès qu'il fera un peu plus chaud.

Garde Dubé avait fait son entrée.

— Elles sont en forme, les p'tites, docteur? Adèle, tu lui as dit qu'on t'avait fêtée hier au dîner et que tu avais reçu de beaux cadeaux?

Le médecin releva la tête et, fixant l'infirmière, lui déclara:

— Garde, je vous ai déjà demandé d'avoir plus de respect pour ces dames.

La jeune infirmière se pencha et lui murmura pour ne pas être entendue:

— Mais, elles sont comme des enfants, docteur.

— Elles sont des femmes dans toute leur dignité, mademoiselle, et ce n'est pas en les traitant comme vous le faites que vous parviendrez à les réintégrer dans le monde actuel. N'ont-elles pas un grand respect pour vous? De quel droit…

— Mais, docteur, je ne suis pas la seule à leur parler ainsi.

— Oui, je le sais et je le déplore grandement. Je sais que vous êtes dévouée et bonne pour elles, mais on ne parle pas ainsi à des personnes âgées.

Garde Dubé sortit, fort incommodée de la remarque, et le brave médecin s'apprêta à quitter ses patientes non sans avoir promis à Adèle:

— À ma prochaine visite, j'aurai de la musique de Schumann pour vous.

— C'est vrai? Tu entends, Amélie? Le docteur vient de me le promettre. Il est gentil, hein? Dites-moi, vous avez des enfants, docteur?

— Oui, plusieurs et une bonne épouse pour en avoir soin.

— Votre dame est bien chanceuse d'avoir un homme comme vous.

Restées seules, Adèle regarda Amélie et laissa échapper une seule phrase:

— C'est papa qui va être fier. J'ai un docteur pour cavalier!

Le médecin demanda à s'entretenir avec la directrice, et seul avec elle dans son vaste bureau, il lui déclara:

— Il va nous falloir ménager mademoiselle Adèle, elle souffre d'angine. Évitez le surmenage, les émotions fortes et surveillez de près son alimentation. Cette dame est de plus en plus frêle et son état m'inquiète un peu. Demandez à votre personnel d'être aux aguets avec elle.

— Et Amélie, docteur, elle se porte bien?

— Oui, elle a une meilleure constitution et elle est plus calme que sa sœur. Ses poumons sont à surveiller et il ne faut absolument pas qu'elle fume. Pas la moindre cigarette, vous entendez? Soyez très vigilante sur ce point.

— Elle est bien ratoureuse, celle-là, vous savez.

— Qu'à cela ne tienne. Il vous suffit d'avoir l'œil plus averti.

— Bien, docteur. Et les autres, rien de spécial?

— Non, tout va assez bien. Madame Eugénie a les pieds enflés, mais elle a encore des comprimés. Dites à son mari de la faire moins arpenter le couloir. Pour ce qui est de madame Rogier, son otite s'est dissipée. De toute façon, je ne suis toujours qu'à deux pas, vous savez.

— Bien sûr, docteur, et je n'hésiterais pas à vous appeler.

Le brave homme endossa son imperméable et, juste avant de partir, se tourna vers la directrice pour une dernière recommandation.

— En ce qui concerne Adèle et Amélie, madame…

— Oui, qu'y a-t-il d'autre, docteur?

— Voulez-vous sommer votre jeune infirmière de ne plus les tutoyer. Je n'admets pas ce manque de respect et je vous prie d'y voir une fois pour toutes.

— Mais, c'est sans malice, docteur…

— Il n'y a pas d'excuses qui soient valables, madame. De plus, je vous demanderais d'appliquer vous-même cette règle de conduite.

La directrice resta bouche bée, incapable de la moindre riposte.

— Au revoir, madame, et passez une bonne journée.

Seule dans son bureau, la directrice appela garde Dubé et lui fit part des propos du médecin.

— Ah! celui-là, il est si vieux jeu. De quoi se mêle-t-il?

Contrairement à ses habitudes, la directrice répliqua sèchement:

— Thérèse, désormais ce sera comme ça. Pour vous, pour moi et pour tous les autres. Je ne veux plus la moindre faille dans cette maison.

— Mais elles ne s'en plaignent pas, madame. Vous-même…

— Je viens de vous dire que cette mesure sera appliquée. Est-ce clair?

Garde Dubé sortit… se jurant bien de ne point s'y soumettre. Le docteur qui avait oublié quelques notes revint sur ses pas, s'en empara et, juste avant de repartir, lança à la directrice:

— Au fait, vous saviez qu'Amélie avait eu un enfant autrefois?

Chapitre 5

Plutôt frisquet, ce matin du 6 avril 1922. Les cloches de l'église Saint-Édouard tintaient en cadence et les enfants s'en donnaient à cœur joie dans l'échange des roses de papier contre les poussins de peluche. Avait-on prié avec ferveur lors de la célébration de la messe? Sûrement pas, puisque les dames n'avaient d'yeux que pour les toilettes et les chapeaux de leurs voisines de banc. Jeune ct jolie, mince et altière, Adèle pressait le pas pour regagner le petit logis de la rue Saint-Vallier. Juste au coin de la rue, sur les marches de l'épicerie de son père, René Juteau s'empressa de délaisser ses amis pour s'approcher d'elle.

— Joyeuses Pâques! mademoiselle Berthier.

— À vous de même, monsieur Juteau.

Elle allait repartir quand le jeune homme la retenant par le bras lui demanda timidement:

— Votre père vous a-t-il parlé de mon invitation à souper?

— Hélas, monsieur, nous recevons de la visite d'Ontario aujourd'hui.

— Dommage. Que diriez-vous de la semaine prochaine?

— C'est impossible, je passe mes examens pour l'obtention de mon certificat.

— Je comprends. Un peu plus tard, alors?

— Peut-être, si le temps me le permet. Offrez mes vœux à votre mère.

Et la belle Adèle le quitta avec un sourire emprunté à la politesse. Deux maisons plus loin, elle murmura: «Quel effronté! Quel culot!» René Juteau était pourtant un très beau gars de vingt ans. Robe de dentelle blanche sous un manteau de laine rose, Adèle Berthier portait un bonnet recouvert de bandelettes bleues. Un sac à main et des souliers de même teinte se mariaient à la toilette. Elle allait avoir dix-huit ans dans un mois et graduer de l'École normale qui en ferait l'enseignante qu'elle avait rêvé d'être. Elle monta une à une les marches de l'escalier du logement et se heurta à madame Morin qui s'exclama:

— Comme tu es belle, Adèle! Une vraie reine de beauté!

— Merci, madame Morin, et tous mes vœux pour la journée. Dites, votre mari va bien?

— Bah! Il est toujours à l'hôpital, tu sais. Ses poumons ne sont pas forts. Je m'apprête justement à m'y rendre. Ce n'est pas très gai pour un jour de Pâques.

— Pauvre vous! Offrez-lui quand même mes vœux et mon encouragement.

— Merci, Adèle, et pareillement à ton père et à Amélie.

Adèle rentra chez elle et laissa tomber un soupir de soulagement, quoique ravie des compliments de la voisine. Amélie, plus modestement vêtue, sans apparat, s'apprêtait à son tour à partir pour l'autre messe avec son père.

— Tu permets que j'emprunte tes boucles d'oreilles de cristal, Adèle?

— Voyons donc, Amélie. Elles sont trop grosses pour ta figure et ne vont pas avec tes lunettes. Prends plutôt mes perles. Quand donc apprendras-tu à être coquette? Tu ne vas tout de même pas porter ce manteau brun avec ta robe bleue? Mets mon châle rose, voyons!

Henri, qui nouait sa cravate, lui demanda:

— Ça semble pas très chaud dehors. J'devrais mettre mon foulard?

— Non, non, papa, l'hiver est quand même fini. À propos, c'est vous qui avez permis à ce Juteau de m'inviter à souper?

— Ben sûr, Adèle. René est un brave garçon et…

— Taisez-vous, papa. Vous n'y pensez pas? Un vulgaire boucher!

— Et pis après? Il n'y a pas de sot métier et son père a des sous.

— Je ne veux plus que vous lui fassiez de telles promesses. Je n'aime pas ce garçon. Il n'a pas d'instruction et il a l'air niais.

— Tu pourrais quand même accepter pour un soir, de relancer Amélie. Ça ne t'engagerait à rien. C'est quand même un garçon bien élevé.

— Toi, mêle-toi de tes affaires, Amélie. Tiens! prends-le donc pour toi. Il t'irait très bien. Moi, je ne veux rien savoir de lui et encore moins de cette affreuse tache de vin qu'il a sur la main.

— Tu n'es pas charitable, Adèle, de lui rétorquer son père. On ne parle pas ainsi des anomalies qui affectent les gens. Fais attention à tes remarques, le bon Dieu pourrait se fâcher.

— Bon, ça va, papa. Ce n'est pas un jour pour s'obstiner comme ça. Tante Estelle va arriver avec Charles, Edna et Rita et j'ai beaucoup à faire. Ne parlons plus de ce Juteau, et je vous en prie, laissez-moi choisir moi-même mes cavaliers.

Amélie, qui tenait la poignée de la porte, cria à son père:

— Vous venez, papa? On va être en retard!

Le revirement du «tu» au «vous» envers le paternel s'était produit quelques années plus tôt, alors que les religieuses conseillaient fortement aux enfants de respecter davantage leurs parents. Henri s'était d'abord opposé à cette idée d'Adèle, lui disant qu'il se sentirait moins près d'elle, mais la future maîtresse d'école avait tellement insisté en lui disant:

— Papa, ce n'est pas North Bay ici. On ne parle que le français et ce n'est pas comme là-bas avec le *you* et *daddy*. C'est d'ailleurs ce que je vais enseigner à mes élèves. Le vouvoiement, c'est le respect, papa, pas l'éloignement.

Henri, encore mécontent du changement, avait demandé à sa petite dernière:

— Et toi, qu'en dis-tu, Amélie?

— Si ça ne te choque pas, papa, je veux bien le faire moi aussi. Germaine a toujours dit «vous» à ses parents et je pense que c'est plus poli ainsi.

Henri Berthier, bel homme de quarante ans, veuf de surcroît, saluait d'un coup de chapeau les voisins du quartier. Amélie, pendue à son bras, esquissait des sourires de gentillesse en dépit de la remarque chuchotée sur son passage: «Adèle était ben plus chic qu'elle!» Dans la candeur de ses seize ans, Amélie était plutôt jolie. Peu portée sur les toilettes, affublée de lunettes rondes, elle avait dans les yeux cette douceur héritée de sa mère. Bien tournée, elle attirait les regards des garçons, surtout celui de Vianney Brisson, le frère aîné de sa fidèle amie, Germaine. Plus sensible que sa sœur, elle séduisait par sa bonne humeur et s'était même permis un ou deux cavaliers et quelques baisers discrets. Peu tournée vers les études, autodidacte tout comme sa mère, elle avait convaincu son père de la laisser quitter l'école l'an dernier après avoir complété sa neuvième année, pour s'occuper de la maison. Pour une fois, Adèle ne s'était pas opposée. Amélie verrait aux chaudrons pendant qu'elle poursuivrait son instruction.

Henri était à deux pas de l'église quand la femme du bedeau lui souhaita de «Joyeuses Pâques» pour ensuite susurrer à une amie: «Tiens! il n'est pas avec Éva Poulin ce matin!» Éva Poulin! Ennemie jurée d'Adèle et femme sympathique à Amélie. Veuve sans enfants, «la Poulin», comme l'appelait Adèle, avait rencontré Henri tout bonnement lors de ses emplettes chez Juteau. L'épicier, affligé par la solitude de ce brave père, avait fait tout en son pouvoir pour rassembler les âmes esseulées. Éva trouva embarrassant le fait que ce veuf fût de dix ans son cadet, mais Henri alla un soir la visiter et s'aperçut que, tout comme lui, la veuve aimait la bière. Sans amour de sa part, il y retourna plusieurs fois et en fit sa maîtresse… au fond d'un verre. Elle n'était pas belle, Éva Poulin. Fanée quoique poudrée, elle n'avait rien de sa Georgina, mais elle était bonne pour lui, le comprenait et partageait joyeusement son vice. Deux ans à se fréquenter, à se voir en cachette, mais le quartier était aux aguets. Adèle l'apprit d'une âme charitable et fit une sainte colère à son père en traitant la femme d'ivrognesse. Ce fut la première fois qu'Henri leva la main sur sa fille.

— Et dis-toi que tu la mérites, cette claque sur la gueule!

Dès lors, ce fut la guerre entre les trois. Éva tenta d'apprivoiser la fille, mais cette dernière l'ignora et fit jurer à son père qu'elle ne mettrait jamais les pieds dans la maison. Henri, désabusé, vaincu, avait accepté la sentence.

— Voyez-la chez elle, papa, jamais ici. Promettez-le-moi!

Henri avait fini par jurer. À quoi bon les drames puisqu'il n'aimait pas cette femme. La Poulin le recevait un ou deux jours chez elle les fins de semaine. Ils allaient même à la messe ensemble, sauf dans les grands moments comme celui de ce dimanche. Chaque samedi, Juteau livrait une caisse ou deux de Black Horse chez la veuve et, pour Henri, c'était une façon de contrer l'ennui. Amélie, plus curieuse, s'était risquée jusque chez «la poudrée», comme l'appelait Adèle. Éva Poulin n'avait pas bu ce jour-là, se gagnant ainsi la complicité de la cadette. Elle aurait pu être ivre que ça n'aurait rien dérangé. Amélie avait depuis longtemps compris le sacrifice de son père. Elle le voyait songeur, anxieux, malheureux, solitaire, et ça lui crevait le cœur. Il y avait, bien sûr, les visites chez Tonio, mais dans la force de l'âge, un homme avait besoin d'une femme. Amélie savait que le cœur de son père était encore à sa mère. Que lui importait le reste, d'autant plus que papa revenait toujours très joyeux de ses visites chez la Poulin. Adèle s'était certes emportée contre sa sœur qui approuvait cette relation, mais la petite, qui n'avait que quatorze ans à ce moment-là, lui avait répondu fermement:

— Laisse-le vivre sa vie. Tu n'as aucun droit sur lui!

Oui, dix années s'étaient écoulées au rythme des cœurs des trois inséparables. Dix années pendant lesquelles les hivers avaient succédé aux étés. Que s'était-il donc passé sous les volets clos de la rue Saint-Vallier? Henri Berthier avait tenu promesse. Malgré les nombreuses tentatives de Tonio et de Vanera pour lui trouver une seconde épouse, il avait évité toute rencontre et gardait au fond de l'âme cet amour encore vivant qu'il éprouvait pour sa défunte Georgina. Armé de courage et de patience, il avait trimé dur au sein de l'entreprise de Donato Druda et il œuvrait jusqu'à seize heures par jour afin de grossir son compte en banque et d'assurer le bien-être de ses deux petites filles. Lorsqu'il éprouvait des besoins dignes de tout mâle, il partait seul, incognito et à l'insu de tous, jusqu'au premier bordel où il apaisait ses sens. De cette façon, il n'avait pas l'impression de tromper la mémoire de l'élue de son cœur. De leur côté, Tonio et Vanera s'interrogeaient devant cette chasteté maintenue, sans se douter que leur ami avait de ces écarts incongrus qui auraient bien fait rire le gros… s'il l'avait su. Adèle, en brave petite mère, s'occupait de la maison, de la lessive, du ménage et de toutes les corvées routinières. Avec Amélie, elle planifiait la liste d'épicerie, téléphonait chez Juteau pour la commande et le brave père payait les comptes aux fins de mois. Adèle avait même appris à faire la cuisine et, à douze ans, elle était déjà bon cordon-bleu grâce aux précieux conseils de madame Morin qui lui avait enseigné comment faire le ragoût de pattes tout comme la tarte à la citrouille. Amélie se voulait l'aide-cuisinière de l'aînée pour que papa finisse par avouer qu'il avait, à la maison, deux petites femmes qui le faisaient bien manger.

Lors de la guerre 1914 - 1918, les petites avaient craint que leur père soit conscrit. Elles voyaient tant de papas de leurs petites amies partir pour le combat. Henri n'avait pas été appelé. Ses responsabilités envers ses enfants, son statut de veuf et son vif plaidoyer l'en avaient épargné. Tonio fit des pieds et des mains pour s'en sauver, même si la bataille fut plus difficile pour ce célibataire endurci. Finalement, c'est l'un de ses amis, un médecin italien, qui lui rédigea le certificat qui devait l'en dispenser. Il y était déclaré, voire juré, qu'Antonio Fiorito souffrait d'une malformation du cœur.

Toujours avide de journaux, Henri s'instruisait sur le monde à sa façon. C'est ainsi qu'il avait annoncé à Tonio en 1913...

— Savais-tu que la Joconde a été vendue au musée du Louvre par l'Italie?

— La quoi? Qu'est-ce que tu dis là, Henri?

— Rien, Tonio. Faut ben être un Italien pour ne pas connaître de Vinci!

En 1919, Henri avait été fort affecté par le décès de Sir Wilfrid Laurier.

— C'était tout un homme, Tonio, tout un homme!

Ce qui l'avait par contre davantage troublé, c'était juste l'année d'avant, lorsque la grippe espagnole faisait rage.

— Ça meurt comme des mouches, Tonio. Il y a déjà cinquante-neuf cas au Canada. J'ai tellement peur que l'une des petites...

— Ben non, Henri, arrête de voir tout en noir. Là, tu m'fais penser à ta Georgina.

Oui, Henri avait été inquiet. S'il avait fallu qu'Adèle ou sa petite Amélie en soient atteintes. Non, le bon Dieu ne pouvait pas lui faire ça. Il avait eu sa part d'épreuves. Il y songea beaucoup cependant, pas pour lui, mais pour ses enfants. Vanera lui avait dit: «Cessez de vous tracasser, sinon ça va finir par vous arriver!» Le temps lui enleva ces idées noires de la tête, mais il fut profondément affligé par la mort d'un ouvrier qu'il connaissait. Emporté par la grippe fatale, ce brave père laissait derrière lui une femme et huit enfants.

Les petites sœurs s'entendaient tant bien que mal. Adèle avait pris les rênes de la maison et Amélie dut se taire souvent pour éviter des conflits qui auraient fait grogner le paternel. Elle encaissait patiemment les reproches, les sarcasmes, les crises de jalousie de sa sœur sans trop rouspéter. Sauf qu'elle ne se laissait pas mener par le bout du nez. Quand elle en avait assez d'Adèle, elle se réfugiait chez son amie Germaine pour une semaine... au grand soulagement d'Henri. Adèle mûrissait plus vite que les fillettes de son âge. Ce rôle de ménagère lui valait l'admiration des religieuses et de ses compagnes de classe. Heureuse d'être une fois de plus à part des autres, flattée d'être citée en exemple, elle était devenue peu à peu l'idole de son école. Chacune voulait être son amie, mais Adèle ne noua aucun lien de peur d'avoir à étaler la médiocrité de son avoir, elle qui clamait encore être une fille riche de North Bay. Tante Estelle et ses enfants venaient une fois l'an et ramenaient souvent Amélie avec eux pour une semaine ou deux. Heureuse de retrouver son patelin, la fillette se rendait jusqu'à la petite maison de sa prime jeunesse et restait songeuse devant ce passé encore présent en elle. Elle visitait le docteur Weiss, ses copains de jadis, le *candy store* et s'amusait à parler anglais avec un petit accent français, ce qui faisait rire les enfants. Tante Estelle avait maintes fois tenté de ramener Adèle avec elle, mais la petite avait sans cesse refusé. Il lui aurait sans doute été impossible d'épater qui que ce soit de sa supposée grande vie à Montréal, avec Edna pour la démentir. Non, Adèle préférait qu'on s'informe d'elle, qu'on s'imagine son bonheur et qu'on rêve encore des grands magasins qu'elle fréquentait. À ne pas se montrer, elle laissait subsister le doute. De toute façon, North Bay n'avait plus rien à lui apporter. Elle y retournerait sûrement un jour, mais en grande dame, dans ses plus beaux atours.

Adèle n'avait certes pas oublié le drame de ses quinze ans. Un soir, alors que tout était calme à la maison, Amélie l'appela pour lui dire avec stupeur:

— Adèle, je saigne. Je ne sais pas ce que j'ai, mais regarde, je saigne!

Prise de panique, Adèle appela son père:

— Papa, venez vite, Amélie s'est blessée!

Henri se précipita dans la chambre:

— Qu'as-tu, Amélie? Où t'es-tu blessée?

La petite baissa la tête et, se croisant les jambes, répondit:

— Je ne peux pas vous le montrer, papa, c'est sous ma jaquette.

Henri, mal à l'aise, comprit d'un seul coup ce qui se produisait. Fort embarrassé, il ne savait que faire. Il n'avait pas songé à ce jour où ses petites deviendraient femmes. À treize ans, c'était d'ailleurs plus tôt que prévu. Comment aurait-il pu y penser? Sa petite Amélie n'était à ses yeux qu'un bébé. Fort embêté, il s'adressa à madame Morin qui, d'un saut de palier, vint à la rescousse de l'enfant.

— Qu'a-t-elle, papa? Pourquoi avez-vous appelé madame Morin?

— Ce n'est rien, Adèle. Madame Morin t'expliquera tout ça.

Et c'est la brave voisine qui, sur les instances d'Henri, eut la tâche d'expliquer aux petites les mystères de la vie. Très calme, elle avait débuté ainsi:

— Je vais tout vous dire, comme l'aurait fait votre maman.

Bien sûr qu'Adèle avait entendu parler de la chose qu'on appelait «les règles». Une compagne ne lui avait-elle pas demandé un mois plus tôt si elle avait les siennes? Pour Amélie, ce fut la découverte, la peur… et l'émerveillement à la fois. Enfin, quelque chose lui arrivait avant sa sœur et elle en semblait fière. Adèle, blessée jusqu'au fond de son cœur, avait dit à la voisine:

— Comment se fait-il? Elle est plus jeune que moi!

Madame Morin lui expliqua qu'il n'y avait pas d'âge pour la transition, qu'elle-même avait été menstruée à douze ans.

— Ça veut donc dire qu'elle peut avoir des enfants et pas moi?

— Ton tour viendra, Adèle. Tu es plus lente, c'est tout.

— Mais, j'ai toujours tout fait avant elle.

— Oui, mais pour ça, c'est la nature qui décide, pas toi.

Quel traumatisme pour la fière Adèle! Sa petite sœur était déjà une femme et elle, encore une enfant. Amélie ne prenait pourtant pas avantage de la situation, ce qui n'empêcha pas l'aînée de lui dire dans un ardent mensonge:

— Les sœurs m'ont dit que ça arrivait plus tôt aux filles qui avaient de mauvaises pensées. T'as besoin de t'en confesser, Amélie Berthier!

Et la pauvre Adèle attendit jour après jour que la chose se produise pour elle. Désemparée, désespérée, elle regarda sa sœur avec envie et mépris pendant dix-huit mois. Il aura fallu tout ce temps pour qu'enfin elle déclare:

— C'est à mon tour, madame Morin. C'est arrivé cette nuit!

Il y eut également… l'histoire du piano. Fier de sa fille Adèle, de ses dispositions pour les hautes études, Henri acheta d'une vieille dame un piano fort usagé.

— Regarde, Adèle, c'est pour toi. Je vais te payer des leçons et tu seras musicienne comme ta mère.

Éblouie, l'adolescente le remercia, toucha quelques notes qui sonnaient faux et défendit à sa sœur d'y poser le moindre doigt. Elle s'inscrivit à des cours et, un mois plus tard, son professeur avouait à son père:

— Monsieur, je regrette, mais votre fille n'est pas douée pour la musique. Malgré toute sa bonne volonté, elle n'intègre pas le solfège. Elle est douée pour bien des choses, mais je ne pourrai jamais en faire une pianiste.

Adèle pleura de rage et, s'avouant vaincue, déclara à son père:

— Je sais que ça ne rentre pas, papa. Je n'y peux rien. J'aime pourtant la musique, surtout celle de Schumann que le professeur m'a fait connaître, mais je n'ai pas d'aptitudes. Vendez-le vite, ce piano, avant que j'en fasse une maladie.

Henri, résigné du peu de talent de sa fille, chercha un acheteur pour ce meuble devenu inutile et qui prenait tant de place. Un soir, rentrant plus tôt que prévu, il eut la surprise d'entendre, de la galerie, une douce mélodie. Intrigué, il s'infiltra sur la pointe des pieds et surprit Amélie au clavier.

— Quoi? C'est toi qui joues comme ça? Où donc as-tu appris?

La petite, rougissante, referma vivement le couvercle. Honteuse d'être prise sur le fait, elle avoua:

— Comme ça, papa, toute seule... quand Adèle n'est pas là.

— Mais, c'est incroyable! Tu joues comme une experte. Qu'est-ce que c'était?

— Une sonate de Chopin que j'ai écoutée à la radio et que j'ai reprise par oreille.

— Comme ça? Avec tous les accords? Mais tu es douée, Amélie!

— Vous croyez? Vous voulez bien garder le piano pour moi?

— Bien sûr et c'est toi que j'inscrirai à l'école de monsieur Blondin.

À l'insu de l'aînée, Amélie se rendit chez le professeur avec son père, attaqua quelques notes et ce dernier fut émerveillé:

— Voilà une enfant douée! Vous l'avez, votre musicienne, monsieur Berthier. Je suis assuré qu'avec de bons cours elle deviendra une pianiste de talent.

— Vous savez que sa mère jouait aussi par oreille?

— Alors, elle a hérité de ses dons, mais je vais lui apprendre la musique et je suis assuré que votre fille sera une grande artiste.

Amélie était folle de joie. Elle, qui n'avait guère d'aptitudes pour les études, était enfin reconnue dans un savoir-faire tombé du ciel. Elle sentait que ce piano allait être toute sa vie. Mais, qu'allait dire Adèle de ce revirement?

Elle s'emporta comme ce n'est pas possible. Jalouse, furieuse du talent de sa sœur, elle criait de rage, allant jusqu'à dire à son père qu'il n'y avait pas de place dans la maison pour un tel instrument. Elle morigéna sa sœur de lui avoir caché ce talent et d'avoir joué sur son piano sans permission. Elle voulut même la frapper et c'est Henri qui, offensé, lui lança d'un ton sévère:

— Ça suffit, Adèle, plus un mot et pas un geste. C'est ton père qui te parle. Le piano servira à Amélie. C'est compris?

Adèle éclata en sanglots et se réfugia dans sa chambre. Amélie, fort peinée du chagrin de sa sœur, insista auprès de son père:

— Vous devriez aller la consoler, papa. Elle est déçue et je n'aime pas l'entendre pleurer. Mettez-vous à sa place, elle voulait tellement vous faire plaisir. Retrouvant son calme, Henri pénétra dans la chambre de sa fille qui sanglotait sur son oreiller. La prenant dans ses bras, la pressant sur son cœur, il lui dit avec douceur:

— Écoute, ma grande, je n'ai pas voulu te faire de peine. Tu as tellement de talent, toi, et tu seras une bonne enseignante. Tu sais, le bon Dieu donne à chacun sa chance et Amélie vient de recevoir la première qu'Il lui accorde. Je t'aime, ma grande, je suis fier de toi. Je t'aime beaucoup et je sais tout ce que tu fais pour moi. Je ne te le dis pas souvent, mais sans toi, sans ton aide, je ne me serais jamais remis de la mort de ta mère. Amélie est fragile, Adèle. Elle ne va plus à l'école et se sent bien démunie. Laisse-lui au moins la joie d'avoir un talent qui lui servira. Allons, ma grande, console-toi. Tu me comprends, n'est-ce pas?

— Oui, je comprends, papa, et je vous aime beaucoup, vous savez. Je ne suis pas jalouse d'Amélie, je ne lui en veux pas, mais j'aurais tellement aimé jouer la musique de Schumann.

— Bon, alors, demande-lui d'apprendre Schumann et de t'interpréter ce que tu aimes. Je suis sûr qu'Amélie te comblera. En retour, comme tu es plus instruite, tu lui parleras de Voltaire, de Pascal et de tous ces auteurs que tu connais si bien et dont elle ne sait rien. Tu veux bien faire un échange avec elle?

Adèle, s'essuyant les yeux, se pressa contre son père et murmura:

— Oui, je veux bien… mais j'aurais tant voulu jouer moi-même.

Adèle se rappelait qu'Amélie avait souvent recours à elle pour ses lectures. Ne lui avait-elle pas fait connaître Balzac et Victor Hugo? Un jour de 1919, Amélie était même arrivée jusqu'à elle avec le journal du matin entre les mains.

— Adèle, regarde, la comtesse de Lilliput est morte ce matin à l'âge de soixante-dix-sept ans. On dit qu'elle avait encore les cheveux noirs.

— C'était la naine qui faisait partie de la troupe Barnum, le fameux cirque que nous avons vu il y a deux ans?

— Oui, c'est elle. Tu te rappelles comme elle était petite? Elle ne mesurait que trente-deux pouces. De plus, on dit que sa sœur, qui était encore plus petite qu'elle, est morte à trente-cinq ans. On vend son histoire, Adèle, tu veux bien me l'acheter?

— Oui, si ça t'intéresse, je vais demander des sous à papa. Remarque que l'histoire de France t'enrichirait beaucoup plus. La religieuse m'a prêté un livre sur Robespierre et la révolution, tu n'aimerais pas y jeter un coup d'œil?

— Peut-être, mais l'histoire de la naine m'intrigue davantage.

— Comme tu voudras, Amélie, mais ça n'apportera rien à ta culture. À propos, tu aimerais venir voir la dernière pièce de Sarah Bernhardt?

— La vieille actrice avec une jambe de bois?

— Amélie, c'est la plus grande actrice de tous les temps!

— Peut-être bien, mais je ne l'aime pas. Je la trouve prétentieuse.

— Tu préfères sans doute tes films d'amour avec Warner Baxter?

— Oh oui! Tu ne trouves pas qu'il ressemble à papa, cet acteur?

— Pauvre Amélie, tu ne veux vraiment pas t'améliorer, hein?

— J'aime le cinéma, Adèle. À chacun ses goûts, non?

— Oui, sans doute, et les tiens sont ceux des servantes! À propos, qui était le garçon qui t'a raccompagnée hier soir à la maison?

— Personne. Juste un cousin de Germaine.

— Je suppose qu'il t'a embrassée?

— Tu es jalouse, Adèle, jalouse parce que personne ne veut de toi.

— Moi, jalouse? D'un gars de quinze ou seize ans qui fait déjà du ventre?

— Oui, tu es jalouse. C'est pour ça que tu me surveilles sans cesse.

— Papa est-il au courant que tu as déjà un cavalier à treize ans?

— Ce n'est pas mon cavalier, c'est le cousin de Germaine, je te dis!

— Et il t'a embrassée... ce cher cousin de Germaine?

— Jamais de la vie! Pour qui me prends-tu, Adèle?

L'aînée souriait de voir la cadette rougir comme une tomate à l'idée d'un baiser volé. Adèle ne se méprenait guère sur le cœur quelque peu volage d'Amélie. Coupant net à la conversation, Amélie était passée au salon de peur d'avouer maladroitement qu'elle avait même permis à ce garçon de glisser la main dans son corsage.

Le train de North Bay entra en gare vers trois heures. Tante Estelle était radieuse de retrouver ses nièces, pendant que cousin et cousines s'embrassaient affectueusement. Henri était venu les chercher avec Tonio, qui remarqua qu'Estelle était de plus en plus belle. On parla du voyage, de la lenteur du train, du jeune homme qui courtisait Edna au wagon-restaurant… et les rires fusaient de partout. À la maison, ce fut le temps des nouvelles.

Le docteur Weiss avait pris sa retraite, le *candy store* avait fait place à une biscuiterie, Miss Thompson enseignait encore, le petit copain d'Amélie qui lui avait offert des fleurs le jour de son départ vivait maintenant à Sudbury et tante Estelle avait à son emploi trois sauvagesses expertes dans le tressage des chapeaux. Edna, parée de bijoux et vêtue de blanc, avait terminé son cours de sténographie et s'était déniché un emploi dans un bureau d'assurances. Charles, beau garçon de vingt ans, se plut à annoncer à ses cousines qu'il allait se marier avec une fille de Toronto aussitôt ses études terminées. Il allait être comptable et un emploi l'attendait dans la grande ville où il avait rencontré sa dulcinée. Rita, pour sa part, avait hérité du même sort qu'Amélie. Peu studieuse, elle avait quitté l'école et s'occupait de la maison pendant que sa mère fourmillait à la boutique. Pas très belle, grassette et rousselée, elle était experte en art culinaire et se voyait déjà le bâton de vieillesse de sa mère. «*Happy Easter to all!*» s'écria la tante en offrant des cadeaux. Des chapeaux, des gants, du tabac pour Henri et une boîte de bonbons pour Tonio. Le petit Italien, ému, gêné, remercia:

— C'est trop beau pour moé, madame Estelle.

— Mais non, prenez, monsieur Tonio. Vous allez être encore plus gros!

Tous s'esclaffèrent et Estelle, embêtée, s'amenda:

— C'était une farce, monsieur Tonio. Vous n'êtes pas fâché, au moins?

— Ben non, je sais qu'c'est pour rire. Dites donc, vous êtes pas remariée?

— *Gee whizz* non. Qui voudrait d'une femme comme moi?

— Moé, j'dirais pas non, vous savez!

— Tonio, recommencez pas, vous allez me gêner.

Edna, douce comme une mouche, s'approcha d'Amélie pour lui demander:

— Tu as un *boyfriend*, ma petite cousine?

— Chut! Si tu savais comme Adèle est jalouse. Je te raconterai.

— Et elle, pas de garçon encore? Elle est pourtant jolie.

— Oui, mais tellement difficile. Faudrait lui trouver un avocat.

Les deux cousines éclatèrent de rire. Tous se régalèrent du succulent repas d'Adèle. La fête se poursuivit dans un bavardage si bruyant que les hommes se retirèrent au salon pour une bière.

— Elle est belle, ta future femme, Charles?

— Oh! oui, mon oncle. Elle a de beaux yeux verts. C'est une Irlandaise.

— J'espère que tu nous inviteras au mariage?

— Comptez sur moi, je veux que tout le monde soit là.

— Et toi, Henri, tu as une femme dans ta vie?... de demander Estelle.

— Oui... la Poulin! de s'exclamer Adèle.

Le silence se fit. Personne n'osa parler. Henri, fronçant les sourcils, regarda sa fille et lui dit sèchement:

— Madame Poulin, Adèle, madame! À part ça, ce n'est qu'une bonne amie, Estelle, juste une amie.

Adèle aurait bien voulu enchaîner, mais Amélie lui fit de si gros yeux qu'elle se retint. Elle fit cependant un clin d'œil à sa tante qui voulait dire: «Attendez qu'on soit seules, je vous parlerai de son ivrognesse!» À l'heure du coucher, on s'entassa les uns sur les autres. Edna et Amélie, qui partageaient le même divan, échangèrent des secrets.

— Moi, je veux rester fille toute ma vie.

— Pourquoi, Edna? Tu es pourtant si douce et si jolie.

— Je n'ai pas fait mon cours commercial pour éplucher des patates, *Oh no, not me, my God!* Toi, Amélie, tu songes à te marier un jour?

— Je ne sais pas, mais si je trouvais un bon garçon, pourquoi pas?

— Tu as vraiment besoin d'un homme dans ta vie?

— Pas absolument, mais ce serait mieux que de la passer avec Adèle!

Elles éclatèrent d'un franc rire, un rire si fort qu'on put entendre de l'autre chambre tante Estelle leur crier «Dormez, les petites, je suis morte de fatigue.»

Deux jours plus tard, à l'heure du départ, tante Estelle s'informa:

— Tu reviens avec nous, Amélie?

— Non, pas cette fois, ma tante. J'ai trop à faire.

— Allons, ça peut bien attendre. Viens donc avec nous… insista Edna.

— Non, je ne peux pas, je donne mon premier récital à la salle paroissiale.

— *My God*, Amélie, tu deviens une artiste?

— Non, non, c'est juste au profit des défavorisés de la paroisse.

— Tu vas jouer en solo?

— Oui, toute seule et j'ai la chair de poule juste à y penser.

Adèle, qui suivait la conversation, s'empressa d'ajouter:

— Amélie va jouer du Chopin et un Impromptu de Schumann. Dommage que vous ne puissiez rester.

— Oui, dommage, affirma tante Estelle, mais le train n'attendra pas. Ce sera pour une autre fois.

— Tu vas nous jouer au moins un morceau avant de partir? quémanda la dodue Rita.

La salle paroissiale était bondée de monde en ce samedi où mademoiselle Amélie Berthier donnait son premier récital. Très nerveuse, l'adolescente avait demandé à son professeur deux jours plus tôt:

— Vous croyez vraiment que je serai à la hauteur, monsieur Blondin?

Le vieux musicien la regarda droit dans les yeux et lui répondit:

— Ma chère enfant, vous êtes une virtuose du clavier. Vous êtes depuis deux ans ma meilleure élève et l'œuvre de Chopin n'a plus de secrets pour vous. Pour ce qui est de l'Impromptu de Schumann, vous le contrôlez à merveille et ça fera plaisir à votre sœur Adèle.

— Mais, je n'ai jamais joué devant une assistance, monsieur.

— Il faudra vous y faire, Amélie. Ce petit récital n'est que le premier de ceux que vous offrirez. Vous avez un don extraordinaire pour le piano et vous êtes appelée à y faire carrière.

— J'ai pourtant peur, vous savez. Mes mains vont trembler.

— Amélie, dès que vous aurez éveillé les premières notes d'une sonate, vous verrez que la magie se fera. Ne craignez rien, mon enfant.

Rassurée quoique sceptique, Amélie avait pratiqué sans relâche depuis deux jours, appuyée par Adèle qui, en ces moments, retrouvait un énorme respect pour sa cadette. Amélie allait jouer Schumann devant le curé, le notaire, le député et les gros bonnets de la haute société. Plus gonflée d'aise que la musicienne elle-même, Adèle se voyait déjà au rang d'une bourgeoisie tant convoitée. Elle avait prêté à sa jeune sœur la robe de soie blanche qu'elle allait porter pour sa graduation ainsi que son précieux rang de perles. Elle lui avait frisé les cheveux, fardé les joues et nettoyé les lunettes. Amélie se devait d'afficher un air distingué. Elle-même avait revêtu une robe de mousseline lilas et portait dans les cheveux une orchidée de même teinte. De belles opales pendaient à ses oreilles et elle s'était coiffée d'un élégant chignon. On aurait dit «La Dame aux Camélias» au bras de son père. Monsieur Juteau était là avec son fils René qui n'avait d'yeux que pour la belle Adèle qui feignait de l'ignorer, sachant fort bien qu'elle tenait le cœur du garçon entre ses mains. Madame Morin était au tout premier rang avec Tonio et Vanera. Germaine Brisson avait aussi sa chaise et s'était fait accompagner de son frère Vianney qui se voyait déjà comme le fiancé de la pianiste. Les dignitaires firent leur entrée en compagnie du curé qui s'empressa de prendre la parole pour vanter les mérites de cette soirée au profit des défavorisés. Dehors, juste à la porte, une affiche indiquait le récital d'Amélie Berthier, pianiste de renom. La jeune fille faillit s'évanouir face à l'éloquence, elle qui se présentait en public pour la première fois. Les gens venus de plus loin croyaient dur comme fer que la musicienne avait sans doute conquis l'Europe.

Le récital fut superbe et l'artiste, applaudie à tout rompre. Elle avait joué comme si c'était la centième fois, sûre d'elle, maîtrise parfaite, elle avait joué en pensant à sa mère comme s'il n'y avait personne d'autre pour l'écouter. L'Impromptu de Schumann fut remarquable. Amélie y avait mis tout son cœur afin de combler Adèle qui pleurait d'émotion. Félicitée de tous côtés, la pianiste retrouva sa timidité face à la réalité. Vianney Brisson s'empressa auprès d'elle et lui demanda le premier autographe sur un bout de carton. Amélie s'y prêta et le geste fut répété. Pour Adèle, sa sœur était consacrée et c'était bien là… tout ce qu'elle pouvait lui pardonner. René Juteau s'approcha discrètement d'elle.

— Votre sœur est merveilleuse. J'ai vivement apprécié la soirée.

— C'est à elle qu'il faudrait le dire, monsieur.

— Puis-je avoir la joie de vous raccompagner à la toute fin de la soirée?

— Désolée, mais le notaire nous a déjà invitées, ma sœur et moi.

Altière, maîtresse de céans, Adèle s'empara du bras de son père. Son mensonge avait certes de l'allure puisque, de fait, le notaire Germain, homme respecté de tous, venait de dire à Amélie:

— Mademoiselle, je donne une réception mercredi et vous me combleriez si vous acceptiez de jouer pour mes illustres invités.

— Je ne sais pas, monsieur. Il faudrait demander à mon père.

Adèle, qui avait entendu, se précipita à sa rescousse et enchaîna:

— Bien sûr, Amélie. Papa ne saurait refuser une telle invitation.

— Sachez que je compte aussi sur votre présence, mademoiselle Adèle.

Henri, qui ne frayait pas avec ce monde-là, s'empressa d'ajouter maladroitement:

— Quant à moi, il faudra m'excuser, j'ai un rendez-vous médical mercredi. Vous pouvez compter sur mes filles pour votre soirée.

Amélie serrait les mains des gens, au grand plaisir d'Adèle qui se voyait un peu comme l'impresario de sa sœurette. Elle recueillait les éloges, remerciait à sa façon au nom de «sa protégée» et s'appropriait sans vergogne tous les hommages qui lui étaient destinés. Au fond de la salle, timide et presque cachée… la Poulin! Amélie courut la rejoindre, la serra dans ses bras et la remercia de sa présence, ce qui fit le bonheur d'Henri. Adèle tourna du talon, l'ignorant pour mieux la blesser et, prenant sa sœur par le bras, lui dit doucereusement:

— Viens, Amélie. Monsieur le curé voudrait te remercier.

Germaine s'en retourna avec son frère, René Juteau avec son père et Henri avec Éva Poulin. Adèle avait si bien manigancé que sa sœur et elle furent escortées par le notaire et son épouse. Entrée par la porte de service, voilà qu'elle sortait sur un tapis rouge avec des gens de qualité… pendant que la pauvre Amélie cherchait en vain Germaine du regard. De retour à la maison, Adèle concéda, comme si l'honneur fut sien:

— Tu as triomphé ce soir, petite sœur!

Amélie, discrète, troublée, encore émue, répliqua:

— Peut-être, mais je me serais bien passée de la soirée prévue chez le notaire.

Dès le lendemain, en pleine chaire, le curé fit l'éloge de mademoiselle Berthier. Amélie voulait fondre sur son banc pendant que sa sœur distribuait des sourires à sa place. Le journal du quartier fit grand bruit de l'événement, précisant que la musicienne allait être l'invitée du notaire et de ses dignitaires. Pour Adèle, un grand pas venait d'être franchi. Pour Amélie? Une certaine fierté, mais une hâte fébrile de retrouver son amie Germaine, ses chaudrons et sa veste de laine.

La soirée chez le notaire Germain fut spectaculaire. Des gens de classe, des parvenus, un vocabulaire recherché, bref, tout pour que la douce Amélie soit mal à l'aise. Elle joua de son mieux, mais sans la même densité. Adèle lui avait prêté une robe de taffetas aux tons orangés et ses fameuses boucles de cristal... qui, pourtant, n'allaient pas avec ses lunettes. Vêtue elle-même comme une reine dans une robe de soie beige, des émeraudes ornaient ses lobes d'oreilles et dans ses cheveux, des rubans soyeux de tante Estelle. Banquet terminé, chaleureusement appréciée, Amélie n'avait qu'une idée en tête: rentrer. Adèle la retint, parla à l'un, à l'autre, y allant de mensonges fieffés. Se gardant bien de dire qu'elle habitait rue Saint-Vallier, elle était, ce soir-là, originaire de North Bay. Un très bel homme s'avança, la courtisa. Elle avait enfin déniché son avocat puisque ce dernier venait de terminer son cours de droit. Il lui parla de ses voyages en Europe et en Asie, de sa voiture dernier cri... et Adèle était pâmée. Elle lui parla de ses études, de son prochain engagement dans l'enseignement, de Rabelais, de Balzac, et le jeune homme intéressé ne la quittait plus d'un pied. Conquise, charmée, fraîche et candide, elle s'excita, s'emporta même dans son délire jusqu'à ce qu'une jeune femme arrive.

— Tu viens, mon chéri?

— Oui, je te suis. Au revoir, mademoiselle, ce fut un réel plaisir.

L'avocat de ses rêves, le héros de sa vie... était un homme marié!

Chapitre 6

L'année suivante en fut une d'accalmie. C'est comme si tous les soubresauts d'Adèle avaient décidé de faire la sieste. Enseignante dans une petite école privée, faute de mieux, elle se donnait corps et âme pour l'instruction de ces petites demoiselles qui lui avaient été confiées. Le salaire était bien mince, mais pour une jeune institutrice de dix-neuf ans, c'était acceptable si on se fiait au peu d'expérience acquise. Adèle savait que, tôt ou tard, elle accéderait aux grandes écoles publiques avec des classes bondées d'élèves, mais les douze gamines dont elle avait la charge lui donnaient quand même la fière allure d'un paon. Ces petites ne l'appelaient-elles pas «mademoiselle Berthier» avec des «vous» longs comme le bras? Adèle ne se sentait plus, dès ce moment, comme la simple fille d'un peintre en bâtiment. Elle aurait bien voulu quitter ce petit logis qu'elle déplorait, mais sa situation financière ainsi que celle de son père ne leur permettaient rien de plus grand pour l'instant. Sans compter qu'Amélie était à leur charge avec aucun revenu. Elle était, en somme, la bonne à tout faire de la maison. Heureusement qu'Henri lui glissait de l'argent de poche, car la pauvre jeune fille n'aurait même pas pu s'acheter une boisson gazeuse.

Henri travaillait sans cesse et sa bonhomie se partageait entre Tonio et la Poulin. Un soir chez le gros, avec qui il s'obstinait sans cesse, et le lendemain chez Éva avec qui il buvait sa Black Horse; avec qui, également, il faisait parfois l'amour. Henri n'aimait pas cette femme; du moins, pas de cœur et d'âme. Elle était devenue pour lui un déversoir organique, une espèce de palliatif aux filles de joie qui ne le rendaient pas coupable de tromper sa défunte. Encore bien de sa personne, Henri affichait tout de même de larges cernes sous les yeux. Il n'avait que quarante et un ans, mais en paraissait davantage. Sans le moindre exercice, sauf le coin de rue pour se rendre chez Éva, le «père Berthier», comme l'appelaient les jeunes, n'était pas un type en forme. Il nouait encore bien sa cravate, se brossait les moustaches, mais c'est Amélie qui l'incitait à être soigné tout en faisant fi de son début de ventre rond. Sans l'admiration et l'appui de sa cadette, Henri aurait eu un penchant pour un très bon laisser-aller. De plus, ses bières se succédaient à un tel rythme que le pauvre homme avait déjà le foie engorgé. Le teint terreux, il n'avait plus le charme d'il y a cinq ans. La Poulin y était sûrement pour quelque chose. Un soir, alors qu'il était attablé avec ses deux filles, Amélie, sans vouloir le blesser, lui demanda:

— Papa, vous n'avez pas changé de chemise ce matin?

— Bah! elle était encore nette… et puis, j'sortais pas.

La remarque n'était pas tombée dans l'oreille d'une sourde. Adèle, se saisissant de l'occasion, ne put se retenir:

— Vous vous négligez, papa. Vous n'avez pas le droit d'enfreindre ainsi l'hygiène. Il faut se changer chaque jour et prendre son bain plus d'une fois par semaine.

Henri bondit de sa chaise. Furieux, il apostropha son aînée.

— Qu'as-tu dis là, Adèle? Tu oses insulter ton père en pleine face? Parce que t'es maîtresse d'école, tu penses que tu vas faire claquer ton signal jusqu'à la maison?

— Papa, ce n'est pas ce que j'ai voulu dire…

— Tais-toi et écoute-moi bien, petite pimbêche. Tu es ici sous mon toit, dans le loyer que je paie. Tu me donnes une petite pension, c'est sûr, mais ça ne te donne aucun droit sur ta sœur et sur moi. Amélie fait sa juste part, moi je paie à peu près tout, et toi tu vis ici comme une pensionnaire avec une petite remise de cinq piastres par semaine. À partir de ce moment, j'te défends la moindre remarque, Adèle. Pas un seul mot sur ma façon d'être et de me conduire. C'est compris? Si ça ne fait pas ton affaire, tu n'as qu'à endurer une couple d'années et déguerpir à ta majorité. À moins qu'on veuille bien te marier, mais ça j'en doute. Qui donc voudra d'une tête de cochon comme la tienne!

Adèle sursauta, se leva de table et, marchant de long en large, dans une vive fureur, vociféra:

— Et vous, papa? Quelle femme voudrait vous épouser?

— Je ne tiens pas à me remarier, moi. Est-ce clair?

— Vous préférez continuer avec la… la…

— Dis-le, dis-le, la Poulin? Oui, j'aime mieux cette femme que toutes celles qui te ressemblent, Adèle. Éva est une personne franche et fiable, elle.

— Ivrognesse et malpropre, papa. Ajoutez-le!

— Malpropre, madame Poulin? Qu'en sais-tu? T'as même jamais été assez polie pour venir chez elle. Comment peux-tu juger une femme que tu ne connais pas?

— Elle sent la pisse, papa. Oui, la pisse, vous m'entendez? Tout le monde le sait.

— Quoi? C'est qui ça, tout l'monde? Qui a osé dire ça d'elle?

— Amélie... papa!

La cadette avait des sueurs froides sur le front. Elle avait tenu ses doigts croisés pour que sa sœur n'aille pas jusqu'à trahir un secret qu'elle avait juré de garder. Mais, ç'avait été plus fort qu'elle. Sortie de ses gonds, Adèle était incontrôlable. La phrase était lancée, l'accusation portée. Sous le regard de son père, Amélie se sentit au banc de l'accusée.

— Je suis désolée, papa. Je n'aime pas vous faire de la peine et j'aime bien madame Poulin, mais ce que j'ai avoué à Adèle est vrai.

— Pourquoi ne pas me l'avoir dit à moi, Amélie?

— Je ne voulais pas vous blesser, papa. Je pensais que vous le saviez, que vous pourriez un jour lui dire...

— Donc, toi non plus tu n'approuves pas cette relation, Amélie?

— Oh non! papa. Ce n'est pas ce que je veux dire. Vous savez qu'elle est bien fine avec moi. Non, c'est à vous que je pense, papa. Elle a dix ans de plus que vous et c'est vrai qu'elle boit beaucoup. Vous savez, j'ai croisé de belles Italiennes que Tonio voulait vous présenter...

— Ça suffit, Amélie. Ne te mêle plus de ma vie. Si Éva dégage des odeurs qui te déplaisent, ne va plus la visiter. On ne sourit pas à une dame pour ensuite être hypocrite et en parler dans son dos avec sa sœur.

— Allons, papa, c'est tout ce que j'ai dit, rien de plus.

Adèle, se rendant compte que le dialogue était doucereux entre son père et sa sœur, s'emporta une autre fois.

— C'est ça, des gants blancs avec elle. Avec moi, ce sont des hurlements. Vous avez une préférence, papa, ça se voit, non?

— Pantoute, Adèle! Si tu étais moins prompte, tout irait mieux entre nous.

Puis, se tournant vers Amélie qui ne savait plus où regarder, le paternel ajouta avec défaitisme:

— T'as peut-être raison, Amélie, mais c'est la première fois que tu m'fais d'la peine comme ça.

La nuit avait été pénible pour Adèle. Ne pouvant fermer l'œil, elle avait pleuré à chaudes larmes, assurée que son père avait une préférence pour sa sœur cadette. C'était trop injuste, à la fin. Elle gagnait bien sa vie, payait pension et on la traitait avec peu d'égards. Il lui arriva même de penser en cette nuit blanche qu'elle ne serait pas plus malheureuse avec un René Juteau qui semblait prêt à déposer un tapis de roses sous ses pieds. Amélie, pour sa part, était triste du dénouement de la soirée. Elle en voulait à Adèle d'avoir trahi sa confiance et se torturait d'avoir fait de la peine à ce père qu'elle aimait tant. Éva Poulin était une bonne personne malgré tout et c'est avec contrition qu'elle implorait le Seigneur de lui pardonner sa médisance. La pauvre dame avait peut-être des troubles de vessie? Amélie était dans tous ses états, d'autant plus que son père ne semblait pas incommodé par les odeurs de celle qui comblait quelque peu le vide de sa vie. La nuit fut tourmentée pour la pauvre Amélie qui aurait aimé refouler son chagrin: «Oh! maman, si seulement vous étiez encore là!»

Henri avait également très mal dormi. Il s'en voulait de s'être emporté contre Adèle. Peut-être avait-elle raison de le rappeler à l'ordre sur le plan de la propreté? Comment était-il arrivé à se laisser aller, lui, si fier au temps de sa Georgina?

Et puis, avait-elle tort de prétendre qu'il lui préférait sa sœur? Amélie, portrait tout craché de sa chère disparue, faisait qu'il s'en rapprochait davantage. Adèle s'en était rendu compte. «Maudit! j'suis pas correct!» marmonna le brave homme pour ajouter dans sa tête: «Si, au moins, elle n'avait pas ce caractère de chien!» C'était pourtant le sien, ce tempérament, mais est-on seulement conscient des défauts qu'on n'ose admettre? Adèle avait bien raison de vouloir quitter ce petit logement, de s'élever d'une marche dans cette bonne société, mais fallait-il encore en avoir les moyens. Puis, il y avait Tonio, Vanera et son mari ainsi que sa chère madame Poulin. Un scénario se déroulait dans le but d'une mise au point. Oui, il fallait qu'il démontre à Adèle qu'elle était aussi chère que sa sœur dans son cœur. Mais de là à lui permettre de parler d'Éva Poulin de la sorte, jamais. Cette femme qu'il n'aimait pas était quand même la bouée de sa misère. Il s'y était habitué comme à sa pipe. Et comme, en plus, elle avait toujours de la bière...

Le thé très chaud reposait sur le rond du poêle. Henri était debout depuis le chant du coq et Adèle fut la première à se montrer le nez dans la cuisine. Henri, mal à l'aise, la regarda puis baissa les yeux. Adèle, modeste et repentante, arpenta la petite pièce puis, se tournant vers lui, entonna:

— Pardonnez-moi, papa. Je regrette ce que j'ai pu vous dire hier au soir.

— Viens t'asseoir, ma p'tite fille. Viens à côté de ton père. Viens boire une tasse de thé avec moi.

Adèle, surprise par le ton plus que tendre du paternel, prit place à table et murmura:

— Vous savez, je vous aime bien, papa, et...

— Chut! ne dis rien, ma p'tite. Laisse-moi parler pour l'instant.

Henri échappa un soupir et, reprenant son souffle, commença:

— Tu as raison sur plusieurs points, Adèle. C'est vrai que je ne suis plus tellement fier de ma personne et tu as eu raison de me le rappeler. Tu l'as sans doute fait au nom de ta mère. J'ai des choses à rattraper de ce côté, je le sais et je vais m'y appliquer. Je suis bien seul, tu sais, et le cafard me porte à me négliger. Par contre, j'ai juré sur la tombe de ta mère de ne jamais me remarier. Je…

— Arrêtez, papa. Maman ne vous a pas demandé une telle fidélité.

— Laisse-moi terminer, Adèle, après tu parleras et je t'écouterai. Non, ta mère ne m'a rien demandé avant de nous quitter. J'ai décidé qu'elle serait à tout jamais l'unique épouse de ma vie. Aucune autre femme ne pourra me faire oublier son doux visage, ses belles manières. Je l'ai aimée, ta mère, beaucoup plus que je l'ai démontré. Parfois, quand j'y pense, c'est comme si je l'avais perdue la veille. Mon cœur ne pourra jamais en aimer une autre et c'est pourquoi j'ai jeté ma tendresse sur ta sœur et toi. À ce propos, Adèle, je voudrais que tu saches à quel point je t'aime. Je donne peut-être l'impression d'avoir un penchant pour Amélie, mais, au fond de mon cœur, mes deux petites filles ont une part bien égale de mon affection. Le problème, ma grande, c'est peut-être qu'on est pareils, toi et moi. Ce que je n'aime pas de toi, c'est sans doute ce que je n'aime pas de moi. D'un autre côté, comme je suis l'auteur de tes jours, il est tout à fait normal que tu aies pu hériter de mon sale caractère, mais je n'oublie pas tes qualités. Tu es vaillante, Adèle. Tu es une fille déterminée, une fonceuse. Tu veux, tout comme moi, aller très loin dans la vie, mais sache qu'un petit pas à la fois, ça suffit. Ta mère a mis un frein bien souvent à mes vents de folie. Je ne t'en veux pas d'avoir de l'ambition, de chercher un mari dont tu seras fière et je ne te parlerai plus jamais du fils Juteau. Tu as une grandeur d'âme, Adèle, un beau cheminement à parcourir. Tu sais, moi, je n'ai pas ton instruction, mais la base de nos pensées est la même. Amélie m'est plus facile d'accès parce que plus soumise aux affres de la vie. Elle est exactement comme ta mère et comme je n'ai jamais à m'obstiner avec elle, tu as l'impression qu'elle est ma préférée. Non, Adèle, c'est pas vrai. C'est pas parce que tu me fais voir rouge souvent que je t'aime moins cependant. Vis ta vie, ma p'tite, avec les belles années qu'elle te réserve. J'ai compris bien des choses depuis hier soir et ce n'est pas parce que je suis «le père» que tu dois sans cesse te taire. Rappelle-moi à l'ordre quand ça te plaira, mais fais-le juste en douceur si tu le peux. Tu comprends? On est à prendre avec des gants blancs tous les deux. Je m'amende sur bien des points, ma chérie, mais j'te demande une seule faveur: ne m'parle plus de madame Poulin. Je sais que tu le fais pour mon bien et que t'aimerais me voir au bras d'une dame de ton rang, mais avec Éva, j'suis bien, très bien et ta mère ne m'en voudra pas. Permets-moi juste d'être assez heureux pour ne pas être malheureux. Ne lui parle pas, à cette femme, ne la regarde pas si tu veux, c'est ton droit, mais laisse-moi être bien auprès d'elle. Laisse-moi juste ce p'tit bonheur-là, tu veux bien?

Adèle pleurait à en fendre l'âme. Prenant la main de son père dans la sienne, pour la première fois de sa vie, elle lui murmura entre deux sanglots:

— Si vous saviez comme je vous aime, papa. Savez-vous que c'est la première fois que vous me parlez avec autant de tendresse?

— J'ai pourtant essayé bien souvent de le faire, Adèle.

Elle se moucha, s'essuya les yeux du coin de son tablier et ajouta:

— Oui, je sais, papa. J'ai la tête bien dure, parfois. Pardonnez-moi d'avoir dit tant de mal d'elle. Vous savez, je me rends compte de mes mauvaises habitudes. J'ai peut-être trop cherché à remplacer notre mère et, pourtant, je suis loin d'avoir sa manière. Tout ce que je souhaite, papa, c'est qu'on puisse être heureux tous les trois. Vous, à votre façon, Amélie, à la sienne et moi, avec ce que je crois bien faire. Je sais que je ne suis pas toujours agréable avec elle. Quelle patience que celle d'Amélie! Il fallait peut-être que vous me parliez ainsi pour que je comprenne davantage les autres et que je m'oublie.

— Ne te tourmente pas, Adèle. Ne te fais pas souffrir ainsi.

— Non, laissez-moi parler à mon tour. Moi, je réussis bien, j'enseigne et c'est là toute ma vie. C'est peut-être parce que j'ai été comblée par la destinée que je voudrais que tout le monde le soit. J'ai tort d'agir ainsi. Vous avez votre vie à vivre quelle qu'elle soit et Amélie doit se battre avec la sienne. Elle est timide, ne s'impose pas, ne bûche pas. Et dire qu'elle est musicienne jusqu'au bout des doigts. Pauvre Amélie!

— Tu vois? Tout comme ta mère, ta sœur est très modeste.

— Peut-être au fond du cœur, mais maman avait encore plus de fierté. C'est vous-même qui disiez qu'elle voulait toujours avancer, avoir une maison, vivre dans un autre quartier. C'est peut-être d'elle que j'ai hérité mes lamentations.

— Ta mère voulait avancer, mais elle savait se contenter, ma grande. Jamais le moindre reproche, jamais de chicane. Ce qu'elle voulait, c'était pour vous deux qu'elle le souhaitait, pas pour elle. Elle tenait à vous donner ce qu'elle n'avait jamais eu. C'est pas pareil, ça. Ta mère regrettait même la p'tite cabane de bois de North Bay. Toi, Adèle, tu vises plus haut. Tu es plutôt comme moi avec la différence que, toi, tu manifestes ce que j'ai toujours gardé en dedans.

— C'est possible, papa, mais ne venez pas me dire qu'une petite poussée dans le dos ne ferait pas de bien à Amélie?

— Sûrement, Adèle, si c'est fait avec douceur et compréhension. Ce qu'il te faut, ma grande, c'est juste un peu plus de délicatesse.

— Je me connais, papa, et je sais que je n'y vais pas toujours par quatre chemins. J'ai des défauts mais, chose certaine, et contrairement à vos dires, je ne suis pas pimbêche.

— Non, ça je le sais, mais ça m'a échappé dans ma colère. Tu sais, j'aurais pu dire pire dans mon emportement. J'sais plus c'que j'dis quand j'suis hors de moi.

— Je l'ai compris, papa. Moi, je vous ai manqué de respect et je n'en ai pas dormi de la nuit. J'avais l'impression que maman me disputait de l'autre côté.

— Oui, on est bien souvent puni par ses propres regrets. Crois-moi, j'sais c'que j'dis.

— Pour ce qui est de madame Poulin, papa, faites à votre aise. Je m'efface du portrait et je vais même la saluer quand je vais la rencontrer.

— Non, Adèle, tu n'as pas à le faire. Éva ne s'y attend pas, et ne le fais pas juste dans le but de me faire plaisir. Je ne tiens pas tant que ça à c'qu'elle s'infiltre dans notre vie. Laisse-la avec moi, comme ça. Amélie lui parle de temps en temps et c'est suffisant. Je ne vous demande pas de l'accepter, j'tiens juste à la fréquenter.

— J'aurai quand même la politesse de la saluer. C'est sans doute ce que mère m'aurait conseillé.

— J'suis pas sûr, Adèle. Tu sais qu'elle n'a jamais parlé à madame Morin de son vivant? C'est vrai que tu r'tiens ce p'tit côté-là d'elle.

— Une autre chose, papa, que je tenais à vous dire. Je vais accepter une sortie avec René Juteau. Une seule, juste pour voir ce que ça pourrait donner.

— Là, tu charges, Adèle. T'as pas à t'imposer ce sacrifice pour me plaire. Je te l'ai dit tantôt, tu dois faire ton choix toi-même. Si Juteau n'est pas ton genre, tu n'as pas de compromis à faire. Laisse ton cœur parler et cherche ailleurs. Moi, tout c'que j'veux, Adèle, c'est que ta sœur et toi soyez aussi heureuses que j'ai pu l'être avec votre mère. Tu m'comprends? Joue pas comme ça avec tes sentiments.

— Vous avez raison, papa, mais je tiens à le rencontrer quand même juste au cas où je me serais trompée. Je l'ai peut-être mal jugé. Non, ce n'est pas pour vous plaire que je veux le faire, papa, c'est pour m'assurer moi-même du genre qu'il est.

— À ton idée. T'es assez vieille pour savoir ce que tu as à faire.

Amélie, qui avait tout entendu de sa porte entrouverte, s'avança timidement jusqu'à la cuisine. Le silence était d'or et la jeune fille en fut si mal à l'aise qu'elle renversa du thé sur le rond du poêle.

— Tu ne t'es pas brûlée, au moins? lui demanda le paternel.

— Non, non, papa, rien de grave, juste un faux mouvement.

Adèle lui offrit une beurrée avec un sourire gentil tout en lui demandant:

— Tu as bien dormi cette nuit?

— Oui, assez bien, même si j'ai souvent tourné.

Puis, regardant son père, elle lui déclara dans un sanglot:

— Pardonnez-moi de vous avoir fait de la peine, papa.

— Allons, c'est tout oublié. Mange, ça va te remettre d'aplomb.

Et Adèle d'ajouter:

— Tu iras chez le cordonnier aujourd'hui?

Amélie sentit fort bien qu'on ne dialoguerait pas avec elle. Une petite fille, une enfant de dix-sept ans, voilà ce qu'elle était aux yeux de sa sœur et de son père. C'est tout juste si on ne la consolait pas en lui offrant un chocolat. Pourtant, elle était femme, celle qu'on traitait en gamine. Elle aurait fort bien pu trancher la discussion, y aller de son état d'âme, mais à quoi bon. On ne lui quémandait aucune opinion. C'est comme si elle avait encore eu ses boudins dans le dos. C'est comme si on épargnait à «l'enfant» la conversation des grands. Tout comme sa mère, gardant sa déception au fond de son cœur, Amélie parla du temps qu'il faisait, d'une blouse à recoudre, de la première voiture de Tonio. Amélie, c'était celle qui causait de banalités, celle qui n'avait rien à dire de plus que les aléas de ses petites journées. Elle le savait et se taisait. Cette fois, comme pour être en évidence, elle allait avouer à haute voix ce qu'elle avait refusé à Germaine à demi-mots. Il fallait bien qu'on se rende compte qu'elle existait, qu'elle était là et qu'elle avait une certaine ambition. Ne venait-elle pas d'entendre sa sœur la dépeindre comme la fille «à pousser dans le dos»?

— Je voulais vous dire, papa, que je serai candidate au concours «Mademoiselle Montréal» cette année.

Henri et Adèle se regardèrent stupéfaits. Le père s'écria:

— Quoi? Un concours de beauté? N'y pense surtout pas!

— Non, papa, ce n'est pas un concours de beauté mais de personnalité. L'élue se doit d'avoir du talent et j'ai pensé qu'avec le piano je pourrais mériter le titre.

— Et pourquoi pas? de renchérir Adèle qui se grattait déjà la tête.

— Tu es sérieuse, ma fille? Tu penses qu'elle fait une bonne chose?

— Pourquoi pas? Amélie a du talent, de la personnalité. Je crois qu'il est temps pour elle de se mettre en valeur, d'essayer de nous faire honneur. Être l'ambassadrice d'une grande ville, c'est un beau privilège. Elle pourrait même aller à l'étranger. Oui, Amélie, c'est une bonne idée. Je vais même t'aider à être sûre de toi, à te faire pratiquer, à ne plus être gênée, à…

Et voilà qu'Adèle, c'était plus fort qu'elle, démentissait d'un trait la modestie dont elle avait tenté de faire preuve quelques minutes plus tôt. Si sa sœur gagnait, la couronne se poserait également sur sa tête. Henri comprit que rien ni personne ne changeraient les mirages de son aînée. Sans dire un mot, il jeta un coup d'œil dans son journal. C'était là sa façon de se faire Ponce Pilate. Amélie, sentant son hésitation, y alla d'un pieux mensonge:

— D'ailleurs, j'aurais préféré vous en faire la surprise, mais ma candidature est déjà posée. Germaine m'a recommandée et on m'a acceptée. Le concours a lieu dans quinze jours.

— Si vite que ça? rétorqua Adèle. Mais tu ne seras jamais prête! Tu ne joues presque plus et…

— Ne t'en fais pas, j'ai pratiqué chaque après-midi, dernièrement.

Et pour mieux ravir sa sœur qui s'inquiétait, elle ajouta:

— Je jouerai du Schumann, Adèle, que du Schumann!

Les yeux d'Adèle s'illuminèrent. Recoiffant ses cheveux, elle reprit:

— Là, tu as de grandes chances, Amélie, de très grandes chances.

— Et si je ne gagnais pas, ça te décevrait?

— Pas du tout. Jouer du Schumann devant monsieur le maire et sa dame, devant les dignitaires, devant les journalistes, c'est déjà la consécration, Amélie. Et je parie que tu vas gagner!

Mal prise, très mal prise dans son mensonge, Amélie s'empressa de communiquer la nouvelle à Germaine qui ne comprenait pas cette volte-face. Amélie avait refusé le fameux concours de toutes ses forces et voilà qu'au dernier jour des auditions, elle voulait à tout prix être parmi les concurrentes. Elle avait dit à son père qu'il ne lui manquait que sa signature d'approbation. Le brave homme s'exécuta sur un bout de papier juste avant de quitter pour le boulot. Une course chez le cordonnier, une autre chez l'épicier et la douce Amélie, timide comme un oiseau, se présenta au bureau de recrutement avec un trac qui ne laissait aucun doute. Une audition, une seule, et son nom était en lice. Sur les trente dernières candidates, trois noms avaient été retenus dont le sien. Les coupures de journaux lors de son fameux récital avaient grandement aidé. Douze jeunes filles de Montréal allaient aspirer au titre tant convoité. Elles devaient avoir dix-huit ans révolus. Amélie ne les aurait qu'en décembre. Mais elle avait tout prévu. C'est avec une carte d'identité d'Adèle, émise au nom de mademoiselle A. Berthier, qu'elle s'inscrivit, ce qui lui donnait un an de plus que l'âge requis. Tout ce qu'on avait omis de vérifier, c'était le prénom. Le «A» pouvait tout aussi bien servir à une Amélie qu'à une Adèle. Poudre aux yeux en dépit des sueurs froides, mademoiselle Amélie Berthier, enseignante de carrière, était la dixième candidate choisie avant la fin de la journée et la seule à être pianiste. Les autres étaient comédienne, chanteuse, accordéoniste, poétesse, acrobate, ballerine, etc. Son art lui valut d'être des élues pour le diadème anticipé. Il ne lui restait plus qu'à attendre le fameux soir avec l'espoir qu'on ne découvre pas la supercherie. Mains moites, nerveuse dans sa malhonnêteté, Amélie ne pouvait plus reculer. Si seulement on lui avait permis de parler lors du fameux conseil de famille, Amélie Berthier n'aurait pas eu à feindre pour prouver qu'elle n'était plus une enfant. Si seulement on l'avait conviée et écoutée à la table du petit matin, elle n'en serait pas à s'exécuter devant un public pour un titre dont elle était complètement désintéressée. Stratagème en place, fausse représentation, la douce Amélie grognait maintenant comme un lion. On allait bien voir si elle n'avait rien à dire, si elle n'avait aucun culot et si elle n'était pas tout comme sa sœur, munie d'un brillant cerveau. Quand Adèle lui avait demandé: «Tu es sûre que tu n'es pas trop jeune pour être acceptée?», elle avait répondu avec un sang-froid déconcertant: «Non, on m'a acceptée parce que j'aurai mes dix-huit ans cette année. Je suis donc par ce fait… admissible.»

Le fameux samedi soir arriva au grand désarroi d'Amélie qui, plus morte que vive, tremblait de tous ses membres.

— Calme-toi, voyons, ce n'est pas la première fois que tu affrontes un public!

— Peut-être, Adèle, mais pas dans un concours avec tout ce monde, les journalistes, le maire. Si tu savais comme je le regrette.

— Ne pense qu'à Schumann et rends-lui justice, petite sœur.

Amélie portait une robe longue en taffetas blanc ornée de roses vertes à la hanche et au pan. Une robe louée dans un salon pour les mariées. Une toilette de fille d'honneur, quoi! À son cou, une chaînette sertie de jades synthétiques et, dans ses cheveux, une rose en chiffon vert. C'est Vanera, la sœur de Tonio, qui s'était chargée des détails. Aux pieds, deux escarpins de satin blanc. Très jolie, savamment maquillée par Adèle, l'adolescente affichait assez bien les dix-neuf ans empruntés à sa sœur pour la circonstance. Henri, vêtu de son plus bel habit, était aux premiers rangs avec Tonio, Vanera et madame Poulin. Cette dernière avait eu droit pour la première fois à un «bonsoir, madame» très courtois de la part d'Adèle. Fébriles, les concurrentes attendaient avec une boule dans la gorge le moment de leur entrée en scène. Les chanteuses avaient dans la voix des trémolos bizarres, issus de leur nervosité. Monsieur le maire et son épouse, les échevins, les dignitaires, quelques artistes de la radio et des «gens du grand monde» étaient présents. Plus au fond, des assidus du peuple, des friands de concours et des curieux venus de partout. Tous étaient réunis dans la grande salle de bal de l'hôtel de ville pour l'événement qui allait donner une fois de plus une reine à leur cité. Germaine Brisson, complice d'Amélie, était accompagnée de son frère Vianney pendant que René Juteau, venu avec une cousine, reluquait Adèle du coin de l'œil. Même monsieur Druda avait tenu à être de la soirée. Les cousines de North Bay n'avaient pu venir, mais tante Estelle avait écrit un mot: *Good luck, my dear child!*

Amélie fut la dixième concurrente à se présenter. Son entrée fut acclamée par les proches et remarquée de l'assistance. Très digne, sûre d'elle, trac enfoui au fond du cœur, elle rendit hommage à Schumann comme jamais elle ne l'avait fait. Adèle en avait les larmes aux yeux pendant que certains se demandaient ce qu'elle interprétait. Pour la masse, Chopin était bien connu, mais pas Schumann. Applaudie à tout rompre par les mélomanes, elle n'eut qu'un simple accueil de la part des profanes. Lorsque le questionnaire arriva, Amélie fut fort embarrassée quand le maître de cérémonie lui demanda:

— Vous préférez l'enseignement à votre art, mademoiselle?

Ce à quoi Amélie répondit:

— L'art est en tout, monsieur, même dans les rêves.

Elle s'éloigna habilement du sujet, mais la question n'était pas tombée dans l'oreille d'une sourde. Adèle comprit très vite que sa sœur s'était servi de sa vocation mais sans savoir pourquoi. «Sans doute pour ne pas dire qu'elle reste à la maison», pensa-t-elle.

Le jury, composé d'acteurs, d'écrivains, de musiciens et de dignitaires, délibéra et c'est une jolie brunette du nom de Gabrielle Rivet qui remporta la palme. Elle devenait ainsi «Mademoiselle Montréal 1923» dans le cadre du carnaval de la métropole. Amélie se classa en cinquième place, mais avait fait bonne figure sur le plan de l'interprétation. Adèle cria à l'injustice pour ensuite se taire quand un élégant monsieur s'approcha de sa sœur pour l'inviter à donner un récital à la radio dans les semaines à venir. Elle n'en voulait pas moins à Gabrielle Rivet d'avoir obtenu la couronne, ce dont le quotidien *La Presse* parla avec éloges. Quelle ne fut pas sa joie quand elle apprit un mois plus tard que Gabrielle Rivet n'avait pas triomphé au concours «Miss Canada» et que le sceptre était allé à Winnifred Blair, une Anglaise. «Justice est faite! convint-elle. Amélie était plus talentueuse qu'elle et que toutes les autres!» Évidemment! Amélie avait rendu hommage à son cher Robert Schumann. Il était donc impossible d'être plus forte... même en chantant du Puccini.

Amélie, fière de s'en être si bien tirée, avait échappé un soupir de soulagement. S'il avait fallu qu'elle gagne? Si on avait appris qu'elle n'avait que dix-sept ans? Elle n'osait y penser et ce n'est qu'un an plus tard qu'elle avoua à sa sœur et à son père son «terrible péché». Adèle, qui admirait l'audace, en rit de bon cœur, d'autant plus qu'Amélie lui avait raconté l'emprunt de sa carte d'institutrice. Henri, pour sa part, fronça les sourcils et sermonna sa petite fille. «Plus jamais de menteries, Amélie. On ne triche pas comme ça avec la vie sans être un jour punie. C'est en étant honnête que le bon Dieu nous appuie», lui avait-il dit.

Sans l'avouer à son père, c'était d'abord et avant tout pour lui plaire qu'Adèle avait décidé de rencontrer le fils Juteau. De cette façon, le paternel verrait bien qu'elle était remplie de bonnes intentions. Tout, oui, tout pour regagner sa confiance et se mettre ainsi dans sa manche. Sa part de tendresse, elle y tenait. Elle avait besoin de ce morceau du cœur de son père qui lui revenait. Amélie en avait trop pris, beaucoup trop pris. C'est délibérément et d'un pas décidé qu'elle se rendit à l'épicerie du coin sous prétexte d'acheter quelques tranches de porc frais. Comme elle n'y allait jamais, son arrivée sema une certaine consternation. Pour parer les coups, Adèle s'empressa de dire à monsieur Juteau père que sa sœur était souffrante. Puis, se dirigeant d'un bon pas jusqu'au comptoir des viandes, elle remarqua que René rougissait au fur et à mesure qu'elle approchait.

Deux commères chuchotaient entre elles:

— C'est elle, l'institutrice, la fille aînée de monsieur Berthier.

— Vous ne me dites pas! En tout cas, elle est *chic and swell*!

— J'ai besoin de quelques tranches de porc frais, monsieur René.

— Avec plaisir, mademoiselle. Maigre et tranché mince comme votre père l'aime?

— Voilà. Vous connaissez ses goûts mieux que moi.

— Vous allez bien? L'enseignement n'est pas trop ardu?

— Cela dépend des jours. Les enfants sont si mal élevés de notre temps qu'il me faut les éduquer en plus de les instruire.

— Pour ça, j'suis bien d'accord avec vous. Dites-moi, vous aimez beaucoup la musique, n'est-ce pas?

— Oui, Amélie a dû vous en faire part même si c'est elle l'artiste de la famille.

— On jase beaucoup, elle et moi. Tiens! on parle même souvent de vous.

— Ah bon! Pour autant que ce ne soit pas trop en mal!

Adèle esquissa un gracieux sourire, un rare sourire. Le boucher en fut si estomaqué qu'il débita d'un trait:

— Ça ne vous tenterait pas de venir au concert du parc Dominion avec moi, mademoiselle Adèle?

— Vous savez, je n'ai pas beaucoup de temps à moi, avec mes classes.

— Envoyez donc! Juste une fois pour me faire plaisir. J'aimerais tellement ça vous sortir. Après, on pourrait aller prendre un souper quelque part. J'aimerais tellement ça, d'autant plus que c'est un dimanche et que vous ne travaillez pas.

— Je ne dis pas non, monsieur René, mais mon horaire est si chargé…

— Allons, un p'tit effort. Si la soirée ne vous plaît pas, je vous jure que je ne vous achalerai plus.

— Et c'est pour quand, ce fameux concert?

— Dimanche qui vient, à quatre heures. Après on pourrait…

Adèle l'interrompit d'un signe de la main pour ajouter:

— Ça va pour le concert, mais je dois rentrer tôt. J'enseigne le lendemain et le lundi, c'est la pire des journées.

— Alors, c'est entendu? Je sonne chez vous dimanche?

— Oui, ça va pour dimanche. Je serai prête à trois heures.

— Oh! mademoiselle Adèle, là, j'suis content!

Adèle lui sourit, passa à la caisse pour régler la facture et sortit sous les regards des gens qui avaient tout entendu. Le père Juteau se frottait les mains d'aise. Son fils avec une institutrice, pensez-y donc! La caissière, une vieille fille rabougrie, lança:

— T'en as d'la chance, René, c'est la plus belle fille du quartier. T'as besoin de la porter sur la main, mon vlimeux!

Une commère ajouta:

— Oui, une belle fille, mais pas facile à amadouer, à c'qu'on m'a dit.

René Juteau était dans tous ses états. La belle Adèle avait enfin accepté de sortir à son bras. Fier comme un paon, il passa la main dans ses cheveux noirs lissés à la Valentino et se gonfla la poitrine d'aise.

À son retour à la maison, Adèle confia à son père:

— Papa, je sors avec René Juteau, dimanche.

Henri et Amélie faillirent s'évanouir. Dans sa fierté, ce qu'Adèle n'osait ajouter, c'est que René Juteau était un fort beau gars. Plusieurs filles et même des femmes mariées se pâmaient devant lui. Grand, petite moustache, bien musclé, il avait physiquement tout ce dont une jouvencelle pouvait rêver. Ignare de son pouvoir sur les femmes, peu imbu de lui-même, René Juteau se sous-estimait au point de ne rien voir des attentions qu'on lui portait. Peu instruit, boucher en plus, il était tel un petit prince dans un corps de gladiateur. Adèle, qui l'avait vu pour la première fois avec son tablier ensanglanté, avait été troublée par sa musculature. Comme si un certain éveil se manifestait face au mâle qui, sans s'en rendre compte, la tourmentait. Devant son père, elle affichait une froideur déroutante, mais au fond de ses entrailles vierges, un certain désir l'envahissait. Femme accomplie, Adèle Berthier sentait depuis peu monter en elle… une fièvre charnelle.

René Juteau s'amena comme convenu à trois heures pile. Chemise d'un blanc immaculé, collet monté, cravate à pois, costume de gabardine brun, souliers cirés, moustaches soignées, il avait tout du parfait *dandy* de l'époque. Quelques fleurs à la main pour Adèle qui les déposa dans un vase, il sourit aimablement à Amélie qui, sans le dire, le trouva fort beau. Ô surprise! Adèle avait fait l'acquisition d'une nouvelle toilette. Une jolie robe au décolleté surprenant et ornée de rubans de dentelle rose sur fond blanc. Septembre était encore chaud et Adèle avait pris soin de relever ses cheveux pour en faire un joli chignon. Des boucles d'oreilles en forme de marguerites ornaient ses lobes et de légers gants de nylon s'harmonisaient au petit sac qu'elle retenait de deux doigts. Henri en profita pour offrir une bière au jeune Juteau qui la refusa poliment. Adèle scrutait de l'œil ce prétendant et dut reconnaître que, malgré son manque de vocabulaire, il était fort séduisant. René avait tout prévu, allant même jusqu'à emprunter la Ford dernier cri de son père. Les commères sur leur balcon étaient aux aguets. Madame Morin avait même sorti sa chaise pour admirer le couple à son départ. Adèle était devenue l'objet de curiosité du quartier.

Pour une fois, on la vit, vêtue comme une princesse, descendre le modeste escalier du petit logis. Toujours élégante quoique classique, ce jour-là, Adèle affichait la légèreté propre aux jeunes filles en quête d'un mari.

Elle aurait dû s'y attendre. Le fameux concert en question était plutôt le tintamarre d'une fanfare. De vieux musiciens, des instruments qui sonnaient faux et de petits bancs de bois en guise d'estrade. Après tout, ces concerts étaient gratuits. Du *Ô Canada* en passant par le *God Save the King*, l'orchestre entama quelques valses de Strauss et d'autres propres à la guerre de 1914. C'était loin d'être le théâtre His Majesty et encore moins Schumann. René semblait si heureux de lui plaire qu'elle fit mine d'apprécier ce concert qui semblait avoir la durée d'un jour. Spectacle terminé, René lui demanda vaillamment:

— Ça vous tenterait d'aller prendre un verre dans un *grill* avant d'aller au restaurant? On peut même y danser.

— Je suis désolée, mais je ne fréquente pas ce genre d'endroit… répondit-elle dans toute sa dignité.

— À votre guise, mademoiselle Adèle. J'ai déniché un gentil restaurant français qui s'appelle La Cruche. Ça vous convient?

— Comme il vous plaira, monsieur René, c'est vous qui m'invitez.

Le restaurant en question n'était somme toute qu'une espèce de guinguette, rue Craig. C'était bruyant, sans classe et de mauvais goût. À défaut de connaître mieux, René s'était imaginé l'impressionner, elle, qui avait dîné plusieurs fois à la salle à manger de l'hôtel Windsor. Adèle accepta, bon gré mal gré, l'horrible jambon froid qu'on lui suggéra et René se permit une bière ou deux, ce qui lui rappela que l'homme du monde qu'il tentait d'être n'était que l'homme de la rue qu'elle avait toujours connu.

Elle examinait ses mains, ses dents blanches, ses yeux noisette, sa bouche charnue et quelque chose l'attirait. Même la minuscule tache de vin sur sa main gauche lui semblait avoir du charme en dépit de toute l'horreur qu'elle avait pu ressentir face à ce caprice de la nature. René Juteau avait ce côté animal qui l'agaçait parce qu'il la troublait. Adèle désirait cet homme violemment, mais aurait préféré être ce jour-là face à un pur inconnu. Le désir de ses sens n'était pourtant pas celui du cœur. Non, il n'avait rien d'un Schumann ni d'un poète d'antan, mais un vil instinct la poussait à le séduire, elle pourtant si pudique. C'était comme si Juteau avait saisi le message. Éperdument épris d'Adèle, il n'osait s'imaginer qu'elle allait se blottir entre ses bras, se laisser prendre, lui appartenir. Il la désirait de toute son âme et son corps d'athlète en subissait les soubresauts. Adèle le sentait, ce qui ne l'empêcha pas de jouer les coquettes tout en lui ajustant sa cravate. L'heure du retour approchait. Il lui fallait rentrer… de peur de succomber.

Les insistances du cavalier à l'amener danser furent vaines. Adèle avait peur de se retrouver dans ses bras. Peur d'elle. Lumières éteintes, en pleine rue Saint-Vallier, à quelques pas de chez elle, il immobilisa sa voiture, se pencha vers elle et voulut s'emparer de ses lèvres. Adèle détourna la tête, mais le parfum de l'homme l'avait bouleversée. Une eau de Cologne digne d'un acteur.

— Juste un baiser, mademoiselle Adèle. Un seul baiser.

Adèle la téméraire, Adèle l'invincible ne put résister à l'appel de ses lèvres et se laissa emporter, telle une gamine, dans un baiser digne des courtisanes. D'un geste habile, René Juteau glissa une main dans son corsage pour prendre, de l'autre, celle d'Adèle et la poser discrètement sur le point culminant de son pantalon. Le temps d'un déclic ou d'un échec. Trente ou quarante secondes pendant lesquelles le sang était devenu bouillant dans les veines d'Adèle. Ange gardien? Fierté? Bouclier féministe? Adèle le repoussa, le gifla et lui déclara:

— Vous êtes un mufle, monsieur!

— Adèle, sois gentille. Je t'aime et je veux te marier.

— Je vous interdis de me tutoyer, René Juteau! Ramenez-moi jusqu'à ma porte ou je descends ici!

— Mais je vous aime, Adèle, et j'ai cru...

— Taisez-vous! Vous n'êtes qu'un insolent! Me prenez-vous pour une fille de joie? Qui êtes-vous donc, René Juteau? Un don Juan? Un conquérant? Pauvre petit boucher!

Insulté, René la ramena jusqu'à sa porte, mais toujours épris, il risqua une dernière demande:

— Et si je vous promettais de ne plus rien tenter avant de vous épouser? Serait-il pour vous si lamentable d'être ma femme?

— Plus que lamentable. Adieu, monsieur.

Adèle claqua la portière et s'engouffra dans l'escalier pendant que René, pantois, hésitait encore à démarrer. Henri et Amélie, qui n'étaient pas encore couchés, s'empressèrent de lui demander:

— Agréable soirée, Adèle? Déjà terminée?

— Ne me parlez plus jamais de lui, papa! René Juteau est un idiot! Un type pour une fille de quartier, pas pour une Berthier!

— Mais que s'est-il donc passé? risqua Amélie.

— Rien, sinon que j'ai perdu mon temps avec un abruti. Ne me parle plus jamais de lui, Amélie, plus jamais.

Le père et la fille se regardèrent perplexes pendant qu'Adèle s'enferma dans sa chambre. Seule dans son isoloir, sa rage précipitée fit place à quelques images. Elle revivait sur son oreiller ces secondes où, le sein dans sa main, elle avait éprouvé un plaisir mêlé de honte. L'espace de trente secondes, elle avait pu de sa main pure être témoin d'une érection qui l'avait conquise. Oui, elle avait aimé ces quelques instants. Elle se serait volontiers donnée à lui comme une belle à son amant. Elle aurait voulu jouir de ces plaisirs de la chair. Elle eut souhaité être femme dans les bras de ce guerrier mal éduqué. Oui, elle aurait désiré cet acte que sa fierté condamnait. Ce recul au bord du gouffre n'était que le geste présidé par la peur du regret. Elle n'aurait pas voulu être sa femme. Elle ne souhaitait qu'être femme, rien d'autre. La peur du remords l'avait emporté sur le désir. Pour se consoler de n'avoir pas cédé, elle se murmurait: «Quel culot!» pendant que sa conscience lui chuchotait: «Quelle merveilleuse audace!» Adèle n'avait rien fait pour protéger sa virginité. Elle avait tout simplement sauvé sa dignité. Il fallait qu'on l'appelle sans cesse «Mademoiselle Berthier». Elle avait dit non pour protéger son orgueil, pour mettre à l'abri sa fausse pudeur. Adèle s'avisa de ne jamais revoir l'homme qu'elle avait, malgré elle... laissé choir.

Henri se dirigea à pas lents jusque chez la Poulin, sa bien-aimée consolatrice. Ravie de le recevoir, la dame avait déjà dans le nez quelques verres de bière. La soirée était bien jeune, pourtant.

— Tu as mangé? J'ai encore de la soupe qui mijote.

— Merci, Éva, je sors à peine de table.

— Une grosse Black Horse, ça t'irait?

— Tiens! pourquoi pas? T'en prends une avec moi?

— Bien sûr. Dis donc, tu as des nouvelles de Tonio?

— Pas depuis quelque temps. Il est souffrant, mon gros Tonio. La dernière fois qu'on s'est parlé, il se plaignait de son estomac. Si seulement il arrêtait de manger. Il est gras comme un voleur.

— J'ai croisé ta fille Adèle, ce matin.

— Ah oui? Elle t'a parlé?

— Non, elle m'a évitée. Je suis sûre qu'elle m'a vue, mais elle a détourné la tête. Ça ne fait rien, je comprends ça. Hier, j'ai vu Amélie au coin de la rue et on a parlé d'un tas de choses. Celle-là, c't'une vraie petite soie. Je l'ai même invitée à souper.

— Et elle viendra?

— Un de ces jours, sans doute. Dis donc, c'est vrai que Sarah Bernhardt est décédée? Amélie en semblait très émue.

— Voyons, Éva, c'est arrivé en mars dernier. Tu viens de l'apprendre?

— Tu sais, moi, le théâtre, j'connais pas ça. J'ai lu quelque part qu'on lui avait fait de belles funérailles, mais ça m'est passé dix pieds par-dessus la tête.

— Oui, et c'était très émouvant, paraît-il. Elle est morte à Paris dans les bras de son fils, et Sacha Guitry était à ses funérailles. Des Sarah Bernhardt, il n'y en aura plus. C'est une bien grande perte que celle-là.

— C'était elle «La Dame aux Camélias?»

— Ce n'était qu'un rôle parmi tant d'autres. Elle a aussi joué dans *La mort de Cléopâtre*. Adèle pourrait t'en parler pendant des heures.

— Bah! c'est sûrement pas avec moi qu'elle le fera. Au fait, elle ne sort plus avec le fils de l'épicier?

— Non, ça n'a pas marché. Adèle est bien particulière, tu sais.

— Tu n'as pas à me le dire. Il aurait fait meilleur choix avec ton Amélie. Quelle brave petite que celle-là!

— Adèle a aussi de grandes qualités, il ne faudrait pas l'oublier.

— Peut-être, mais comme je n'la connais pas... Ta bouteille est vide, Henri. On refait le plein?

— Oui, mais tablette, cette fois. Le temps est assez frisquet ce soir.

— Henri, j'voulais te dire que, heu... c'est pas possible de s'ennuyer comme tu le fais. Tu es encore trop jeune pour ronger ton frein.

— Mais, je ne m'ennuie pas, Éva. Je t'ai pour me désennuyer.

— Et te remarier? Tu n'y penses pas quelquefois?

— Moi? Jamais. Ma Georgina habite encore mes pensées.

— Je respecte ça, Henri, et je ne veux pas dire que je pourrais te la faire oublier. Je pensais que... malgré tout...

— Toi et moi, Éva? Allons donc! nous buvons tous les deux comme des trous. Tu vois ça d'ici? Non, nous sommes de bons amis et, quand nous nous retrouvons, c'est pas si mal entre nous deux, non? Jamais je ne me remarierai, Éva. Ni avec toi ni avec une autre, ce qui ne t'empêche pas de refaire ta vie si jamais tu y penses.

— Pas question, Henri. Avec toi, j'aurais sans doute fléchi, mais aucun autre homme ne pourrait m'intéresser.

— Alors, on se verra ainsi jusqu'à la fin de nos jours.

— Si c'est là ton choix, ce n'est pas moi qui vas s'en plaindre, mon vieux.

Une drôle d'odeur planait dans la maison. Henri savait qu'Amélie avait dit juste et que jamais elle ne viendrait souper dans cette cuisine désordonnée. La Poulin, titubant dans son ébriété, n'en était pas moins joyeuse pour autant. Narines habituées, odorat maté, Henri revenait quand même pour la caisse de bière.

— Pourquoi t'es-tu changé? Tu penses sortir.

— Non, j'voulais me sentir bien dans mon linge, c'est tout.

— Ça te dirait qu'on aille «se reposer» quelques minutes?

Henri savait très bien ce que cette phrase voulait dire. D'habitude, après deux grosses bières, l'haleine de cheval l'emportait sur sa répulsion. Cette fois, il se contenta de répondre:

— Non, pas ce soir, Éva. J'ai un de ces maudits mal de tête.

— Tu veux une Madelon ou une Sedosan?

— Non, les pilules n'arrangent rien. La bière me fera passer ça.

— Et si on jouait aux cartes, ça te plairait?

— Allons, Éva, tu ne s'rais même pas capable de les tenir.

— Henri, j'ai pas bu tant qu'ça, voyons.

— Ah non? Pourquoi tiens-tu le mur? T'as peur qu'il tombe?

Éva Poulin, bonne perdante, éclata d'un rire de sorcière et ajouta:

— On ne sait jamais, cette maison a plus de cent ans, tu sais! Une autre bière, mon beau Henri?

— Une dernière, car je dois me lever tôt demain et je suis déjà fatigué. Tablette, encore une fois, elle rentrera plus vite.

Et c'est à ce rythme que ceux qu'on appelait les ivrognes du quartier se rendirent jusqu'à dix. Henri somnolait, Éva ronflait sur le canapé. Réveillé en sursaut par le coucou de l'horloge, il comprit qu'il en était aux douze coups de minuit. Poussant sa compagne d'infortune, le peintre en bâtiment lui balbutia…

— Éva, je pars. Il faut que je rentre.

— Déjà? Un dernier verre ne ferait pas de tort!

— Non, j'en ai assez, je rentre, Éva. Ah! j'oubliais! J't'ai acheté un cadeau.

Prenant le petit colis, elle explosa:

— Un cadeau? Comme c'est gentil!

Elle l'échappa, le ramassa, le déballa et, ravie:

— Une huile de bain et un savon de Paris? Voyons, Henri, c'est ben trop beau pour moi!

Chapitre 7

Cinq années s'étaient écoulées et beaucoup d'eau avait coulé sous les ponts. En ce 3 janvier 1928, la famille Berthier se remettait à peine des festivités auxquelles Edna et Rita étaient venues participer. Des fêtes tranquilles, même si l'animation était de rigueur avec cette jeunesse active. Des retrouvailles, des échanges de cadeaux, des vœux, des «j'ai entendu dire que...», bref, tout ce qu'il fallait pour que le cœur d'Henri se remplisse de gaieté. Tonio n'était pas venu. Il filait un mauvais coton depuis quelque temps. Son estomac lui jouait de vilains tours. Éva Poulin n'avait pas été invitée. Adèle se serait sûrement opposée à sa présence. Par contre, la Poulin fit la connaissance des petites cousines de North Bay qui se mouraient d'envie de rencontrer la blonde de leur oncle pour mieux en parler à leur mère à leur retour. Amélie s'était jointe à eux pour cette visite et, à un certain moment, c'était le fou rire dans le petit appartement. Décidément, ça sentait vraiment la pisse dans cette maison... huile de bain ou non. Henri avait froncé les sourcils, mais la subtile Edna, pour se sortir d'embarras, prétexta qu'un chien venait de mordre la queue du chat du voisin.

La vie avait suivi son cours au long des saisons écoulées. Les sœurs Berthier s'engueulaient plus que souvent et le pauvre Henri avait peine à se faire le Salomon de ces gamines devenues femmes. Des hauts et des bas, les deux sœurs en avaient eu. Adèle, frustrée dans sa solitude, n'avait pas encore trouvé l'homme de ses rêves. Tout entière à ses élèves, elle avait eu le chagrin d'en perdre un lors de l'incendie du Laurier Palace où soixante-dix-sept enfants avaient trouvé la mort l'an dernier. Le petit Pierre-Paul qui n'avait que neuf ans était l'un de ses plus brillants élèves. Adèle avait même récité un poème de Verlaine en plein salon funéraire. Bouleversée par la tragédie, c'était comme si elle avait perdu l'un de ses propres enfants. Pour Amélie, le décès de Rudolph Valentino l'avait marquée davantage. Un si bel homme, mourir si jeune! Elle avait suivi tous les événements dans *La Presse* et à la radio. Valentino était pour elle, comme pour bien d'autres, le rêve de ses nuits. D'ailleurs, son mur de chambre était tapissé des photos du bellâtre. Mordue de cinéma, elle avait aussi des portraits de Warner Baxter, de Theda Bara et de Mary Pickford.

Plus moderne que sa sœur, Amélie s'éloignait peu à peu de la musique classique, de Schumann que lui imposait Adèle, et elle se surprenait à pianoter des airs de charleston qu'elle savait d'ailleurs très bien danser. Adèle, toujours aussi digne, avait fait grand état de la mort d'Isadora Duncan, décédée en septembre dernier dans un accident d'automobile près de Nice. La célèbre danseuse était son idole. Elle poussa même l'admiration et la sympathie au point de poster un message de condoléances à Paris, message qui se mêla aux milliers d'autres et dont elle ne reçut jamais d'accusé de réception.

Henri avait reçu des nouvelles d'Estelle à maintes occasions. Toujours modiste, heureuse avec ses filles, elle allait bientôt être grand-mère du quatrième enfant de Charles qui «travaillait» sûrement pour la patrie! Les invitations fusaient sans cesse, mais Henri n'avait jamais éprouvé le désir de revoir North Bay, berceau de son si bel amour. Adèle s'y était rendue une fois ou deux, mais pour en revenir en disant chaque fois: «Ces gens n'ont pas évolué!» Amélie, sans le sou ou presque, s'en était abstenue, prétextant sans cesse ses corvées et c'est Edna ou Rita qui, tour à tour, venaient la visiter en compagnie de tante Estelle. Jamais, au grand jamais, Adèle n'aurait songé à offrir à sa sœurette le prix d'un billet de train aller-retour. Pourtant, ça n'aurait été pour elle que le prix d'une robe ou d'un collier de moins. Pas question! Amélie, c'était la fille de la maison. Henri aurait voulu pallier de ses modestes deniers, mais les temps étaient durs et l'ouvrage, moins fréquent. Sans l'admettre, il aurait pu ajouter que la bière coûtait de plus en plus cher.

Plus populaire que sa sœur auprès des garçons, Amélie avait eu quelques cavaliers d'occasion; rien de sérieux, cependant. Son cœur n'avait frémi pour aucun jusqu'à ce moment. Adèle, hautaine, altière, cherchait encore un prince… sur la rue Saint-Vallier! Triste conte de fées! Elle avait certes jeté son dévolu sur un nouveau maître d'école fraîchement arrivé, mais hélas, il était marié. Un musicien avait fait battre son cœur un instant, le temps d'apercevoir une alliance à son doigt. Un directeur plus âgé aurait pu la conquérir, mais c'était un «séparé», une espèce de lunatique à bretelles sans le moindre charme, mais rempli d'instruction. Sa solitude la rendait de plus en plus acariâtre. Sachant très bien que dans un an et quelques mois elle allait coiffer le bonnet de sainte Catherine, elle en frémissait jusqu'aux ongles d'orteils. Elle, vieille fille? C'était impensable! Pas avec son charme et son intelligence. Toujours vierge, ceinture de chasteté plus solide que jamais, aucun homme ne réussissait à l'approcher. Pas même pour une soirée. Son carnet de bal ne contenait qu'un nom, celui de René Juteau, qu'elle n'avait jamais revu, même pas sur le perron de l'église. Celui qu'elle avait dès lors évité avec adresse. Celui qui avait failli être sa plus belle promesse. Adèle avait clos le volet de sa sensibilité, ne cherchant plus, ne voyant rien, elle qui ne voulait pas être vieille fille. Exécrable parce que seule, son souffre-douleur avait pour nom Amélie. À ses trousses sans répit, aux aguets sans cesse, Adèle surveillait de l'œil celle qui n'avait sûrement pas le droit de découvrir l'amour avant elle. Et quand Vianney, le frère de Germaine, avait dit un soir à Amélie: «Toi, je t'épouserais demain si tu le voulais» et qu'elle avait éclaté d'un franc rire, Adèle lui avait murmuré sournoisement: «C'est un imbécile, un crétin. Tu vaux beaucoup plus que ça, ma petite sœur!»

Edna, qui était fort jolie et sans mari, se plaignait souvent à Amélie.

— *For God sake*! Est-ce que je vais finir par en trouver un?

— Tiens! Et toi qui disais pouvoir te passer d'un homme toute ta vie? Tu es trop difficile, Edna, et toi aussi tu vas rester vieille fille.

Rita? On n'en parlait même pas. Grassouillette, pas jolie, acné en plus et rousselée, elle semblait en voie d'être vraiment le bâton de vieillesse de tante Estelle. Elle aimait toujours l'*Hammond Organ*, les petits romans d'amour et le chocolat. Même les cultivateurs ne se retournaient pas sur ses pas. Rita, c'était aussi «la fille de la maison», la bonne sans gages de sa mère.

Un événement avait eu lieu en septembre dernier. Un grand bouleversement dans la vie d'Amélie. Tonio, qui était alors venu veiller, avait lancé à tout hasard:

— Dis donc, Amélie, ça ne te tenterait pas de travailler?

— Travailler? Mais où, monsieur Tonio, où?

— Tu sais, le Grec qui a ouvert un restaurant rue Saint-Laurent, tu connais?

— Non, quel restaurant?

— Voyons, Chez Nick. Tu n'es pas encore allée manger là?

— Non, mais qu'est-ce que ça vient faire dans la conversation?

— Ben... y s'cherche une *waitress* de jour pour les déjeuners et les dîners. Une job à temps partiel, mais ben payée. Ça n't'e tenterait pas?

— Voyons, monsieur Tonio, je n'ai jamais fait ce genre d'ouvrage.

— Pis après? Faire des *sundaes* pis des *banana splits*, c'est pas sorcier. Ensuite, servir aux tables, ça prend pas l'cours classique!

Henri, qui suivait la conversation, s'interposa:

— Voyons, Tonio, mon Amélie n'est pas une *waitress*. C'est pas une job de qualité que tu lui offres là. Penses-y un peu. Amélie est musicienne, pas servante dans un restaurant. T'es pas sérieux, mon vieux.

— Ben oui, je l'suis. Que penses-tu qu'elle fait icitte toute la journée? C'est pas être servante que de faire le ménage pis le lavage? *Waitress*, c'est pas un sot métier. Pis, comme c'est juste de temps en temps, c'est pas un contrat à vie, non? Amélie pourrait au moins avoir son propre argent, dépenser quand ça lui plaît, aller à North Bay. Pourquoi pas?

Amélie, qui s'était tue, n'en était pas moins intéressée. Elle buvait les paroles du gros Tonio. Elle se voyait déjà avec des piastres dans sa sacoche, des robes à elle, des vues à voir sans avoir à les quêter.

— C'est pas si bête, papa, et ça pourrait aider. Pourquoi ne me laissez-vous pas essayer? Je n'ai rien à perdre. Si je n'aime pas ça, si c'est trop éreintant, je quitterai, mais j'aimerais ça essayer. Vous savez, ça ne m'empêcherait pas de faire mes corvées. Ça me ferait sortir, voir du monde. Je suis toujours enfermée.

— Tu es sérieuse, ma fille? Tu n'as pas peur de t'abaisser dans ce métier?

— Allons donc, papa, madame Morin l'a déjà fait étant plus jeune et ça ne l'empêche pas d'être une femme à sa place. C'est même avec cet argent qu'ils ont pu se payer un camp d'été.

— Et comment y s'appelle, c'gars-là, Tonio?

— Nick Parakis. Son vrai nom, c'est Nicolas, mais tout l'monde l'appelle Nick. C'est un sapré bon gars, Henri. Il parle français, anglais pis grec. Tu sais ben qu'j'enverrais pas ton Amélie n'importe où. Pis comme elle dit, si ça marche pas, rien l'empêche de sacrer la job là!

— Vous êtes sûr qu'il a encore besoin de quelqu'un, monsieur Tonio?

— Ben sûr. J'suis allé encore hier avec Vanera et son mari et la pancarte était encore dans la vitrine. Le problème, c'est que toutes les filles veulent travailler le soir parce que les *tips* sont plus gros. Le dîner, c'est moins payant pis le déjeuner, encore moins. C'est pour ça qu'y a d'la misère à s'trouver quelqu'un. Pour toé, ce serait juste assez pour tes petites dépenses et la clientèle du jour est ben plus rassurante.

— Vous voulez bien, papa? J'ai vingt-deux ans, je ne suis plus une enfant. Il serait temps que je fasse autre chose de mes mains.

— Ben... si tu insistes, Amélie, je n'dis pas non, mais c'est toi qui l'auras voulu. Toé, Tonio, tu peux lui parler d'elle, lui dire que c'est une bonne fille et qu'elle est très vaillante? Tu t'occupes de la faire engager?

— Laisse-moi ça, Henri, j'suis certain qu'y va être fou comme un balai!

— Moi, je pense que vous avez eu une bonne idée, monsieur Tonio. Si ça marche, si on m'engage, bien... je vous embrasse!

— Non, non, tu m'payeras un bon *sundae* à la place.

On riait de bon cœur et Amélie était folle de joie juste à l'idée de pouvoir s'évader du toit familial. Henri se gratta la tête et osa demander:

— Oui, mais que va dire Adèle?

— Ce n'est pas de ses affaires, papa. J'ai vingt-deux ans et je ne dépends pas d'elle. C'est sûr qu'elle va crier comme d'habitude, mais qu'elle aille au diable!

— Elle a raison, Henri. Amélie est assez vieille pour faire son choix, astheure. Adèle fait ce qu'elle veut de sa personne? Pourquoi pas l'autre? T'as raison, Amélie, si elle est pas contente, dis-lui que c'est pas de ses affaires. Oh! mamma, elle va me haïr, la belle Adèle, d'avoir suggéré ça. Tiens! pour la faire taire, dis-lui que ça vient de Vanera.

Tonio était reparti assez tôt et Amélie était allée passer la soirée chez Germaine avant qu'Adèle ne rentre d'un concert de fin d'après-midi. Non pas qu'elle eût peur de sa réaction, mais Henri lui avait fait comprendre qu'il serait préférable qu'il lui annonce lui-même «la mauvaise nouvelle». L'aînée rentra comme d'habitude de très mauvaise humeur après une dure journée avec ses «petits monstres» et le concert qu'elle n'avait pas du tout aimé. Le sourire n'était guère présent sur ce visage de marbre et le pauvre père sentait qu'il allait écoper de sa fureur. Le temps de la laisser prendre son souper, de parler de la pluie et du beau temps et c'est elle qui démarra:

— Amélie n'est pas là? Encore au cinéma, je gage?

— Non, elle est chez Germaine pour la soirée. Sa journée a été assez ardue aujourd'hui. Le repassage, la vaisselle et…

— Sûrement pas pire que la mienne, papa!

— Au fait, Adèle, j'ai une nouvelle à t'apprendre. Amélie s'est trouvé du travail et, si tout va bien, elle commencera lundi prochain.

— Comment ça, du travail? Elle n'a pas assez à faire ici? Il faudrait peut-être que je lui confie d'autres petites corvées.

— Écoute, Adèle, ta sœur a décidé d'accepter un emploi temporaire à l'extérieur qui ne nuira en rien à l'entretien de la maison.

— Quel genre d'emploi?

— *Waitress* dans un restaurant pour les déjeuners et les dîners. Chez Nick sur la rue Saint-Laurent.

Il n'en fallait pas plus pour qu'Adèle échappe sa tasse, se lève et hurle de colère:

— *Waitress*? Une vulgaire *waitress*? Et vous avez accepté ça?

— Amélie est majeure, Adèle, et c'est de son plein gré qu'elle a accepté.

— Et qui donc a eu la bonne idée de l'influencer de la sorte?

— Heu… c'est Vanera qui le lui a suggéré.

— Vous avez hésité, vous mentez, papa. Je parierais ma bague en or que ça vient du gros Tonio. Il n'y a que lui pour avoir de pareilles idées. Ah! le saligaud! Offrir à une Berthier d'être *waitress*. Quel effronté! Et vous, et vous… ah! papa, quel déshonneur pour la famille! Une Berthier avec un tablier dans un restaurant de troisième ordre. Là, vous me dépassez.

— Écoute-moi bien, Adèle. Ta sœur porte un tablier ici même à longueur de journée. Tu n'arrêtes pas de dire qu'elle est une artiste, une musicienne de talent et tu es la première à lui mettre le savon Barsalou dans les mains. Si c'est pas ça être servante, je m'demande bien c'que c'est. Tu es bien mal placée pour lui lancer la pierre, ma fille. Amélie en a assez, assez… Comprends-tu? Elle veut voler de ses propres ailes, gagner de l'argent, foncer comme tu le lui as toujours dit.

— Oui, mais pas dans un restaurant à servir des saoulons. C'est un travail de fille malhonnête, papa, un travail dégradant…

— Je savais que tu allais t'emporter comme d'habitude, Adèle, mais tu vas laisser une fois pour toutes ta sœur prendre elle-même ses décisions. Madame Morin a déjà fait ce boulot et…

— Vous appelez ça une référence, vous? Regardez-la donc aujourd'hui!

— Adèle, un mot de plus et tu vas me faire sortir de mes gonds. Tu me connais, n'est-ce pas? Je t'interdis de parler ainsi des gens. Ta sœur a un an de moins que toi et elle n'a pas à se soumettre à tes ordres. De plus, peut-être qu'avec un petit emploi elle ne sera plus obligée de te torcher comme elle le fait depuis des années. C'est moi le père, ici, tu entends? C'est moi qui permets ou pas, et dans le cas d'Amélie je suis fier qu'elle puisse gagner des sous sans toujours dépendre de toi. Tu l'étouffes, Adèle. Tu la pétris comme du bon pain et Amélie n'a pas mérité d'être réduite à ton service. C'est clair?

— Avez-vous seulement pensé à ce que vont dire les gens du quartier?

— Nous habitons rue Saint-Vallier, Adèle, pas l'ouest de la ville. Les gens vivent comme nous, exactement comme nous, en gagnant leur pitance à la sueur de leur front. C'est toi qui n'es pas à ta place ici. C'est toi qui te prends pour une autre parce que t'as un diplôme. C'est toi qui es à part, pas les autres.

— Aussi bien dire que je suis de trop, tant qu'à y être?

— Je m'le demande parfois. Depuis qu'on est ici que tu parles de déménager, d'aller vivre dans un beau quartier où tu pourrais rencontrer un homme de ton rang. Mais quel rang, ma pauvre Adèle? Ton père est peintre en bâtiment et tu n'es qu'une petite maîtresse d'école qui arrive à peine à joindre les deux bouts. Vas-tu finir par descendre de ton échelle?

— Si ça continue comme ça, papa, je vous jure que je vais me louer un appartement. Non, je ne passerai pas ma vie dans la médiocrité parce qu'Amélie et vous refusez d'évoluer. Ça vous plaît, cette rue, avec les chevaux qui font leurs crottes en plein milieu? Ça vous plaît, toutes ces commères avec des bigoudis sur la tête? Pas moi, papa. Je vaux mieux que ça.

— Oui, tu vaux sans doute plus que ce qu'on appelle de braves gens. Alors, si c'est le cas, Adèle, va-t'en, sacre ton camp et trouve-le, ton appartement et ton prince charmant! J'en ai assez de te voir nous empoisonner l'existence! J'en ai assez de te voir lever le nez sur Tonio, sur monsieur Druda, sur madame Morin et...

— Oui et dites-le, sur Éva Poulin! C'est sans doute une brave personne, elle aussi? Une ivrognesse, une sans-dessein...

— Adèle, je t'ai déjà frappée pour moins qu'ça. Ne me rends pas à bout de nerfs. Si ta mère te voit, sois sûre qu'elle a honte de toi. Moi, j'ai tout fait pour te comprendre. J'ai avalé, j'ai fermé ma gueule, mais là, j'en ai plein l'cul, baptême! Tu m'entends? Déguerpis si ça te chante, mais tu ne nous empêcheras pas de respirer, ta sœur pis moé. Pense surtout pas que demain je vais te présenter des excuses pour ce que j'te dis aujourd'hui. J'me r'tiens, Adèle, j'me r'tiens en maudit!

Stupéfaite, estomaquée par le langage de son père, Adèle claqua la porte de sa chambre. Henri se calma peu à peu, prit son chapeau, son pardessus et opta pour aller prendre une bière avec Éva. Toutefois, juste avant de partir et sans baisser le ton, il lança à son aînée:

— Et ne t'avise pas de dire quoi que ce soit à Amélie. Elle a décidé d'aller travailler et elle ira travailler!

Seule avec son ressentiment, Adèle faisait les cent pas dans la maison. Ah! si seulement elle avait pu mettre son plan à exécution! Foutaise! Elle avait juste de quoi vivre, sans parler des dettes occasionnées par ses nombreuses toilettes. «Ah! cette chipie, cette hypocrite!» marmonna-t-elle à l'endroit d'Amélie. «Petite peste, va. *Waitress*... et chez le Grec à part ça!» Elle fulminait encore quand Amélie se montra le bout du nez plus tôt que prévu.

— Papa n'est pas là?

— Non, il est parti chez l'ivrognesse, chez la débauchée!

— Adèle, que t'arrive-t-il? Que s'est-il passé?

— Toi, ne fais pas l'innocente. Tu sais très bien ce qui s'est passé. Ce n'est pas pour rien que tu as déguerpi chez la Brisson...

— C'est Germaine, son nom. Ça me regarde et le reste aussi.

— Tu trouves ça honorable d'aller servir des soupes chez le Grec?

— Adèle, je t'ai dit que ça me regardait. J'ai décidé de travailler, de me prendre en main et ce n'est pas toi qui vas m'en empêcher. J'en ai assez de te servir comme une princesse de la cour d'Angleterre.

Voyant qu'elle ne gagnerait rien par la rigueur, Adèle baissa le ton, se fit presque doucereuse et questionna:

— Mais pourquoi, Amélie? Tu n'es pas bien à la maison?

— Non, je ne suis pas bien... enfermée entre quatre murs du matin au soir. Non, je ne suis pas heureuse d'avoir à te quêter trente sous chaque fois que je veux aller aux vues. J'ai besoin d'être moi, Adèle, pas d'être celle que tu veux que je sois.

— Tu aurais pu au moins suivre un cours de secrétaire, non?

— Ça ne m'intéresse pas. Je ne suis pas toi, moi. J'ai besoin de voir du monde, de me changer les idées et ce travail me le permettra. T'en fais pas, tes bas seront encore lavés.

— Tu es ingrate, après tout ce que j'ai fait pour toi.

— Pour moi? Fais-moi rire. Ton esclave, Adèle, rien de plus.

— Tu as menti. Tu n'as jamais manqué de rien.

— À force de mendier ta charité, Adèle. À force de te prendre avec des gants blancs pour obtenir le prix d'une sortie. Voilà ce que j'ai eu de toi. Pas même un billet pour North Bay. Une servante payée aurait été mieux traitée que moi.

— Je te défends de me parler sur ce ton. Tu n'en as pas le droit. J'ai même fait de toi une musicienne. Je t'ai appris...

— Tu ne m'as rien appris, ma sœur. J'avais le talent, moi! J'ai joué Schumann pour te plaire jusqu'à m'en user les doigts. J'ai fait tous tes caprices, je me suis pliée et j'ai souvent pleuré. C'est fini, Adèle, j'en ai assez! De plus, si je gagne assez d'argent, c'est toi qui feras ton lavage. Si ça ne te plaît pas, engage une servante, une vraie, cette fois!

— Comme je vois, vous vous êtes ligués contre moi, papa et toi.

— Non, Adèle, pas ligués. Écœurés! Oui, voilà le mot. On en a assez de tes ordres! Tu n'es pas maîtresse d'école ici, comprends-tu?

— Vas-y, chez ton sale Grec, Amélie, et que le diable t'emporte! Je te jure que si ça ne marche pas, tu ne pourras plus compter sur moi. Vas-y, avec les traînées qui font ce métier! Vas-y, jette-toi dans la gueule du loup et que papa continue de fréquenter son ordure! Désormais, je vais m'occuper de ma petite vie à moi. Je vais l'atteindre, moi, ce sommet que je vise et quand je sortirai d'ici, ce sera pour la vie!

— Et personne ne s'en plaindra, Adèle. Ni père ni moi. Tu as une roche à la place du cœur et une cervelle de veau. Ce n'est pas parce que je n'ai pas de diplôme que je suis plus sotte que toi. Tu verras laquelle de nous deux sera la plus heureuse avec le temps. Sûrement pas toi parce que personne ne t'aime, parce que tu es détestable, parce que tu es invivable. Un jour, Adèle, et ça je te le prédis, il ne restera plus que moi à avoir encore pitié de toi. Le pire, et je te le répète, c'est qu'avec ton sale caractère, tu ne trouveras même pas un mari.

À ces mots, rouge de colère, Adèle s'avança vers sa sœur.

— Un mot de plus, Amélie, et tu as ma main au visage!

— Allez! fais! mais sois sûre que je te la rendrai!

Adèle, décontenancée, tourna les talons et s'enferma dans sa chambre. Restée seule, la douce Amélie éprouvait déjà un chagrin face à l'offense, mais son ange gardien lui disait de ne rien regretter. Pour la première fois depuis bien des années, Amélie Berthier ne s'était pas laissé marcher sur les pieds.

Ce travail que Tonio lui proposait, c'était la plus belle bouée de sauvetage pour s'affirmer. Heureux présage, doux pressentiment, c'est comme si elle savait que sa vie allait changer. Elle devait saisir cette chance, se délivrer de ses chaînes, être enfin elle-même. Henri rentra très tard, titubant et complètement désabusé.

Le lundi suivant, soit au début d'octobre 1927, Tonio se chargea d'escorter Amélie pour la présenter à son patron qui l'attendait à bras ouverts. Timide, ayant le trac à cause du défi, elle questionnait nerveusement l'Italien.

— Vous êtes sûr que je vais faire l'affaire, monsieur Tonio?

— Ben oui. T'en fais pas, Amélie, Nick et sa sœur vont tout te montrer.

— Ah! parce qu'il a une sœur au restaurant?

— Oui, Angelina, mais c'est Angie que tout l'monde l'appelle. Elle n'a pas une grosse façon, mais un bon fond, tu verras.

— Et la femme du patron, elle travaille aussi au restaurant?

— Sa femme? Ben non, Nick n'est pas marié. C'est un bon vieux garçon.

— Il a beaucoup de parenté ici?

— Juste sa sœur pis sa vieille mère. Son autre frère est resté en Grèce.

Dès son arrivée au restaurant, Amélie remarqua que l'endroit était petit. Six cabines, un comptoir de huit bancs et une caisse. Ce n'était pas le plus beau restaurant de la terre, mais c'était propre et il y avait des fleurs sur chaque table. Un vieux monsieur sirotait un café servi par Angelina et deux dames terminaient une pointe de tarte. Il n'était que dix heures du matin, le temps mort entre le déjeuner et le dîner. Nick était à la cuisine en train d'aider une grosse dame qui brassait sa soupe. Voyant Tonio de la petite vitre, il s'avança sourire aux lèvres et s'écria:

— Tonio, mon bon Tonio, j'pensais qu'tu viendrais pas.

Puis, se tournant vers Amélie, il la regarda de la tête aux pieds, lui serra la main et la rassura en lui disant:

— Tu vas voir, on va bien s'arranger.

Il l'avait tutoyée! Fort surprise, elle comprit bien vite qu'avec son accent, anglais et français mêlés, Nick s'enfargeait dans les formes de politesse tout en lui octroyant un très profond respect.

— Vous savez, je n'ai pas d'expérience, monsieur Nicolas.

— Bah! ça fait rien, on t'apprendra. Et puis moi, c'est Nick. O.K., Amélia?

— Amélie, monsieur, pas Amélia.

Nick éclata de rire et lui présenta Angie, qui la salua poliment tout en lui disant: «On commence aujourd'hui, ma petite?» De là, Nick lui présenta sa cuisinière à temps partiel, la grosse madame Bouffard, Juliette Bouffard, qui s'empressa de dire:

— Enfin, on va pouvoir parler un bon français dans cette cuisine. Bienvenue, mademoiselle. Je sens qu'on va bien s'entendre, vous pis moé!

Amélie se sentait déjà rassurée. Cette grosse Juliette semblait vouloir la protéger. Du vrai bon monde, comme aurait dit son père. Angie lui faisait un peu peur avec son maquillage d'actrice. Pas méchante pour autant, elle semblait idolâtrer son frère, ce qui ne l'empêcha pas de lui dire:

— Enfin, je vais pouvoir dormir le matin.

Angie travaillait surtout le soir. Le jour, elle restait avec sa vieille mère dont elle prenait grand soin. Elle avait trente et un ans et était célibataire. En ce qui concernait Nicolas, Amélie l'observa scrupuleusement. Fort bel homme, peigné sur le côté, il avait le regard doux et un sourire empreint de tendresse. Loin du prototype du Grec à cheveux noirs avec moustache et air sévère, Nick était plutôt pâle, avait les cheveux châtains, les yeux bruns et était quasi imberbe. Rien d'un vieux garçon. On lui donnait à peine vingt-cinq ans même s'il en avait trente-trois révolus. Amélie ne savait trop pourquoi, mais, crainte mise à part, elle sentait qu'elle serait heureuse dans cet emploi.

— Vous partez déjà, monsieur Tonio?

— Oui, je dois aller voir mon docteur. Ça file pas ben dans l'moment. Angie va s'occuper de toi; Nick aussi. C'est parti, Amélie.

En effet, Angie lui apportait déjà un uniforme un peu trop grand et, à midi, guidée par Nick, calepin à la main, elle recevait ses premiers clients. Juste avant d'entrer en scène, Nick lui avait dit:

— Moi, j'te donne sept piastres par semaine du lundi au vendredi, de sept heures du matin à deux heures de l'après-midi. Plus tes *tips* qui sont à toi. Ça te va?

Amélie était folle de joie. Elle prévoyait que si elle arrivait à se faire en tout dix piastres par semaine, elle pourrait en donner cinq à son père pour sa pension et vivre à son gré avec le reste. Plus de quête, plus de mendicité. Elle allait pouvoir aller d'elle-même à North Bay, sortir avec Germaine, se payer ses vues, s'acheter du linge et en mettre un peu de côté. C'était pour elle beaucoup plus que souhaité, d'autant plus que Nick avait ajouté:

— J'te sers ton déjeuner pis ton dîner. Tout ça, c'est compris. Pis, quand t'auras l'goût d'un *milk shake* ou d'un *ice cream soda*, te gêne pas.

C'est avec une certaine appréhension que la douce Amélie servit ses premiers dîners. Quelques termes lui échappèrent, mais les clients réguliers semblaient ravis de sa gentillesse et de sa délicatesse. Quelques-uns osèrent la flirter en disant à Nick:

— Hé, Nick, c'est une perle, la demoiselle. Où l'as-tu dénichée?

— Mêlez-vous pas d'ça, vous autres. Faut surtout pas la déranger, c'est sa première journée.

D'une soupe à un spaghetti en passant par une *coconut cream pie,* Amélie avait tout servi. Pour ce qui était des *sundaes* et des *egg nog*, Nick s'en occupait. Elle n'échappa aucune assiette et avait les yeux partout à la fois. Rapide comme ce n'est pas possible, les clients n'attendaient pas. Même Angie, satisfaite, avoua à son frère:

— Pas d'farce, Nick, c'est la meilleure qu'on n'a jamais eue.

À deux heures, épuisée, vidée, une ampoule au pied, Amélie se permit une tasse de thé avant d'enlever son tablier. Nick vint la rejoindre et lui demanda:

— Pas trop fatiguée, Milie? Tu s'ras bonne pour une autre journée?

— Oui, ça ira, monsieur Nick. C'est la nervosité qui m'a épuisée.

De retour à la maison, Amélie s'empressa de compter ses pourboires. Superbe! Une piastre et quarante-cinq cennes en un seul dîner. C'était même plus que sa paye de la journée. À coups de cinq et de dix cennes, sans oublier le gros trente sous d'un monsieur bien mis, c'était une petite fortune. Se parlant à elle-même, elle murmura: «Faudrait que je m'ouvre un compte à la banque d'épargne. Ça, je ne veux pas y toucher.» Quand Henri s'amena à la maison, il trouva sa fille rayonnante comme un soleil levant.

— Pis, comment ça s'est passé, mon Amélie?

Folle de joie, elle s'empressa de tout raconter à son père. De Nick à madame Bouffard jusqu'à la cenne noire en dessous d'une assiette. Elle lui fit part de son salaire hebdomadaire, de son désir de lui verser cinq piastres de pension et son père l'arrêta:

— Non, Amélie, pas cinq, mais trois piastres de pension. Le reste, ce sera pour compenser tes charges à la maison.

Elle se jeta au cou de son père, l'embrassa, le remercia, et le paternel de lui dire en lui passant la main dans les cheveux:

— C'est vrai que t'es une p'tite soie. Pareille comme ma Georgina.

Adèle rentra, maussade comme d'habitude. Oubliant sa querelle des derniers jours, Amélie allait lui raconter sa journée quand son aînée lui dit d'un ton sec:

— Je ne veux rien savoir de ton sale boulot. J'ai des devoirs à corriger.

Henri en profita pour mettre cartes sur table concernant la pension d'Amélie. Adèle ne rouspéta pas, ne s'opposa pas, mais insista:

— D'accord, mais à ce prix-là, faudra qu'elle lave encore mes bas!

Une guerre froide venait d'éclater. Adèle s'était juré de s'éloigner d'Amélie ou du moins de l'ignorer. La musicienne était morte pour elle et la *waitress* n'avait rien pour s'attirer ses faveurs. Mûres réflexions, examen de conscience inclus, Adèle ne voulait plus rien savoir de son père ni de sa sœur. Dorénavant, elle ne ferait que sa petite affaire, rien de plus, jusqu'à ce qu'un roi la sorte de cette chaumière. Douce bénédiction, sage résolution… mais pour combien de temps?

En ce début de janvier 1928, Amélie se remémorait sa dernière saison durant un jour de congé. Non, elle n'avait pas parlé de Nick à Edna quand cette dernière lui avait demandé dans une lettre: «Tu as un *boyfriend*, Amélie?» Pas plus à son père qu'à sa sœur, d'ailleurs. Amélie n'était plus la même. De la jeune fille qu'elle était, une femme se manifestait. Elle se rappelait le soir de novembre où Nick lui avait demandé timidement:

— Ça te dirait de sortir avec moi ce soir?

Bien sûr qu'elle l'attendait, cette demande. Bien sûr qu'elle l'appréhendait. Nick n'avait d'yeux que pour elle et la grosse Juliette lui avait dit:

— Je pense que le *boss* te trouve de son goût, Amélie.

— Voyons, madame Bouffard. Il a dix ans de plus que moi.

— Et pis après? Mon défunt mari en avait quinze de plus que moi, lui!

Angie la regardait jalousement, comme si elle sentait qu'Amélie allait peu à peu lui ravir son frère chéri. Elle s'était bien aperçue, la Angelina, que Nick n'était plus le même depuis que la petite était là. La vieille mère grecque était même venue faire son tour au restaurant pour la regarder d'un air bête.

Elle l'avait acceptée, cette invitation, ainsi que plusieurs autres. Poli, respectueux, il l'avait emmenée au cinéma et même dans un club de nuit. Les autres soirs, Nick jouait aux cartes avec des amis. C'était là sa vie. Elle n'en avait dit mot à personne sauf à sa chère Germaine qui avait juré de garder tout ça secret. Cette dernière avait même ajouté:

— Tu sais, il a de l'argent, le Grec, et c'est un bel homme à part ça.

Oui, c'est vrai qu'il était bel homme. À ses côtés, Amélie se sentait autant en sécurité qu'au bras de son père. Les jeunes gens ne l'attiraient pas. Un homme de trente-trois ans, c'était pour elle la force du protecteur. Sous le joug constant de sa sœur, elle avait appris à être dominée, soumise même. Nick représentait la force mêlée à la tendresse. Un amoureux et un père à la fois. Un homme qu'on respectait, un homme qu'on saluait. À son bras, elle se sentait comme une femme comblée. Il l'appelait Milie, elle l'appelait Nick. Le «monsieur» jadis employé s'était éteint dès le premier baiser.

L'argent rentrait, le compte en banque engraissait, mais contrairement à son idée première, Amélie s'était mis en tête d'économiser. Elle avait trop longtemps été dépourvue, privée. Les cadeaux des fêtes avaient été aussi modestes que ceux de l'an dernier. Nick lui avait offert un collier de perles roses qu'elle s'était empressée de cacher pour ne pas alerter Adèle. Personne ne se doutait de rien, pas même le gros Tonio qui venait souvent au restaurant. Seule Angie savait ce qui se passait et c'est à Juliette Bouffard qu'elle en parlait.

— Laissez-les donc faire, Angie. Votre frère est assez vieux pour se permettre une p'tite amie, non? Y va quand même pas rester garçon toute sa vie?

Oui, Amélie était amoureuse. Amoureuse d'un homme bon et fort à la fois. Lors de leurs sorties, il lui parlait de son père mort à la guerre, de leur fuite en Égypte pour atteindre le Canada. Il lui parlait avec son accent de «l'arzent» qu'il avait fait petit à petit, de son frère Alex resté à Patras avec sa fiancée et à qui il écrivait. Il lui racontait son arrivée quasi clandestine, son statut d'émigré et il parlait même de ses deux neveux issus du mariage de son frère. Sa conversation était comme un livre d'histoire et Amélie était conquise.

— Et toi, Nick, tu n'avais pas de petite amie, là-bas?

— Non, à dix-huit ans, j'avais des bombes sur la tête et un faux passeport dans ma poche. Tout c'que j'voulais, c'était venir en Amérique et faire venir ma sœur et ma mère. J'ai réussi, Milie, mais j'ai souvent mangé du pain rassis.

Oui, elle l'aimait, cet homme qui lui parlait de sa vie et de son courage. Même Adèle aurait apprécié Nick si seulement elle l'avait rencontré. Henri n'était venu qu'une fois au restaurant, histoire de voir comment on traitait sa petite. Il avait vite sympathisé avec le Grec.

— C'est un homme gentil, Amélie. Un vrai gentleman!

Et c'est peut-être sur cette remarque, sous cette influence, que l'amour grandit davantage dans son cœur. Oui, elle l'aimait, son Nick, mais c'est peut-être parce que son père l'aimait aussi qu'un soir de décembre, elle se glissa dans son lit. De plein gré, amoureuse, seule avec lui, Amélie devenait femme sous les caresses et les baisers.

— Allô, Germaine? C'est Amélie.

— Tiens! Comment vas-tu? Ça fait bien longtemps qu'on s'est vues.

— Justement, Germaine, es-tu libre ce soir?

— Ce soir? Heu… oui, mais tu ne devais pas sortir avec Nick?

— Écoute, il faut que je fasse vite, papa et Adèle sont à la veille de rentrer. Il faut absolument que je te voie. Dis-moi où l'on peut se rencontrer.

— Pourquoi ne viens-tu pas chez moi? Il fait si froid pour trotter.

— Non, non, Germaine, pas chez toi. Que dirais-tu du petit restaurant chinois de la rue Ontario? Tu sais, celui où on allait l'été dernier?

— Je veux bien, mais il fait si froid et avec ces fichus tramways...

— Fais un effort, c'est très important, Germaine. On s'habille chaudement et je te rejoins au coin de la rue Laurier à sept heures. Viens, Germaine, j'ai vraiment besoin de toi.

— Rien de grave, j'espère? Le ton de ta voix m'inquiète.

— Non, non, rassure-toi. Je raccroche, car j'entends Adèle qui monte l'escalier.

— Bon... à ce soir. Je t'attendrai, mais sois à l'heure. On gèle dehors.

Adèle rentra transie de froid.

— Damné mois de février. Le plus court et le plus long à la fois.

— Patience, Adèle, il ne fait que commencer. Pendant que j'y pense, il y a un bouilli sur le poêle. Moi, je ne mange pas ici, Germaine m'a invitée.

— Par un froid pareil? Il n'y a même pas un chat dans les ruelles.

— Bah! ce n'est pas loin. Tu diras à père que je rentrerai tôt.

— Tu travailles demain?

— Bien sûr et c'est pourquoi je serai de retour de bonne heure.

— Bon. Dis bonjour à Germaine et à sa mère. Moi, je me couche tôt ce soir.

— Oh! j'y pense! Tu diras à papa que Juteau l'a appelé pour son compte.

— Qu'est-ce qu'il veut encore, celui-là? On ne lui doit rien, à ce que je sache… à moins que ce soit un compte de bière. La Poulin doit être fauchée.

— Adèle, ne va surtout pas dire une telle chose à papa!

C'était un fret noir, une nuit pendant laquelle les combines de monsieur Morin allaient tenir droites et raides sur la corde à linge. Amélie se vêtit chaudement, prit ses mitaines et son foulard et rejoignit Germaine au coin de la rue. La pauvre avait déjà les pieds gelés.

— On a manqué le tramway. Mon Dieu que t'es *slow* à marcher.

— Et si on prenait un taxi?

— Tu n'y penses pas? T'as une piastre à garrocher, toi?

— Allons, oui je l'ai. Une fois n'est pas coutume. Suis-moi, arrive.

Assises bien au chaud au petit restaurant chinois, Germaine commanda un chop suey pendant qu'Amélie se contenta d'une tasse de thé.

— Quoi? Tu as soupé, à part ça? Tu aurais pu m'le dire.

— Non, Germaine, je n'ai rien mangé. J'ai mal au cœur, j'ai des nausées.

— Mais qu'est-ce que tu as, Amélie, tu es toute pâle. T'as pas bonne mine, toi.

— Germaine, je ne suis pas certaine, mais…

— Mais quoi? Tu as perdu ta langue?

— Je pense, je pense… que je suis en famille, Germaine.

— Quoi? Toi, Amélie? Ça s'peut pas. Tu penses ou t'en es sûre?

Amélie éclata en sanglots et marmonna:

— Germaine, tu es ma seule amie, ma plus précieuse confidente. Ne me juge pas, aide-moi.

— Ben oui, j'veux t'aider, mais tu serais enceinte de qui? Pas de Nick, toujours?

Amélie baissa la tête, se moucha et leva les yeux, suppliante.

— Dis-moi la vérité, Amélie. As-tu déjà couché avec lui?

La pauvre fille hocha la tête affirmativement tout en pleurant.

— Allons, reprends ton calme, j'suis là pour t'écouter. C'est arrivé quand, cette histoire-là?

— Un peu avant les fêtes. Nick m'a invitée chez lui un soir que la maison était vide. Je me suis laissée aller, je me suis oubliée.

— De plein consentement, au moins?

— Oui, oui, je l'aime terriblement, tu le sais bien.

— C'était la première fois que ça se passait?

— Oh! nous avions eu quelques échanges, mais jamais jusque-là.

— Tu n'en as parlé à personne encore, pas même à lui?

— Non, non, à personne. Imagine! Papa et Adèle ne savent même pas que nous sortons ensemble. Tu es la seule à le savoir, Germaine. Quant à lui, je ne veux rien lui dire avant d'être bien certaine.

— Ma pauvre Amélie, te voilà bien mal prise si c'est le cas.

Amélie pleura de plus belle au point que les clients s'interrogaient.

— Calme-toi, tout le monde nous regarde. Maintenant, dis-moi comment tu peux être sûre de ce que tu avances. Des nausées, ça peut être autre chose aussi.

— Je n'ai pas eu mes règles, Germaine. Je suis en retard d'un mois. Je te le dis, je le sens, je suis en famille.

— Tu penses pas que tu pourrais en parler à ton père sans qu'Adèle soit là?

— Non, non, pas tout de suite. Il me faut être certaine. Imagine si ce n'était pas le cas. Toute la famille saurait que Nick et moi... tu comprends?

— Oui, je te comprends. Bon, on va faire quelque chose. Tu connais un médecin, j'espère?

— Je connais celui de monsieur Tonio, mais jamais j'oserais aller là. J'ai tellement peur que ça s'ébruite. J'ai tellement honte de ce que j'ai fait, Germaine. Je n'ose même pas penser à ce qui va m'arriver.

— Écoute, on va prendre un rendez-vous chez le docteur Vincent de toute urgence. Lui, il va pouvoir te dire si c'est exact. C'est un très bon médecin.

— Mais, je ne le connais pas. Qui est-il?

— Celui qui a accouché une de mes cousines. Son bureau est sur la rue Saint-Denis. Si tu veux, j'appelle demain, je prends un rendez-vous et on y va le plus vite possible.

— J'ai tellement honte, Germaine, je ne suis même pas mariée. Qu'est-ce qu'il va penser de moi?

— On n'a pas à le lui dire, Amélie. Je prendrai le rendez-vous pour toi au nom de madame Berthier. Il ne te posera pas de questions. Tu diras que ton mari s'appelle Henri. Ce n'est qu'une visite, après tout, un simple examen. Tu n'as pas à prendre le docteur Vincent jusqu'à la fin si c'est réellement ça.

— Mais, je travaille demain, c'est ça le pire, et j'ai sans cesse le goût de vomir. Je suis certaine que je ne serai pas capable de faire mes heures.

— C'est bien simple, appelle Nick et dis-lui que tu ne peux pas rentrer. Sa sœur va venir te remplacer.

— Oui, mais comme d'habitude je pars avant papa et Adèle, ça va me causer des complications. Mon père ne voudra jamais que je reste seule si je suis malade.

— Tiens! faisons une chose. Appelle chez toi, dis que tu viens coucher chez moi et que tu partiras d'ici pour aller travailler.

— Voyons, Germaine, on habite à un coin de rue l'une de l'autre!

— Dis-leur que je suis seule, que j'ai peur la nuit, que ma mère est en voyage avec Vianney. Dis ce que tu voudras, mais c'est la seule chose à faire pour te sortir d'embarras. J'veux bien t'aider, mais il faut au moins que tu sois complice.

— Et chez toi, que vont-ils penser en me voyant arriver pour la nuit?

— Demain, je dirai à ma mère que je t'ai gardée parce qu'il faisait trop froid. D'ailleurs, elle n'aime pas qu'une fille marche seule dans la rue le soir.

Stratégie accomplie, tout avait bien marché. Henri lui avait dit:

— Dors bien, ma fille, et ne jacassez pas comme des pies toute la nuit. Tu travailles demain.

Madame Brisson, sourde comme un pot, n'avait même pas entendu les filles rentrer. Enfin seules dans la chambre de Germaine, cette dernière demanda:

— Et si c'est ça, penses-tu que ton Grec va te marier?

— Arrête, Germaine, je me demande encore comment je vais le lui annoncer.

— Je vais prier pour que tu te sois trompée. C'est peut-être autre chose.

— Non, Germaine, j'ai exactement les mêmes nausées dont tante Estelle m'a tant parlé.

Amélie n'avait guère fermé l'œil de la nuit. Inquiète, découragée, elle avait tellement pleuré que Germaine s'était réveillée à deux reprises pour la consoler. Au petit jour, madame Brisson, déjà debout et surprise de voir surgir Amélie à la cuisine avec Germaine, n'eut pas à questionner. Le pieux mensonge se défila d'un trait. La bonne dame qui devait aller faire des courses leur laissa donc le champ libre. Germaine sauta sur le téléphone et insista tellement auprès de la secrétaire du docteur Vincent que ce dernier accepta de recevoir Amélie à l'heure du dîner, juste avant le premier patient de l'après-midi. Germaine s'était, bien sûr, identifiée comme madame Henri Berthier. Amélie, de son côté, avait avisé Nick qu'elle était souffrante et qu'elle ne pourrait rentrer. Fort compatissant, il lui avait dit: «T'en fais pas, Angie viendra. Prends bien soin de toi, Milie.»

Amélie, assise dans la salle d'attente du docteur Vincent, se sentait très petite dans ses souliers, écoutant en silence le tic tac de l'horloge grand-père. Germaine lisait évasivement une revue française tout en serrant les mains de son amie et en lui disant:

— Ne sois pas si nerveuse. N'oublie pas que tu es une femme mariée.

La porte s'ouvrit et un lourd bonhomme dans la soixantaine clama:

— Madame Berthier, vous pouvez entrer.

Plus morte que vive, la douce enfant se glissa dans la petite pièce.

— Prenez place, madame, et dites-moi le but de votre visite.

— Bien, j'ai des nausées, docteur et je voudrais savoir…

— Si vous attendez un enfant? Voilà qui serait une bonne nouvelle. Vous êtes mariée depuis longtemps?

— Heu… depuis octobre dernier. Je trouve que c'est rapide.

— Allons donc, petite madame. Ça se fait vite, un petit, très vite. Au fait, vous avez quel âge?

— J'ai eu vingt-trois ans le 23 décembre dernier.

— Tiens! votre année chanceuse. Superbe! L'âge idéal pour être mère. Un premier enfant, c'est si beau!

— Oui, mais c'est pour ça que je suis un peu nerveuse. J'aurais préféré attendre encore quelques mois.

— Bon, passez dans cette petite salle. On verra si vous avez un sursis.

Examen médical d'antan, questionnaire en règle, test d'urine… et le docteur Vincent leva la tête pour lui dire avec un sourire:

— Je suis certain que ce sera un bel enfant, madame. C'est bien parti.

— Vous êtes sûr de ne pas faire d'erreur, docteur?

— Pas après avoir accouché des femmes depuis trente-cinq ans. Je ne me suis jamais trompé. Vous êtes bel et bien enceinte, madame Berthier.

Amélie se sentit défaillir. Elle tremblait de tous ses membres.

— On dirait que ça vous déçoit. Pourtant, c'est une grande joie.

— Ce n'est pas ça, docteur, mais j'ai si peur.

— Allons, vous allez voir qu'enfanter, c'est un moment merveilleux. Toutes les petites mères ont peur au premier pour en rire au dixième. Dites-moi, vous avez un médecin pour suivre votre grossesse?

— Oui, mon mari et moi avons un médecin de famille.

— Pourquoi ne pas l'avoir consulté?

— Heu… c'est qu'il est en vacances actuellement et je ne voulais pas attendre son retour pour être sûre de mon état.

— Bon, si jamais votre docteur veut obtenir les résultats de cette première visite, il n'aura qu'à m'en faire la demande.

— Merci, docteur. Ce sera combien pour la visite?

— Trois piastres, madame Berthier.

Amélie paya, se leva pour s'empresser de partir et le docteur lui prit le bras en ajoutant: «Bonne chance, ce sera un beau bébé.»

Elle sortit en trombe du bureau, suivie de Germaine qui courait derrière elle. Sur le trottoir, à quelques maisons de là, elle se jeta dans ses bras en pleurant.

— Je suis en famille, Germaine. C'est épouvantable!

Pendant un long mois, Amélie avait décidé de ne rien dire à personne. Quand elle était malade, c'était à l'insu de tous qu'elle allait vomir. Au restaurant, elle faisait ses heures au gré de ses forces. Seule Germaine était dans le secret des dieux et s'informait chaque jour de l'état de son amie. Juliette Bouffard fut la première à percevoir que quelque chose n'allait pas.

— Dis donc, Amélie, quelque chose ne va pas? Tu es pâle, ma petite, et tu sais, je t'entends souvent vomir dans les toilettes.

— Ce n'est rien, Juliette, quelques troubles du foie.

— C'est curieux, tu es malade et tu es plus rondelette qu'à ton arrivée.

— Faut dire que je mange trop ici. Et puis, la cuisine est plus grasse.

— Tu n'as pas pensé à consulter un docteur?

— C'est fait, Juliette. Il m'a donné des pilules pour le foie et je pense que c'est ça qui me rend malade. Elles ne me font pas. Je le revois samedi et je lui en reparlerai. Ma commande est prête?

Le soir, seule avec Germaine, elle s'était alarmée.

— Ça commence à paraître, Germaine. Madame Bouffard m'a même questionnée.

— Tu ne penses pas qu'il serait grand temps que tu parles à ton père? Il faudrait aussi que tu avises Nick. Tu ne fais que sauver du temps, ma petite. De plus, tu te vires les sangs à savoir comment tout ça va être accepté. Il faut que tu parles, Amélie. On n'a pas le droit de porter un enfant nerveusement.

— Je sais que tu as raison, Germaine, mais je ne sais pas par où commencer.

— Tu devrais d'abord le dire à Nick, ensuite à ton père. Si tu ne le fais pas demain, je le ferai pour toi. Je ne peux pas te laisser dans cet état sans rien faire. Je me sens aussi coupable que toi à me taire. S'il fallait que quelque chose arrive, on pourrait me blâmer de l'avoir caché. Pense aussi à moi, Amélie.

— Tu as raison. Tu as été si bonne pour moi. Je me dois de l'annoncer, je n'ai plus le choix.

Vendredi, dernière journée d'un dur boulot. Amélie n'était pas très en forme et n'affichait guère le sourire. Nick, qui s'en rendit compte, lui demanda:

— *What's wrong, Milie?* Ça ne va pas, aujourd'hui?

— Pas tellement, Nick. À propos, tu accepterais qu'on sorte ensemble ce soir? J'aurais à te parler.

— Tu vas pas quitter la job, au moins? Tu es fatiguée?

— C'est pas ça, Nick. J'aimerais qu'on aille dans un endroit tranquille, tous les deux. Au café de l'hôtel Windsor, si tu veux bien.

— Certain que j'veux. J'voulais même te sortir hier soir et c'est toi qui n'as pas voulu. C'est pour ça que j'suis allé jouer aux cartes.

— Je comprends, Nick. Mais ce soir, j'y tiens, c'est important.

— Alors, tu me rejoins ici à sept heures?

— J'y serai, Nick... et sache que je t'aime.

— Moi aussi, ma p'tite Milie, même si ça m'zêne de te l'dire.

Cette manie qu'il avait de prononcer les *g* comme des *z* plaisait à Amélie. Elle avait tenté de le corriger pour finalement se dire que c'était là tout ce qui lui restait de son bel accent. Le soir venu, elle s'était vêtue de sa plus belle robe et avait apporté dans un sac ses escarpins de satin vert. Elle voulait être resplendissante à ses yeux afin qu'il cesse de la voir comme une convalescente. Prétextant une autre visite à Germaine, elle partit très tôt sous l'œil inquisiteur d'Adèle qui se demandait pourquoi elle était si élégante ce soir-là. Nick l'attendait au restaurant. Bien habillé, il offrait à celle qui l'aimait l'image du Roméo qu'elle attendait. «Un taxi sera plus rapide», avait-il dit et, en moins de trente minutes, ils étaient assis au petit bar de l'hôtel Windsor. Nick se commanda un cognac et Amélie, un soda à la grenadine. Il la regarda droit dans les yeux et lui demanda:

— Qu'est-ce qu'y a, Milie?

— Nick, je suis en famille. J'attends un enfant de toi.

Le Grec ne broncha pas, la fixa et lui répondit:

— Je m'en doutais, Milie. Juliette m'en a parlé sans savoir que ça pouvait être moi. J'ai pas voulu te questionner parce que j'ai pensé que tu pouvais te tromper.

— C'est tout l'effet que ça te fait? Tu vas être père, Nick, tu entends?

— Oui, je le sais et j'vais pas t'laisser toute seule avec ça, Milie.

— Ça veut dire quoi, «ça», au juste?

— Je vais m'occuper de toi. Tu ne manqueras de rien.

— Être père, ça ne te réjouit pas plus que ça, Nick?

— Heu… oui, c'est beau, mais tu sais, j'connais pas ça, un enfant, moé. J'aurais jamais pensé que ça pourrait m'arriver.

— Est-ce assez sérieux pour qu'on songe à se marier?

— Voyons, Milie, tu es catholique et je suis orthodoxe. Personne ne voudra nous marier. Pense un peu, la religion, ça ne se change pas.

— Mais, tu pourrais te convertir, devenir catholique si tu le voulais?

— Ben non! Dans ma famille, ça s'fait pas, ces choses-là. Toi, tu voudrais changer de religion, te marier dans la mienne?

— Il n'en est pas question, mon père me renierait pour sa fille.

— Il est au courant, ton père? Tu lui as dit, pour le bébé?

— Pas encore. Écoute, il ne sait rien de toi et moi, et encore moins de ce qui s'est passé. Je vais tout lui dire demain, mais je me demande comment il va réagir. C'est une vraie honte pour la famille.

— Ben non, tu n'es pas la première à qui ça arrive, voyons.

— Tu ne m'aimes pas comme je t'aime, n'est-ce pas?

— Oui, j't'aime, ma belle Milie, et je te marierais demain si j'en avais l'droit. Sois pas nerveuse, ça va s'arranger. Quand tu auras eu le bébé, on verra comment on va faire tous les deux. En attendant, tu es comme ma femme et tu ne manqueras de rien.

— J'aurais tellement voulu l'être pour le vrai, Nick. J'aurais souhaité que le bébé ait un père et une mère comme tous les enfants. Tu es sûr que…

Amélie se mit à pleurer et Nick la pressa contre sa poitrine.

— Arrête de pleurer. L'important, c'est que j't'aime pis qu'on soit ensemble.

— Mais je ne pourrai plus travailler, Nick. Tu t'en rends compte?

— C'est pas grave, Milie. Tu n'auras plus jamais besoin de travailler. J'ai de l'arzent et je vais toujours t'en donner. Le bébé va être privé de rien. Je vais prendre mes responsabilités, tu vas voir.

— Et des sentiments pour moi, il t'en reste au fond du cœur?

— Milie, j'suis pas comme les autres hommes. Je le dis pas souvent, mais c'est toi la femme que j'aime. Tu es ma petite princesse.

— Tu ne m'abandonneras pas?

— Jamais, Milie. Et si tu as de la misère chez vous, je vais te sortir de là et prendre soin de toi. Personne ne dira du mal de toi.

— Tu vas le dire à Angie et à ta mère?

— Oui, j'vais leur dire toute la vérité. Angie sait que toi pis moi…

— Et si elles réagissent mal?

— T'en fais pas, c'est moé l'boss à la maison. C'est moé qui commande et ma vieille comme ma sœur n'ont rien à dire de mes affaires. Si ça arrivait, je les retournerais en Grèce avec mon frère.

— Et face à moi, tu penses qu'elles vont être compréhensives, qu'elles vont m'aimer et me pardonner de m'être donnée ainsi à toi?

— Oublie ça, Milie. Moi, j'suis là, c'est ça l'important.

— Oh! Nick, j'ai si peur d'être montrée du doigt!

— Arrête de t'en faire. Annonce la nouvelle à ton père et qu'il vienne me voir pour les arrangements. Je vais tout payer, mais personne va te lancer la pierre. Je vais te protéger, moi.

Amélie pleura dans les bras de Nick et accepta même de le suivre jusqu'à une chambre louée. Qu'avait-elle donc à craindre maintenant que le mal était fait? Elle l'aimait, son Grec. De tout son être. Elle savait qu'elle allait pouvoir compter sur lui, mais elle sentait qu'elle n'allait jamais être sa femme. Voilà bien ce qui la chagrinait, d'autant plus qu'il lui avait dit sur l'oreiller: «On n'est pas en Grèce, ici. On n'a pas besoin d'être mariés pour s'aimer!»

Moment fatidique: Amélie n'attendait que le départ d'Adèle pour parler à son père. L'aînée devait se rendre à un concert du samedi avec ses élèves et Amélie voulait être seule avec le paternel pour lui avouer sa faute sans ménagement. Adèle finit par décamper et quand Henri lui avoua qu'il comptait aller visiter Éva Poulin, Amélie le retint du bras.

— Papa, j'ai à vous parler, c'est très important.

Henri reprit son siège, alluma sa pipe et questionna:

— Quelque chose ne va pas, mon Amélie?

— Papa, ne criez pas, ne vous emportez pas, mais... j'attends un enfant.

Le paternel resta bouche bée, se demandant s'il rêvait ou non. La tête entre les mains, il ne réussit qu'à marmonner:

— C'est qui l'père, Amélie? Dis-moi vite c'est qui.

— Restez calme, papa, comprenez-moi, c'est si difficile.

— C'est qui l'père, Amélie? Réponds-moi vite, ensuite on parlera.

— C'est Nick Parakis, papa.

— Ah! le salaud! Il a abusé de toi. Je vais l'tuer!

— Non, non, papa, Nick n'a pas abusé de moi. Ça fait déjà cinq mois qu'on se fréquente sérieusement. On s'aime, papa. Je l'aime.

— Et tu ne m'as jamais rien dit? Pourquoi, Amélie, pourquoi?

— Parce que vous n'auriez pas approuvé ma fréquentation, père, voilà.

— Bien sûr que je t'aurais empêchée. Un Grec de dix ans de plus que toi. Il t'a bien eue, le malappris. Et toi, naïve comme tu l'es, tu t'es donnée à lui. Je n'aurais jamais pensé ça de toi, Amélie. Tu me déçois. Tu n'es pas la bonne fille que je pensais. Pour une fois, j'aurais dû écouter ta sœur. Quelle honte, quelle honte!

Amélie fondit en larmes et s'accrocha au rideau pour ne pas tomber. Dans une rage mêlée de tendresse, elle s'écria:

— Je n'ai que vous, papa. J'ai besoin de votre aide, de votre appui. J'ai si honte de vous avoir déshonoré, ne me rejetez pas. Si vous ne voulez plus de moi, je partirai, mais pardonnez-moi. Ce que je vis n'est pas facile, papa. Je suis si malheureuse.

Voyant le visage en pleurs de sa fille bien-aimée, Henri sentit son cœur se briser en mille miettes. Il ne supportait pas de la voir pleurer. Pas son Amélie, pas la réplique de sa

Georgina. Il essuya d'une main une larme qui coulait sur sa joue et, changeant de ton, répliqua à sa fille:

— Viens t'asseoir près de moi, on va parler tous les deux.

— Qu'est-ce qu'on va faire, papa? J'ai le cœur à l'envers.

— Allons, viens près de ton père. On va essayer d'arranger ça.

Amélie prit son courage à deux mains et raconta à son père tout ce qui s'était passé du début jusqu'à la fin. Elle lui parla de Nick, de leur amour, de leurs rencontres clandestines. Elle lui narra le cauchemar vécu avec Germaine, la visite au docteur Vincent, sa conversation avec Nick, la certitude qu'il ne la laisserait pas tomber. Bref, Amélie se vida le cœur pendant deux heures. Henri l'avait écoutée sans l'interrompre, sans rien dire. Quand elle eut terminé, quand elle laissa échapper de son trouble un soupir de soulagement, il se permit de la prendre dans ses bras pour lui dire en lui passant la main dans les cheveux:

— J'vais te dire ce qu'on va faire, ma petite. Tu n'as pas à souffrir comme ça. Tout va se dérouler sans que personne te condamne. Là, c'est à ton tour de m'écouter, tu veux bien?

— Oui, père, je ne demande que ça. J'ai tellement besoin de vous!

— Écoute-moi bien. Premièrement, en ce qui me concerne, je ne veux plus jamais revoir ce Grec-là de ma vie. Ni au restaurant ni ici. On ne fait pas un enfant à une fille qu'on ne peut pas marier. À mes yeux, c'est un scélérat, rien de mieux…

— Mais, papa, Nick…

— Non, tais-toi, Amélie. Tu m'as promis de m'écouter, alors, n'interviens pas.

Et Henri de tout faire pour garder son calme et continuer dans la même veine:

— Par contre, puisque c'est lui le père, je ne t'empêcherai pas de le revoir. Tu dis l'aimer? Alors, vois-le, mais jamais ici. Je ne veux rien savoir d'un homme qui a souillé ma fille. Son argent? Il peut se le fourrer là où tu penses en c'qui m'concerne. Si toi, tu veux accepter qu'il prenne soin du petit financièrement, c'est ton affaire, mais quand ce bébé sera au monde, je ne veux pas le voir s'amener ici, c'est compris? C'est tout ce que je te demande, Amélie. Ne m'impose jamais sa présence, car je ne réponds pas de moi. Pour ce qui est d'un mariage dans sa religion, oublie ça. Ça ne croit même pas en la Sainte Vierge, ce monde-là! Non, tu seras sa femme à ses yeux, mais jamais devant Dieu. Ah! si seulement ta pauvre mère avait été là, je suis sûr que tout ça ne serait pas arrivé.

— Vous n'allez quand même pas vous blâmer de mes fautes, papa…

— Non, mais ta mère t'aurait mieux élevée que moi. Moi, si seulement j'avais moins bu, si je m'étais occupé davantage de toi…

— Arrêtez, papa, la même chose serait arrivée. J'aime Nick, je l'ai aimé dès le premier jour et vous n'auriez rien empêché.

— Disons que t'as raison, mais avec ta mère, t'aurais jamais rencontré ce baptême de Grec! Elle aurait fait une dame de toi, elle. Elle t'aurait eue à l'œil. Une autre chose, Amélie, arrête de me parler comme si t'étais encore une petite fille. C'est pas pour t'en faire le reproche, mais tu m'as toujours eu avec ta façon gamine de m'approcher, et ça m'a fait oublier qu'il y avait une femme en toi qui avait ses plans. Après ce que tu as fait, c'est à une femme que je parle et, même si ça fait mal, tu vas m'écouter avec ta maturité, maintenant. Je comprends bien des erreurs de ma part à présent et je ne vais pas t'en rendre responsable. Là, tu m'écoutes et tu vas faire ce que je te dis.

Amélie comprit que son père se retenait, qu'au fond, il était en colère. Ne voulant pas aggraver les choses, voulant les simplifier, elle lui murmura, tête baissée:

— Je n'ai rien à dire, papa, je vous écoute, je ferai ce que vous voudrez.

— Là où je veux en venir, c'est que personne ne le sache. Il faut éviter le scandale. Une fille-mère, ce n'est jamais bien vu et ça ne s'est jamais produit dans nos familles. Ta sœur n'a pas à essuyer des remarques à cause de toi. J'espère que ça, tu le comprends, Amélie. Je suis direct avec toi, mais il le faut. C'est pour ton bien. Ceci dit, c'est bien simple, tu vas aller passer ta grossesse à North Bay. Je vais écrire à tante Estelle, tout lui raconter et je suis sûre qu'elle t'aidera. C'est là que tu vas aller te réfugier, Amélie.

— Mais, papa, le scandale sera le même à North Bay?

— Pas si tu portes un jonc et que tu dis que t'es mariée. Écoute, je n'ai pas fini. Quand le moment viendra, tu reviendras accoucher à Montréal et personne n'aura rien su de ta mésaventure.

— Mais après, papa, avec l'enfant, on saura bien, non?

— Non, parce que nous serons déménagés. Depuis le temps que ta sœur m'en parle, je ne signerai pas un autre bail en mai. Rendus à un autre endroit, on dira que ton mari est mort pendant ta grossesse. C'est aussi simple que ça.

— Et le bébé, papa, le bébé?

— Tu le garderas et tu t'en occuperas.

— Mais il aura un père, cet enfant-là. Y avez-vous pensé?

— Bien sûr, et il le verra quand tu iras le lui montrer, jamais sous notre toit. C'est bien entendu? Jamais, tant que je vivrai.

— Nick m'a offert d'aller vivre avec lui…

— N'y pense pas! Tu m'as assez fait de mal comme ça. Ma fille accotée, ce s'rait assez pour me tuer. Si c'est là ce que tu veux, fais-le, mais tu pourrais t'en repentir toute ta vie.

— Non, papa, je vous ai fait assez souffrir. J'essayais de simplifier les choses, de vous enlever une épine du pied…

— Amélie, à tout péché il y a miséricorde, mais il y a aussi un prix à payer. Si tu fais exactement ce que j'te dis, tu risques de racheter ta faute.

— Et Adèle, vous avez pensé à sa réaction quand elle apprendra? C'est elle que je voulais fuir, papa, en disant ça, pas vous.

— Je me charge de ta sœur, Amélie. Toi, porte-le bien, ce petit.

— Et Tonio et Vanera, vous allez le leur dire?

— Arrête de t'en faire avec ça. Tonio pis sa sœur, c'est la tombe. D'ailleurs, c'est lui, le gros Tonio, qui t'a présenté ce Grec-là! Je veux qu'il sache que son joueur de cartes n'est qu'un… J'aime mieux me taire.

Amélie, ne sachant plus que dire, comment se défendre et encore moins comment implorer la clémence de ce père qu'elle aimait, se sentit prise de panique.

— Papa, je grossis à vue d'œil. Quand vais-je partir?

— Pas plus tard que la semaine prochaine. J'écris à Estelle dès ce soir et j'arrange tout ça. Tu as des économies pour le billet? Prends-les. Pour le reste, on s'arrangera au fur et à mesure. Tu feras aussi ta part chez tante Estelle.

— Oui, papa, tout ce que vous voudrez. Ce qui m'importe le plus, c'est de n'être pas chassée ni rejetée. J'ai eu si peur que...

Et la pauvre Amélie d'éclater une fois de plus en sanglots. Henri la serra contre lui et lui chuchota:

— On va t'aider, ma p'tite fille. On va faire tout c'qu'on peut pour toi. T'as fini d'pleurer, t'as assez mal comme ça. Essuie tes yeux et ce soir, fais une prière à ta mère. Je pense qu'avec elle et le bon Dieu, tout va s'arranger pour le mieux.

Le soir venu, Amélie avisa son père qu'elle préférait être chez Germaine pendant qu'il parlerait à Adèle. Le père acquiesça, sachant d'avance que le dialogue allait être bouillant avec l'aînée.

Heureuse de sa journée, quoique fatiguée, Adèle n'était pas de mauvaise humeur, pour une fois.

— Amélie est sortie, à ce que je vois?

— Elle est allée souper chez Germaine. Ça va lui changer les idées.

— Elle va sûrement mieux manger, en tout cas. Vous avez remarqué sa mauvaise mine depuis qu'elle ne mange que des cochonneries chez le Grec?

Le père ne répliqua pas, faisant mine de s'affairer à son journal. Il laissa sa fille avaler sa soupe et son steak délicatisé avant de lui dire, sur le ton le plus aimable qui soit:

— Passe au salon, Adèle, j'aimerais qu'on cause, tous les deux.

— Qu'est-ce que j'ai fait encore? répliqua-t-elle avec une moue.

— Rien, ma grande, je veux te parler de ta pauvre petite sœur.

— Bon, qu'est-ce qu'il lui arrive, à celle-là...

— Adèle, il va te falloir m'écouter religieusement et te taire le plus possible, car ce que j'ai à te dire va prendre du temps.

— Je vous écoute, papa, j'ai ma tasse de thé avec moi.

— Adèle, ta sœur… attend un enfant.

La tasse faillit se renverser. Adèle blêmit et put à peine marmonner:

— Quoi? C'est une farce. Vous plaisantez, ou quoi?

— Non, ma grande, ta sœur va être mère avant la fin de l'année.

— Voyons, papa, ça ne se peut pas, c'est pas possible!

— Surtout ne t'emporte pas comme j'ai failli le faire, moi. Ce que je vais te dire est la stricte vérité.

— Un enfant? Elle attend un enfant? Mais de qui, voyons?

— De son patron. Amélie est enceinte de Nick Parakis.

— Ah! la petite garce! Ah! le sale cochon! Je vous l'avais bien dit que…

— Tut, tut, n'ajoute rien. Laisse-moi tout te raconter, ensuite, tu pourras dire tout ce que tu voudras.

Et Henri partit du début de l'histoire jusqu'à la fin. Il n'avait rien oublié de ce qu'Amélie lui avait dit, rien omis, y allant même de son opinion pour le Grec écœurant. Adèle bouillait, se taisait, sursautait, et dans ses yeux, une haine mêlée de reproches et d'envie secouait ses paupières. Narration terminée, elle s'écria, furieuse:

— Et vous pensez que je vais avaler ça en douceur?

— Écoute, Adèle, le mal est fait. Il ne faudrait pas creuser le fond du lac.

— Ah! la gueuse, l'hypocrite! Elle jouait les saintes nitouches et se garrochait dans le lit de l'émigré. Quelle peste que celle-là. Pensez-y, papa, votre douce et pure Amélie en famille! Vous n'auriez jamais pensé ça, hein? Voilà qui vous sert bien.

— Adèle, ce n'est pas le temps de tourner le fer dans la plaie. Amélie a passé de durs moments jusqu'à présent et…

— Elle vous a encore eu avec ses airs de madame. Comme vous êtes naïf, papa! Amélie est une putain, une vraie petite putain!

— Ne répète plus jamais ce mot devant moi. Tu as compris? Plus jamais ou c'est toi que je renie. Ne t'imagine pas que je lui ai donné ma bénédiction, oh non! mais ta sœur est mal prise et elle aura besoin de notre support, Adèle.

— Comptez pas sur moi, papa, pas cette fois. Qu'elle s'arrange avec ses troubles et son maudit Grec! De plus, qu'elle aille pleurer chez sa Germaine! Quand je pense que cette Brisson savait tout alors que nous… Non, c'est trop me demander.

— Adèle, fais appel à ton bon cœur, à ta conscience.

— Et si c'était à moi que c'était arrivé? Vous réagiriez aussi bonnement?

— J'aurais la même indulgence, Adèle, la même compréhension.

— Facile à dire, vous savez très bien que ça ne risque pas de m'arriver. Je ne suis pas une bonne-à-rien, moi!

Henri parlementa pendant des heures avec sa fille. Armé de patience, il expliqua, recommença. Usée par les propos, Adèle finit par baisser pavillon sans pour autant pardonner. Deux choses, en passant, l'avaient enchantée dans ce déshonneur: l'idée de déménager, qu'elle entrevoyait avec joie, et le fait qu'Amélie serait au loin pendant des mois. Débarrassée d'elle, enfin! Seule à recevoir l'affection et les attentions de son père. Elle n'avait pas détesté l'idée que son Grec la prenne en charge et son père s'était récrié:

— Es-tu folle? Maudit! Penses-y un peu!

Quitter la rue Saint-Vallier l'enchantait, mais elle en voulait à son père que ce fut à ce prix. Sans la grossesse d'Amélie, elle serait certes restée là toute sa vie. C'est donc à l'outrage de sa sœur qu'elle devrait le pas en avant. Comme c'était bête! On fait un enfant, on est fille-mère et... on déménage!

«Petite vermine!» s'exclamait Adèle au fond d'elle. Pas un seul instant elle n'avait pensé à l'enfant qui naîtrait. C'était comme si un petit intrus allait faire partie de la famille. Ce qui la rendait encore plus folle de rage, c'est qu'Amélie avait connu les plaisirs de la chair avant elle. Tout comme autrefois, alors que la cadette avait été la première à avoir ses règles. Finalement, les premiers pas, c'était toujours Amélie qui les faisait. Jalouse de ce qu'elle appelait «le malheur de sa sœur», Adèle était devenue maladive. Fatiguée par le récit, épuisée d'entendre le nom d'Amélie, elle se leva et déclara à son père:

— Qu'elle parte au plus vite. Qu'elle disparaisse avant que tout le quartier soit ameuté et que ça parvienne aux oreilles des mères de mes élèves. Là, ce serait ma perte. Ah! la vilaine! Elle a été sournoise, non? Une fille-mère chez les Berthier! Imaginez quand tante Estelle et les cousines vont apprendre la nouvelle.

— Je suis sûr, Adèle, qu'elles seront plus indulgentes que toi.

Amélie rentra le plus tard possible, mais pas assez pour éviter Adèle qui l'attendait de pied ferme. Germaine lui avait cependant recommandé de ne pas pleurer, de rester calme et de l'affronter. Pour autant que son père comprenait, il importait peu qu'Adèle ne soit pas de son côté. C'est sans honte et sans recul qu'elle affronta le regard haineux de son aînée.

— Ne t'imagine pas que je vais te parler pendant des heures. Ma soirée est assez gâchée, Amélie. La seule chose que je peux te dire en pleine face, c'est que tu es une salope.

Amélie ne broncha pas, et sembla même ignorer la remarque.

— Ah! tu ne dis rien? Tu marches encore la tête haute? Tu as de quoi être fière, ma chère. Je te l'avais bien dit, que les filles de restaurant étaient des traînées. J'en ai même une sous le nez!

Amélie resta muette, se contentant de défaire son lit.

— Regarde-toi, Amélie Berthier. Regarde-toi dans le miroir. Tu es la honte de la famille. Avec un sale Grec à part ça! T'as couché combien de fois avec lui pour le faire, ce petit?

Amélie ne répondit rien et dénoua silencieusement son chignon.

— Tu me tiens tête? Tu as peur d'une bonne discussion, n'est-ce pas? Chose certaine, ton bâtard, ce n'est pas moi qui l'aurai sur les bras. Quand il braillera trop fort, tu iras coucher avec ton Grec pour qu'il en ait sa juste part.

Amélie se glissa dans son lit sans rien répliquer.

— C'est ça, dors comme un ange, démon de l'enfer. Dors comme une vraie maman, sale fille-mère! Si tu penses avoir ma sympathie, tu te trompes. Aucune dignité, aucun respect, que de l'orgie! On se jette dans les bras d'un homme et là, on fait son somme comme si de rien n'était. Facile, hein? Moi aussi j'aurais pu en faire un petit avec Juteau!

— Tu aurais dû, Adèle. Ça t'aurait rendue plus humaine!

Chapitre 8

Tante Estelle avait, bien sûr, appris la nouvelle avec stupeur. Henri avait même ajouté dans sa lettre: «Tu sais, il faut comprendre, elle n'a pas eu de mère à ses côtés pour lui apprendre.» Autour de la table familiale, avec Edna, Rita, Charles et sa femme, elle avait discuté du problème de la pauvre Amélie. Edna avait vite sympathisé et Rita n'en était même pas offusquée. Charles, qui aimait bien sa cousine, avait lancé à tout hasard: «Pas surprenant, avec tout ce qu'elle endure de la part d'Adèle.» Tous étaient d'accord pour accueillir chaleureusement cette pauvre cousine qui devait en voir de toutes les couleurs à la maison. Estelle s'empressa de répondre à Henri pour lui faire part de son approbation à recevoir chez elle sa nièce le temps de sa grossesse. Puis, incluant un mot personnel à Amélie, on pouvait y lire:

Chère Amélie,

Viens, ne sois pas mal à l'aise. Edna est ravie de t'avoir tout à elle et l'on va bien s'occuper de toi. Ce qui t'arrive n'est pas la fin du monde. C'est le commencement d'une autre vie. I understand, *Amélie, tout comme ta mère l'aurait fait.*

Ici, tu ne seras pas mal jugée. Tu seras une femme mariée au repos jusqu'à son accouchement. Et je serai auprès de toi. J'ai eu des enfants, donc tu seras en confiance avec moi. N'apporte pas trop de vêtements, je t'en confectionnerai.

Quand tu t'en sentiras la force, tu aideras Rita ou tu me donneras un coup de main au magasin. Ton séjour sera heureux parmi nous, dear *Amélie. Edna veut que tu partages sa chambre. Elle t'aime beaucoup, tu sais. Viens,* my darling. *Nous, on ne te jugera pas et on ne te questionnera même pas. Charles et Edna iront t'attendre à la gare. Une chose, cependant, pas de* candy *pendant ta grossesse.*

Tante Estelle... qui t'aime bien

Il n'en fallait pas plus pour qu'Amélie soit aux anges. Comme elle allait être heureuse là-bas! Des mois et des mois de liberté sans la terrible Adèle pour la sermonner. Son père lui demanda:

— Tu es contente de mon idée, ma p'tite fille?

— Oh! papa, jamais je ne pourrai assez vous en remercier!

— Tu sais, je vais m'ennuyer beaucoup de toi.

— Moi aussi, mais vous pourriez venir cet été?

— On verra, on verra bien, sinon je t'attendrai.

Amélie se faisait une obligation de revoir Nick avant de partir. C'est au restaurant, juste après la fermeture, qu'ils se retrouvèrent en tête à tête. Angie venait de partir sans lui adresser un mot ou un sourire.

— Elles ont mal pris la chose, n'est-ce pas, ta mère et ta sœur?

— Ma mère s'est emportée, mais ma sœur ne s'en est pas mêlée. C'est pas grave, Milie, ce qui compte, c'est le bébé, toé pis moé.

Amélie lui raconta le dialogue avec son père, les rengaines de sa vilaine sœur et Nick l'écouta sans broncher.

— Ton père ne veut plus me revoir? C'est son droit. Ça ne va pas m'empêcher de m'occuper de toi. Ta sœur, j'la connais pas.

Elle ajouta qu'elle devait partir pour North Bay, lui parlant de tante Estelle, d'Edna, de Rita et de Charles; Nick s'y plia et ajouta:

— C'est peut-être la meilleure chose à faire, Milie. Ils vont te traiter comme du monde là-bas. Tu vas ben me manquer, mais je vais être patient. Ça passe vite, les mois, et tu reviendras.

— Je vais t'écrire, Nick. Tu vas le faire aussi?

— Si t'excuses mes fautes, je vais m'essayer. Je veux une autre chose, Milie. Je veux que tu prennes l'arzent que je vais te donner.

— Papa m'a dit de n'en rien faire…

— Prends-le pas pour toé, prends-le pour le p'tit. Et pis, ça va t'aider à être plus à l'aise à North Bay. Moi, c'est tout ce que je peux faire pour le moment. Après, on verra, mais prends l'arzent que je te donne et que je vais t'envoyer. Tu es ma femme, à présent.

Amélie ne put refuser la forte somme que Nick lui tendait. D'autant plus qu'elle savait que cet argent venait de ses passes aux cartes. Elle ne voulait pas dépendre de lui, mais comme c'était là tout ce à quoi elle pouvait s'attendre pour l'instant, elle l'accepta pour son enfant. Ainsi, elle n'aurait rien à quémander à tante Estelle ou à son pauvre père qui en arrachait encore pour joindre les deux bouts.

— Tu veux qu'on aille à l'hôtel avant de se quitter?

— Pas ce soir, Nick. J'en ai déjà trop sur la conscience. Laisse-moi partir telle que je suis arrivée quand tu m'as engagée. On aura toute la vie pour s'aimer. Tu comprends, n'est-ce pas? Je suis tellement nerveuse depuis que c'est arrivé.

— Ça va, petite Milie, mais il faudra me donner de tes nouvelles souvent. Oublie pas que le bébé, c'est aussi mon enfant.

C'est sur un langoureux baiser que les amants se séparèrent. Un baiser rempli de promesses, un baiser plus que troublant pour la femme qui l'aimait. Comme il se faisait tard, Nick appela un de ses amis, chauffeur de taxi, qui ramena «sa femme» chez son père. Au dernier moment, juste avant de le quitter, elle se retourna, l'embrassa longuement et lui murmura:

— Je t'aime, Nick, tout comme avant, tout comme au premier jour.

— Moi aussi, Milie, et oublie pas, écris-moi souvent.

Plus que deux jours et c'était le départ. Amélie n'avait pas une minute à perdre. S'emparant de valises, elle prépara soigneusement ce qui allait être un long voyage. Adèle était à son école, ce qui faisait qu'elle avait la journée entière à elle. Elle ne tenait pas à dire au revoir à Tonio ni à Vanera. Son père se chargerait bien de le leur laisser savoir. La même chose pour Éva Poulin. Ne pouvant éviter madame Morin, elle lui avait expliqué que sa tante l'avait engagée jusqu'à la fin de l'été. Celle-ci en fut peinée.

— Ça va être bien triste sans toi dans le quartier, Amélie.

Ce que madame Morin ignorait, c'est que plus jamais elle ne la reverrait. À son retour, les Berthier n'allaient plus être du quartier.

Germaine Brisson fut celle avec qui Amélie partagea sa dernière journée. Quelques courses, quelques achats, des préparatifs et elle lui avoua secrètement leur prochain déménagement.

— On ne va pas se perdre de vue pour autant, n'est-ce pas?

— Non, Germaine. On sera unies dans l'amitié jusqu'à la fin des temps.

— Tu vas m'écrire à moi également? Tu vas me dire tout ce qui t'arrive?

— Comment oses-tu en douter? Tiens! j'ai une autre idée. Je voudrais que tu ailles parfois au restaurant afin de rassurer Nick sur mes sentiments. À voir quelqu'un que je connais, il sera moins désemparé.

— Tu sais, Amélie, j'ai croisé Adèle ce matin et elle ne m'a pas regardée.

— Ne t'en fais pas avec elle. Elle est furieuse parce que tu as été mise au courant avant elle. Ignore-la, Germaine, tu ne t'en porteras pas plus mal. Arrange-toi pour visiter mon père de temps en temps. Il t'aime bien, tu sais, et ça va le distraire. Il sait tout ce que tu as fait pour moi. Une autre chose, je ne veux pas que tu dises à ta mère et à ton frère ce qui m'arrive. Pas pour l'instant, plus tard peut-être.

— C'est promis, Amélie. Je peux encore faire quelque chose pour toi?

— Tu en as tellement fait, Germaine. Tu as été si bonne!

Les deux amies se jetèrent dans les bras l'une de l'autre et pleurèrent à chaudes larmes devant la perspective de cette longue séparation qui s'ensuivrait.

— Arrête, Germaine, tu me mets le cœur à l'envers.

— Tu es certaine que je ne peux rien faire d'autre pour toi?

— Oui, une dernière faveur si tu veux bien.

— Laquelle, ma douce Amélie?

— Viens avec moi au cimetière, je veux demander pardon à ma mère.

Amélie devait prendre le train de dix heures du matin. Henri avait demandé un petit congé à monsieur Druda afin de reconduire sa fille à la gare. Prête avant le temps prévu, Amélie n'avait qu'une hâte, celle de partir, de quitter ce toit où l'atmosphère était lourde. Adèle était déjà debout mais ne la regarda pas. Depuis le dernier flot d'injures, elle ne lui avait plus adressé la parole. Amélie aurait quand même voulu la serrer dans ses bras, lui dire qu'elle était encore dans son cœur, mais, plus froide qu'un glaçon, Adèle était déjà prête à partir pour ses classes sans avoir avalé la moindre bouchée. Amélie s'en approcha, tenta un dernier rapprochement en lui disant gentiment:

— J'espère que tu passeras un bel été, Adèle.

Cette dernière, qui avait déjà un pied dans le portique, se retourna et lui lança comme un soufflet sur la joue:

— Sans toi? Sûrement!

Et la porte claqua sur le ressentiment de l'aînée.

Henri accompagna sa fille jusqu'à la gare. Seule avec son père, elle lui demanda, des larmes aux coins des yeux:

— Vous me pardonnez, n'est-ce pas, papa? Vous ne m'en voulez plus?

— Non, ma petite fille. Ta mère serait la première à me le reprocher.

— Je vais me sentir bien seule sans vous à mes côtés.

— Allons, allons, pas avec tante Estelle qui t'attend à bras ouverts.

— Oui, mais ce n'est pas comme être avec son père. Vous avez entendu Adèle ce matin? Elle m'a traitée comme si j'étais une chienne!

— Oublie ça, mon Amélie. Avec le temps, ça se replacera. Ce n'est pas demain la veille qu'on va changer le comportement d'Adèle.

— Vous allez déménager où, papa?

— Laisse ça à ta sœur. Ce sera sûrement mieux qu'où nous sommes.

Amélie monta dans le dernier wagon et souffla un baiser à son père.

— Je vous aime, papa. Prenez soin de vous. Je vous écrirai souvent.

D'un pas alerte, Henri s'était rendu chez Tonio. L'Italien était dans son *lazy boy* et écoutait la radio.

— Ça ne va pas, mon Tonio?

— J'suis pas ben, Henri. J'ai mal à l'estomac et le docteur s'inquiète.

— On dirait que tu perds du poids, mon gros.

— Ben sûr, j'ai d'la misère à manger quoi qu'ce soit. J'peux même pas goûter aux pastas de Vanera. J'sais plus c'que j'ai.

— Ça va passer si tu t'soignes. Faut pas s'décourager.

— Ouais! le doc veut que j'aille voir un spécialiste.

— Alors, vas-y. C'est comme ça qu'tu vas en avoir le cœur net.

— J'sais ben, mais j'suis pas trop pour ça. Moé, les spécialistes...

— T'as vu qu'on a commencé à construire le stade de Lorimier?

— Oui, ça va faire du bien avec le baseball qui s'en vient, mais ça va coûter cher et c'est encore les citoyens qui vont payer pour ça.

— Depuis quand qu'tu t'en fais avec les comptes à payer, hein, Tonio?

— Ben, j'y pense des fois, mais dans l'fond, ça m'fait plaisir. On a pris tout l'coin de Lorimier pis Ontario. Ça va être gros, c't'affaire-là.

— Aïe! t'as déjà des cheveux gris. L'avais-tu remarqué?

— Ben sûr, pis toé aussi, Henri. Faut pas oublier qu'on n'est plus des jeunesses.

— Tonio, faut que j'te parle de mon Amélie.

— Qu'est-ce qu'elle a, la p'tite. Elle n'aime plus sa job?

— Non, c'est plus grave que ça. Elle est en famille, Tonio. Tu veux savoir qui est l'père? Ton maudit Grec, ton ami Nick.

— Quoi? Il a fait ça? Il a osé toucher à ma p'tite protégée?

Henri lui raconta de long en large ce qui s'était passé. Leur histoire d'amour, le calvaire d'Amélie, son départ pour North Bay, etc. Tonio, refoulant sa colère, laissa échapper:

— Bon, au moins, y sont en amour.

— Tu veux l'annoncer à Vanera? Moi, ça m'gêne de lui dire ça.

— J'y parlerai, Henri, mais c'est pas un crime qu'elle a commis, ta p'tite. Un *bambino*, c'est quand même beau.

— Ça paraît qu't'as jamais été père, mon gros. T'as les idées larges, toi. Tu penses que c'est beau d'être une fille-mère?

— Henri, faudrait pas qu'tu jettes le blâme sur moé. C'te job-là, j'l'ai trouvée, mais c'est pas moé qui les ai fait s'amouracher l'un de l'autre.

— J't'en veux pas, Tonio. T'as fait ça pour ben faire, mais il faut que j'me trouve un autre logement avant l'mois d'mai. Tu vas m'aider?

— Ah non! Henri, moé j'me mêle de mes affaires, astheure. Surtout avec ton Adèle qui m'fait toujours un air de beu.

— T'as raison, j'vais la laisser chercher. Comme ça, si elle est pas contente, elle ne pourra rien nous reprocher.

— Tu sais, Henri, le Nick du restaurant, dans l'fond, c'est un maudit bon gars. J'suis sûr qui va s'occuper d'ta fille pis du bambino.

— Ouais… y peut même pas la marier.

— Ben, que veux-tu? Avec ces maudites lois de la religion, c'est pas vraiment d'sa faute. Y sont ben trop sévères, les curés.

— Ça vient pas des curés, Tonio. C'est un édit du pape.

— Ben, sauf le respect que j'lui dois, il est pas plus fin qu'eux autres. Après toute, mariés ou pas, ça les empêche pas d's'aimer. Pis après, si y vivent ensemble, après cinq ans, y vont êtres considérés comme mariés.

— Ça jamais, Tonio. Il trouve le moyen d'la marier ou elle reste avec nous. Une fille-mère, ça s'cache toujours, mais pas le concubinage.

— Fais à ta tête, Henri, c'est toé son père, mais moé j'te dis qu't'as pas raison.

— Tant pis, j'te demande pas ton opinion.

— Bon, fâche-toé pas, Henri, on est de si vieux amis. J'te dis qu'tu dois m'en vouloir des fois, toé?

— Pourquoi j't'en voudrais, Tonio?

— Ben, j't'ai fait quitter North Bay, j't'ai ramené icitte pis t'as perdu ta femme. J'ai trouvé une job à ta fille en pensant ben faire et r'garde ce qui arrive. Des fois, j'me dis que j'aurais dû m'mêler d'mes affaires.

— Arrête d'avoir des remords, Tonio. Tu m'as ben aidé, t'as un cœur d'or, toi. Ce qui est arrivé, tout ce qui arrive, c'est pas d'ta faute, c'était la destinée. Repose-toi donc un peu, t'es tout essoufflé. J'vais t'laisser dormir toute la journée, mais juste avant, t'aurais pas une bière pour me relaxer?

Trois mois s'étaient écoulés depuis l'arrivée d'Amélie à North Bay. Éblouie par ce retour aux sources, la jeune femme avait remarqué que rien n'avait changé, ou presque. La cathédrale dans laquelle elle avait été baptisée était toujours intacte, seules les pierres étaient un peu plus grisâtres. Le père Murphy avait cédé sa place à un autre prélat et il y avait maintenant trois médecins dans la petite ville, trois *doctors* qui n'arrivaient même pas à la cheville du regretté docteur Weiss. Amélie eut la joie de revoir Miss Thompson, l'institutrice de son enfance. Retraitée depuis peu, la vieille demoiselle s'était empressée de féliciter sa douce élève de jadis pour «son mariage» et l'enfant à venir. Le *candy store* était toujours en place, mais ça s'appelait maintenant Mister Cookie avec un autre *owner* aux cheveux gris. L'accueil de tante Estelle avait été plus que chaleureux. Elle avait chuchoté à l'oreille de sa nièce:

— Je ferai pour toi tout ce qu'aurait fait ta propre mère.

Edna s'était jetée dans ses bras sans la questionner pendant que la dodue Rita n'avait d'yeux que pour le ventre de sa cousine qui s'arrondissait. Charles était venu avec sa femme et leurs quatre marmots et avait dit à Amélie:

— Tu vas voir, petite cousine, comme c'est plaisant un enfant.

Rue Worthington, rien n'avait changé. On avait bâti d'autres maisons, rénové les vieilles et accueilli de nouveaux résidants venus de Sudbury, Hamilton et Toronto. Ce n'était pas la ville la plus prospère, mais les retraités des grandes cités venaient y finir leurs jours au gré de leurs économies et pensions. Amélie passa devant la cabane de bois de son enfance et en eut le cœur bien gros. Même si on l'avait bien améliorée, la galerie était encore la même et c'est comme si elle y voyait encore sa mère se bercer en chantonnant.

La boutique de tante Estelle roulait fort bien. Ses chapeaux se vendaient comme jamais, sans parler de ses dentelles et de tous les bibelots qu'elle offrait depuis deux ans. *We have to go ahead*, Amélie. *A little more each year*. Sa boutique était toute sa vie, ses petits-enfants, ses anges du ciel et Rita… sa croix à porter. Edna était plus belle que jamais. Elle avait même reçu une offre de Toronto afin de participer à un *Beauty Pageant*, mais elle avait refusé en riant. Distinguée au possible, raffinée, bien éduquée et gagnant largement sa vie dans une compagnie d'assurances, elle avait décliné trois demandes en mariage et plus de soixante invitations à sortir. Edna attendait patiemment son coup de foudre. De prime abord, si son cœur ne battait pas, elle refusait le prétendant. Les gens qui apprirent à connaître Amélie la désignaient sous le vocable de «la petite madame grecque» à cause du «Mrs. Parakis» qu'elle utilisait sans répit. Quand on lui parlait de son mari, Amélie montrait une petite photo de Nick, vantait les mérites de son restaurant, parlait de son empêchement d'être avec elle et de cet air bénéfique de North Bay recommandé pour une jeune mariée dans l'attente d'un bébé. Les lettres étaient postées régulièrement.

Une à Nick, une à son père et une troisième à sa chère Germaine. Nick répondait tant bien que mal, s'exprimant en «franglais» quand il n'y mettait pas un terme grec qu'elle ne comprenait pas. Ça finissait toujours par *I love you, Milie* sans post-scriptum. Germaine se mourait d'ennui loin de son amie et lui potinait tous les ragots du quartier. Son père lui envoyait des photos, des mots d'encouragement, quelques piastres… et sa peine de la savoir loin de lui. Il lui parlait en sourdine d'Adèle, de ses classes, de son sale caractère. L'aînée n'avait jamais écrit à la cadette. Pas un mot, pas la moindre lettre. À tel point que, constatant le fait, tante Estelle écrivit à sa nièce pour la semoncer vertement. Elle en avait même parlé à Henri dans une lettre et ce dernier, penaud, en avait fait part à Adèle.

— Oui, je sais qu'elle m'en veut, père. Elle m'a écrit à moi aussi, mais faudrait bien qu'elle apprenne à se mêler de ses affaires.

Dans une lettre de son père, Amélie apprit leur prochain déménagement. Adèle avait tout arrangé. Un grand bas de six pièces, rue Saint-Denis, juste en face de l'église Holy Family. «Il y a même une grande cour où tu pourras faire jouer ton petit», avait ajouté Henri, tel un futur grand-père ravi de la venue de l'enfant.

Rita plaçait déjà dans un vase, les premiers lilas de mai.

Adèle n'avait rien ménagé pour avancer d'un pas. Elle avait visité douze logements pour finalement jeter son dévolu sur ce grand bas inoccupé. C'était cher, trop cher pour Henri, ces vingt-cinq piastres par mois, mais Adèle lui avait répliqué: «À nous deux, on s'arrangera et quand Amélie reviendra, elle fera sa part elle aussi.» La rue Saint-Denis, où plusieurs médecins avaient leur bureau, était très huppée à l'époque. Le statut d'enseignante d'Adèle lui avait valu les égards du propriétaire. Sachant qu'elle vivait seule avec son père, il n'avait pas hésité à louer son logement à cette demoiselle si distinguée. Adèle avait volontairement omis de dire que son père était peintre en bâtiment, et quand ce dernier signa le bail, il avait déclaré au propriétaire, sur les ordres de sa fille: «Je suis contremaître dans une usine.» Adèle avait quitté avec joie son taudis de la rue Saint-Vallier, sans le moindre bonjour à qui que ce soit, pas même à madame Morin. Henri, pour sa part, avait fait le tour de la rue, serré des mains, passé chez Juteau, chez les gens d'en face. Adèle lui avait dit, sur un ton autoritaire:

— Quant à la Poulin, j'espère que vous ne la reverrez pas!

Henri s'était emporté. Non, il n'avait pas d'adieux à faire à Éva. Il reviendrait encore prendre sa bière avec elle, avec ou sans l'accord de sa tigresse de fille. Leur petit logis avait été loué à une famille qui vivait sous le seuil de la pauvreté, ce qui avait fait dire à Adèle, sur un ton méprisant:

— Vous voyez bien que ce logement-là est fait pour les misérables!

Désormais, Adèle n'allait plus se mêler du voisinage, des dames de Sainte-Anne, du bedeau et de sa femme, des enfants de Marie et des commères du quartier. Non, elle n'allait pas fréquenter l'église Sainte-Cécile. Son choix était fait. Elle irait à la messe à Holy Family, en anglais, où personne ne la connaîtrait. Elle réussit même à persuader son père d'en faire autant en lui disant:

— De cette façon, papa, finis les cancans et les gens de basse classe.

Depuis le départ d'Amélie, Adèle avait adroitement pris le «gouvernail» du vaisseau. Peu à peu, et sans s'en rendre compte, Henri était tombé dans le panneau de son autorité. Il lui arrivait encore de s'emporter, de crier même, mais c'est elle qui commandait. Le pauvre homme avait besoin de l'argent d'Adèle. Seul, il ne pouvait rien, étant donné le travail par intermittence qui était le sien. Usé par le dur labeur, Henri déposait une à une les armes. Quand il en avait assez de se sentir brimé, il allait humblement se saouler la gueule chez la Poulin!

Les occupants du deuxième et du troisième? Adèle ne leur avait pas dit un mot. Les voisins de gauche? Quelques phrases et un sourire parce que le mari était musicien. C'était donc en reine et de pied ferme qu'elle attendait... la pécheresse qui reviendrait.

— Tu sais que Tonio est malade, Adèle?

— Mal imaginaire, je suppose? Gros piment, va!

Adèle avait rayé Tonio de sa liste depuis l'aventure de sa sœur. C'était lui, l'imbécile d'Italien qui avait poussé Amélie dans les bras de son copain. C'est tout juste si elle saluait Vanera quand il le fallait.

— Tu aurais pu attendre que j'aille plus loin dans mes nouvelles, ma fille. Tonio souffre d'une tumeur maligne à l'estomac.

Sursaut d'humanité. Mal à l'aise de sa réplique, Adèle répondit:

— Excusez-moi, papa, j'aurais jamais pensé ça.

— Il n'en mène pas large, tu sais. Vanera m'a même dit que les spécialistes ne savent pas s'il va se rendre jusqu'aux fêtes.

— C'est si grave que cela? On ne peut pas l'opérer?

— Non, c'est trop tard. Tu devrais voir comme il a maigri.

— Sa sœur est auprès de lui?

— Pour le moment, oui, mais comme ça s'aggrave et qu'il souffre…

— Quand vous le verrez, vous lui direz bon courage.

Une façon habile de se tirer d'affaire. Un «bon courage» aussi glacial que le «bon voyage» auquel Amélie n'eut même pas droit. Pas une seule visite, pas la moindre carte. C'est Henri qui, chaque fois, apportait à Tonio de la part d'Adèle des mots d'encouragement qu'il inventait au fur et à mesure.

Germaine Brisson avait maintes fois croisé monsieur Berthier lorsqu'il se rendait chez la Poulin. Elle lui avait dit:

— J'irais bien vous visiter, mais avec Adèle…

— Ah! celle-là! Abstiens-toi, Germaine, je ne réponds pas d'elle.

Comme promis à Amélie, Germaine se rendait parfois Chez Nick et causait avec le patron de sa douce amie. Elle commandait un *banana split* et discutait entre les bouchées, de sa «petite Milie» qui avait déjà sept mois d'accomplis.

— Elle reviendra bientôt, monsieur Nick. Elle me l'a annoncé hier.

En effet, Amélie prévoyait revenir dès le début de septembre. L'enfant qu'elle attendait allait voir le jour au début d'octobre. Épanouie par sa grossesse, très bien portante, elle offrait ce visage limpide que seules ont les futures mères. Tante Estelle ne voulait plus qu'elle s'affaire à la maison. C'est tout juste si elle lui permettait de vendre à la boutique quelques dentelles et babioles. Les dames de North Bay s'étaient éprises de la future maman. Gaie comme un pinson, elle chantait du matin jusqu'au soir et jouait souvent pour Edna, sur le vieux piano de la famille, des mélodies de l'heure. De temps en temps, comme pour se rappeler des souvenirs, Amélie interprétait Schumann, mais ses doigts n'étaient plus ce qu'ils avaient été. Elle écrivit à son père pour lui faire part de son retour. Edna, inquiète, lui avait demandé:

— Tu es certaine qu'Adèle va bien te recevoir?

— On verra bien, Edna, je n'ai pas le choix. Il faut que mon enfant naisse au su de son père. J'ai été si heureuse ici que je suis maintenant prête pour quelques petites misères.

— Tu veux que maman s'informe de ses dispositions envers toi?

— Non, non, ce serait pire, Edna. Et puis, papa est là.

— *My God*, je ne suis pas rassurée, Amélie. Ta sœur est capable de bien des choses. Ton père a même dit à maman que c'est elle qui était le *boss* à la maison. *My God*, j'ai pas confiance en elle, Amélie. Elle ne nous écrit même plus. Elle n'est pas venue et je pense que c'est une mauvaise chose de partir si vite.

— Mais, ma pauvre Edna, j'arrive presque à terme. Il faut que je parte. Ne t'en fais pas, si j'ai de la misère, Nick va s'occuper de moi.

— Tu veux que je retourne avec toi? Ça pourrait peut-être servir?

— Non, non, Edna. Reste ici avec ta mère. Tu travailles, après tout. Ne t'alarme pas avec Adèle. Si papa a maintenant peur d'elle, ce n'est pas mon cas. T'en fais pas, Nick est là.

— Adèle, ta sœur m'a écrit. Elle revient.

— Pas ici, papa.

— Quoi? Qu'est-ce que tu as dit?

— J'ai dit, pas ici, papa, pas avant son accouchement. Il était convenu qu'Amélie serait veuve sous notre toit avec un enfant à sa charge. Quand elle en sera là, elle reviendra avec nous, pas avant.

— Mais voyons, Adèle, où veux-tu qu'elle aille?

— Son Grec s'arrangera avec elle. Il a assez d'argent pour ça.

— Jamais de la vie! Je l'ai juré sur la tombe de ta mère.

— Écoutez, papa, je ne suis pas une marâtre. Il était bien entendu qu'Amélie aurait d'abord son enfant. Elle pourrait peut-être aller chez sa Germaine en attendant? Il ne lui reste qu'un mois à faire.

— Ben voyons, les Brisson ne savent même pas qu'elle est en famille. Et puis, là, tout le quartier risque de le savoir.

— Ça, je m'en fiche maintenant. Nous ne sommes plus là.

— Tu ne peux pas faire ça, Adèle, pas à ta petite sœur.

— N'essayez pas de m'arracher des sentiments. Une faute, ça s'expie et elle a eu tout un été à être choyée. Ce n'est quand même pas un petit mois qui va la tuer, non?

— Tu es une sans-cœur, Adèle. Je me demande ce que j'ai fait au bon Dieu…

— Demandez-lui donc plutôt qu'il vous arrête de boire et qu'il vous trouve un travail régulier. Ce serait une bien belle prière et ça m'aiderait avec le loyer.

— Ah! si seulement ta mère t'entendait!

— Ah oui? Qui vous dit qu'elle ne serait pas d'accord avec moi? Elle n'aurait peut-être pas passé l'éponge comme ça, elle!

— Tu vas être damnée, Adèle. Ta méchanceté va te coûter l'enfer.

— J'ai fait assez de sacrifices pour mériter mon ciel, moi. Amélie a eu ce qu'elle a voulu. Moi, je suis devenue vieille fille, je travaille, je prends soin de vous, je me conduis bien et qu'est-ce qu'on me souhaite? L'enfer! C'est vous qui êtes injuste, papa.

— Comme ça, tu lui refuses notre porte?

— J'ai dit pour un mois. Après, elle pourra revenir. Il doit sûrement y avoir un moyen, vous ne pensez pas? J'ai même une idée qui ne serait pas bête. J'en connais une qui la prendrait bien sous son toit pour le peu de temps qui reste.

— Qui? De qui parles-tu?

— La Poulin, papa!

Le couperet était tombé. Voilà ce à quoi Amélie était condamnée et ce à quoi Adèle avait pensé depuis des mois. Quelle vengeance! C'est là qu'elle aurait à regretter son vil péché et comme c'était en plein cœur de leur ancien quartier, la future mère devrait rester enfermée jusqu'au moment de la délivrance. Accoucher à North Bay? Adèle savait d'avance qu'Amélie s'y opposerait. Une femme ne mettait jamais bas sans avoir son mari dans l'antichambre. Chez les parents de Nick? Impensable, surtout avec la vieille sorcière qui la haïssait de toute son âme. Vivre à l'hôtel? Jamais sans surveillance et surtout avec le serment de son père. Oui, Adèle avait bien planifié la pénitence de sa pauvre sœur. Sans la moindre pensée pour l'enfant, sans amour et sans pudeur. Henri, décontenancé, savait fort bien que son Éva accueillerait la petite pour un mois. Bonne de cœur, grande d'âme malgré ses états d'ébriété, Éva ne demandait sans cesse qu'à aider. Mais comment annoncer une telle nouvelle à

Amélie sans en avoir honte? Sa pauvre fille avait été la première à se rendre compte de certaines odeurs. De plus, dans son état! Il avait tenté de faire comprendre à Adèle que la maison d'Éva n'était pas propre, que ça sentait la pisse, que la dame souffrait de troubles de la vessie.

— Bah! une femme enceinte dégage la même chose... avait-elle répondu.

C'était là tout le respect qu'avait Adèle pour celles qui donnaient la vie.

Henri en parla avec Éva qui accepta avec joie d'héberger la future mère. Dernière emprise de sa main d'homme, il demanda à sa compagne d'infortune de faire un ménage, d'ouvrir toutes les fenêtres. Pensant que c'était pour le bien de l'enfant, Éva ne s'en offusqua pas et c'est la première fois qu'on put la voir avec une chaudière plutôt qu'avec une caisse de bière. Germaine avait grimacé à cette idée, mais, à l'insu de sa famille, elle se rendit elle-même chez l'ivrognesse afin que la chambre d'Amélie soit claire et nette. Le pauvre père ne savait plus où donner de la tête. Comment s'y prendrait-il pour annoncer ce changement à sa cadette? Elle savait pourtant qu'elle ne devait revenir ici qu'avec le bébé. Comment avait-elle pu, tout comme lui, oublier ce détail important? Oui, Amélie, tout comme son père, avait oublié le pacte des premiers temps. Son bonheur avait dissipé ce détail. Henri, remis de ses émotions, avait pour sa part oublié cette terrible condition. Pas Adèle... cependant. Courage au bout des doigts, il écrivit d'une main tremblante une lettre de cinq pages dans laquelle il lui expliqua tout. Il s'excusait, revenait à la charge, s'excusait encore et sans cesse. Vaincu dans sa fierté, Henri en avait même pleuré.

La réponse d'Amélie lui parvint quelques jours plus tard.

Cher père,

J'ai lu et relu cent fois vos mots et je vous plains de tout mon cœur d'être aux prises avec elle. La victime de sa méchanceté, comme vous dites, c'est vous, pas moi. C'est vrai que j'avais oublié cette condition à notre entente. C'est sans doute l'euphorie d'avoir passé de si beaux mois ici, mais sur ce point, elle a raison, je vous avais promis. Je pourrais fort bien m'en remettre à Nick, mais comme vous ne le voulez pas et que là aussi je vous ai juré, j'irai chez madame Poulin. Il me reste si peu de temps après tout. Comme Germaine a mis la main à la pâte et qu'elle vous assure que tout est désinfecté, il ne faut pas en douter. Germaine ne me laisserait jamais dans le moindre embarras. Cette chère dame qui m'ouvre ainsi sa porte, le bon Dieu le lui rendra. Vous-même seriez plus heureux avec elle qu'avec Adèle. Je ne parlerai pas de cette lettre à Edna ni à tante Estelle. Elles voudraient à tout prix me garder ici et je n'y tiens pas. Ce dernier mois de ma grossesse doit s'écouler dans le calme et la paix. C'est très important pour un bel accouchement. Chez madame Poulin, ce sera dix fois mieux que sous votre toit et je ne dis pas ça pour vous, papa. Je n'aurai pas à subir les sévices de celle qui pourrait entraver un bel ouvrage. Quand j'aurai mon enfant, il n'est pas dit que je retournerai à la maison. À ce moment, si le père du bébé a d'autres intentions, il me faudra vous tenir tête. Je ne souhaite pas en arriver là, mais pour le bien de l'enfant, je le ferais. Pas à cause de vous, cher papa que j'aime, mais à cause d'elle. Pour ce qui est des gens de notre ancien quartier, ne vous en faites pas. Je saurai me faire discrète et ne pas attirer l'attention des voisins. J'irai donc vivre ce dernier mois en toute quiétude chez votre Éva et après la naissance, on verra. Dormez tranquille, je vous aime bien.

Amélie

Henri s'était empressé d'aller chercher sa fille à l'arrivée du train. Seuls dans un petit restaurant attenant, ils se regardaient tendrement après s'être jetés dans les bras l'un de l'autre. Comme si de rien n'était, Henri regardait maintenant sa fille avec fierté. N'allait-elle pas le rendre grand-papa?

— Tu as bonne mine, ma chérie. Tu as pris du poids, mais ça te va bien. Juste assez rondelette et encore plus belle. Ça va bien, ta grossesse?

— Très bien, père, et je pense que j'aurai un bel enfant.

— Ça n'te fait rien d'accoucher à la Miséricorde?

— Non, je préfère cet hôpital où plusieurs mères ont le même statut que moi. Nick m'a écrit pour me suggérer Sainte-Jeanne-d'Arc, mais je préfère aller là où l'anonymat sera plus respecté. Je ne serai pas la seule dans mon cas, puis, ce n'est que cinq ou six jours, après tout.

— Tu comptes revoir ton Grec?

— Oui, papa, mais je ne vous l'imposerai pas, je vous l'ai promis. Par contre, Nick est le père de mon enfant et comme il tient à prendre ses responsabilités, je ne le priverai pas de ce droit.

— Compte-t-il reconnaître l'enfant comme le sien?

— Au fond de son cœur, oui. Sur papier, je le baptiserai du nom de Berthier. Si jamais le temps fait son œuvre entre Nick et moi, il sera possible de changer le nom de l'enfant pour celui de son père. Pour l'instant, ce sera moins compliqué et c'est le vôtre qu'il portera, papa.

— Bon, je pense que tu sais ce que tu fais, ma petite fille.

— Oui, père. Je ne suis plus une enfant et face à ce qui vient, tante Estelle et Edna m'ont secondée de leurs précieux conseils. Passons à vous, papa, je ne vous trouve pas bonne mine.

— Bah! ce n'est rien, je vieillis, c'est tout.

— Je suis sûre qu'Adèle n'a pas été de tout repos pour vous.

— J'en ai fait mon lot, ma petite fille.

— Si jamais je reviens à la maison, je vous jure que ça va changer, papa.

— Je le souhaite, Amélie, mais ça ne sera pas facile, tu verras.

C'est avec joie qu'Éva Poulin accueillit sa pensionnaire. Amélie fut très surprise de la propreté des lieux et de l'odeur de désinfectant. Sa chambre, quoique modeste, était fort coquette et madame Poulin, malgré son peu d'argent, lui avait offert, en guise de bienvenue, un superbe bouquet de fleurs.

— Je suis très heureuse de te revoir, Amélie. Tu as accepté mon toit et ça me fait un grand plaisir. Ici, je veux que tu sois chez toi. Tu feras ce que tu voudras et tu recevras à ton gré ta bonne amie Germaine. Je vais m'effacer le plus possible. Je serai discrète et...

— Voyons, madame Poulin, il ne faudrait pas marcher sur la tête parce que j'attends un enfant. Vous êtes ici chez vous et j'insiste pour que vous ne changiez rien à vos habitudes. Vous m'hébergez et c'est déjà très généreux de votre part. Il me reste si peu de temps avant d'accoucher que je ne serai pas embêtante trop longtemps, vous verrez.

— Toi, embêtante? Toi, la fille aimée de mon cher Henri? Si tu savais comment ça m'a fait plaisir d'avoir été choisie pour t'offrir l'hospitalité. Je te promets même de ne pas t'imposer de senteur de bière dans ton état. Quand j'aurai envie d'en prendre une, j'irai au *grill* avec ton père. Lui et moi, on s'est bien entendus là-dessus, n'est-ce pas, Henri?

— Oui, oui, ma brave Éva, et je ne veux pas qu'Amélie rouspète sur ce sujet. Bon, il faut que je me sauve, car je travaille tôt demain matin. Tu verras, Amélie, ici tu seras entre bonnes mains.

Il prit son veston, salua sa vieille amie, serra sa fille sur son cœur et se rendit au domicile où l'attendait la chère Adèle.

— Alors, elle va bien, votre douce petite Amélie?

— Très bien, Adèle. Ta sœur se porte à merveille.

— Tant mieux pour elle. Venez, j'ai préparé votre souper.

Puis, tout en le servant, elle ajouta d'un air narquois: «J'espère qu'elle a été bien reçue par la Poulin?»

Adèle ne se gênait plus pour employer le terme qui choquait tant son père.

Seule avec madame Poulin, après un potage et une marmite de bœuf, Amélie s'aperçut que la dame ne savait plus comment entamer la conversation avec elle. Sentant son désarroi, c'est elle qui la tira d'embarras en lui demandant:

— Il paraît que Wilfrid Pelletier a accédé au poste de chef d'orchestre du Metropolitan Opera de New York?

— Heu... oui, je pense que ton père m'en a parlé.

— On m'a même appris que le célèbre compositeur français, Maurice Ravel, était venu donner un récital au théâtre Saint-Denis au mois d'avril?

— Oui, lui, j'le connais. Ton père m'a dit que ta sœur y était allée et qu'elle lui en avait parlé pendant des semaines. Moi, avant, je n'savais même pas qui il était. Tu sais, je ne suis pas tellement instruite. Tout ce que je connais en musique, c'est plus populaire. J'aime bien Reda Caire, Tino Rossi avec sa belle voix et les chansons de Rina Ketty. Tu savais que le maire Camillien Houde allait être élu la semaine prochaine député à l'Assemblée législative de Québec?

— Dites donc, madame Poulin, pour une femme pas instruite, vous en savez des choses!

— Je n'ai pas d'mérite, ma petite. C'est ton père qui m'instruit sur tout ce qui s'passe, pis j'aime ça. Devant les autres, j'ai l'air moins ignorante.

— Et aux *vues*, vous y allez de temps en temps?

— Une fois par mois, pas plus. Comme je ne parle pas l'anglais, le choix est moins grand, mais au cinéma de Paris, c'est toujours des *vues* de la France.

— Ça vous dérangerait si j'appelais Germaine, madame Poulin?

— Absolument pas. Tu l'inviteras quand tu voudras. C'est une bonne fille, celle-là. Une autre chose, Amélie, sans le dire à ton père, moi, ça m'dérange pas que ton Nick vienne ici. Tu sais, ce qui t'arrive, moi j'comprends ça.

— Vous êtes bien bonne, madame Poulin, mais je trouverai le moyen de le rencontrer quelque part. Ne vous en faites pas pour moi et merci quand même.

Comme convenu au téléphone, Germaine passa prendre Amélie en taxi le lendemain. Elles se jetèrent dans les bras l'une de l'autre en pleurant comme des enfants. Madame Poulin essuya même une larme du revers de la main.

— Vous permettez que je vous l'enlève? Je l'emmène magasiner.

— Oui, mais arrangez-vous pas pour la fatiguer. Elle est sur les derniers milles, vous savez.

C'est dans un restaurant du bas de la ville qu'aboutirent les inséparables. Elles parlèrent pendant des heures, évoquèrent de beaux souvenirs et causèrent quelque peu d'Adèle, de Nick, et Amélie ajouta:

— Je te remercie, Germaine, pour le grand ménage que tu as fait chez Éva Poulin.

— C'est endurable, j'espère?

— Oui, jusqu'à maintenant, mais je pense qu'elle est vraiment incontinente. Tu aurais dû l'entendre ronfler la nuit dernière. Ça m'a tenue réveillée pendant une heure. J'ai fini par m'endormir avec un oreiller sur la tête. De plus, je l'ai entendue déboucher sa bière derrière la porte fermée!

Les deux amies pouffèrent de rire et Amélie, se contenant, ajouta:

— Ce n'est pas bien de rire ainsi. Elle est si bonne pour moi, la pauvre femme.

Vers la fin de l'après-midi, Germaine la conduisit jusqu'au restaurant de Nick et celui-ci s'empressa de lui donner devant les clients un doux baiser sur le front.

— T'es belle, ma Milie. Comme j'suis content de te voir!

— Moi aussi, Nick. Je suis presque à terme, regarde mon gros ventre.

— Nous allons avoir un gros bébé, Milie, un beau bébé qui va te ressembler. Où habites-tu, maintenant? Chez ton père?

— Non, j'ai préféré aller vivre chez une amie de mon père en attendant. En sortant de l'hôpital, j'irai chez lui.

— J'aurais pu te payer un bel hôtel. Pourquoi tu me l'as pas dit?

— Je suis plus en sécurité avec cette dame. C'est beaucoup mieux ainsi.

— Comme tu veux, Milie, mais n'oublie pas, ton Nick est toujours là.

— Madame Poulin, madame Poulin, je pense que le bébé s'en vient!

Il était cinq heures du matin le 5 octobre 1928.

— Tu es sûre, Amélie? Faut que j'réveille ton père en vitesse.

— J'ai des crampes de plus en plus fortes. Appelez vite un taxi et dites à papa de venir me rejoindre à l'hôpital.

Éva tournait en rond, alarmée et peu habituée à ces choses. Elle appela quand même Henri qui commanda d'urgence une ambulance pour sa fille. Amélie, vêtue d'une jaquette de nuit et d'un manteau, fut conduite à la Miséricorde à l'insu des voisins en raison de l'heure matinale. Éva n'avait pas eu l'idée de l'accompagner. La pauvre femme était dans tous ses états. L'enfant semblait vouloir venir sans ménager la mère. Les bonnes sœurs lui épongeaient le front, et quand Amélie hurlait de douleur, une sœur plutôt rebelle aux filles-mères lui criait: «Taisez-vous et endurez, c'est comme ça qu'on expie son péché!»

Quatre heures de douleurs intenses. Son père finalement à son chevet, on la transporta dans une salle où elle accoucha d'un frêle garçon de six livres, ce qui n'était guère un poids honorable pour l'époque.

Elle avait enduré ses douleurs jusqu'à la délivrance. Tout comme une chatte. À peine remise, sueurs au front, son père l'épongeait avec un mouchoir.

— Ça va, ma petite, c'est fini, c'est fait. Tu es mère d'un beau garçon.

Deux heures plus tard, un prêtre se présenta:

— Petite madame, il vous faudra faire baptiser votre enfant cet après-midi. Vous avez choisi un parrain et une marraine?

Aussi étrange que ça puisse paraître, Amélie n'avait pas songé à cela. Regardant son cher père, elle lui demanda en lui serrant la main:

— Vous voulez bien être le parrain, papa?

— Avec joie, mon enfant, mais qui donc sera la marraine?

— J'aimerais tant que ce soit Germaine. Vous voulez bien l'appeler?

Henri s'exécuta, annonça la bonne nouvelle à Germaine qui fut remplie d'aise à l'idée d'être la marraine du fils de sa meilleure amie. À trois heures de l'après-midi, le jour même, on baptisa solennellement l'enfant.

— Quel prénom désirez-vous lui donner?

— Heu... Jacques, monsieur l'abbé. Oui, Jacques.

Et le petit fut baptisé Joseph, Henri, Jacques Berthier. Germaine s'approcha du lit de la mère pour lui dire:

— Tu sais qu'on n'avait jamais parlé d'un prénom pour l'enfant. Pourquoi Jacques?

— Comme ça, tout bonnement, parce que le dernier livre que j'ai lu à North Bay avait pour titre *Jacques le fataliste et son maître*. C'est un conte philosophique de Diderot et depuis, j'ai un faible pour ce prénom.

— Et si tu avais eu une fille?

— Je l'aurais appelée Marie et je l'aurais consacrée à la bonne Sainte Vierge.

On s'empressa de montrer l'enfant à sa mère, de le lui laisser prendre. Le serrant dans ses bras, elle l'avait regardé, les yeux baignés de larmes, et avait murmuré le surnom qui allait lui rester:

— On va être bien ensemble, mon p'tit Jacquot!

Germaine s'empressa d'annoncer la naissance de son enfant à un Nick fier comme un paon, comme tout Grec d'antan, d'avoir un fils pour héritier. Il aurait préféré que le petit porte son nom, mais il misait sur le temps pour effectuer le changement. Le lendemain, sachant que son père ne serait pas là, il vint voir sa Milie et jeta un regard sur le blond bébé.

— Il n'est pas gros, mais il semble costaud. Il est beau comme toi, Milie.

Elle lui serra la main, le regarda tendrement et lui murmura:

— On serait si bien tous les trois ensemble, Nick.

— Je peux te louer un logement si tu veux, Milie. Je peux le faire.

— Laisse faire, Nick. J'irai te montrer ton p'tit gars tous les jours. Ça va?

Il lui parla longuement, lui fit part de ses intentions et la pria de dire à son père ce qu'il avait décidé de faire, sinon elle partait avec lui. Amélie parla à son père de la décision de Nick. Hésitant pour un moment, Henri accepta volontiers l'aide de ce Grec qu'on disait fortuné.

— Va le dire à Adèle, papa. Si elle ne s'oppose pas à cet arrangement, je rentre chez toi avec mon fils. Si elle s'objecte, je pars avec Nick.

Henri rejoignit Adèle le soir même. La veille, quand il lui avait dit que sa sœur avait accouché d'un beau garçon, elle avait répondu:

— C'est fait? Ah! bon.

— Il a même été baptisé, Adèle; il s'appelle Jacques, ce bel enfant.

— Elle vous a pris comme parrain, je suppose?

— Oui et c'est Germaine qui est la marraine.

— Encore celle-là? J'aurais dû m'y attendre. Pourquoi pas la Poulin, un coup parti?

— Tu ne t'attendais tout de même pas à ce que ce soit toi, j'espère? Remarque qu'Amélie en aurait été fière, mais c'est toi qui l'as écartée de ta route.

— Marraine d'un bâtard? Vous pensez que ça m'aurait intéressée?

— Sûrement pas. Même marraine d'un enfant légitime, Adèle. T'aurais pas eu le cœur pour ça!

Hostile au retour de sa cadette, la nouvelle d'Henri allait lui causer tout un émoi.

— Écoute, Adèle, ta sœur revient dans trois jours et il nous faut mettre les cartes sur table avant son arrivée.

— Ce qui veut dire?

— Ce qui veut dire qu'Amélie ne revient pas en mendiante. Elle sera veuve comme prévu et son Nick ne mettra jamais les pieds dans notre maison. Par contre, le Grec a offert de payer en entier notre loyer mensuel en plus de défrayer les coûts pour l'entretien d'Amélie et de son petit.

— Ça alors! Et vous avez accepté, je suppose? On ne sera même plus chez nous?

— Rends-toi compte, ma fille. Le loyer payé, il ne nous restera plus qu'à nous occuper du charbon, de nos victuailles et de notre habillement, ce qui veut dire qu'il te restera chaque mois énormément d'argent.

Adèle resta muette quelques minutes. Près de ses sous, économe à outrance, manquant de sécurité, elle sentit soudain renaître en elle ce goût pour les toilettes et les bijoux qu'elle ne pouvait plus s'offrir. Elle vit miroiter à ses yeux une très belle affaire, d'autant plus qu'elle ne verrait jamais le sale Grec. Bien sûr que ça l'arrangeait, mais il ne fallait pas que ça paraisse.

— On aurait fort bien pu se débrouiller tous les deux, vous savez.

— Et tirer le diable par la queue? Je ne pense pas, Adèle. Druda n'est même pas sûr d'avoir de l'ouvrage pour moi cet hiver. Tu te vois prise avec toutes les dépenses?

— Non, mais je ne me vois pas avec Amélie qui va s'installer ici en reine et maîtresse et qui va vouloir dominer parce que son satané Grec va payer le loyer.

— Tu te trompes, ta sœur n'est pas comme toi, Adèle. Dieu merci!

— Ce qui revient à dire?

— Rien, rien. T'as le choix, Adèle. Si ça ne t'intéresse pas, dis-le. À ce moment, Amélie se met en ménage avec Nick et, ici, tu risques d'avoir tout sur les bras.

— C'est du chantage, papa! Ce n'est pas honnête de me mettre au pied du mur comme ça.

— Ce n'est pas du chantage, ma fille, c'est la situation telle qu'elle est. Amélie n'est pas du genre à prendre le haut du pavé. Mais si elle s'installe ici avec son petit, il faudra que tu changes d'air. Si elle se sent de trop ou ignorée, ta sœur sera en droit de partir et d'être heureuse avec lui. Et là, je ne m'y opposerai pas: il faut vivre et laisser vivre, Adèle. Tu l'acceptes de bonne foi ou je lui dis de faire à sa guise. J'suis fatigué, épuisé, j'ai pas l'goût d'être pris entre elle et toi. C'est comme ça, Adèle, à prendre ou à laisser. Si Amélie ne revient pas, moi, avec l'insécurité que je sens venir, je pars vivre avec Éva.

C'était un trop grand risque pour Adèle. Seule, c'était sa perte et elle le savait. Ç'en était fini de ses rêves de dentelles et de voyages. Vaincue, elle murmura:

— Ça va, ça va, dites-lui qu'on va essayer de s'entendre tous les trois.

— Tous les quatre, Adèle. Faut pas oublier que le p'tit aura sa place aussi.

Et c'est ainsi qu'Amélie réintégra le toit avec son petit. Adèle l'accueillit avec un semblant de courtoisie. Se forçant pour regarder l'enfant, elle marmonna à sa sœur:

— Il va falloir bien le nourrir. Il est frêle, ce petit gars-là.

Amélie trouva la maison fort convenable. Une chambre avait été mise à sa disposition avec un berceau payé par le Grec, à côté du lit de la mère. Le quartier était joli et les voisins saluaient déjà la «p'tite veuve» qui leur répondait d'un sourire. La dame d'en haut lui avait même dit:

— Si jamais vous avez besoin d'une gardienne, moi, je ne sors jamais.

Adèle avait répliqué sèchement à sa sœur:

— Qu'elle aille au diable. On s'arrangera si ça se présente.

Puis, doucereusement tout comme jadis, elle avait murmuré à l'oreille de sa sœur:

— Tu sais, le musicien d'à côté, il a un beau piano à vendre. Tu pourrais peut-être en parler à ton Grec?

— Il s'appelle Nick, Adèle. Nick, c'est compris?

— Bon, bon, ne t'emporte pas. Alors, tu pourrais peut-être demander à Nick un petit prêt? Te rends-tu compte? C'est une aubaine, c'est donné ou presque. Et puis, tu pourrais encore jouer Schumann!

Tonio avait été hospitalisé à Saint-Luc la veille. C'est en larmes que Vanera avait appris la nouvelle à Henri. N'écoutant que son bon cœur, ce dernier se rendit dès le lendemain au chevet de son vieil ami.

— Henri, mon bon Henri, j'sens que j'sortirai plus jamais d'ici.

— Ben non, Tonio, tu vas voir, on va encore prendre un bon coup à Noël.

— Si tu savais tout c'qu'on m'fait. C'est pas endurable, mamma! Un vrai martyre. Une piqûre attend pas l'autre. Y m'rendent encore plus malade icitte!

— T'es entre bonnes mains, Tonio. Les spécialistes vont te sortir de ton mauvais pas.

— R'garde-moé, Henri, j'ai la peau pis les os. J'sais qu'j'suis fini, complètement fini. Quand je dis au doc que j'veux la vérité, y détourne la tête pour pas m'répondre.

Henri était bouleversé jusqu'au plus profond de son être. Son gros Tonio n'était plus qu'une loque humaine qui se tordait de douleur en dépit des calmants qu'on lui faisait avaler. Il lui fallait l'encourager, mais c'était l'évidence même que Fiorito s'en allait à son agonie. Pour lui changer les idées, Henri se mit à lui parler de faits divers, ce qui eut l'air de sortir quelque peu son ami de son marasme. Il lui parla de Johnny Weissmuller qui avait gagné le cent mètres libre en natation aux Jeux olympiques d'Amsterdam en août dernier.

— On dit même que le cinéma l'a approché pour jouer le rôle de Tarzan!

Il lui parla du général Alvaro Obregon, président du Mexique, qui avait été assassiné par un fanatique au cours de l'été.

— J'te dis que ça va mal dans c'coin-là depuis c'temps-là, Tonio.

— J'imagine, mais parle-moi donc du feu dont on a parlé hier à la radio.

— Ah oui! à l'écurie Dow? Ça a fait tout un ravage, mais paraît qu'les pompiers ont réussi à sauver soixante-quinze chevaux de l'incendie.

Tonio se crispait de douleur, ce qui blessait le cœur de son ami.

— Ah! Henri, j'espère qu'c'est vrai qu'on s'retrouve de l'autre côté. J'serais ben malheureux si tu v'nais pas m'rejoindre un jour.

— Parle pas comme ça, Tonio. Tu sais ben qu'on va t'sortir de là.

— J'pense pas, Henri. Je l'souhaite même plus. Y'ont tout essayé, ça a pas marché. Mais c'est pas grave. Tant qu'à souffrir comme ça, j'aime mieux crever. De l'autre côté, j'pourrai parler d'toé avec ta Georgina. Tu sais qu't'as eu une saprée bonne femme, toé!

Henri se mordillait les lèvres pour ne pas pleurer.

— Demain, Amélie veut venir te visiter avec son Nick.

— Ben, ça va m'faire plaisir, mais dis-lui de pas avoir peur de moé. Tu sais, Henri, c'est un bon gars que ce Grec-là. Tu devrais le voir, t'accorder avec lui.

Henri n'osa lui dire ce qu'il s'était juré de faire. Il se contenta de détourner la conversation.

— Va falloir que j'parte, Tonio. La garde m'a dit de pas trop t'fatiguer.

— Ah! celle-là! Dis-lui donc de manger d'la marde!

Henri se contenta de sourire puis, prenant la main froide et osseuse de son ami, il lui déclara:

— Je vais revenir te voir la semaine prochaine, j'te l'promets, mon gros.

— Le gros a maigri, Henri. J'peux même pas manger le spaghetti de Vanera. J'mange plus rien sauf la soupe à l'eau qu'on m'sert icitte. Y'a rien qui passe.

— Baptême! pas surprenant qu'tu sois pas plus fort.

— C'est l'estomac qui veut pas, pas moé. Ma maladie l'a rongé à p'tit feu.

Henri n'eut plus la chance de revoir son vieil ami. Le 3 décembre à six heures du matin, Antonio Fiorito rendait l'âme au terme de dures souffrances. Il n'avait pas encore cinquante ans. Seule Vanera était à son chevet, car on l'avait appelée pour lui dire: «Venez vite, madame, c'est presque fini.»

Au salon mortuaire, les couronnes de fleurs arrivaient de partout. Il y en avait même de l'Italie. Les chapelets s'égrenaient et Vanera pleurait comme une Madeleine. C'était triste, incommensurablement triste. Henri s'y était présenté avec Amélie le premier soir. Le lendemain, Nick y était allé avec sa sœur et des amis. Le jour des funérailles, une foule immense avait tenu à accompagner le brave Tonio jusqu'à son dernier repos. Henri et son Éva étaient là avec Adèle qui avait pris sur elle d'aller au moins au cimetière pour plaire à son père. À l'autre bout, éloignés des autres, Amélie et Nick assistaient discrètement à la mise en terre. D'un regard furtif, Adèle vit pour la première fois celui qui avait fait un enfant à Amélie. Henri l'avait aperçu, mais fit comme s'il n'était pas là. Amélie avait tout prévu pour éviter une rencontre. On déposa Tonio dans son trou pendant que Vanera, soutenue par des pleureuses, lançait des roses sur le cercueil qui descendait six pieds sous terre. La foule se dispersa, mais Henri resta quelques secondes de plus pour dire à son vieil ami: «Dis à ma Georgina que je l'aime encore, Tonio. Aide le bon Dieu à prendre soin d'elle et gardez-moi une place pour quand j'arriverai.»

Amélie, de retour au restaurant avec Nick, l'écouta lui dire:

— C'est ta sœur qui était avec la vieille à côté de ton père?

— Oui, Nick, c'est Adèle. J'ai été surprise de la voir là.

— C'est une belle femme, Milie. Elle pourrait trouver un mari.

— Sans doute, mais Adèle n'a jamais su comment aimer. Tu sais, ça me surprend, mais on dirait qu'elle se rapproche du petit Jacquot de temps en temps. L'autre soir, je l'ai surprise en train de lui murmurer des mots doux. Quand j'arrive, elle fait comme si le petit ne l'intéressait pas, mais je pense qu'elle l'aime beaucoup. Tu devrais voir comment elle me surveille quand je l'ai dans les bras.

— Ton Grec avait-il peur que j'le mange pour se tenir aussi loin de moi?

— Non, papa, c'est moi qui ai insisté. C'est pas ce que vous vouliez?

— Oui, t'as raison, mais dans des moments comme ça, j'sais faire exception.

— Mon petit gars ne devrait-il pas en être une, papa?

— Bon, bon, j'suis allé trop loin, parlons plus d'ça.

Adèle, qui avait suivi la conversation sans s'imposer, ajouta, à la grande stupéfaction de sa sœur cadette:

— Une chose que je dois admettre, il a l'air distingué.

Noël fut très paisible chez les Berthier en 1928. Avec la mort de Tonio, le deuil de Vanera, la maison était bien vide.

— Plus ça va, moins on est nombreux! s'exclama le père. Heureusement qu'il y a le bébé pour mettre un peu de joie. C'est comme si un petit Jésus avait choisi notre toit pour en faire sa crèche.

— Vous auriez pu inviter madame Poulin, père?

— Oh non! Amélie, pas celle-là! clama Adèle. Je pense qu'à trois avec le petit, on va pouvoir se passer de qui que ce soit. Pourquoi tu ne joues pas une berceuse, ma petite sœur? Ton Jacquot va s'endormir en douceur.

Amélie s'installa au piano et y alla de celle de Brahms. Adèle laissa échapper un soupir d'aise. Henri, qui écoutait, sentait qu'un trémolo l'étouffait quand il ajouta:

— Si seulement le bon Dieu nous avait laissé votre mère, mes enfants!

L'année tirait à sa fin. Avec ses joies, son labeur, ses chagrins. Amélie souhaitait vite changer de calendrier. À vingt-trois ans révolus depuis quelques jours seulement, mère d'un enfant, elle priait la bonne Vierge pour qu'un miracle se produise. Elle désirait tellement que son Nick en arrive à être son mari et un véritable père pour son enfant. Adèle aussi était épuisée des combats de l'agonisante année. Elle s'était maintes fois confessée, le belle Adèle. En anglais, à Holy Family. Amélie, pour sa part, avait adopté l'église Sainte-Cécile. N'était-elle pas la patronne des musiciens? Au bras de son père, elle avait fait la connaissance du curé, du bedeau, des enfants de Marie, bref, de tout le monde à partir de l'autel jusqu'au jubé. Et la fière Adèle n'avait osé s'interposer. Au fond d'elle-même, elle ne vivait qu'en vertu de cet enfant. Un enfant comme elle n'en aurait pas. Un don du ciel et de sa sœur… quoi!

— Hé! les petites, vous avez lu? Des rebelles afghans ont bombardé la légation britannique à Halalabad en Afghanistan!

— Bon, encore une mauvaise nouvelle. Vous avez le don pour ça, vous, papa.

— Voyons, Adèle, c'est écrit en grosses lettres dans *La Presse*.

— Je n'en doute pas, mais pas un 28 décembre, papa. Pour une fois, épargnez-nous la misère du monde. On est à quatre nuits du jour de l'An.

Tante Estelle et Edna n'avaient pu venir. Rita avait la grippe et la femme de Charles venait d'avoir son cinquième enfant. Les cartes de souhaits avaient été nombreuses avec des *Merry Christmas* à tour de bras. Edna avait écrit à Amélie, lui disant son regret pour Tonio, et tante Estelle avait ajouté une couronne en guise de condoléances. Edna avouait sa hâte de connaître Nick et de voir le petit dont elle avait tant entendu parler. Oui, elle voulait partager un peu le bonheur d'Amélie. Et Nick se sentirait peut-être un peu plus de la famille. Elle avait écrit juste avant la fin de l'année en terminant par «*Happy New Year*, Amélie… et tout ce que ton cœur désire.»

Le printemps s'était levé de bonne heure en ce dimanche de Pâques, le 31 mars 1929. Le soleil était radieux et les oisillons venaient déjà quêter leurs premières miettes de pain. Edna et Rita étaient venues de North Bay visiter la nouvelle demeure de leurs cousines, sur la rue Saint-Denis. Edna, élégante et racée, damait le pion à sa cousine Adèle, malgré tous les efforts de cette dernière pour être la plus belle. Edna Sabourin était du genre à faire tourner les têtes sur son passage tant sa grâce et sa beauté étaient naturelles, ce qui fit dire à Henri:

— Comment se fait-il qu'une aussi jolie fille que toi n'ait pas de cavalier?

— *My God*, mon oncle, j'en ai, mais ils sont toujours trop empressés de se marier. Je ne donne pas mon cœur pour un baiser, moi!

Et elle éclata d'un franc rire.

Rita, pour sa part, n'avait rien pour attirer les garçons. Elle avait été courtisée par un fermier, veuf et père de trois enfants, ce qui l'avait vite fait se blottir sous les jupes de sa maman. Rita était de plus en plus grosse, peu féminine, avait les cheveux frisés dur et la peau du visage couverte d'acné.

Petite, toujours vêtue de robes de maison, elle trouvait sa joie en écoutant, sur le gramophone, des disques de *Hammond Organ* qu'elle faisait venir de Toronto. Très juvénile d'allure et de caractère, elle laissait l'apparat aux bons soins de sa sœur. Folle des enfants, elle eut le coup de foudre pour le petit Jacquot qui lui faisait déjà de belles façons. Edna, plus célibataire que mère, avait quand même eu la délicatesse d'apporter un joli tricot pour l'enfant. En ce jour de Pâques, à la grande surprise de tout le monde, Adèle avait offert un petit lapin de coton au bébé qu'elle appelait tendrement «son poupon». Oui, Adèle avait changé au contact de cet enfant. La carapace avait laissé surgir un sourire, des mots tendres et peu à peu des caresses pour ce petit qu'elle n'avait pas voulu voir naître. Cet enfant, c'était presque «le sien» et Amélie ne s'en plaignait pas puisque c'était par le biais de Jacquot qu'elle bénéficiait de quelques douceurs de la part de sa sœur. Adèle n'était plus le *boss* de la maison. Elle s'était inclinée d'elle-même devant la générosité de Nick qui lui avait permis de belles dépenses… et des économies.

— Si on sortait ce soir, si on allait au cinéma? suggéra Edna.

— J'aimerais bien, mais tu oublies le petit… répondit Amélie.

Henri se tourna et leur lança:

— Allez-y donc, je vais le garder, moi, ce petit.

— Voyons donc, papa, vous ne sauriez même pas comment vous y prendre.

Rita, peu intéressée par la sortie, leur proposa:

— Allez-y toutes les trois. Moi, je vais le garder le p'tit Jacquot. J'ai l'habitude, vous savez. J'en ai gardé plus d'un à North Bay.

— Mais, le cinéma, ça ne t'intéresse pas, Rita?

— Non, vraiment pas. Je préfère rester ici avec mon oncle Henri. Allez-y, que je vous dis. Demande à Edna, Amélie. Je n'ai jamais aimé aller au cinéma.

Ce qui fut dit fut fait. Adèle, Edna et Amélie partirent ensemble voir un film de Greta Garbo pendant que Rita devenait *baby sitter* avec *uncle.*

Tout comme jadis, les cousines s'en donnèrent à cœur joie. Le film leur plut et le restaurant chinois davantage. Alors qu'elles étaient attablées, Adèle n'avait jamais été aussi radieuse. Elle parlait sans cesse de Jacquot, de ses finesses, de ses quelques cheveux blonds déjà bouclés. À une table voisine, des gars les reluquaient. À l'heure du départ, l'un d'eux toucha le bras d'Adèle pour lui demander:

— Dites-moi, elle s'appelle comment, votre amie, la petite blonde?

C'est sur la douce Amélie que le freluquet avait jeté son dévolu.

— Cette jeune femme est ma sœur, monsieur. Elle est mariée et elle a un enfant. En voilà des manières pour accoster les gens!

— Et l'autre, la brune avec la robe blanche?

Adèle poursuivit son chemin sans leur répondre. Fait étrange, on s'était intéressé à Amélie puis à Edna, pas à elle. Elle en fut offensée mais n'en laissa rien paraître.

Un matin de juillet, alors qu'elle déjeunait avec son père et Amélie, Adèle se leva pour leur dire:

— J'ai quelque chose à vous annoncer. Je... je quitte l'enseignement.

Henri avala de travers...

— Quoi, Adèle? Tu ne veux plus travailler? Tu ne veux plus enseigner?

— Non, je veux faire autre chose, papa. J'en ai assez d'avoir des garnements sur le dos. J'en ai assez de voir toujours des enfants mal élevés. J'ai donné ma démission à l'école privée. J'ai besoin de vivre dans un autre climat.

— Mais que feras-tu, ma pauvre fille! Tu ne sais qu'enseigner.

— Le musicien d'à côté m'a offert un boulot chez Dupuis Frères. Son frère est gérant de rayon et je pourrais obtenir un emploi dans celui de la musique et des livres.

— Vendeuse? Toi, vendeuse? Après toutes ces études?

— Oui, papa, parce que ce sera aussi payant et que je pourrai évoluer dans un monde d'adultes. J'ai besoin de voir des gens, de me distraire dans un travail et non de crier sans cesse dans ce qu'on appelle «une vocation». J'ai besoin de penser à mon avenir, moi aussi. J'ai déjà vingt-cinq ans, je suis vieille fille et je n'ai pas l'intention d'être maîtresse d'école toute ma vie.

— Tu as bien pensé à ton affaire, ma fille? Tu es sûre de ta décision?

— Écoutez, père. Je veux au moins me donner la chance d'essayer autre chose. Il y a beaucoup d'avancement dans ce milieu-là. Si jamais je n'aime pas ça, rien ne m'empêchera de retourner dans l'enseignement.

— Elle a raison, papa. Adèle se doit de mettre toutes les chances de son côté.

— Bon, si vous pensez comme ça toutes les deux, je n'ai plus rien à dire. Par contre, je te vois mal loin de l'école, Adèle. C'est un autre monde, tu sais.

— Un monde à découvrir, papa. J'ai besoin de ce changement. Je veux être capable de rentrer le soir et de veiller comme tout le monde sans un tas de devoirs à corriger. De plus, avec le temps, ce sera nettement plus payant.

— Tu es sûre de l'avoir, cette job-là? C'est pas des balivernes, tout ça?

— Non, j'ai même rencontré le gérant en question et l'accord est signé. Je ne voulais pas vous le dire avant d'avoir tout arrangé.

— Et tu commenceras quand?

— En septembre, à la rentrée des classes. Je prends l'été pour me reposer.

— Tu pourrais peut-être aller à North Bay, Adèle?

— Non, je vais rester ici et m'occuper du petit avec toi, Amélie.

Avant leur départ, peu après Pâques, Edna et Rita avaient eu la joie de connaître Nick. Le Grec s'était épris des deux cousines de sa Milie. De leur côté, elles avaient dit à leur mère en rentrant:

— C'est un type charmant, maman. Un très bel homme et fier de sa personne.

Rita, plus gamine qu'une enfant, avait ajouté:

— Il m'a payé un gros *sundae*. C'est un très bon gars, vous savez.

— Aucune promesse entre Amélie et lui, à ce que je vois?

— Non, à cause de la religion, mais c'est un homme qui prend ses responsabilités. Vous devriez voir comment sa Milie est choyée.

— Et son enfant, il l'aime bien?

— Oui, il le voit très souvent, de répondre Edna. Amélie a été mal vue de sa mère et de sa sœur, mais que voulez-vous? *Uncle* Henri, de son côté, ne veut rien savoir du Grec, pas plus qu'Adèle bien entendu. C'est donc en silence qu'ils s'aiment, mais moi, je l'inviterais ici n'importe quand avec sa Milie.

— Allons, Edna. S'il fallait que ton oncle entende ça!

Adèle et Amélie semblaient maintenant réconciliées. À tel point que l'aînée parlait même à sa sœur de Nick de temps en temps en la questionnant sur la valeur de ses sentiments. Madame Poulin était admise à la maison de temps à autre, même si Adèle s'opposait quand elle voulait prendre l'enfant. C'était Amélie qui, en droit, devait intervenir.

— Prenez-le, madame Poulin. Vous allez voir qu'il est affectueux, mon Jacquot.

Germaine Brisson venait chaque semaine à la maison et Adèle poussait le bon vouloir jusqu'à lui offrir une tasse de thé et des biscuits.

— Elle a vraiment changé, ta sœur, Amélie.

— Oui, on dirait que Jacquot lui a remis le cœur à la bonne place. J'ai parfois l'impression qu'elle aurait fait une meilleure mère que moi. Tu devrais la voir avec le petit. Elle le gâte, le berce, le couve de tendresse.

— Ça va peut-être lui donner le goût d'en avoir un bien à elle.

— Pour ça, Germaine, il faudrait qu'elle trouve l'homme parfait. Pauvre homme!

Et les deux amies pouffèrent de rire.

En effet, Adèle n'était plus la même. Ce petit Jacquot qui avait les yeux bleus des Berthier était toute sa vie. Elle se privait d'une sortie pour le garder et suggérait même à sa sœur de sortir avec Nick pour être seule avec lui. L'enfant, qui avait déjà huit mois, tendait les bras dès qu'Adèle s'approchait du petit lit. Elle le promenait dans la rue et quand les passants l'arrêtaient pour lui dire: «Vous avez un bel enfant, madame», Adèle les remerciait sans ajouter qu'il n'était pas à elle. Tourmentée jusqu'au fond des entrailles, Adèle rêvait de plus en plus d'être mère. Sans amour, sans homme à tenir dans ses bras, elle faisait sans cesse de sérieux examens de conscience et allait même jusqu'à se dire: «Qui sait si ça n'aurait pas marché avec Juteau!» Le drame était que depuis ce jour, aucun autre homme ne l'avait approchée. À répudier un cavalier, elle avait cru qu'ils seraient légion par la suite. Mais aussi jolie fût-elle, elle n'attirait personne. C'était comme si la pomme n'avait plus d'emprise sur le serpent. Malheureuse, décontenancée par la ruse de sa destinée, Adèle Berthier avait haï celle qui avait réalisé son propre rêve pour ensuite tenter de lui enlever, un brin à la fois, le fruit de son amour interdit. Germaine avait annoncé un jour, en donnant des nouvelles du quartier, que René Juteau était marié et qu'il avait deux enfants. «Tant mieux pour lui!» avait répondu Adèle, mais un glaive lui avait transpercé le cœur. Le seul homme qui l'avait aimée... l'avait oubliée. Âme meurtrie, cœur vagabond, Adèle cherchait certes de l'œil celui qui pourrait encore se présenter, mais les vieux garçons étaient rares. En ce temps-là, à seize ou dix-huit ans, les jeunes se mariaient. Non, Amélie n'avait pas de mari, non, elle n'était pas casée, mais elle avait un homme dans sa vie, au creux de son lit certains soirs... et un enfant à aimer. Adèle allait jusqu'à s'imaginer les scènes charnelles entre le Grec et sa cadette. Elle sentait encore la main du fils Juteau dans son corsage, sa demande en mariage. Oui, il aurait suffi qu'elle dise oui à l'union tout en repoussant ses avances. Partie gagnée? Non, parce qu'Amélie, sans être mariée, était sans doute plus heureuse. Oui, parce... qu'amoureuse!

— Amélie, Jacquot a de la fièvre.
— Comment ça? A-t-il pris du froid? Mon Dieu, il est tout chaud.

Cet appel de l'aînée, c'était à six heures du matin qu'il avait été lancé lorsqu'elle s'était levée en entendant les pleurs de l'enfant. Amélie, qui l'avait entendu, n'en avait pas fait de cas, sachant que le petit, qui avait maintenant un an, avait, comme tous, ses caprices d'enfant. Deux jours plus tôt, on avait placé sur son gâteau, cuit des mains d'Adèle, sa première bougie, et Henri avait même sorti son *kodak* pour immortaliser la fête en photos. Adèle s'était précipitée dans la chambre de sa sœur pour prendre le bébé qui pleurait. C'était elle qui depuis quelques mois lui évitait la moindre larme.

— Ce n'est sans doute pas grave, Adèle. Donne-lui de ce sirop, spécialement pour les enfants, qui fait tomber la fièvre. Tu sais, il a mangé bien des cochonneries le jour de sa fête. Tu devrais faire attention, Adèle, tu lui en donnes trop.

Le petit ne semblait pas vouloir se lever comme il le faisait chaque matin. Pleurant à fendre l'âme, il était inconsolable, ce qui fit dire au paternel, attiré par le bruit matutinal:

— Si ça ne va pas mieux, on va faire venir le docteur. Il fait trop froid pour qu'on l'emmène jusqu'à La Goutte de lait.

À midi, la fièvre n'était pas tombée et Amélie commença vivement à s'inquiéter.

— Papa, appelez un médecin, ça m'inquiète de le voir comme ça.

C'était le lundi 7 octobre 1929. Jacquot n'avait jamais été malade. Pas trop costaud, il était quand même résistant et faisait déjà ses premiers pas. Enfant chéri de sa tante, il était l'orgueil de sa mère qui l'habillait tel un petit prince grâce à l'argent que Nick lui offrait pour qu'il ne manque de rien. Nick aimait beaucoup son fils et quand Milie venait le lui montrer, il laissait tout de côté pour s'y consacrer. Angie avait même commencé à lui faire des cajoleries. Seule la vieille mère ne l'avait pas encore vu, du fait qu'il n'était pas grec à part entière. Un docteur fut mandé, le premier à la portée. Un jeune médecin du dispensaire.

— Une fièvre passagère, madame, rien de grave. Gardez-le au lit, donnez-lui de ce médicament et évitez de le nourrir. Des jus et de l'eau pour aujourd'hui. Si demain la fièvre persiste, il vous faudra l'emmener pour un bon examen.

— Mais de quoi cela peut-il dépendre, docteur? Aurait-il attrapé une maladie contagieuse? A-t-il pris un refroidissement?

— Voilà qui pourrait être possible, mais ne vous alarmez pas. Tous les enfants de cet âge font de la fièvre de temps en temps. Le mois d'octobre n'est pas très chaud, vous savez.

— Mais, il n'est pas sorti depuis deux jours, docteur.

— Rien ne se déclenche en une heure, madame. Puis, il y a les courants d'air.

En plein milieu de la nuit, le petit râlait et était plus brûlant que la veille. Amélie le berçait, lui donnait son médicament qui, au lieu de l'aider le faisait vomir, et attendait avec impatience que le jour se lève. Le vent était strident et la pluie, glaciale à l'extérieur. Pas question de sortir l'enfant et qu'il risque une pneumonie. Épuisé, le petit finit par s'alourdir et s'endormir sur ses pleurs pendant qu'Amélie lui épongeait le front tout en regardant sans cesse le cadran. Adèle était auprès d'elle et toutes deux n'avaient d'yeux que pour le petit visage blême de l'enfant.

— Dès l'aube, Amélie, dès le lever du jour, on l'emmène à l'hôpital.

— T'as raison, Adèle, ce n'est pas normal, ce qui se passe. Jacquot est très malade. Va sommeiller un peu et quand je ne tiendrai plus debout, tu viendras prendre la relève… je te ferai signe au moindre mouvement. Adèle accepta de fort mauvais gré d'aller s'allonger. Trois heures plus tard, alors que la noirceur se dissipait, un cri retentit dans la maison:

— Papa! Adèle! Venez vite, le petit ne respire plus!

L'enfant venait de vomir abondamment, puis était retombé la tête sur l'oreiller, les yeux ouverts, dans un dernier cri qui se perdit faute d'haleine. Adèle le prit dans ses bras pendant qu'Henri, nerveusement, tentait d'appeler une ambulance. Amélie était dans tous ses états.

— Réanime-le, Adèle, fais quelque chose, le p'tit s'en va!

Malgré le souffle qu'elle tentait de lui redonner, malgré les secouements répétés, malgré les prières, l'enfant ne bougeait pas. Le pressant sur sa poitrine tout en pleurant, Adèle n'osait émettre un son de peur de crier de tout son être que le petit était de plus en plus froid. Amélie le lui arracha et, avec un ultime instinct de mère, s'écria:

— Non, non, mon Dieu, ne me faites pas ça. Ne me l'arrachez pas comme ça. Bonne Vierge Marie, faites quelque chose pour lui. Doux Jésus, Adèle, il est mort! Regarde, ses lèvres sont bleues. Fais quelque chose, ça ne peut pas être vrai, pas mon Jacquot, pas mon bébé!

L'ambulance arriva et le médecin traitant ne put que constater le décès de l'enfant. Se tournant vers les femmes, il pencha tristement la tête. Amélie perdit conscience et Adèle, à son chevet, criait à son père:

— Papa, papa, qu'est-ce qu'on a pu faire pour mériter ça!

Puis, se tournant vers le docteur, elle cria dans ses larmes:

— Amenez-le à l'hôpital. Ils pourront peut-être faire quelque chose rendu là.

— Madame, cet enfant est mort depuis quarante minutes. Nous ne pouvons plus rien pour lui. Il vous faudra bien du courage. C'est vous la maman?

On ne sut jamais de quel mal l'enfant était mort aussi rapidement. On parla de pneumonie, d'empoisonnement alimentaire, de déficience cardiaque. Amélie s'objecta à l'autopsie. Non, le corps de son petit n'allait pas être ainsi mutilé. Les jours qui allaient suivre seraient de sa vie les plus pénibles. Elle pleurait sans cesse, ne voulant pas se résoudre au départ de son petit être. Tante Estelle, Edna, Rita, Charles et sa femme, Vanera, Germaine, madame Poulin, les amis, les voisins, elle ne les vit même pas. Au salon funéraire, son ange dans un petit cercueil tout blanc, elle était muette, mi-sourde, mi-aveugle et ne s'aperçut même pas de la présence de Nick qui pleurait en la tenant dans ses bras. Dans un tout petit coin, vêtue de noir, Adèle blâmait le ciel de son chagrin. Dans un geste spontané, à l'insu de tous, elle avait coupé une boucle blonde de Jacquot pour la déposer dans un petit sachet de velours. Ce serait là le plus douloureux souvenir de cet enfant de l'amour.

Quand on le porta en terre, juste à côté de sa grand-mère, ce fut le déchirement. Adèle s'effondra dans les bras de son père et Amélie, titubante de fatigue, s'accrochait désespérément au bras de Nick. Le curé les pria de partir vite, de ne pas aviver davantage leur chagrin. Il leur dit avec une infinie douceur que le petit ange était bordé de l'autre côté par sa grand-mère sous le regard de la Vierge Marie. Quand Nick, plus triste que la pluie, passa avec Amélie près d'Henri, celui-ci tenta de lui prendre le bras en lui disant:

— Si tu savais comme ça me fait de la peine, Nick.

Le Grec se dégagea, ne lui répondit pas et soutint sa pauvre Milie. Madame Poulin, pas méchante pour deux sous, avait dit à son compagnon:

— C'est avant qu't'aurais dû faire ça, Henri. Ben avant!

Chapitre 9

Le mardi 20 juin 1989. Le docteur Girard venait d'administrer un calmant à madame Eugénie qui était d'une excessive nervosité depuis la mort subite de son mari. En effet, celui qu'Adèle confondait sans cesse avec son père était mort d'un violent infarctus alors qu'on pensait qu'il allait enterrer sa pauvre vieille. Comme l'occasion se présentait, il en profita pour faire le tour des patients de la Résidence des lilas. Adèle avait de plus en plus de problèmes avec son angine. Souffle court, douleur constante au bras qui montait jusqu'aux gencives, elle n'en menait pas large, même si elle retrouvait le sourire quand le médecin s'approchait d'elle. Amélie, plus réservée, ne s'en préoccupait guère. Dans un meilleur état de santé malgré les cigarettes qu'elle fumait en cachette, elle était tout entière à sa poupée qu'elle berçait de sa tendresse.

— Vous savez que Germaine ne vient même plus la visiter, docteur?

— Qui est Germaine, mademoiselle Adèle?

— Germaine Brisson, sa plus grande amie. Une vraie sans-cœur, que je vous dis!

— Menteuse! Dis-pas ça, Adèle. Tu sais très bien que Germaine est décédée la semaine passée.

— Bon, bon, comment savoir qui dit vrai? L'une de vous se trompe sûrement.

C'est Amélie qui avait raison. Germaine était morte, mais pas la semaine passée. Germaine Brisson était morte et enterrée depuis bien des années.

— Et vous, mademoiselle Amélie, il se porte bien, votre bébé?

— Mon Jacquot est souffrant. Il fait un peu de fièvre aujourd'hui, mais ça va passer. Vous savez, ça arrive à tous les enfants.

— Parce que c'est un garçon, votre bébé?

— Oui. Là, il est chauve parce qu'il est malade, mais il avait de beaux cheveux bouclés.

— Vous avez meilleure mine, Amélie. Vous avez cessé de fumer, n'est-ce pas?

— Oui, tout à fait. Garde Dubé m'a même volé la dernière cigarette que j'avais.

— Non, elle vous l'a retirée sur mon conseil. Garde Dubé surveille votre santé.

— Elle en a fumé une hier, docteur, je l'ai vue. C'est un visiteur qui la lui a donnée.

— Une seule, c'est déjà mieux, mais vous ne devriez pas en demander aux gens, mademoiselle Amélie. Ce n'est pas poli et vous êtes une personne si bien élevée.

— Vous savez ce que j'ai vu hier après-midi à la télévision de la salle de repos? *Les Deux Orphelines* avec Alida Valli. J'ai vu ce film souvent au cinéma. C'est tellement triste, la pauvre aveugle qui se fait maltraiter par la sorcière.

— Elle puis son cinéma! Tu devrais plutôt jouer du piano, Amélie.

— Et vous, vous n'aimiez pas le cinéma autrefois, mademoiselle Adèle?

— Bah! j'y allais pour lui faire plaisir. J'aimais bien Jean Gabin, mais je préférais les concerts. Vous savez que j'ai déjà vu Maurice Ravel en personne, moi?

— Si vous le dites, je suis bien obligé de vous croire, ma chère Adèle.

Et pourtant, pour une fois qu'Adèle disait vrai!

— Moi, j'ai vu tous les films de Greta Garbo, du premier jusqu'au dernier, s'empressa d'ajouter Amélie. Jusqu'à ce qu'elle se retire et se cache en Suède en 1932.

— Dites-donc, votre mémoire est très fertile, aujourd'hui!

— N'exagérez pas, docteur, ça fait quand même pas longtemps que c'est arrivé.

Le docteur, amusé, poussa son questionnaire par simple curiosité.

— Vous aviez sûrement un acteur préféré, mademoiselle Amélie?

— Oh oui! Gregory Peck parce qu'il ressemblait beaucoup à Nick.

— Tiens! qui est celui-là? Un autre de votre parenté?

— Non, docteur, c'était mon mari.

— Menteuse, tricheuse, il ne t'a jamais épousée. Dis donc la vérité.

— Bon, encore là, je ne sais plus laquelle croire.

— C'est moi qui dis vrai. Son Nick l'a abandonnée. C'était un Grec, vous savez. Il n'allait même pas à la messe. Demandez à papa quand vous le verrez.

Le docteur Girard, de plus en plus intrigué par les demoiselles, se rendit chez la directrice pour lui demander:

— Êtes-vous bien certaine que les demoiselles Berthier n'ont aucune parenté?

— Pas à ce que je sache, docteur. On a beau les questionner, elles nous répondent toujours la même chose ou à peu près. Il y a certes une part de vérité dans leurs dires, mais ça varie tellement d'un jour à l'autre qu'on ne sait plus à quel saint se vouer. Elles parlent souvent de North Bay, de la cousine Edna en particulier, mais depuis qu'elles sont ici, elles n'ont jamais reçu la moindre lettre de qui que ce soit.

— Et cette grosse dame qui vient parfois les visiter?

— Il paraît que c'est une ancienne élève d'Adèle lorsqu'elle a repris son travail de professeur privé. Cette dame ne nous parle pas ou presque et ne semble rien savoir de leur famille. Elle n'est venue que deux ou trois fois en cinq ans et je me demande même si les vieilles la reconnaissent.

— Pas de neveux, pas de nièces?

— Si elles en ont, ce ne sont pas eux qui se montrent le bout du nez. À moins qu'ils vivent tous à North Bay et ne veulent rien savoir d'elles. Mais pourquoi toutes ces questions, docteur?

— Parce que ça me chicote. Il est impossible que ces deux sœurs soient les dernières de leur lignée. Les aurait-on abandonnées?

— Questionnez-les, docteur, mais vous allez voir que c'est bien mêlé, ce qui se passe dans leur tête. Ce qu'elles ont dans leur tiroir est tout ce qu'elles avaient quand elles sont arrivées. Dites donc, avez-vous l'intention de fouiller dans leur arbre généalogique?

Le docteur sourit et répondit:

— Peut-être. Elles m'intriguent, ces dames. Elles étaient sûrement de bonne famille. Elles ont un vocabulaire assez recherché en dépit de leur sénilité. Amélie a eu un fils, ça c'est certain. C'est pourquoi elle a toujours avec elle cette fichue poupée. Elle prétend même avoir eu un mari.

— Oui, je sais, mais Adèle le nie et s'emporte quand l'autre insiste pour nous parler d'un certain Nick. Remarquez que, le lendemain, elle ne se souvient de rien. S'il nous fallait faire des recherches sur toutes celles qui se trouvent ici, on n'en finirait plus, docteur. Nous sommes là pour en prendre soin jusqu'à leur dernier jour parce que ce sont des êtres humains. Ce qu'on connaît de nos pensionnaires, c'est ce qu'elles veulent bien nous dire. Nous en avons même eu une il y a trois ans qui prétendait avoir eu trois maris et six enfants, alors qu'on a découvert par une parente qu'elle avait été célibataire toute sa vie. Vous savez, ce sont bien souvent de vieux rêves qu'elles chérissent encore, surtout quand ils refont surface au déclin de la vie. Ce n'est pas de tout repos, la gérontologie.

— Je vous l'accorde, mais puisque c'est là votre mission, j'aimerais vous souligner que la pauvre Adèle a une robe de chambre digne d'une mendiante. Il faudrait voir à lui en procurer une autre.

— Mais avec quel argent, docteur? Ces deux vieilles n'en ont pas.

— Faites appel à vos œuvres, madame, à vos bénévoles même. Tiens! vous pourriez peut-être le prendre sur la pension que le gouvernement lui verse chaque mois, non? Écoutez, faites ce que vous pourrez, mais je n'aime pas voir une de mes malades dans des haillons. Si vous êtes incapable d'accéder à ma demande, je demanderai à ma femme de s'en occuper. C'est une résidence subventionnée, ici, pas un hospice de la Dernière Guerre. Il est impensable que des patients puissent en offrir l'image.

— Bon, j'y verrai, docteur. Je vais m'en occuper personnellement.

— De plus, j'aimerais qu'Adèle soit conduite à l'hôpital pour une journée. Je veux un examen complet le plus tôt possible.

— Pourquoi? Elle est si malade que ça, d'après vous?

— J'ai bien peur qu'elle ait de l'eau sur les poumons. Elle s'en va, la pauvre, elle s'en va et on ne doit pas la laisser partir comme ça. Faites le nécessaire sur la recommandation que je vous laisse et je m'occuperai d'obtenir les résultats. Dites à garde Dubé de l'accompagner et de la ramener le jour même à moins qu'on décide de la garder. Si tel est le cas, je veux en être promptement avisé.

— Très bien, docteur, nous suivrons vos instructions à la lettre.

Le docteur partit visiter d'autres patients et la directrice, restée seule, marmonna: «Ah! celui-là! Un vrai curé d'Ars.» Garde Dubé entra dans le bureau de sa patronne et cette dernière lui fit part des ordres formels du docteur Girard.

— Encore lui et les vieilles? Il pense peut-être qu'on n'a qu'elles à s'occuper?

— Non, mais il a raison, Thérèse. Je ne voudrais pas qu'il arrive quelque chose à l'une de nos pensionnaires pour ensuite être accusée de négligence. J'ai déjà une lourde responsabilité avec l'administration. Votre devoir à vous est de me rendre la tâche facile. C'est moi qui réponds d'elles, vous saisissez?

— Oui, mais un examen complet, pensez-y, j'en aurai pour la journée avec ça.

— Écoutez, garde Dubé, j'en ai assez de vos jérémiades. Vous faites ce qu'on vous demande ou vous changez de profession. C'est aussi simple que ça.

Garde Dubé, peu habituée aux réprimandes de la directrice, ajouta:

— Vous ne pensez pas que j'en fais assez comme c'est là? J'ai déjà douze patientes sur les bras, madame, pas seulement les sœurs Berthier.

— Je verrai à vous remplacer pour la journée, Thérèse, mais nous devons nous conformer à ce que le docteur a prescrit. Je sais qu'il est exigeant, mais c'est lui le patron en ce qui concerne la santé de nos pensionnaires. Il est là pour sauver des vies, lui. Mettez-vous à sa place. Ce qu'il demande est tout à fait normal. C'est un homme de cœur, même dans ses exigences et nos résidantes doivent avoir les soins qu'elles méritent.

— Bon, ça va, j'irai avec Adèle. Le rendez-vous est pris?

— Je m'en occupe dès cet après-midi. Je vous aviserai du jour et de l'heure. Une autre chose, Thérèse. Il faudra voir à ce qu'Adèle ait une nouvelle robe de chambre. Ce fait m'a également été souligné.

— Bien, là, ce n'est pas de mon ressort, madame.

— Ma secrétaire va s'en occuper, mais je veux qu'Adèle la reçoive dès que nous l'aurons. Il ne faut plus que le docteur la voie dans sa vieille robe de chenille déchirée.

— Et pourquoi pas en soie, cette fois? On sait bien, le docteur Girard les adore. C'est comme si la vieille l'avait enjôlé du regard.

— Épargnez-moi vos commentaires, Thérèse. Tout ce que je vous demande, c'est de jeter l'autre robe dès que la nouvelle vous sera livrée. Sur ce, vous pouvez disposer, vos malades vous attendent.

Garde Dubé, sortie en furie du bureau de la directrice, maugréa entre ses dents: «Elle a vraiment peur de lui, la pauvre.» Puis, longeant le couloir, elle s'arrêta devant la chambre des demoiselles qui écoutaient en silence des enfants qui chantaient dehors.

— T'as réussi à avoir une nouvelle robe de chambre, ma belle Adèle?

— Moi? Non, j'ai encore la même.

— Ne fais pas l'hypocrite, c'est toi qui l'as demandée au docteur, n'est-ce pas?

— Amélie, qu'est-ce qu'elle dit? Je ne comprends pas.

Amélie hocha la tête sans s'intéresser à ce qui se disait. Dehors, un enfant chantait et elle avait une larme au coin de l'œil. Une petite voix d'ange, une voix comme celle qu'aurait pu avoir son Jacquot autrefois.

— Il va falloir que je t'emmène à l'hôpital pour un examen complet, Adèle.

— Non, non, je ne veux pas aller à l'hôpital. Je veux rester ici.

— Ce sera juste pour une petite journée. C'est le docteur qui l'a ordonné.

— Pourquoi? Je ne suis pas malade! C'est Amélie qui devrait y aller. Elle tousse, elle crache et elle fume encore, vous savez.

— Je regrette, mais c'est toi qui dois être examinée, pas elle. Son tour viendra bien assez vite. En attendant, ne mange pas trop aujourd'hui au cas où nous serions conviées demain. Je reviendrai te prévenir.

— Pourquoi ils ne viennent pas ici, garde, pour mon examen?

— Parce qu'ils n'ont pas ce qu'il faut sur place.

Voyant que la vieille pleurait, Thérèse Dubé éprouva un tantinet de sympathie.

— Ce sera juste un aller-retour et je serai avec toi. Le docteur Girard serait déçu d'apprendre que tu refuses de te faire soigner.

L'infirmière quitta la chambre en lui disant:

— Sois bonne fille, Adèle.

Passant outre aux ordres, elle avait encore traité la vieille dame comme une enfant sans omettre de la tutoyer effrontément.

Chapitre 10

— Papa, je l'ai reçu, votre fameux baptistaire. Saviez-vous que vous avez toujours accusé deux ans de plus que votre âge réel?

— Voyons donc, Adèle, je vais avoir soixante-deux ans le 4 juin. J'suis pas fou.

— Écoutez, je l'ai ici en noir sur blanc. Vous êtes né en 1881, ce qui veut dire que vous aurez soixante ans cette année, pas soixante-deux.

— Bâtard! dis-moi pas que j'ai encore un autre dix ans à travailler comme un cheval?

Amélie, qui venait d'entrer, demanda à sa sœur.

— Qu'est-ce qui se passe pour que papa crie aussi fort?

— Imagine-toi donc que notre cher père vient de se rendre compte qu'il a deux ans de moins qu'il pensait. Penses-y, Amélie, c'est sérieux quand on ne sait même plus en quelle année on est né. C'est incroyable! Quand on pense que ça fait au moins vingt ans qu'il nous dit qu'il est né en 1879. Heureusement que j'ai eu le flair de faire venir son baptistaire. Vous voyez ce que la bière peut faire, papa? À moins que vous ayez pensé à vous vieillir pour ne pas être trop jeune à côté de la Poulin. C'est inimaginable! Une telle erreur, et depuis si longtemps à part ça. Maudite boisson! Je vous l'ai toujours dit que ça affaiblissait les facultés et que ça affectait la mémoire.

— Allons, Adèle, ce n'est pas si grave que ça, lui lança Amélie. Papa va être sur terre deux ans de plus que prévu. C'est rien de perdu.

— Ne prends pas ça en riant, Amélie. C'est l'alcool qui fait qu'on oublie et toi, si tu continues à boire comme lui, c'est exactement ce qui va t'arriver.

— Je ne te permets pas de me parler sur ce ton, tu m'entends?

— Très bien, vas-y, bois de la bière et fume comme une cheminée. Bientôt, tes lunettes ne pourront plus rien pour toi. Tu seras aveugle, ma petite… à moins que tu finisses comme la Poulin.

— Je t'interdis de salir sa mémoire, Adèle, lui cria son père. Que son âme repose en paix.

Cette scène se déroulait le 24 mai 1941 dans le bas du petit duplex que le trio possédait rue Drolet, près de Crémazie. Oui, il y avait eu un autre déménagement. Une maison bien à eux, cette fois, qui avait fait qu'Adèle et Amélie étaient encore sous le même toit à trente-sept ans pour l'une et presque trente-cinq pour l'autre.

Oui, Éva Poulin avait rendu l'âme il y a cinq ans, emportée par une cirrhose du foie. Henri était resté à ses côtés jusqu'à son dernier râle. Quand la morgue était venue chercher la dépouille, les employés avaient reculé de quelques pas. Ça sentait la pisse à plein nez!

Petites funérailles de rien du tout. Cercueil de bois, service de second ordre, elle n'avait eu pour fleurs qu'une douzaine de roses en forme de cœur. L'adieu de son compagnon de bière bien-aimé. Adèle et Amélie avaient assisté aux obsèques ainsi que Germaine Brisson. Deux cousines éloignées et quelques badauds s'étaient rendus au cimetière. Henri avait pleuré sur l'épaule d'Amélie en lui disant:

— C'était une brave femme. Elle a été bien bonne pour moi et rappelle-toi qu'elle t'a aussi aidée, ma fille.

Il ne garda, de sa vieille maîtresse, qu'une petite photo jaunie en guise de souvenir.

Mais avant, bien avant, triste sort que celui d'Amélie. Inconsolable depuis la mort de son fils, elle pleurait sans cesse, ne mangeait plus et y allait de calmants pour contrer l'épreuve. C'est Nick qui, armé de patience et de bon vouloir, réussit peu à peu à la sortir de ce désarroi. Des mots tendres, de douces promesses, une affection profonde et Amélie reprit petit à petit goût à la vie. Adèle avait été également très affligée par la mort du petit. Au point qu'elle dut prendre un congé temporaire de son nouveau travail. Meurtrie jusqu'au fond du cœur, elle avait dit à son père:

— Et vous allez me dire que le bon Dieu existe après ça?

— Oui, Adèle, et c'est mal de t'en prendre ainsi au Seigneur. Le bon Dieu donne et il reprend, mais chacun de ses dons est une faveur.

— Bien, il pourrait peut-être les garder, si c'est pour nous causer de la douleur!

Les mois passèrent, le chagrin s'atténua, mais le souvenir de l'enfant blond restait immuable dans le cœur de la mère et dans celui de sa sœur. Elles évitaient d'en parler. Elles avaient fait le pacte de se remettre debout… l'une par l'autre.

Amélie avait même dit à son amie Germaine:

— Tu sais, des fois, je pense qu'elle l'a aimé encore plus que moi.

Un soir qu'elle était à l'hôtel avec Nick, ce dernier lui murmura:

— Tu sais, Milie, ce n'est pas parce que le p'tit n'est plus là que ça va s'arrêter entre toi et moi. Je veux te faire vivre comme avant et un jour nous aurons un autre enfant. Je t'aime encore très fort, moi.

— Oh! Nick, j'ai eu si peur que ce soit fini entre nous! Si tu savais comme je t'aime quand tu me parles ainsi. Sans toi, je n'ai plus rien, tu sais.

— J'voudrais t'acheter une maison, Milie. C'est pas correct de payer un loyer quand j'ai les moyens de mieux t'loger.

— Une maison? Tu es fou ou quoi? Tu en as déjà assez fait pour moi. Tu penses que je peux accepter ça?

— Mais, tu es ma petite femme, Milie. Si tu veux, un peu plus tard, tu pourrais revenir m'aider au restaurant. Ça aussi, ça te changerait les idées.

— Je ne veux pas retourner au restaurant, Nick, pas avec ta sœur qui ne me regarde pas et ta mère qui tourne les talons dès qu'elle me voit comme si j'étais le démon.

— Faut pas t'en faire avec elles. J'ai dit «plus tard», Milie, pas maintenant. Je veux que tu aies ta maison. J'en ai une en vue juste un peu plus au nord. Un beau petit bas avec un loyer au-dessus. Ça te plairait? J'aimerais que t'en parles avec ton père pis ta sœur. S'ils ne veulent pas, je l'achèterai quand même et je la garderai pour nous deux plus tard. Faut faire vite, Milie. Je pense que je pourrais l'avoir pour moins de trois mille piastres.

— Nick! c'est beaucoup d'argent, ça. Tu n'y penses pas, voyons!

— Oui, je veux que ce soit pour toi. Ça te fera un bon placement pour le futur. J'ai tout ce qu'il faut pour la payer *cash*. Ça va être un peu plus p'tit que votre logement, mais ça va être chez vous. Dis oui, Milie.

— Mais, tu n'en as même pas une à toi pour loger ta sœur et ta mère.

— J'en n'ai pas besoin, moi. Ma mère va pas vivre éternellement, pis après, j'vais pas vivre avec ma sœur longtemps. On va finir par vivre chacun de notre côté pis Angie va finir par se marier. Dis-moi oui, refuse pas mon offre, Milie.

— Faudra que j'en parle à papa et à Adèle. Je ne suis pas toute seule, tu sais.

— Oui, mais fais vite. J'veux pas manquer c'te *bargain*-là, moé.

— Pas moé, Nick, moi. Mon Dieu que j'ai de la misère avec toi!

— C'est pas l'temps pour la leçon. Change pas d'sujet, Milie. J'voudrais que la maison soit à ton nom. C'est ma seule condition. Je veux que ma petite femme ait sa propre maison. Tu veux bien leur en parler ce soir?

Quand Amélie fit part des intentions de Nick à son père, celui-ci s'éleva contre le fait d'avoir à accepter «la charité» du maudit Grec.

— Il n'a même pas voulu me serrer la main, Amélie. Tu penses que je vais accepter son offre? J'suis pas un mendiant, j'ai ma fierté.

— Papa, Nick ne vous a pas serré la main, mais vous oubliez le fait que c'est vous qui l'avez banni de votre vie. Il n'a jamais pu entrer sous notre toit pour voir son propre enfant. Vous l'avez déjà oublié?

Henri baissa la tête, marmonna tout bas, mais ne répondit pas. Adèle, qui s'était faite discrète, avait, par contre, des étincelles dans les yeux. Une maison familiale, ce n'était pas à dédaigner. Qu'elle soit au nom de sa sœur ne la dérangeait pas. Dans le quartier, elle passerait pour une propriétaire. Une maison toute payée, en plus? C'était inespéré d'autant plus que son emploi chez Dupuis Frères ne faisait que commencer. Et s'il fallait qu'il change d'idée? Elle intervint rapidement.

— Voyons, papa, ce n'est pas la charité, ça. Amélie lui a donné un petit, elle est comme sa femme, maintenant. Il y aura toujours un lien entre eux et, après tout, ce qu'elle a fait pour lui, ça vaut bien ça, non?

— Ne dis pas ça, Adèle, Nick ne me doit rien, absolument rien.

Adèle s'approcha de sa sœur et lui murmura sournoisement:

— Je le sais, Amélie. Tu ne vois pas que j'essaie de t'aider? Père a la tête dure, tu le sais, et comme j'ai encore de l'influence sur lui, laisse-moi faire.

Et c'est ainsi que le duplex fut acheté comptant au nom d'Amélie Berthier. Le père bougonna, mais suivit bon gré mal gré. Druda n'avait pas beaucoup d'ouvrage pour lui et l'hiver allait être dur encore une fois. Il décrochait des petits contrats par-ci par-là, mais juste assez pour la nourriture. Adèle et Amélie payaient tout le reste. Sans l'avouer, Henri avait craint que le fameux Nick mette un frein à ses largesses après la mort du bébé. S'il avait fallu que ça arrive! C'eût été pire que le déluge. Il avait fait mine de maugréer jusqu'à la fin, histoire de ne pas perdre la face, mais dans le fond, cette petite maison l'arrangeait bien! Avec un loyer au-dessus à part ça!

Le trio s'y installa quelques mois plus tard. Ce n'était pas très grand mais confortable. Une cuisine, un salon, trois chambres et une toilette. Adèle suggéra même à Amélie de partager la même chambre et de faire de l'autre une salle à manger. Exactement comme dans les revues françaises. Juste en haut, avec galerie et escalier séparés, une fille de seize ans habitait avec sa grand-mère. C'était du «ben bon monde», comme disait Henri. Une orpheline avec une vieille, ça ne fait pas grand bruit. La jeune s'appelait Solange et la grand-mère, madame Patry. Cette dernière avait au moins soixante-dix ans. Fières de leurs nouveaux propriétaires, elles s'étaient présentées gracieusement. Nick, content pour sa Milie, lui avait dit:

— Si ça demande des réparations, fais-les faire. Je vais aussi te donner de l'arzent tous les mois comme je le faisais avant.

— Pas trop, Nick, ça va finir par être gênant. Pour les réparations et la peinture, papa m'a priée de te dire qu'il allait s'en occuper lui-même. Il n'a pas beaucoup de travail actuellement et ça va le tenir occupé.

Décembre 1931. On pouvait lire dans le journal que le compositeur Vincent d'Indy était mort subitement à l'âge de quatre-vingts ans. Deux jours plus tard, la vieille mère de Nick partait à son tour pour le dernier voyage. Ce fut une grande cérémonie à l'église orthodoxe, mais Amélie n'y assista pas. Elle avait fait brûler quelques lampions à l'église Saint-Alphonse-d'Youville pour le repos de son âme. Un geste noble pour une femme qui l'avait méprisée. Mais c'était tout de même la mère de Nick, son petit «mari» chéri.

Au fil des mois, après le décès de sa mère, Nick n'était plus aussi présent pour sa douce Milie. Songeur, souvent absent du restaurant, il ne téléphonait guère et ne parlait toujours pas à son supposé «beau-père». Amélie s'inquiéta et un début d'angoisse s'empara de son être.

— Je ne sais pas ce qu'il a, Adèle, mais il n'est plus le même.

— Son chagrin est encore récent. Laisse-le au moins s'en remettre.

— Non, Adèle, Nick n'aimait pas sa mère à ce point-là.

— Bah! tu t'en fais encore pour rien. Tu vas voir, tout va s'arranger.

— Si seulement tu le connaissais, tu verrais que je ne me trompe pas. Il faut absolument que j'en aie le cœur net. Je vais aller le voir.

— Fais à ta tête, c'est encore mieux que de te voir t'en faire comme ça.

Amélie téléphona à Nick au restaurant et lui annonça d'un ton impératif:

— Il faut absolument que je te voie. Je te rejoins à sept heures ce soir.

Ce qui fut dit fut fait. Emmitouflée dans un chaud manteau, c'est en taxi que la jeune femme se rendit au restaurant de son amant. Ce dernier l'attendait, paletot sur le dos.

— Viens, allons ailleurs. J'ai de grandes choses à t'annoncer, Milie.

Attablés dans un petit bar de la rue Saint-Laurent, Nick commanda deux verres puis, regardant sa douce amie, il lui sourit tendrement.

— Nick, qu'est-ce qui ne va pas? Tu ne m'appelles presque plus. Tu es distant. C'est comme si tu voulais rompre avec moi.

— Où prends-tu ces idées, ma petite? Mais non, j't'aime comme avant. Je te l'ai bien prouvé jusqu'à présent, tu penses pas?

— Oui, mais tu es songeur, pensif. Qu'est-ce qu'il y a, Nick? Tu as une autre femme dans ta vie?

— Ben non, Milie. Tu es la seule petite femme de ma vie. Oui, j'ai été pensif, mais y'avait d'quoi. Tu veux que je t'explique ce qui arrive?

— Bien sûr, mon chéri, c'est pour ça que je suis ici. Parle, Nick, dis-moi tout.

— J'ai vendu le restaurant, Milie. Je viens de signer les papiers aujourd'hui. C'est ma dernière journée demain. Le nouveau le prend pour lundi. C'est ça qui m'fatigue, Milie, pas toi. Ça n'a pas été facile de faire ça.

— Mais pourquoi l'as-tu fait, Nick? Qu'est-ce que tu vas faire à présent?

— Tu sais, j'étais pas mal fatigué de ce maudit restaurant et Angie aussi. Elle aimerait mieux qu'on ouvre une biscuiterie. Ça nous donnerait plus de temps libre. On travaille trop fort dans un restaurant.

— C'est une bonne idée, Nick, une très bonne idée, mais tu aurais pu m'en parler. Pas parce que ça me regarde, mais j'aurais pas eu toutes ces idées dans la tête. J'ai toujours si peur de te perdre. Toi, tu es un homme et tu ne comprends pas ces choses-là. Pendant que tu t'occupes à tes affaires, moi, je suis tout à l'envers. Comme c'était une bonne nouvelle, tu aurais pu m'en parler avant, tu ne penses pas?

— Peut-être, mais je voulais être sûr que tout soit bâclé. Là, c'est fait.

— Tu vas te reposer avant de t'acheter un nouveau commerce?

— Oui, et c'est pour ça que j'ai une autre chose à te dire.

— Tu ne déménages pas en Ontario ou aux États, j'espère?

— Non, non, Milie, mais pour les fêtes, j'ai décidé d'aller visiter mon frère en Grèce avec Angie.

— Tu pars? Tu t'en vas et tu me laisses en arrière?

— Juste pour le temps des fêtes, Milie. Toi, t'as une famille ici, moi, elle est là-bas. Angie s'ennuie de la parenté. Tu penses pas qu'elle l'a mérité? Moi aussi je m'ennuie d'eux autres. Ça fait longtemps que j'les ai vus.

— Et tu reviendras quand? C'est un petit voyage, j'espère?

— Je pense qu'on devrait revenir pour le 15 janvier. Juste le temps de visiter la parenté, de distribuer des souvenirs de ma mère, pis je reviendrai.

— Je suis bien égoïste de penser toujours à moi. Excuse-moi, Nick, ce n'est pas dans mes habitudes mais je t'aime et quand tu n'es pas là, je me sens bien seule. Depuis que le petit est...

— Chut! Milie. On a juré qu'on ne parlerait plus de lui pour un bout de temps. Ça sert à rien de revivre tout ça. On commence juste à s'en remettre.

— Toi, peut-être, mais moi, je ne l'oublierai jamais, cet enfant-là...

— Je vais t'écrire de la Grèce juste avant le jour de l'An. Je te dirai comment ça se passe là-bas. J'vais parler de toi à mon frère...

— J'espère qu'il est plus aimable que ta sœur, au moins?

— Angie t'aime bien, Milie. C'est ma mère qui la montait contre toi.

— Alors, pourquoi elle ne me parle pas quand elle me voit?

— Ça va revenir. Elle est mal à l'aise avec tout ce qui s'est passé.

— Tu as sans doute raison, mais je vais m'ennuyer, c'est pas possible. Quand je pense que tu ne seras même pas là le soir de Noël.

— Voyons, Milie, j'ai jamais été là le soir de Noël, tu l'sais bien. C'est toujours avec ton père que tu réveillonnes après la messe. Tu sais bien qu'on fête pas ça en même temps, nous autres. Tu peux pas m'en vouloir, c'est toujours comme ça que ça s'passe chaque année.

— Oui, t'as raison. On dirait que je te cherche des poux, Nick. Excuse-moi, mais ça me fait tellement de peine de te voir partir. Ma sœur me dit souvent que je suis un grand bébé et je pense qu'elle n'a pas tort. Non, c'est pas correct, ce que je fais là. Il faut que j'arrête de penser rien qu'à moi.

— Écoute, Milie, ça te dirait qu'on passe la nuit ensemble? Ça fait longtemps que j'y pense et ça arrive pas souvent. Tu peux appeler pour dire que tu rentres pas?

Folle de joie à l'idée de se retrouver dans les bras de son amant, Amélie s'empressa d'appeler Adèle.

— Ne m'attendez pas, je ne rentrerai pas.

— Bon, tu passes la nuit avec lui?

— Adèle! pas ce genre de question, tu m'as promis…

— Bon, bon, fais donc comme tu voudras. C'est vrai que ça ne me regarde pas.

Amélie raccrocha et se jeta au cou de son Grec adoré.

— J'aimerais que la nuit ne finisse jamais, Nick. Quand je suis avec toi, je meurs d'envie d'y être pour la vie. Je t'aime tellement.

— Viens, Milie, il est déjà tard et l'hôtel, c'est loin d'ici.

— Tu pars quand pour la Grèce, mon chéri?

— Dimanche. Angie a déjà commencé à faire les valises.

— Si vite que ça? Heureusement que je t'ai appelé aujourd'hui!

— J'étais pour le faire. Tu l'as fait juste avant moi.

Lumières tamisées, lit spacieux, Amélie s'abandonna aux caresses de l'homme qu'elle aimait. Dehors, on entendait le vent hurler. Le ciel était tout noir, sans la moindre petite étoile. C'était déjà l'hiver, mais entre les draps chauds, blottie dans les bras de celui qui était toute sa vie, la jeune femme se donna. Ce fut leur plus belle nuit d'amour. Une chambre princière, tentures rouges, tapis blanc. Une nuit pas comme les autres, comme si c'eût été… la dernière.

Le temps des fêtes fut sans éclat chez les Berthier. Tante Estelle, Edna, Charles et Rita avaient envoyé leur carte de souhaits, mais personne n'était apte à visiter la parenté. Depuis la mort de Tonio et avec les déménagements, Vanera était peu à peu tombée dans l'oubli. Cette année, même les souhaits furent négligés. C'était Tonio, l'ami d'Henri, sa sœur ne faisait partie que du décor. Le temps l'avait prouvé des deux côtés. C'est donc à trois, sous le même toit, que le jour de Noël s'écoula. Adèle avait offert à Amélie un coffret à bijoux musical et cette dernière lui avait fait présent des poèmes de Leconte de Lisle. À papa, on avait acheté du tabac, un foulard et des chaussettes de laine. Henri avait offert à ses filles des eaux de toilette et des fichus. Non, ce n'était plus les fêtes d'antan avec les rires, les cris et les réjouissances. Après la messe de minuit, les lumières s'éteignirent chez les Berthier. Amélie se coucha et versa, à l'insu de sa sœur, quelques larmes sur le portrait de l'enfant. Son «petit Jésus» n'était pas là cette année. Doigts trempés dans son bénitier, elle fit un signe de croix et une prière pour son ange envolé. Au jour de l'An, on se souhaita le paradis à la fin de ses jours et le sapin fut vite dégarni de ses guirlandes, boules et rubans.

Amélie attendit, telle une couventine, la lettre de son prince charmant qui ne vint pas. Attristée et pensive, son père tenta de la consoler en lui disant:

— C'est loin, la Grèce, ma fille. Les pigeons voyageurs sont peut-être gelés.

Vingt jours s'écoulèrent sans la moindre nouvelle de Nick. Désespérée, Amélie s'en voulait de ne pas lui avoir demandé une adresse. Comment le joindre, à présent? Non, elle ne devait pas douter de lui. Nick lui avait promis qu'il lui écrirait. Qui sait si la lettre ne s'était pas perdue en chemin? Germaine vint la visiter, ce qui lui redonna une certaine joie de vivre. Brave Germaine, douce complice, chère amie. Toujours célibataire, elle œuvrait maintenant dans une fabrique de souliers et prenait soin de sa vieille mère. Vianney était marié depuis trois ans et avait déjà deux enfants.

— Et toi, Germaine, tu n'as encore personne dans ton cœur?

— Non, monsieur Berthier, on dirait que personne ne veut de moi. Les bons partis se font rares.

Adèle, qui écoutait en silence, se disait dans son for intérieur: «Pas surprenant!»

— Amélie, viens vite, la voilà, ta fameuse lettre de la Grèce!

C'était le 15 février et la pauvre Amélie se torturait depuis plus d'un mois face au silence de l'être aimé. Il n'était pas revenu tel que prévu et aucune missive, pas même un interurbain de sa part. Que pouvait-il s'être passé? Un accident, peut-être? Non, Angie l'aurait sûrement informée.

C'était Adèle qui avait sans cesse subi les contrecoups de son grave malaise.

— Que veux-tu que je te dise, Amélie, je ne le connais pas, cet homme-là, moi!

Le brave père s'empressa de remettre la précieuse lettre à sa fille qui l'ouvrit d'une main tremblante. C'était bien l'écriture de Nick et elle venait à peine d'être postée. Pourquoi cette si longue attente?

Voyant que son père avait la tête au-dessus de son épaule, Amélie s'excusa:

— Si ça ne vous fait rien, je vais aller la lire dans ma chambre.

Seule avec la lettre en main, elle la déplia avec joie et crainte à la fois.

Milie,

Je sais que ma lettre va te faire de la peine, mais j'espère que tu comprendras. Ce que j'ai à te dire n'est pas facile, j'sais pas par où commencer. Angie et moi avons décidé de rester ici, de ne plus revenir au Canada. Mon frère nous a intéressés au domaine de ses affaires et j'ai déjà un beau commerce entre les mains. Angie a retrouvé la parenté et moi aussi. Dans le fond, c'est ma mère qui rêvait de vivre au Canada, mais comme elle n'est plus là, ma vie va se continuer ici. J'ai pas voulu te le dire avant de partir, mais je savais que je ne reviendrais pas. Je voulais pas te voir pleurer et je savais pas comment m'expliquer. Nous avons tout vendu avant de partir, même les meubles. Je suis revenu ici comme je suis parti, avec juste deux ou trois valises. Tu sais, je t'ai aimée beaucoup, Milie. Si le petit n'était pas mort, je serais jamais parti. C'est maintenant le passé, tout ça. Ce qui est arrivé n'est pas de ta faute ni de la mienne. On pouvait pas s'marier et pis notre mentalité n'est pas la même. Moi, j'pense avoir pris mes responsabilités. Ça, tu peux pas me le reprocher. C'est pour ça que j'ai voulu te donner une maison avant de partir. Je voulais pas te laisser dans la misère. Comme elle est payée, je suis sûr qu'avec l'aide de ta sœur pis de ton père, tu vas être capable de t'arranger avec le reste. Moi, je vais garder un bon souvenir de toi, Milie. J'espère que tu en feras autant de ton côté. Une chose, Milie, j'veux pas que tu pleures. Avec le temps, tu m'oublieras, surtout quand tu auras un mari et d'autres enfants. Je vais toujours garder ta photo en souvenir de nos belles années.

Nick

Amélie avait lu la lettre jusqu'au bout. Au fur et à mesure qu'elle parcourait les lignes, des larmes perlaient sur ses joues. Elle se cramponna à son lit, relut la lettre une seconde fois, la crispa entre ses doigts, retint son souffle pour ne pas attirer l'attention de son père puis, les yeux levés vers son crucifix, elle éclata en sanglots. Henri, alerté par les pleurs, se dirigea vers la chambre de sa fille.

— Qu'y a-t-il, Amélie? Qu'est-il arrivé?

Pour toute réponse, incapable de prononcer le moindre mot, elle lui désigna du doigt la lettre déjà chiffonnée sur le lit. Henri la saisit, la lut d'un trait et se contenta d'ajouter:

— Le salaud! Te faire ça à toi, ma p'tite. Maudit écœurant!

Amélie avait caché entre ses mains son visage baigné de larmes. Henri s'approcha d'elle, la prit dans ses bras et là, dans un soupir mêlé de violents sanglots, la malheureuse lui murmura…

— Pourquoi, papa? Ai-je mérité cela? Le bon Dieu sera-t-il toujours contre moi?

— Ne blasphème pas, ma petite. Le bon Dieu n'a rien à voir dans cette histoire. Je sais que ce n'est pas facile à prendre. C'est un bon-à-rien, ce gars-là. Allons, ne te laisse pas aller. Ton vieux papa est là, mon adorée.

Une infinie tendresse, voilà ce qui habitait le cœur de ce père aimant. Sa préférée, sa bien-aimée Amélie était blessée et il en souffrait aussi. Elle se jeta sur son oreiller, pleurant de tout son être. Elle croyait rêver et c'était pourtant là la cruelle réalité. Son Nick l'abandonnait à tout jamais. L'homme qu'elle avait aimé de toute son âme se désistait avec dignité… sans le moindre mot d'amour, sans une parcelle d'espoir. Henri, impuissant devant la détresse de sa fille, ne savait quels mots employer dans un tel cas. Il était lui aussi bouche bée, mais pas tout à fait surpris du dénouement. En était-il ravi? Du moins, le cauchemar de l'étranger était fini et sa chère Amélie allait peut-être refaire sa vie avec un bon gars de par ici. Oui, ces pensées effleurèrent le cœur du sexagénaire. Le moment aurait été mal choisi pour un tel aveu, mais Henri sentait au fond de lui une espèce de soulagement. Amélie n'allait tout de même pas être à vie la maîtresse d'un orthodoxe. Désemparé, désarmé devant le fait accompli, il lui demanda:

— Tu veux que je reste auprès de toi, mon enfant?

Elle fit signe que non sans prononcer le moindre mot. Les yeux dans le vide, le cœur à néant, Amélie absorbait en silence le choc du dur moment. Henri déposa la lettre sur la table de chevet et se retira doucement. Se parlant comme on se confie à son cœur, il murmura: «Si seulement Adèle peut arriver, elle saura sûrement l'aider. Pauvre petite!»

Amélie s'était endormie pour se réveiller maintes fois en sursaut. Elle croyait avoir rêvé, mais la lettre bien en évidence la ramenait à la réalité. Nouveaux sanglots, faiblesse extrême, la délaissée revivait dans ses larmes un merveilleux passé. Des images surgissaient. Nick, la chambre d'hôtel, son petit Jacquot, l'achat de la maison, le dernier baiser…

«Et dire qu'il le savait! Ah! si seulement j'avais été enceinte de lui encore une fois...», pensa-t-elle.

Non, la Sainte Vierge ne l'avait pas voulu. Que faire? Tenter de le joindre? Le supplier? Nick n'avait donné aucune adresse de retour. Avait-il souffert autant qu'elle au moment où il traçait maladroitement ces lignes? Était-ce sa sœur qui l'avait influencé? Dans son amour aveugle, Amélie cherchait encore un moyen de l'excuser. Qu'allait-elle devenir sans lui? Sans leurs étreintes, sans ce lien du cœur et de la chair? Une vieille fille meurtrie comme Adèle? Non, il lui fallait tenter de le retrouver, de le convaincre. Elle irait se jeter à ses pieds s'il le fallait. Amélie n'avait pas la force du dépôt des armes. Pas plus d'ailleurs que celle de se lever de son lit quand elle entendit sa sœur rentrer.

— Qu'avez-vous, papa? Vous semblez bouleversé!

— Chut… pas trop fort, Adèle. Viens dans le salon, je vais t'expliquer la situation.

— Sûrement quelque chose de grave… pour boire de la bière en plein après-midi!

— Adèle, ta sœur a reçu une lettre de son Grec. Imagine-toi que ce vaurien lui annonce qu'il ne reviendra pas et que tout est fini entre eux.

Adèle parut quelque peu décontenancée, mais se ressaisissant, elle répondit:

— Vous pensez que ça me surprend, père? Voyons donc! Elle aurait dû s'y attendre. Depuis le temps qu'elle attend une lettre de lui... Elle est bien naïve, la sœur.

— Allons, Adèle, sois plus compréhensive. Si tu voyais comme elle souffre.

— Sous l'effet du choc, sans doute, mais elle s'en remettra. Que pensait-elle? Qu'il allait passer sa vie avec elle? Pauvre Amélie! Elle n'a jamais rien compris aux hommes. Moi, je n'ai rien contre ce type-là. Sans le connaître, je pense qu'il a été honnête. Il veut sans doute se marier avec une fille de son pays et c'est tout à fait normal, papa.

— Peut-être, mais la lettre lui a fait très mal. C'était court et radical.

— Et puis après? C'est à être bref et précis qu'on se fait comprendre, non?

— Pas si fort, elle pourrait nous entendre. Mets-toi un peu à sa place...

— Je n'y tiens pas. Amélie a toujours eu le don de se mettre les pieds dans les plats.

— Tu te rends compte, Adèle? Après avoir perdu son petit, la voilà qui vient de perdre le seul être qui la tenait encore en vie.

— Le petit, c'était une chose et comme vous l'avez dit, c'est le bon Dieu qui l'a rappelé à lui. Son homme, c'est une autre histoire. On ne peut pas toujours tout avoir, vous ne pensez pas? Moi, je n'ai jamais rien perdu, papa, parce que je n'ai jamais rien eu. Vous pensez que son sort est plus pitoyable que le mien? Moi, si j'avais eu tout ce qu'elle a eu, j'accepterais en silence que le destin m'en reprenne un peu. Son Nick n'a pas été malhonnête, papa. Il n'a fait que son devoir en étant franc. Il l'a soutenue pendant sa grossesse, a vu aux besoins de son enfant et a même eu la générosité de lui offrir une maison avant de partir. C'est quand même avoir du cœur, ça, vous ne trouvez pas? Là, il est libre et elle aussi. Il met un terme à leur fréquentation, un point, c'est tout.

— Ta sœur l'aimait à s'en damner, Adèle!

— Pauvre folle! Qui vous dit que c'était réciproque? Vous en avez la preuve, non? On ne s'accroche pas à un homme qui ne nous aime pas. Amélie était envahissante, papa. Elle ne le laissait pas d'un pouce et ça paraissait que c'était elle qui était après lui. Il a fini par se tanner, le pauvre gars. Il lui a tout donné et elle en voulait davantage. Son «petit mari», qu'elle l'appelait, juste parce qu'elle avait réussi à l'entraîner dans un lit. Allons donc, ça ne pouvait pas durer. Nick savait sûrement que la seule chose à faire c'était de se pousser. Autrement, elle ne l'aurait jamais laissé partir. Il a fait ce qu'il fallait faire avec une fille comme elle. La vie, ce n'est pas toujours un roman de Magali!

— Tu as peut-être raison sur bien des points, Adèle, mais j'espère que tu seras compréhensive avec elle. Elle est si fragile…

— Compréhensive? Mais comprendre quoi, papa? Tout ce à quoi je m'attendais? C'est elle qui devra comprendre que le chemin qu'on se trace n'est pas toujours celui des autres.

— Promets-moi d'y aller en douceur, Adèle. Tu sais que Nick lui coupe aussi les vivres?

— Et puis? Rien ne l'obligeait à la faire vivre jusqu'à la fin de ses jours. Il lui a donné une maison, papa, une maison à son nom et que nous habitons. Pour le reste, on peut bien s'arranger, croyez-moi. Amélie pourrait peut-être travailler. Je le fais bien, moi! Elle n'est pas infirme, à ce que je sache? On est trop porté pour elle, papa. On la dorlote comme si elle était une enfant, vous le premier. À nous trois, avec une maison payée, on devrait fort bien se débrouiller. C'est peut-être ce qui lui donnera le coup de pied dont elle a besoin. Je ne le connaissais pas, cet homme-là, mais je ne peux pas le blâmer. Il a été de très bonne foi.

— Moi, j'dis qu'il a été écœurant envers elle, même si ça ne me déplaît pas de ne plus le voir dans le portrait. Une chose, cependant, ta sœur passe un mauvais moment et tu es la seule à pouvoir l'aider à s'en remettre. Entre femmes on trouve sûrement mieux les mots…

— Vous voulez que je lui dise tout ce que je viens de vous dire? Ce n'est sûrement pas ce qu'elle désire entendre. Ne vous en faites pas, elle a encore sa Germaine pour la consoler. Je vais être humaine et patiente, papa, mais ne me demandez pas de lui moucher le nez!

Comme Amélie ne se montra pas à l'heure du souper, Adèle poussa la porte pour lui demander sur le ton le plus gentil qui soit:

— Tu ne viens pas souper? Ça te ferait peut-être du bien.

Amélie hocha la tête et ne répondit pas.

— Tu sais, papa m'a tout raconté. Je te laisse avec ta peine, mais j'espère que demain ça va mieux aller. Si tu as besoin de moi, je suis juste à deux pas.

Adèle referma la porte puis, haussant les épaules, retourna à ses chaudrons.

— Elle ne vient pas manger, la p'tite?

— Vous savez bien que non. Et puis, laissez-la seule, c'est le meilleur remède.

Amélie aurait tant souhaité se jeter dans les bras de sa sœur pour une fois. Son désespoir eut sans doute été allégé. Que pouvait donc penser Adèle de tout cela? Sans doute que c'était mérité? Qu'importe! À défaut d'elle, il y avait Germaine. Pas ce soir, mais demain peut-être. Germaine saurait la consoler et peut-être qu'avec son aide elle retrouverait son bien-aimé. Des idées, des images, une tempête suivie d'une accalmie. Voilà tout ce qui se passait dans le cerveau meurtri de la douce Amélie. Son cœur saignait, son oreiller était baigné de larmes. Elle avait tellement pleuré que ses yeux rougis ne pouvaient plus rien dégager. Épuisée, fiévreuse, elle se rendit jusqu'à la porte et cria sans force à son père:

— Papa, faites venir un médecin. Je suis souffrante, ça ne va pas bien.

Le docteur du quartier se présenta et, à la suite du récit d'Henri, il prescrivit quelques calmants pour la malade à qui il offrit une épaule d'ami.

— Ça ira mieux demain, petite madame. Vous traversez un bien mauvais moment et votre fièvre n'est que nerveuse. Il faut dormir à présent et bien vous reposer.

Adèle n'en voulait pas à Nick. Non pas parce qu'elle l'admirait, mais parce qu'il lui avait redonné la responsabilité d'Amélie. Sa pauvre sœur allait enfin dépendre d'elle, voilà bien ce qui faisait son bonheur. Elle en prendrait soin à sa manière. Oui, au nom de cet enfant qu'elle avait aimé tendrement et qu'elle voyait encore dans son petit cercueil blanc.

— Allô, Germaine? Ici Adèle. Dis donc, tu travailles aujourd'hui?

— Non, c'est ma journée *off*. Le patron me devait un congé.

— Viendrais-tu passer la journée ici? Amélie a besoin de quelqu'un et comme papa et moi devons travailler, ce serait bien apprécié.

— Qu'est-ce qu'elle a? Elle est malade?

— Rien de grave côté santé. Viens, Germaine, elle va tout t'expliquer.

— Bon, dis-lui qu'aussitôt que ma mère sera partie chez mon frère, j'arrive. Tu es sûre, Adèle, qu'il n'y a rien de grave? Tu pourrais peut-être m'informer?

— Bon, si tu tiens à le savoir, son Grec lui a écrit pour lui dire que c'était fini entre elle et lui et qu'il ne reviendrait jamais plus ici.

— Quoi? T'es sérieuse, Adèle? Ça doit lui avoir donné tout un choc!

— Oui, et c'est pour ça qu'elle a besoin de toi. Moi, je ne peux rien faire pour elle. C'est toi, sa confidente! Alors, viens vite, t'as pas fini de l'entendre brailler!

Germaine s'amena dès que sa mère fut partie. Amélie était allongée sur un divan, cheveux défaits, yeux rougis, aussi blanche que du lait.

— Ma pauvre amie, dans quel état tu es…

— Ah! Germaine, c'est le ciel qui me tombe sur la tête! Adèle t'a dit…

— Oui, je sais, mais faut pas te laisser aller comme ça, Amélie.

— Commence par lire sa lettre. À toi, je ne peux rien cacher.

Germaine prit la fameuse lettre et la parcourut attentivement pendant qu'Amélie versait encore des larmes sans rien dire. Germaine la regarda, la prit dans ses bras et lui murmura:

— C'est pas du joli, Amélie, mais faut pas mourir pour ça. Je vais t'aider à surmonter ton chagrin, tu verras.

— Non, Germaine, je veux que tu m'aides à le retracer. C'est ça que j'attends de toi.

— Tu crois que c'est la solution? Non, Amélie, tu ne dois pas perdre ta fierté même si t'as le cœur blessé. Garde ta dignité. Tu ne dois pas t'imposer et encore moins t'accrocher. Ça ne te ressemble pas, ça.

— Mais je l'aime, Germaine. Toi seule sais à quel point je l'aime.

— Oui, je le sais et c'est pour ça que je te dis qu'il ne faut pas insister. Si l'amour est plus fort que la raison, il te reviendra, Amélie. Tu dois laisser tout ça entre les mains du destin. Si tu as à revoir Nick, il va s'en charger. Si ce n'est pas le cas, le temps te fera l'oublier.

— Le destin, le destin… faut quand même le provoquer parfois.

— Non, pas de cette façon-là. Tenter de retrouver Nick serait la plus belle erreur pour le perdre davantage. Et puis, un amour se doit d'être partagé. Qui te dit qu'il ne te reviendra pas? Laisse-le réfléchir, au moins.

— Et s'il ne m'aime pas, s'il ne m'aime plus?

— Alors? Tu voudrais d'un homme qui ne t'aime pas? Tu accepterais qu'il soit à tes côtés par sympathie ou par pitié? Sûrement pas! Je te connais, moi. Écoute, Amélie, relève la tête et attends la suite des événements. Qui te dit que ce n'est pas là un mal pour un bien?

— Comment peux-tu dire ça? Tu n'as jamais aimé, toi!

Germaine prit un air désolé pour ajouter:

— Qu'en sais-tu, Amélie?

Voyant qu'elle avait blessé son amie, la pauvre Amélie se radoucit:

— Excuse-moi, Germaine, je n'ai pas voulu dire ça. C'est pas correct. Je ne pense qu'à moi et je déraisonne. Tu oublies ce que je viens de dire?

Amélie fut reprise de violents sanglots qui agitaient tout son être.

— Allons, tu sais bien que je ne t'en veux pas. Je t'aime trop pour ça. Je veux bien t'aider, Amélie, mais il faudra d'abord t'aider toi-même. Pour commencer, tu sors de ton lit, tu manges et tu te mets un peu de fard sur les joues. La vie continue, Amélie, il faut…

— Sans Nick et sans mon petit Jacquot? J'ai vraiment tout perdu.

— Écoute-moi bien, Amélie. Tu ne vas tout de même pas rester allongée et pleurer jusqu'à ton premier cheveu blanc, non? Il faut que tu regardes les choses bien en face. Tu es jeune, tu es attrayante, tu es libre. Qui te dit que le bon Dieu n'a pas quelque chose en réserve pour toi? Il faut lui faire confiance.

— Jamais plus je n'aimerai, Germaine. S'il ne revient pas, Nick aura été le seul homme de ma vie.

— Chercher à le retrouver serait indigne de toi. Laisse le temps passer, tout simplement. Je ne te dis pas de ne pas avoir confiance et de tout oublier du jour au lendemain, je te demande juste de laisser le temps s'en occuper.

Amélie avait écouté sa bonne amie, la seule qui pouvait la convaincre. Il lui fallait s'accrocher à elle, sinon elle s'enliserait davantage dans son désespoir.

— Juste une faveur, Germaine, une seule pour me contenter.

— Si je le peux, Amélie. Je t'écoute.

— Viens avec moi où habitait Nick. Je veux être sûre qu'il a vraiment quitté.

— Si ça peut te rassurer, j'irai avec toi demain soir, pas aujourd'hui, mais à une condition: s'il a dit la vérité, tu arrêtes tes recherches là. C'est promis?

— Oui, je n'irai pas plus loin, je te le jure. Je veux juste être certaine.

— D'accord, mais il te faut d'abord retrouver tes forces. Si je te préparais quelque chose, maintenant?

— Tu sais, je n'ai pas tellement faim. Après deux jours sans rien avaler…

— Juste un bol de soupe, Amélie. Un tout petit bol avec moi, pour commencer.

Le lendemain, plus forte que la veille quoique pas rétablie, Amélie se rendit à l'adresse du logement où elle n'avait mis les pieds qu'une seule fois. Une grosse mégère en tablier ouvrit prudemment.

— Monsieur Parakis, c'est ici? demanda Germaine.

— Non, le Grec est retourné dans son pays depuis deux mois. C'est moi la nouvelle locataire. À ce que je vois, il n'a prévenu personne, celui-là!

— Merci, madame, et excusez-nous du dérangement.

— Y'a pas d'quoi, mais si jamais vous en entendez parler, dites-lui que sa sœur est une cochonne. J'viens tout juste de finir de décrotter le loyer!

Amélie n'avait pas flanché. Elle savait maintenant que Nick lui avait dit la vérité. Sur le trottoir, elle prit une grande respiration et déclara à son amie:

— Ça va, Germaine, je ferai ce que tu me diras.

— Non, Amélie, tu feras ce que tu voudras. Ta vie, elle est à toi.

— Tu ne vas pas me laisser tomber à ton tour?

— Mais non, ce que j'veux dire, c'est que tu décideras toi-même de ton avenir. Tu ne dois plus dépendre de personne, tu dois être autonome, à présent.

— Ce qui ne t'empêche pas de me conseiller si je te le demande, n'est-ce pas? Tu sais, ce sera la première fois que je ferai des pas sans soutien.

— Si tu veux mon avis, Amélie, j'vais te le donner. Moi, si j'étais toi, je penserais d'abord à travailler, à me trouver un emploi quelque part. Tiens! pourquoi tu prendrais pas des leçons pour parfaire ta musique? C'est là ton idéal, tu le sais, et tu pourrais même l'enseigner. Tu étais si bien partie…

— Je vais voir, Germaine, je vais y penser.

— Prends ton temps, Amélie, mais choisis le bon sentier.

Amélie reprit peu à peu du poil de la bête. Comme Germaine le lui avait prédit, le temps faisait son œuvre. Tel que promis, elle n'avait plus embêté personne avec son triste sort. C'est donc dans le silence le plus absolu qu'elle se mit à haïr celui qu'elle avait aimé, pour ensuite l'aimer plus que jamais jusqu'à ce que la flamme diminue au fil des ans. Plus coquette qu'au moment où elle était conquise, Amélie arborait tout ce qui était à la mode. Sa sœur, avec qui la guerre était endurable, lui conseillait même les derniers chapeaux de Dupuis Frères. Les sœurs Berthier, sans être pourvues d'argent, faisaient l'envie du quartier. Quand elles se rendaient chez Famélart, le magasin de variétés de la rue Jarry, le commis se montrait empressé pour ensuite dire à un autre client: «Elles sont bien belles, mais assez prétentieuses, ces demoiselles.» Adèle avait, bien sûr, tenté de prendre les rênes du foyer, mais Amélie ne s'était rien laissé imposer, au grand soulagement d'Henri qui craignait de retomber sous le joug de l'aînée. Amélie avait dit à sa sœur:

— C'est ma maison et, avec un peu de bonne volonté, nous serons tous à égalité.

Ce qui avait ravi Adèle, c'est que sa petite sœur avait repris le clavier pour y jouer des sonates de Schumann, de Brahms et de Chopin. Suivant les conseils de Germaine, elle s'était inscrite dans une école privée pour approfondir ses connaissances. Elle en savait maintenant assez pour donner des leçons privées à quelques enfants. Deux ou trois élèves à la fois, quand ce n'était pas le «petit particulier» d'un bourgeois du quartier. Ces quelques ressources ajoutées au salaire d'Adèle et à celui de son père suffisaient à joindre aisément les deux bouts. Un Juif, colporteur de porte en porte, leur permettait quelques imprévus grâce à une marge de crédit. Une ou deux piastres par mois et rien ne leur était refusé. La seule chose qui déplaisait à Adèle, c'est qu'Amélie fumait comme une cheminée. Des Turret par-dessus le marché!

Pour pallier son peu de revenus, Amélie avait déniché un petit emploi de traductrice. Son travail consistait à composer en anglais des affiches françaises ou vice versa. On faisait appel à son bilinguisme et comme elle avait de l'imagination, elle adaptait, dans la langue de Shakespeare, des textes dignes de Molière. Sa traduction était, chaque fois, plus forte que la version originale. Ce travail lui permettait donc d'œuvrer de son salon tout en s'occupant de la maison. Adèle l'enviait d'un si noble sort, mais comme elle était devenue gérante de son rayon, cette promotion lui avait valu une belle augmentation. Il y avait encore de ces petites querelles entre sœurs. La paix n'était pas tout à fait revenue, car l'aînée avait le don de faire une montagne d'un grain de sable. Et les hommes, dans tout ça? Bien sûr qu'elles étaient courtisées, les sœurs Berthier. Adèle avait repoussé haut la main un de ses commis trop empressé. L'homme qui l'aurait fait tomber se devait d'être plus fort qu'elle. Amélie reçut un jour des fleurs d'un Italien qui n'avait d'yeux que pour elle. Sa sœur lui avait dit:

— Pas encore d'la racaille, je t'en prie!

Non, Amélie n'avait pas l'intention d'aimer. Son cœur en convalescence ne lui permettait pas la moindre folie. Germaine était également vieille fille, mais ne désespérait pas. À ce titre, Amélie se sentait la moins éligible des trois. N'avait-elle pas eu «un mari» et un petit? Elle avait davantage le sentiment d'être «veuve». En ce qui la concernait, elle ne faisait pas partie de ces demoiselles oubliées. Frivole, romanesque, elle s'intéressait beaucoup plus à l'histoire d'amour d'Édouard VIII, à son abdication en 1936, à son renoncement à tout pour Wallis Simpson, une divorcée. Elle s'était même dit: «Si seulement Nick avait eu autant de volonté.» Oui, pendant qu'Adèle se penchait sur la grande littérature, Amélie se passionnait de futilités, de romans de Paul Féval ou de Delly. Jeune femme à l'eau de rose, elle se voyait tour à tour comme *La Fille sauvage* de l'un et la princesse du scénario de l'autre. Rêveuse à outrance, elle était pétale de violette pendant que sa sœur rappelait l'écorce du chêne.

En 1935, ayant presque fait son deuil de son amour d'autrefois, Amélie vit surgir Germaine qui lui annonça discrètement:

— Sans vouloir réveiller les morts, crois-le ou non, mais il y a un Peter Parakis qui habite mon quartier. Je me demande si ce n'est pas parent...

Amélie l'interrompit et s'écria avec une petite lueur dans les yeux:

— On pourrait le savoir, Germaine! Il faut que ce soit de la parenté. Il parle français, ce type-là? Il est jeune ou vieux? Tu le connais?

— Je ne veux rien déranger, Amélie. J'aurais mieux fait de me taire.

— Ne t'en fais pas, Germaine, ce n'est que par curiosité. Je ne ressens plus rien pour Nick. J'aimerais juste savoir ce qui lui est arrivé. Tu penses que ce serait effronté d'aller s'informer?

— Ben… Quel prétexte allons-nous donner? C'est assez embêtant, tu sais.

— Si tu viens avec moi, tu n'auras qu'à m'observer et me laisser faire. Pourquoi ne le ferais-je pas? Qu'ai-je donc à perdre?

Germaine regretta amèrement son aveu. S'il fallait que son amie se mette en tête de retrouver son ex-amant?

— J'aurais dû me tourner la langue sept fois avant de parler! s'était-elle exclamée en se rendant à ladite adresse avec Amélie qui semblait très empressée.

— Ne t'en fais pas pour moi, Germaine. Je te dis que c'est oublié.

Amélie mentait… ou presque. Oui, le temps avait cicatrisé la plaie. Elle n'aimait plus Nick, du moins pas comme elle l'avait aimé. Il n'en demeurait pas moins qu'au fond de son cœur une étincelle avivait encore sa pensée. Elle avait compris depuis belle lurette que Nick ne l'avait jamais vraiment aimée, mais le souvenir des beaux jours n'était pas tout à fait effacé. Cinq ou six ans plus tard, ce n'était certes plus la même emprise. Sursaut de l'âme? Dernière trace d'un amour jadis ardent? Toujours est-il qu'elle ne pouvait… ne pas savoir. C'est d'un pas plus que décidé qu'elle alla sonner à la porte de la maison. Une jeune femme dans la trentaine ouvrit avec une certaine méfiance.

— Bonjour. Vous parlez français? Vous êtes madame Parakis?

— Oui, c'est moi… répondit la dame dans un excellent français.

— Voici le but de ma visite. Mon amie est de votre quartier et quand elle m'a appris qu'un dénommé Parakis habitait ici, ça m'a troublée. Je voudrais juste savoir s'il est parent avec Nicolas Parakis qui a déjà vécu à Montréal avec sa sœur Angie.

— Heu…. oui, mais pourquoi cette question? Qui êtes-vous?

— C'est que je travaillais pour monsieur Parakis lorsqu'il avait un restaurant. Quand il est parti pour la Grèce, ça m'a fait de la peine parce que j'étais amie avec Angie. Elle m'a écrit plusieurs fois, mais je n'ai pas eu de ses nouvelles depuis longtemps. C'est bien de votre parenté?

— Oui, mon mari est un cousin de Nick et Angie. Nous sommes au Canada depuis un an seulement. Avant, nous avons habité Paris pendant sept ans.

— Voilà donc pourquoi vous parlez un si bon français.

— Sans doute, mais j'aimerais bien me défaire de mon accent maintenant parce qu'il n'est pas le même qu'ici. Tenez, entrez donc quelques minutes avant que ma petite revienne de l'école. Je vais vous donner des nouvelles d'Angie.

La jeune femme fit entrer les visiteuses dans le salon et commenta:

— Angie a son propre restaurant, maintenant. Elle est une des rares femmes à être en affaires là-bas. Elle a très bien réussi, beaucoup mieux qu'au Canada.

— Oh! comme je suis contente pour elle! Je savais qu'elle ferait son chemin. Dites-moi, monsieur Nicolas va bien, lui aussi?

— Nick? Oh oui! très bien! Il possède avec son frère une fabrique de filets de pêche. Vous saviez qu'il avait fini par se marier, ce célibataire endurci?

Elle éclata de rire et continua:

— Il a rencontré une très belle petite Grecque de vingt ans et ils ont déjà une petite fille de trois ans prénommée Melina.

Amélie ne broncha pas d'un pouce en dépit de la nervosité de Germaine.

— Comme je suis contente! Il était bien gentil, monsieur Nicolas.

Puis, reprenant son souffle et gardant son calme, Amélie se leva.

— Bon, on vous a assez dérangée, madame. Je ne voulais que de petites nouvelles. Quand Angie va se décider à m'écrire, elle en aura beaucoup à me dire.

— J'ai son adresse, si vous l'avez perdue.

— Non, non, ce n'est pas nécessaire, je l'ai moi aussi, mais seulement c'est à son tour de m'écrire. J'attendrai encore un peu et si elle prend trop de temps, je lui écrirai pour la gronder.

La dame rit de bon cœur et ajouta:

— Vous aurez sûrement à le faire, car depuis qu'elle est devenue une femme d'affaires, Angie ne porte plus à terre! De toute façon, dans ma prochaine lettre, je lui parlerai de votre belle visite. Quel est votre nom, déjà?

— Je m'excuse, je ne me suis même pas présentée. Juliette Bouffard. Je faisais la cuisine au restaurant.

— Et vous, madame?

— Moi, ça n'a pas d'importance. C'est juste elle qui la connaissait.

À un coin de rue de la maison, Germaine s'accrocha au bras d'Amélie.

— Je suis désolée. Je n'aurais jamais dû te dire ça.

— Ne t'en fais pas, Germaine, c'est beaucoup mieux comme ça. Il y avait en moi une petite arrière-pensée et elle vient tout juste de s'envoler. Il est marié avec une femme de sa race, il a une petite fille et il est heureux? Tant mieux pour lui! En ce qui me concerne, ça m'a fait du bien de savoir. J'avais encore quelque chose à faire mourir au fond de moi et c'est fait. Là, je recommence vraiment à neuf. Nick, c'est dans l'oubli.

— Ça ne t'a même pas bouleversée, d'apprendre qu'il était marié?

— Pas du tout, je te le jure. Crois-moi ou pas, je le souhaitais même.

— Tu es sûre de ce que tu dis, Amélie?

— Oui, Germaine. Nick fera toujours partie de mon passé, mais sans me déranger.

— J'aimerais pouvoir te croire; tu sembles sûre de toi, mais j'ai des doutes.

— Voyons, Germaine, si tel n'était pas le cas, est-ce que j'aurais refusé son adresse?

Amélie disait vrai. C'était comme si, au moment de l'aveu de cette femme, la dernière porte se refermait. Un seul mot: «marié», et le verrou s'était glissé sur le dernier filet d'espoir. Amélie allait sans cesse garder en mémoire ces pages de vie, d'autant plus qu'un enfant s'en était fait le lien béni. Par contre, elle n'aimait plus celui pour qui elle avait voulu mourir. Elle avait trop souffert pour se permettre la moindre égratignure. Elle ne parla jamais de cette visite à Adèle ni à son père. C'était un dernier secret entre Germaine et elle. De retour à la maison et seule dans sa chambre, elle rangea à tout jamais la seule photo de Nick qu'elle possédait dans le même album que celles de son petit Jacquot.

Adèle lisait *La Condition humaine* d'André Malraux. L'auteur avait remporté le prix Goncourt avec ce roman deux ans auparavant. Henri, assis dans sa chaise, avait dit à Amélie, avec regret:

— Le frère André est mort hier soir. Quelle perte pour l'oratoire!

— Il est mort? Moi, ça ne me dérange pas, je ne l'aimais pas.

— Voyons, Amélie, tu ne parles pas comme ça, d'habitude!

— Non, mais une mère du quartier est déjà allée le visiter avec son fils asthmatique, espérant une guérison, et il paraît qu'il l'a reçue comme un vrai poltron. Il avait un sale caractère, vous savez!

Ce dialogue avait lieu le 7 janvier 1937.

— Tu as vu dans le journal, Amélie? Le paquebot *Empress of Britain* a coulé au large de l'Irlande. Un si beau navire!

— Vous, papa, vous êtes doué pour les mauvaises nouvelles.

— Mais, Amélie, c'est la pire tragédie de 1940.

— Ah oui? Et que faites-vous de la guerre qui s'étend de plus en plus et qui risque d'arriver jusqu'à nous?

— Tout c'que j'sais, c'est que j'suis ben trop vieux pour qu'on m'enrôle.

Chapitre 11

La joie était dans l'air en cette fin de mai 1941. Pourquoi? C'était le printemps, les oiseaux gazouillaient d'aise et Adèle venait d'obtenir une autre augmentation de salaire. Un certain soir, au salon, fenêtre entrebâillée, elle s'approcha d'Amélie qui, installée au piano, lui jouait un air de Vivaldi. S'emparant de cette toile de fond, Adèle y alla d'une tirade.

Fidèle création de la fuyante aurore
Ouvre-toi comme un prisme au soleil qui dore;
Va dire ta naissance au liseron d'un jour;
Va! tu n'as que le temps de deviner l'amour!
Et c'est mieux, bien mieux que de trop le connaître!

Amélie s'interrompit pour lui dire:
— Comme c'est beau, Adèle! C'est de qui?
— De Marceline Desbordes-Valmore. C'est un extrait de *L'Éphémère*, un de ses plus beaux poèmes. Sais-tu que c'est en quelque sorte ton histoire, ma petite sœur?

Amélie sourit et se remit à son clavier pendant que le père haussait les épaules. Comment se pencher sur les nouvelles de la guerre quand sa fille aînée butinait sans cesse dans une poésie inaccessible pour lui? Adèle ne jurait plus que par tous ces défunts dont les écrits étaient passés à la postérité. De cette Marceline en passant par Anna de Noailles pour plonger dans Verlaine, Alain Chartier, Gérard de Nerval et Jules Romains. Elle fuyait Baudelaire parce qu'elle le trouvait vulgaire. Levant le nez sur tout ce qui était contemporain, Adèle, de par son poste chez Dupuis Frères, faisait venir sa littérature d'outre-mer, quitte à y mettre le prix. C'était, après la musique, sa nouvelle raison d'être. Moins coquette, vêtue souvent de robes austères, elle n'en était que plus belle.

— Adèle, viens à la cuisine avec papa, j'ai quelque chose à suggérer.

— Qu'est-ce qu'il y a encore, ma fille? Une autre de tes idées folles?

— Non, non, papa, venez et vous verrez qu'il m'arrive d'en avoir de sérieuses.

Quand tous furent installés autour de la table, Amélie y alla de son boniment.

— Que diriez-vous de déménager, de changer d'atmosphère?

— Quoi? En pleine guerre? Voyons, ma fille, tu n'es pas sérieuse.

— Pour aller où? ajouta Adèle un peu plus curieuse.

— La mère de l'une de mes élèves m'a offert la plus coquette maison qui soit.

— Oui, mais où, Amélie? C'est la première chose à savoir.

— Sur le boulevard Gouin, juste au bord de la rivière.

— Voyons donc, Amélie, c'est bien trop loin de Dupuis Frères!

— Peut-être, Adèle, mais penses-y. Une rivière, c'est déjà de la poésie! Et puis, c'est une petite maison à pignons, sans proches voisins, sans locataires.

Elle venait de toucher la corde sensible de son aînée qui se voyait déjà, ombrelle à la main, déambuler dans l'allée d'un petit jardin. Henri, plus terre à terre, s'objecta avec véhémence.

— Sans locataires? Sans aucun revenu? On n'a pas les moyens, Amélie.

— Oui, papa, j'ai tout calculé. Avec la vente de celle-ci, nous pourrions payer l'autre comptant parce qu'elle n'est pas chère. Ensuite, avec le salaire d'Adèle, ce que je rapporte et ce que vous faites, ce ne sera pas sorcier. Nous arriverons très bien, vous verrez. Vous serez souvent «engagé», dans ce coin-là, c'est en voie de développement. Quant à toi, Adèle, il y a un autobus qui t'amène jusqu'au tramway et, de là, tu te rends jusqu'au coin de Sainte-Catherine et Saint-Laurent. Juste un autobus de plus, Adèle, pour avoir la paix et un bel environnement.

— Et ne pas être encombrés des voisins ni ennuyés par les bruits de la rue? C'est à y penser.

— Mais c'est déjà pensé. J'en ai assez de vivre dans cette maison qui me rappelle sans cesse qu'elle m'a été donnée. L'autre, je la mettrais au nom de papa, qui nous la léguerait par testament. Ce serait notre maison à nous, cette fois. Rien du passé n'y transpirerait, papa, et vous seriez enfin propriétaire tout comme vous l'étiez quand vous vous êtes marié.

Et de cette autre flèche très adroite, Amélie avait visé juste au cœur de son père qui rêvait depuis toujours d'être maître sur papier à bord de son voilier.

— Écoute, Amélie, il faudra que tu comptes bien les sous avec Adèle. Elle appartient à cette dame, cette maison? Elle veut la quitter?

— C'est déjà fait, papa. Elle est fermée depuis un an. Son époux pensait pouvoir la réintégrer à la fin de son contrat à Joliette, mais là, il vient d'être transféré à Québec. Sa dame habitait encore chez sa sœur, pas loin d'ici, mais elle doit le suivre maintenant et s'installer pour de bon à Québec. C'est une chance inouïe, papa. La dame attend notre réponse.

— Mais il faut vendre celle-ci, Amélie. C'est la guerre, tu sais.

— Oui, je sais et j'ai tout prévu. Les propriétaires sont prêts à attendre que nous vendions notre maison pour être payés. Ils sont en moyens, papa, et ils nous donnent trois mois pour le faire. Avouez que c'est plus que raisonnable.

— Tu l'as visitée, cette maison?

— Oui, et elle m'a emballée. Si vous voulez, nous allons y retourner ensemble avant de décider. Il y a, bien sûr, quelques réparations…

— Ça, ce n'est rien, j'suis là pour m'en occuper. Fais une chose, va la voir avec Adèle et si elle vous plaît à toutes deux, je vous suivrai.

— Qu'en penses-tu, Adèle?

— J'avoue que ça m'intéresse. Je n'aime pas tellement l'air de la ville et je suis assurée qu'être un peu plus à la campagne, ce serait bénéfique. Tu as bien dit qu'elle était au bord de la rivière?

— Oui, avec un grand terrain et des arbres partout. Ce n'est pas qu'elle soit très grande, mais nous y serions à l'aise. Elle est de bois, elle a une bonne fournaise et une galerie assez grande pour y asseoir douze personnes à la fois. À l'arrière, il y a une jolie véranda, avec vue sur la rivière. Et du soleil à longueur de journée: en avant le matin, et en arrière dès l'Angélus du midi. Il y a un salon, une cuisine, un boudoir et une chambre en bas. À l'étage, deux autres chambres, une pour Adèle, l'autre pour moi. La toilette est en bas, père, tout près de votre chambre. De plus, la cuisine est assez grande qu'on n'aura pas besoin de salle à dîner. Il y a des fenêtres partout, des lucarnes et un pignon. Une vraie petite maison dans le style de Victor Hugo.

Pour Adèle, ce fut l'euphorie. Sa sœur venait de prononcer ce qui lui faisait oublier le long parcours qu'elle devrait faire pour aller travailler.

— Comme les jours allongent, tu penses qu'on peut y aller demain soir, Amélie?

— Oui, j'en suis certaine. J'ai pensé à tout, j'ai même la clef de la maison.

— Ah oui? Alors, pourquoi n'en as-tu pas parlé avant?

— Parce que j'attendais le bon moment, Adèle, le bon moment.

Henri accepta d'aller visiter la maison avec ses filles. L'autobus les déposa à un coin de rue de là. De prime abord, Adèle fut emballée. Il y avait l'allée dont elle rêvait, le pignon, les petites fenêtres à carreaux, le bruit des vagues sur les roches quand le vent s'élevait. Bref, c'était on ne peut plus poétique. Henri regarda la maison, en fit le tour et s'exclama:

— Elle a besoin de peinture, cette baraque-là!

— C'est votre métier et ça vous dégourdira, de répondre Adèle. Moi, je la vois en rouge et en blanc, cette jolie maison.

— Tu ne penses pas que le bleu serait plus tendre? de demander Amélie.

— Oui, bleu et blanc. C'est plus doux, plus reposant.

Adèle s'émerveilla de l'intérieur, même s'il y avait un grand ménage à faire. Tout ce qu'elle avait vu, c'était la véranda qui donnait sur la rivière.

— Amélie, quelle vue splendide! Pendant que je lirai, ta musique se mêlera au bruit de l'eau.

— L'épicerie est bien loin d'ici, mes petites filles.

— Qu'importe, papa, ils font la livraison... de répondre Amélie.

— Bien sûr, d'ajouter Adèle, il y a beaucoup de commodités dans une paroisse comme celle-là. Avez-vous remarqué qu'il y avait même une taverne à moins d'un mille d'ici? N'allez pas me dire que ça vous a échappé, papa!

— Adèle, as-tu pensé au long voyage à faire pour aller travailler?

— Oui, je l'ai noté, mais ça me fera plus de choses à voir.

— Oui, mais il y a l'hiver, ma fille.

— Je ne suis pas frileuse, papa.

On leur donnait trois mois pour vendre la maison et, en moins de trois semaines, un acheteur avait déjà signé les papiers. Argent en main comme convenu, on effectua la transaction et Henri Berthier devint propriétaire de cette maison, ce qui n'était pas à dédaigner. C'est en juillet de la même année, durant les vacances d'Adèle, que la famille Berthier put déménager. Boîtes de carton bien remplies, camion chargé, Adèle jeta de sa hauteur un dernier regard sur le quartier. Puis, altière et décidée, elle monta avec sa sœur et son père dans la voiture privée du déménageur. Trente minutes plus tard, telle une châtelaine, Adèle entrait dans son havre de paix.

En novembre de la même année, Émile Nelligan décédait. On en parlait à la radio, dans les journaux. C'était la nouvelle de l'heure.

— Tu le connaissais, ce poète-là, Adèle? de lui demander son père.

— Oui, de renommée, mais là, je vais lire son œuvre parce qu'il va devenir célèbre.

— Parce que, pour toi, il faut être mort pour le devenir?

— Oui, papa, c'est comme ça dans le monde littéraire. Nelligan, ce n'était pas monsieur le maire!

Germaine était navrée de ce déménagement qui l'éloignait de plus en plus d'Amélie. Devinant son trouble, cette dernière lui avait dit:

— Allons, Germaine, il n'y a pas de distance en amitié. Tu seras toujours aussi près de mon cœur.

En 1943, en pleine guerre, avec rationnement et coupons, Henri s'époumonait:

— C'est un fou, cet Hitler-là! Il va finir par se rendre jusqu'ici! À cause de lui, des enfants meurent, des vieillards sont tués et…

— Vous n'avez plus de sucre à mettre dans votre café, papa! lança Adèle.

— Moi, ça ne me dérange pas, mais pense aux tout-petits.

— Ils auront de meilleures dents!

— On m'a dit qu'on n'aurait même plus d'beurre dans quelque temps.

— Et puis? On parle de margarine. On s'y fera, papa.

— On sait bien, toi, Adèle, rien ne t'atteint.

— Je m'en faisais surtout pour vous, mais vous pouvez respirer d'aise. On ne va pas rationner la bière!

Amélie avait vite remarqué qu'un monsieur dans la quarantaine prenait l'autobus chaque matin à la même heure qu'Adèle. Du jardin, elle vit même cette dernière lui sourire et lui parler sur le coin. Il n'en fallait pas plus pour qu'elle demande un soir à son aînée:

— Qui est ce monsieur qui part toujours en même temps que toi?

— Bah! c'est le fils du deuxième voisin, un dénommé Chartier. Il vit avec ses parents dans la maison brune avec des pierres blanches. Il est très cultivé et s'y connaît fort bien en musique et en littérature.

— Ah oui? Que fait-il donc dans la vie?

— Il enseigne la troisième année dans une école publique.

— Un maître d'école? Il est marié, ce monsieur?

— Mon Dieu que tu es curieuse, Amélie! Non, c'est un vieux garçon.

— Il me semble très bien de sa personne.

— Ne t'imagine rien, ma petite sœur. Je te vois venir avec tes questions. C'est un chic type, un homme distingué et un bon voisin, rien de plus. Si tu penses que je cherche quelqu'un à mon âge, tu te trompes.

— À ton âge! Voyons, Adèle, tu viens à peine d'avoir trente-sept ans.

— Oui, et ça, c'est être vieille fille depuis longtemps. Si ça t'intrigue tant que ça, Amélie, je pourrais peut-être te le présenter? Tu es sûrement plus en manque d'un homme que moi. Tu as connu ça, toi!

— Tu m'avais juré de ne plus revenir sur ce sujet, Adèle.

— Et je tiendrais promesse si tu avais le don de te mêler de tes affaires.

— Ne te fâche pas, je te demandais ça en badinant…

— Je n'ai pas toujours le cœur à rire, moi. J'ai beau faire de l'argent, ça devient éreintant. Ce n'est pas de l'autre bord de la rue, Dupuis Frères.

Henri, qui avait suivi le petit différend, cria du salon à son aînée:

— Je te l'avais ben dit que tu finirais par trouver ça fatigant.

— Oui, mais j'en ai encore la force. Ce qui ne serait peut-être pas le cas si je prenais, comme vous et Amélie, une grosse Molson avant chaque souper!

C'est avec un sourire en coin qu'Amélie voyait sa sœur consulter sa montre-bracelet le matin afin de prendre le même autobus que le second voisin. Une fois, alors qu'elle était en retard, il en avait même laissé passer un pour l'attendre. Adèle était de plus en plus radieuse et avait retrouvé son allure d'antan. Elle allait même une fois par semaine chez la coiffeuse et sa commode de chambre laissait maintenant voir de nouveaux parfums. Il n'y avait pas de doute, Adèle était amoureuse. Elle n'en parlait à personne, mais sa façon d'être, sa gentillesse inhabituelle en faisaient l'aveu. Amélie, curieuse de nature, avait tout fait pour croiser sur son chemin ce monsieur Chartier, mais sans succès. Elle avait certes rencontré sa mère à la messe, mais celle-ci l'avait saluée poliment, rien de plus. Un soir, Adèle prévint sa sœur qu'elle arriverait plus tard, qu'elle était invitée chez une camarade de travail.

— Voyons donc! avait dit Amélie à son père. Adèle n'a pas la moindre amie!

Elle surveilla de la fenêtre d'en haut et vit monsieur Chartier descendre de l'autobus à dix heures. Adèle arriva par le suivant. Elle avait tout manigancé, telle une enfant de quinze ans, pour que personne ne se doute de rien.

En effet, depuis quelque temps, la relation se faisait plus étroite entre la plus vieille des Berthier et Dieudonné Chartier. Les conversations devenaient plus intimes. Ils parlaient, tout au long du trajet, de Guillaume Apollinaire, de Schumann, de Sacha Guitry et du poète Pamphile Lemay. Le professeur la gagnait peu à peu aux poètes d'ici. Un matin, confiant et rassuré, il lui avait demandé:

— Vous accepteriez de visiter la bibliothèque municipale avec moi? Vous devriez voir tout ce qu'on peut y trouver.

— Je ne dis pas non, mais je travaille toute la journée, vous savez.

— Vous n'auriez pas le loisir de finir un peu plus tôt, pour une fois? Je pourrais prendre mon après-midi et vous rejoindre à votre travail.

— Oui, je le pourrais peut-être. Je vous en reparlerai demain.

— Votre journée sera la mienne, mademoiselle Berthier.

Adèle avait facilement obtenu cette permission pour le vendredi suivant. En l'annonçant à monsieur Chartier, ce dernier s'était exclamé:

— Bravo! et puisque c'est congé le lendemain, je vous invite à souper ensuite!

Le rendez-vous fut pris et respecté. Dieudonné accompagna Adèle à la bibliothèque et elle s'extasia devant tous ces livres d'autrefois. Un voyage littéraire inespéré. Elle trouva même sur une tablette des livres datant de plus de cent ans et une biographie de son cher Schumann. Ravie par ce décor, par ces trouvailles, elle n'en admirait pas moins le guide qui lui dénichait tous ces trésors.

— Et si nous allions dans un bon restaurant, maintenant?

— Oui, mais rien de trop américain où c'est bondé de gens.

Dieudonné découvrit un tout petit restaurant français sur une rue quasi oubliée.

À une petite table discrète, très à l'écart des quelques clients, il lui demanda:

— Vous aimez le bon vin, mademoiselle Adèle?

— Non, jamais d'alcool pour moi, merci.

— Pas même un petit verre de rouge en mangeant?

— Non, prenez-en pour vous, moi, je vais prendre une limonade.

Repas succulent, tasse de thé, petits biscuits à la cannelle, Dieudonné avait pris un tout petit verre de vin rouge avec sa viande.

— Vous habitez seul avec vos parents, monsieur Chartier?

— Oui, je suis fils unique, mais je vous saurais gré de m'appeler Dieudonné.

— On se connaît encore si peu, ce serait familier…

— Voyons, pas si je vous appelle Adèle. Vous avez un si joli prénom.

Elle rougit et accepta le pacte des prénoms, mais pas plus pour l'instant.

— Vous savez, je ne suis pas tellement fier de m'appeler Dieudonné, mais je n'y suis pour rien. Ma mère a fait huit fausses couches avant de me réchapper et elle disait à tout le monde que c'était là un don de Dieu, d'où mon prénom.

— Moi, je trouve ça très joli, Dieudonné. C'est un prénom rare.

— Oui, je ne vous le fais pas dire, ajouta-t-il en riant de bon cœur.

— Votre père travaille encore, monsieur… heu, je veux dire, Dieudonné?

— Non, papa est retraité de la Ville. Il a déjà soixante-treize ans, vous savez. Maman fait encore du tricot et s'occupe même des tombolas de divers quartiers. Elle est très en forme pour ses soixante-dix ans. Elle n'a jamais travaillé en dehors de la maison, même quand j'étais pensionnaire. Mon père s'y est toujours opposé, disant qu'il gagnait assez pour la faire vivre.

— Et vous, vous n'avez jamais rien fait d'autre qu'enseigner?

— Non, c'était là ma vocation. Disons que je me suis instruit pour instruire les autres. J'ai commencé à vingt ans et voilà que j'en aurai quarante-cinq. De vraies noces d'argent avec l'enseignement. Tiens! voilà que je vous ai révélé mon âge.

Il éclata de rire et Adèle en fit autant. Naïvement, elle lui avoua ses trente-sept ans, heureuse d'être plus jeune que lui. À son tour, elle lui parla de son père, de la perte de sa mère lorsqu'elle n'était qu'une enfant et aussi d'Amélie. Elle lui vanta les talents de musicienne de sa sœur, sa douceur, sa cordialité... sans lui parler de l'enfant qui avait naguère égayé le foyer. Elle lui parla de North Bay, d'Edna et de Rita, de tante Estelle, de ses années dans l'enseignement, bref, de tout ce qui lui donnait fière allure aux yeux de ce voisin conquis. Bavarde comme une pie, Adèle se fit très éloquente face à l'avoir de la famille. Un peu plus et elle descendait tout droit de la cuisse du roi de Bavière.

— Jolie comme vous l'êtes, vous avez dû avoir un tas de prétendants?

Adèle rougit, baissa les yeux timidement et répondit malhonnêtement:

— Oui, plusieurs, je l'avoue, mais aucun d'eux n'a su me gagner. Vous savez, les gens instruits ne courent pas les rues de nos jours. Mon père ne m'aurait jamais permis de fréquenter un garçon sans instruction.

— Est-il donc si sévère? Votre sœur aussi est célibataire?

— Oui, mais elle, c'est autre chose. Je pense qu'elle a délibérément choisi d'être le bâton de vieillesse de mon père.

Adèle ricana nerveusement et osa risquer la question:

— Et si je vous demandais pourquoi vous êtes resté célibataire, Dieudonné?

— Bah! c'est que… j'étais tellement pris par mes études.

Consciente de son embarras, Adèle n'insista pas.

— Je crois qu'il est temps de rentrer, Dieudonné.

— Comme vous voudrez. Une belle soirée, c'est toujours vite passé.

À bord du tramway, Adèle lui demanda s'il avait des objections à ce qu'elle prenne l'autobus suivant le sien, rendus au terminus.

— Pourquoi donc? Il fait déjà nuit et c'est imprudent…

— Allons donc, il y en a toujours deux qui se suivent. Je n'ai rien contre le fait d'être avec vous, mais les commérages vont si vite.

— Vous ne tenez pas à être vue en ma compagnie?

— Non, ce n'est pas ça, Dieudonné. Faites-moi ce plaisir pour l'instant.

— Très bien, si tel est votre désir, mais je vous jure de ne pas me coucher avant de vous voir descendre. À propos, Adèle, j'aimerais beaucoup que ma mère vous rencontre. Elle s'ennuie énormément, la pauvre vieille. Vous accepteriez de venir souper à la maison un de ces soirs?

— Mais, nous nous connaissons à peine, ce n'est pas tout à fait convenable.

— Allons, soyez plus de votre temps, Adèle. Vous êtes une personne charmante et nous recevons si peu. Comme ma mère me parle souvent de votre famille, il serait temps qu'elle en connaisse un membre, vous ne trouvez pas? Une invitation n'engage à rien et ça me ferait tellement plaisir. Vous pourrez constater quelle femme admirable est ma mère. Elle parle peu, mais elle est bonne de cœur. Mon père aussi serait ravi de votre visite et puis, ne pensez-vous pas qu'on pourrait devenir de bons amis, vous et moi?

— Je n'en doute pas, Dieudonné, mais j'ai si peu l'habitude des invitations.

— Allons, laissez-moi vous apprendre à sortir de votre coquille. Vous êtes de bonne compagnie et j'aimerais tant partager ma littérature avec vous.

— Je ne dis pas non, mais laissez passer quelques semaines. Après, je verrai.

Adèle avait mal dormi ce soir-là. Vieille fille ancrée dans ses habitudes, elle se demandait si elle avait eu tort ou raison d'accepter l'invitation. Elle ne voulait surtout pas que Dieudonné se fasse des idées. Elle tentait de se protéger, mais, au fond d'elle-même, elle désirait cette fréquentation. Pour une fois que c'était son tour. Pour une fois que c'était elle et non Amélie qui intéressait. Non, elle n'allait pas passer à côté de sa chance. Ce n'est pas sa sœur qui s'en serait privée. À trente-sept ans, tout n'était pas perdu. Dieudonné avait assez d'argent, une bonne instruction, de belles manières. De plus, il était lui aussi vieux garçon, sans passé douteux derrière lui. Peut-être était-ce voulu de la Providence? Amélie avait eu son coup de foudre et s'y était jetée à corps perdu. Pourquoi n'aurait-elle pas à son tour une belle fréquentation? Non, elle n'était pas aussi singulière que sa sœur. Elle n'était pas tout à fait amoureuse, selon elle, mais ce Dieudonné était le monsieur rêvé avec qui partager sa vie. Il était catholique et de bonne famille, à part ça. Mille et une images défilèrent dans sa tête. Il serait si agréable de répondre «oui» la prochaine fois qu'Edna lui demanderait si elle avait un *boyfriend*. Pourquoi pas? C'était plus qu'honnête, son affaire. Beaucoup plus que la sordide histoire d'Amélie. Oui, Adèle avait envie d'ouvrir la porte de son cœur. Et cette fois, il ne s'agissait pas d'un malotru. Enfin, ce serait maintenant elle qui aurait des choses à raconter à son vieux père. De belles choses, à part ça, rien pour lui donner des cheveux blancs. Il verrait bien, finalement, laquelle des deux était sa meilleure enfant.

Une semaine s'écoula et un soir qu'ils étaient à table, elle prit son courage à deux mains pour dire à son père et à Amélie:

— Monsieur Chartier m'a invitée à souper chez lui. Sa vieille mère aimerait bien me connaître.

— Vraiment, Adèle? C'est très gentil. J'espère que tu as accepté.

— Oui, j'ai accepté, Amélie, mais ne te fais pas d'idées. Monsieur Chartier est un bon ami, rien de plus. Un ami littéraire.

Henri, qui écoutait tout en lisant son journal, ne leva même pas les yeux.

— T'as pas à préciser quoi que ce soit, Adèle. T'es assez vieille pour savoir ce que tu as à faire. Il m'a l'air d'un bon type, ce monsieur-là.

— Oui, et très distingué, papa. Je n'ai pas d'idée de fréquentation, croyez-moi, mais au nom de l'amitié, je ne pouvais pas refuser.

— Voyons, Adèle, c'est comme si tu lui demandais la permission.

— Loin de là, Amélie, mais j'aime mettre les cartes sur table, moi.

— Tu n'as pas à le faire, personne ne te le demande, tu sais. Tu pensais que papa et moi…

— Je ne pense rien, je précise. Je ne m'engage pas, j'accepte une invitation. Je ne vais tout de même pas passer ma vie à regarder les quatre murs…

— Bien sûr, Adèle, pourquoi cherches-tu toujours à te justifier?

— N'en parlons plus, vous voulez bien? Je voulais juste vous avertir.

Adèle monta à sa chambre et Amélie, seule avec son père, lui murmura:

— Je pense qu'elle a un penchant, papa.

— Sans doute, Amélie, mais ne te mêle de rien. Tu la connais! Un mot de trop de ta part et son orgueil ne le prendrait pas. Tout s'écroulerait.

— Ne vous en faites pas, je vais me taire. Elle a retrouvé le sourire et ce n'est pas moi qui vais le lui faire perdre.

— Quel caractère que le sien! Je plains déjà le pauvre gars, Amélie.

— C'est un jeu, papa. Elle est sûrement très différente, seule avec lui.

C'est par un soir du mois d'août que Dieudonné put enfin présenter Adèle à sa mère. Celle-ci fut ravie de la demoiselle, pendant que le vieux père s'inclinait presque devant elle.

Adèle éprouva un doux sentiment face à l'accueil. Timide au départ, elle fut bientôt très à l'aise, d'autant plus que monsieur Chartier père jouait du violon. Pas très bien, mais encore assez pour une sonate de Mozart ou une mélodie de Mantovani. La maison des Chartier plut énormément à Adèle. Les charpentes, les boiseries, les tentures de velours, les tableaux. Tout se prêtait à une certaine aristocratie. Le souper fut excellent, mais Adèle s'abstint de vin. Un doigt de grenadine sut la combler. Dieudonné était empressé et y allait de ses belles manières. Il tirait sa chaise, lui offrait le bras pour changer de pièce, un vrai gentleman! Les Chartier possédaient une bibliothèque de valeur. Madame Chartier aimait Victor Hugo et le père connaissait bien les vers de Mallarmé. Quelle famille distinguée! Pour l'occasion, Adèle avait revêtu sa plus jolie robe blanche. Un rang de perles ornait son cou gracieux et elle avait, par coquetterie, posé une fleur dans son chignon. La soirée se termina très tard et Dieudonné offrit de la reconduire jusqu'à sa porte, ce qu'elle accepta après avoir quelque peu hésité. Madame Chartier lui avait dit aimablement:

— J'espère avoir le plaisir de vous revoir, mademoiselle Berthier.

Très discrets, les hôtes n'avaient posé aucune question sur sa famille. Seul le père avait osé demander:

— C'est votre sœur qui s'affaire chaque jour au jardin?

— Oui, Amélie a découvert qu'elle avait le pouce vert.

Rien de plus. Que de classe, que de réserve chez ces gens du monde! Dieudonné fit quelques pas avec elle et lui demanda:

— J'espère que la soirée vous a plu, Adèle?

— Ce fut très agréable, croyez-moi. Vos parents sont merveilleux. Un de ces jours, il faudrait bien que vous rencontriez les membres de ma famille.

— Je ne demande pas mieux; je meurs d'envie de faire leur connaissance.

Henri était soucieux. Druda avait de moins en moins de travail pour lui. C'est tout juste s'il parvenait à lui donner deux journées entières, ce qui n'était guère un revenu pour le pauvre père. Il avait, bien sûr, des petits travaux par-ci par-là. Mais le monde n'était pas riche en plein temps de guerre. Comme le Seigneur écoute bien les prières, Henri s'amena un soir pour annoncer à ses filles.

— Je laisse tomber Druda, j'ai trouvé un nouvel emploi!

— Ah oui? Où ça? de s'enquérir Amélie.

— Figure-toi donc que le pharmacien Boutin m'a demandé si j'étais intéressé à faire ses livraisons. Il se cherche un bon retraité.

— Mais, papa, vous n'avez jamais conduit de votre vie!

— Pis, après? Son fils m'a déjà tout appris. Tu sais, une petite bagnole, c'est pas tellement compliqué. Pensez-y, les filles, elle est fournie et Boutin m'a assuré que je pourrais l'utiliser les fins de semaine pour nos sorties.

— Nous aurions donc une voiture à notre disposition? C'est extraordinaire!

— Ne t'emballe pas, lui lança Adèle, il lui faut d'abord son permis de conduire et... à son âge. Y avez-vous pensé, papa?

— Comment, à mon âge? J'suis pas au seuil de la tombe, à c'que j'sache!

— Bon, bon... et ça paye combien, ce travail-là?

— C'est pas le Pérou, Adèle, mais c'est mieux que deux jours avec Druda. De plus, mes pourboires seront clairs et nets.

— Pourboires, pourboires... en pleine guerre. Voyons, papa.

— C'est quand même pas un dix cennes qui va déranger l'monde à c'point-là.

— Livreur dans une pharmacie, c'est pas ce qu'il y a de plus honorable, à mon avis.

— Y a pas d'sot métier, Adèle, pour autant qu'on gagne sa vie. C'est pas à mon âge qu'on devient fonctionnaire, pis j'ai pas d'instruction, moi!

— Avez-vous pensé aux gens du coin? Monsieur Berthier, un livreur!

— Y a pas de honte à ça. On peut pas tous être professeur, ma fille.

— Adèle, laisse-le donc faire. Papa a du cœur au ventre, tu ne le vois pas?

— Et puis, si ça t'gêne, ma fille, t'as juste à pas l'dire à Dieudonné.

— Facile! Comme si ses parents n'appelaient pas à la pharmacie.

— Ben, tant pis. Moi, j'ai l'goût de faire ce travail-là. J'en ai plein l'cul d'attendre la charité de monsieur Druda. J'ai l'impression de quêter.

— Pour ça, vous avez bien raison, même si votre langage laisse à désirer. D'un autre côté, vous auriez pu trouver quelque chose de plus sérieux.

— Comme quoi, Adèle? Dans la soixantaine, on n'est plus un jeunet, tu sais. C'est toi qui as toujours dit que j'étais contremaître, pas moi. Tu penses que peintre en bâtiment sans travail, c'est plus honorable que livreur? J'ai toujours travaillé à la sueur de mon front pour que vous ne manquiez de rien. J'ai sûrement de la peinture jusque dans les poumons, mais j'ai jamais chômé. Là, le pire est passé et j'ai envie de m'enlever un peu de nervosité. J'en ai assez de me gratter la tête et j'veux encore faire ma part pour les denrées. Toi, tu fais ce qui te plaît dans la vie? Moi, ça n'a pas toujours été mon cas. C'était loin d'être facile que de passer l'hiver dans un clos d'bois. Je l'ai fait parce que j'étais responsable de vous deux. Sais-tu c'que c'est que d'se retrouver seul avec deux enfants en bas âge? À moins que tu l'aies déjà oublié, Adèle. Pour le temps qui me reste, j'ai envie de prendre ça plus aisé. C'est un bienfait du ciel que c'te job-là!

Amélie le regarda avec compassion puis, le prenant par le cou, lui murmura gentiment:

— Vous avez bien mérité ça, papa. Moi, je suis ravie à l'idée que vous travaillerez tout près d'ici. Vous serez votre propre *boss*, pour une fois. Monsieur Boutin est un homme si gentil.

Adèle, très mal à l'aise et de meilleure humeur depuis quelque temps, se sentit coupable. Affichant un sourire, elle ajouta solennellement:

— Papa, ce que vous avez fait pour nous, nous ne l'oublions pas. Vous avez été admirable et surtout très patient. On ne vous l'a pas dit souvent, mais on vous aime, Amélie et moi. Allez, prenez-le, cet emploi, et tâchez d'y être heureux. C'est vrai que vous en avez vu de toutes les couleurs. Et puis, vous ai-je demandé la permission, moi, quand j'ai quitté l'enseignement pour Dupuis Frères?

Puis, discrète, voire timide, elle ajouta:

— Dieudonné tient à vous connaître. Je l'ai invité à souper dimanche, ça vous va?

Ce qui se voulait une simple amitié se transformait peu à peu en une fréquentation assidue. Adèle, de plus en plus coquette, était même allée aux vues avec Dieudonné, ce qu'elle n'avait encore jamais fait. Elle avait également assisté à un concert pour ensuite faire le tour du parc Lafontaine avec lui. Il avait même insisté pour un tour de gondole qu'elle avait accepté. Le tramway ouvert les avait ensuite emmenés jusque sur la montagne. Oui, Adèle n'était plus la même. Elle avait maintenant son homme. C'était à son tour d'être le point de mire du quartier.

Dieudonné Chartier s'amena chez les Berthier pour le fameux souper. Adèle avait préparé un bouilli et avait même acheté du vin rouge pour plaire à son ami. Dieudonné se montra fort empressé auprès du père et charma Amélie par ses bonnes manières. Non, il n'était pas beau. C'était loin d'être un Tyrone Power. Grassouillet et sans trop de cheveux, il était quand même bien mis. C'était loin d'être le Nick de la belle Amélie, mais c'était de prime abord un sacré bon gars.

— Maudite guerre! Vous pensez que les nazis vont arriver jusqu'ici?

— Non, non, monsieur Berthier. Churchill les a à l'œil et les États-Unis aussi. Le pape Pie XII, dans son dernier discours, nous a suggéré de prier.

— Prier, prier… c'est pourtant ce qu'ils ont fait, les pauvres Juifs, et ça ne leur a pas évité les fours crématoires, vous savez.

— Oui, ça peut sembler injuste de voir des enfants mitraillés, mais leur place au ciel doit être de qualité.

— Peut-être, mais c'est pas assez pour m'empêcher de douter…

— Arrêtez, papa, vous êtes en train de faire ce que vous nous avez souvent reproché. Si seulement notre pauvre mère vous entendait. Et puis, si nous changions de conversation? Vous ne trouvez pas, Dieudonné?

— Je suis votre invité, Adèle, et je me plie de bonne grâce à votre volonté. Dites donc, mademoiselle Amélie, j'aurai droit à votre talent, après le souper?

— Je vois qu'Adèle a encore vanté mon supposé mérite. Elle exagère, vous savez.

— Laissez-moi en juger, je vous prie. Vous êtes peut-être trop modeste, mademoiselle.

— Vous prenez un peu de vin, monsieur Chartier?

— Sûrement, si vous en prenez un brin avec moi.

Henri et Amélie s'en versèrent une coupe et Dieudonné poursuivit:

— Vous voyez, Adèle, votre sœur m'accompagne elle aussi. Vous ne savez pas ce que vous manquez. Un peu de vin ne fait de mal à personne.

— Quand c'est pris raisonnablement comme vous le faites, Dieudonné… lança Adèle avec un œil accusateur vers son père et sa sœur.

— Vous aimez aussi la bière, monsieur Chartier?

— De temps en temps, une bonne petite Dow, ça fait bougrement digérer.

Sur les instances du voisin, Amélie prit place au piano et lui interpréta quelques sonates de Schumann et un extrait de Mahler. L'invité enthousiasmé lui déclara:

— Ah! si seulement mon père vous entendait, il serait au septième ciel! Il joue du violon, vous savez. C'est divin, votre musique, mademoiselle Amélie.

— Ma fille va donner un récital bientôt, au bénéfice d'un hôpital. Vous pourriez inviter vos parents si ça leur tente.

— C'est vrai? Je suis certain qu'ils en seraient enchantés. Nous y serons, Adèle, n'est-ce pas? Vous ne m'en aviez même pas parlé.

— J'allais le faire, Dieudonné. Je n'ai jamais manqué un concert d'Amélie.

La soirée se poursuivit allègrement. Henri aimait déjà ce gros garçon jovial.

— Vous prenez des vacances cet automne, monsieur Chartier?

— Pas avant les fêtes à cause des classes, mais vous pouvez m'appeler Dieudonné, vous savez.

— Comme il vous plaira. J'espère que vous avez apprécié votre soirée?

— J'ai été comblé, monsieur Berthier, et je reviendrai parler de la guerre avec vous quand Adèle ne sera pas là! ajouta-t-il en riant de bon cœur.

Amélie le remercia de sa visite et le pria de transmettre ses hommages à ses parents. Adèle le raccompagna jusqu'au seuil du perron et lui murmura:

— Dois-je vous dire: «À demain si Dieu le veut»?

— J'ai déjà son accord, Adèle. Je vous téléphone?

Une lettre était arrivée de North Bay. Adressée à Amélie, elle venait d'Edna qui lui apprenait que sa mère était malade. Prise de vertiges, ayant perdu du poids, tante Estelle avait peine à tenir sa boutique. Elle devait même se rendre à Toronto, car les jeunes médecins du patelin étaient perplexes devant son cas. «Tu devrais venir nous visiter, Amélie. On s'ennuie de toi», avait ajouté la cousine. Rita faisait de l'embonpoint et Charles venait d'être père de son dixième enfant. On en avait même fait l'éloge en chaire. «En voilà un

qui travaille pour la patrie, mais sa femme est bien fatiguée»,
avait ajouté Edna dans sa missive.

— Pourquoi tu n'y vas pas, Amélie? Ça te ferait grand
bien et ta tante serait si heureuse de te revoir. C'est ta
marraine, après tout.

— Je ne sais pas, père. J'ai mes élèves et j'en ai un qui
s'ajoute en octobre.

— Je veux bien croire, Amélie, mais une petite semaine,
ça ne changera rien.

— Oui, c'est vrai que j'aimerais bien revoir Edna, mais…

— Tu vois, tu en as envie. Je suis sûr que ta sœur serait
de mon avis.

Et, comme prévu, l'aînée fut d'accord avec cette idée.

— Vas-y, Amélie. Maintenant que tu as les moyens de te
payer ce petit voyage, ne t'en prive pas. Papa et moi, on
s'arrangera pendant ce temps-là.

Adèle souhaitait que sa sœur parte pour une semaine ou
deux. Cette absence lui permettrait de se rapprocher de
Dieudonné, de l'inviter plus souvent à la maison sans en être
gênée. Elle insista si bien qu'Amélie finit par se décider.

— J'ai vu à mes affaires, j'ai vérifié le calendrier et je
pourrais même y être quinze jours. Tant qu'à payer un tel
trajet, aussi bien en profiter.

— Absolument, ma fille, et ce n'est pas Edna qui s'en
plaindra.

Amélie prépara en douceur son petit voyage. Germaine,
prévenue de son départ, était venue souper la veille. Elle avait
des nouvelles du quartier.

— Vous savez que madame Morin a fini par déménager,
monsieur Berthier?

— La brave femme, elle aura mis bien du temps à se
décider. Dis donc, tu as encore des nouvelles de Vanera?

— Je l'ai croisée une seule fois et elle ne m'a même pas reconnue. Elle a beaucoup vieilli et j'ai entendu dire qu'elle avait des problèmes avec son mari.

— Et le père Juteau, il a encore son épicerie?

— Oui, il ne lâche pas. Son fils René s'occupe de tout, maintenant. Le commerce, ça va, mais paraît qu'il a des problèmes dans son ménage.

— Comment ça? de questionner Amélie.

— C'est un courailleux. Il est bel homme et il le sait. Imagine-toi donc que sa femme l'a surpris dans le *back store* avec une p'tite jeune de vingt ans.

Adèle, qui avait écouté sans rien dire, s'exclama:

— Le cochon! Infidèle à part ça. Tiens! ça ne me surprend pas de lui. Et dire que vous me poussiez dans ses bras, papa. Vous vous en mordriez les doigts aujourd'hui. Je savais bien qu'il n'était pas honnête, ce type-là.

Amélie avait souri. Elle savait qu'Adèle se défoulait ainsi parce qu'elle avait maintenant un homme sous la main. Adèle était furieuse d'apprendre que Juteau s'en donnait encore à cœur joie. Furieuse qu'il soit encore bel homme et que son Dieudonné... Ce qu'elle n'osait s'avouer, c'est qu'elle regrettait encore ce moment où elle l'avait repoussé. Elle n'avait jamais oublié l'effet qu'elle avait ressenti dans ses bras, d'autant plus que la chose ne s'était jamais représentée.

— Il doit avoir les cheveux gris, à présent?

— Non, Adèle, il est très bien conservé. Il n'a que trente-neuf ans, après tout. Moi, si je le rencontrais, je ne sais pas si je me ferais prier... ajouta-t-elle en riant.

— Faudrait que tu sois bien en peine, ma pauvre Germaine, marmonna Adèle.

— La maison d'Éva Poulin tient encore debout? demanda Henri.

— Oh oui! Vous vous souvenez du bedeau? C'est lui qui l'habite avec sa femme. Il l'a renippée comme ce n'est pas possible.

— Et ton frère, Vianney, il se porte bien?

— Et comment donc! Sa femme l'a fait engraisser de quarante livres.

— Et ta mère, Germaine, comment va-t-elle?

— Elle est mal en point, la pauvre vieille. Elle fait de la goutte et sa vue baisse sans cesse. Heureusement que je suis là pour en prendre soin.

— Ma pauvre enfant, c'est pas comme ça que tu vas trouver à te marier.

— J'y pense même plus, monsieur Berthier.

Amélie arriva à North Bay toute pimpante. Sur le quai de la gare, Edna et Rita agitaient déjà leur mouchoir.

— Comme tu es belle, Amélie! Tu as de nouvelles lunettes?

— Il était temps, les autres étaient bien démodées. Dis donc, Rita, je ne veux pas te choquer, mais c'est vrai que tu as engraissé.

— Bah! c'est pas grave, j'ai même pas de *boyfriend*.

— Oui, et elle se bourre de *candies*, Amélie. Tu devrais la voir.

— Quelle élégance, Edna. Tu dépenses encore autant dans les magasins?

— Une petite robe pas chère, ma cousine. Je l'ai achetée en *bargain* hier soir.

Amélie se jeta dans les bras de tante Estelle, feignant de ne pas remarquer qu'elle avait terriblement maigri.

— Vous avez l'air bien, ma tante. Je pensais voir une mourante!

— Tu es trop gentille, Amélie. Je cache bien ma maigreur, mais je sais qu'il y a quelque chose qui ne va pas. Je n'arrête plus de voir les docteurs.

— Vous avez vu le spécialiste à Toronto?

— Oui, mais j'attends encore les résultats. Je ne sais pas pourquoi, mais il avait l'air soucieux. Il m'a examinée partout et j'en étais bien gênée.

— Ne vous en faites pas, il en a vu d'autres, vous savez.

— Oui, et des bien plus jeunes et plus belles que moi! répondit la tante en riant.

Charles et sa femme invitèrent Amélie à souper avec Edna. Rita avait préféré rester auprès de sa mère qui ne se sentait pas bien. Amélie fut ravie de la marmaille et, après avoir embrassé son cousin et sa femme, elle s'étonna:

— *Good Lord*! Je ne pensais jamais avoir autant de parenté!

C'était la première fois depuis des années qu'elle utilisait une expression anglaise.

— Amélie, tu sais que t'es une très jolie femme. T'es plus belle qu'à vingt ans.

— Toujours aussi flatteur, Charles? Au moins, ça remonte le moral.

Amélie s'empressa auprès des enfants et prit le petit dernier dans ses bras. Un souvenir impérissable l'étreignit quand elle sentit les petites mains de l'enfant sur sa joue. Sans penser plus loin que son nez, la femme de Charles lui avoua:

— Ça te va très bien, un petit, Amélie.

Edna, remarquant le trouble de sa cousine et l'embarras de Charles, détourna la conversation.

— Amélie, tu sais qui est le monsieur qui m'a saluée en venant ici?

— Non, mais c'est un bel homme, en tout cas. C'est qui?

— C'était lui, le petit gars qui t'offrait des fleurs quand tu étais petite.

— Pas possible! Celui que j'appelais mon cavalier?

— Oui, c'est ça. Il est allé vivre ailleurs avec sa famille pour ensuite revenir ici et se marier. Il a maintenant trois enfants.

— Un autre de perdu! Sais-tu que j'aurais mieux fait de rester ici?

La tablée éclata de rire et Amélie passa une belle soirée en dépit de l'incident vite camouflé. Charles était le boute-en-train de la famille.

Le lendemain, tante Estelle annonça à Edna:

— Le jeune docteur Bradley m'a téléphoné. Il a reçu mes résultats et il veut que je passe à son bureau.

— J'irai avec vous, maman, Amélie restera ici avec Rita.

— Remarque que Rita aurait pu m'accompagner…

— Non, non, maman, j'aime mieux que ce soit Edna. Je jouerai aux cartes avec Amélie.

— Il ne va pas me faire une prise de sang, tu sais. Celle-là, elle a peur de son ombre. Je me demande ce qui va arriver si jamais elle est malade.

— Soyez à l'aise, ma tante, et allez-y avec Edna. Ça fait depuis que je suis arrivée que Rita veut jouer aux cartes. Arrive, toi, je te gage dix cennes que c'est moi qui vais gagner.

Restée seule avec sa dodue cousine, Amélie lui déclara:

— Tu sais, Rita, si tu le voulais, tu aurais un amoureux dès demain.

— Tu penses? Personne ne s'intéresse à moi, voyons, j'suis bien trop grosse.

— Avec un bon régime et les cheveux un peu plus frisés, tu serais belle comme une poupée. Pourquoi n'essayes-tu pas?

— Ça vaut pas la peine, Amélie. J'suis déjà trop vieille pour les célibataires.

Amélie en profita pour confier à Rita l'histoire d'amour d'Adèle. Elle en avait fait part à Edna et à tante Estelle, mais la cadette n'était pas là à ce moment.

— Tu vois que c'est possible! Adèle est bien plus vieille que toi!

— Oui, mais dix fois plus belle.

— Il n'en tient qu'à toi, Rita. Tu as de très jolis traits, tu sais.

— Dis plus rien et joue, ma cousine, les hommes ne m'intéressent pas.

Deux heures plus tard, tante Estelle et Edna revinrent du cabinet du jeune médecin. Tante Estelle avait les traits tirés, il était visible qu'elle avait beaucoup pleuré. Edna, à ses côtés, était pâle comme un drap. Amélie ne savait que dire, mais Rita n'hésita pas.

— Qu'y a-t-il, maman, vous avez eu de bonnes nouvelles?

Tante Estelle ne répondit pas et se retira dans sa chambre. Edna, les yeux levés vers le ciel, s'écria:

— *My God*, c'est pas possible, c'est pas possible!

— Ça ne va pas, Edna? Tu permets que je te questionne?

Gardant son sang-froid, l'aînée des Sabourin prit place à table.

— Rita, promets-moi d'être forte. Il faut que tu saches la vérité.

— Parle, Edna, parle, j'ai les mains froides.

— Mère est très malade et son état est grave. Il va falloir beaucoup l'aider.

— Qu'est-ce qu'elle a? Vas-tu finir par me le dire?

— Maman est atteinte d'un cancer du sein, Rita.

La sœurette resta muette pendant qu'Amélie se noyait dans sa salive.

— Voyons, Edna, c'est pas possible. Pas tante Estelle! Tu en es sûre?

— Hélas, c'est le diagnostic. Le docteur le lui a appris avec ménagement.

Rita pleurait de tout son être et Amélie tentait vainement de la consoler. Elle courut jusqu'à sa chambre et Amélie voulut la suivre…

— Laisse-la, Amélie. Laisse-la pleurer, après je m'en occuperai.

— Ta mère doit être abattue, Edna. Pauvre tante Estelle, pauvre elle. On va tenter au moins de l'opérer?

— Non, c'est trop tard, Amélie, maman est condamnée.

La fin de son séjour à North Bay fut des plus tristes. Tante Estelle était dans un état dépressif et Amélie s'offrit pour tenir boutique avec Rita qui ne connaissait rien du commerce de sa mère. Le soir, ce n'était guère drôle dans la maison de la rue Worthington. Quelques dames téléphonaient ou sonnaient à la porte pour s'enquérir de l'état de la modiste, mais tante Estelle ne voulait voir personne. Il lui arrivait de causer avec Amélie, mais cette dernière était mal à son aise devant les yeux rougis de sa marraine. Elle aurait voulu l'encourager, mais elle ne trouvait pas les mots. Elle était désarmée devant cette tante qui avait été si forte de caractère et que la maladie anéantissait peu à peu. Edna faisait de son mieux pour distraire la visiteuse, mais on sentait qu'elle était préoccupée par le sort de sa pauvre mère.

L'heure du retour arriva et c'est avec soulagement qu'Amélie fit ses bagages. Elle ne pouvait plus tolérer les souffrances de sa marraine et l'atmosphère lui brisait le cœur de douleur. Quelques heures avant l'arrivée du train, elle se risqua à lui faire une dernière visite. Tante Estelle ne bougeait plus de sa chambre.

— Je pars dans quelques minutes, ma tante. Je viens vous dire au revoir.

— Viens près de moi, Amélie. Viens me jaser une dernière fois.

— Allons, ma tante, vous ne devriez pas parler comme ça.

— Oh! je sais ce que je dis, ma petite! Je sais qu'on ne se reverra plus, toi et moi. Je vais bientôt aller retrouver ta mère et mon Jules.

— Ne soyez pas pessimiste, ma tante. Le ciel fait encore des miracles.

— Pas pour moi, Amélie. Mon heure est arrivée et le bon Dieu a bien d'autres cas à s'occuper. Ce que je veux te demander, c'est de toujours être en bons termes avec Edna et Rita. Elles vont se sentir bien seules sans moi. Invite-les souvent et, si tu le peux, donne-leur de bons conseils. Elles t'aiment beaucoup toutes les deux, tu sais. Comme tu es ma filleule, Amélie, je t'ai laissé quelques dollars sur mon testament.

— Voyons, ma tante, je n'ai besoin de rien et...

— Je le sais, mais tu en profiteras pour te payer un peu de bon temps, à moins que tu le gardes pour un trousseau quand le jour viendra.

— Pensez plutôt à vos enfants, tante Estelle. Il y a aussi vos petits-enfants...

— Ne t'en fais pas, ils ne manqueront de rien. J'ai tout prévu.

— C'est trop bête de parler comme si vous alliez partir, ma tante. Je suis certaine que si vous avez confiance, vous pourrez guérir.

— Pas d'illusion, Amélie. Je suis consciente de ce qui m'attend. Je l'accepte de plus en plus maintenant, même si je ne veux voir personne à cause de l'apparence. De toute façon, je ne m'ennuierai pas de l'autre côté. Ta mère, mon mari, Tonio et combien d'autres pour m'ouvrir la porte. Une autre chose, Amélie, je vais veiller sur ton enfant.

À ces mots, Amélie se jeta en pleurs dans ses bras. Elles pleurèrent toutes les deux pendant un bon moment. Edna vint la prévenir que le train allait bientôt arriver. Amélie eut peine à quitter la chambre de sa tante. Elles s'embrassèrent, se serrèrent l'une contre l'autre et tante Estelle lui dit:

— Embrasse ton père pour moi et prends-en soin. Embrasse aussi Adèle.

— Je vais prier pour vous, tante Estelle. La Sainte Vierge va m'exaucer.

Déchirée, torturée par ce dernier tête-à-tête, Amélie se rendit à la gare avec Edna dans la voiture de Charles. Rita était restée auprès de sa mère.

— J'ai le cœur en morceaux de vous laisser comme ça.

— T'en fais pas, Amélie, nous allons prendre soin d'elle... répondit Charles.

— Tu es sûre, Edna, qu'il n'y a plus rien à faire?

— J'ai consulté tous les docteurs, Amélie. Il est trop tard pour elle.

— Que vas-tu faire, Edna? Ton travail, la boutique, ta sœur…

— Pour l'instant, je n'ose même pas y penser. Charles et moi allons trouver une solution. Nous avons une dure épreuve à traverser avant.

Dans les bras l'une de l'autre, les cousines pleurèrent abondamment. Edna s'était trop retenue face à sa mère. Se laisser aller dans les bras d'Amélie lui faisait grand bien. Charles les sépara, embrassa sa cousine et l'aida à monter à bord du wagon.

— Je te téléphonerai dès que je serai arrivée, Edna.

— Oui, oui, fais attention à toi et embrasse ton père de ma part.

— Salue aussi Adèle… ajouta Charles qui s'aperçut qu'Edna l'avait oubliée.

C'est en larmes qu'Amélie raconta à son père et à sa sœur le drame terrible qui survenait à North Bay.

— Pauvre Estelle, une si brave femme. Et dire qu'elle a juste mon âge.

— Pauvre tante, elle a tant travaillé, elle a été si courageuse. Edna et Rita doivent être désemparées?

— Edna est très forte, Adèle. Je sais que c'est elle qui prendra la relève. La pauvre Rita est beaucoup plus à plaindre. Sans sa mère, je me demande ce qu'elle va faire.

Deux mois plus tard, quelques jours avant Noël, tante Estelle rendait l'âme après avoir enduré d'atroces souffrances. Un télégramme venait d'arriver chez les Berthier disant: «C'est terminé. Elle est partie. Edna.» La pauvre cousine n'avait pas eu la force de téléphoner. Il fut convenu qu'Henri et Amélie se rendraient à North Bay pour les funérailles. Adèle ne pouvait se permettre un congé en plein temps des fêtes. Le train était bondé de gens heureux d'aller retrouver la parenté. Henri et sa fille avaient la mine basse. C'est un bien triste voyage qu'ils entreprenaient. Estelle Labrèche-Sabourin fut inhumée dans le petit cimetière de la paroisse, juste à côté de son Jules à qui elle était restée fidèle. Il faisait très froid le jour des funérailles et Rita sentait ses larmes geler une à une sur ses joues. Edna ne voulait pas quitter la compagnie d'assurances pour laquelle elle travaillait depuis si longtemps. Juste avant la mort de sa mère et avec l'accord de cette dernière, elle avait tout liquidé de ce qui restait de la boutique. Elle avait aussi juré à sa mère agonisante de toujours prendre soin de Rita. Magasin fermé, le logement n'en serait que plus grand. Toute la ville pleura cette pionnière bien-aimée. Ses chapeaux allaient demeurer célèbres.

Ce fut un Noël dans le deuil pour la famille Berthier. Aucune festivité, sauf une brève visite de Germaine et un coup de vent de la part de Dieudonné. Huit jours plus tard, Amélie recevait par la poste un chèque de trois mille dollars: l'héritage de sa marraine bien-aimée.

Mai 1945.

— Monsieur Berthier, la guerre est finie! On va enfin pouvoir dormir tranquille!

C'est Dieudonné qui s'était amené tôt le matin avec la bonne nouvelle. Henri ouvrit la radio pour écouter les nouvelles à CHLP et put constater par la musique de réjouissance que le bonheur était dans l'air.

— Moi, je m'y attendais depuis le suicide d'Hitler.

— Le salaud! Que le diable le brûle jusqu'aux os!

— Dieudonné, depuis quand t'emportes-tu de la sorte?

C'était Adèle qui venait gentiment de le rappeler à l'ordre. Depuis un an, ils se tutoyaient. Il en avait été décidé ainsi au fil de… très longues fréquentations. Amélie faisait aussi partie du «tu» familier.

— Voyons, Adèle, il n'a pas fait mourir assez d'monde, l'écœurant?

— Oui, papa, et je le déplore. Ce n'est pas un reproche, Dieudonné, c'est le langage.

— On dit que ça fête partout dans le monde, monsieur Berthier. Il faut célébrer ça ce soir. Je viendrai avec un bon petit brandy.

— Et on t'invite à souper! d'ajouter Amélie.

Adèle, soupe au lait sur les convenances, rectifia:

— C'est à moi d'inviter Dieudonné, Amélie. Tu devrais pourtant le savoir.

— Excuse-moi, Adèle, c'est sans doute l'euphorie de la bonne nouvelle.

— La paix est revenue dans le monde, Dieu soit loué! s'exclama Henri.

Adèle allait avoir quarante et un ans dans quelques jours. Trois ans et demi d'une fréquentation assidue sans le moindre résultat. Relation platonique sans le moindre éclat, Dieudonné la sortait, la comblait de présents, l'entourait de petits soins, mais jamais le moindre mot d'amour. Quarante mois de fréquentation et il ne lui avait pas encore pris la main. Pas le moindre baiser, sauf un tout petit sur le front dans les grandes occasions. Le même qu'il donnait à sa mère et à Amélie. Orgueilleuse, Adèle n'avait osé faire les premiers pas. Elle se contentait du fait que tous savaient qu'il la fréquentait. Les commères en parlaient, mais la vieille mère de Dieudonné s'inquiétait. Pourquoi ne l'épousait-il pas? Une si bonne demoiselle. Amélie avait osé une fois, une seule fois, demander à sa sœur:

— C'est sérieux entre vous deux, Adèle? Va-t-il finir par demander ta main?

— Mêle-toi de tes affaires, Amélie, rien ne presse. Tout est bien comme ça.

— Ne viens pas me dire que vous n'êtes pas «intimes», tous les deux?

— Oui, nous le sommes, même si ta question est indiscrète. Ça ne veut pas dire qu'on doit se marier demain. Chaque chose en son temps, ma petite sœur.

Adèle avait menti de peur d'avouer qu'elle était encore vierge. Elle savait trop bien que rien ne s'était passé, pas même un jeu de pieds sous la table. Dieudonné était gai luron et amusait la galerie. Conteur de blagues, enjoué, toujours de bonne humeur, il ne semblait pas empressé de se marier. Amélie, songeuse, doutait fort que sa sœur puisse avoir accepté qu'on lui manque de respect sans bague au doigt. Elle était si scrupuleuse. À quarante-neuf ans, si Dieudonné avait eu la moindre intention, la demande n'aurait pas tardé. De son côté, Adèle s'inquiétait. Était-il seulement intéressé ou cherchait-il tout simplement une bonne amie? Non, elle n'osait laisser planer un tel doute. Elle espérait, elle souhaitait… en silence. Le temps filait bien vite, par contre. Elle s'était vue avec un enfant dans les bras jusqu'au jour de ses trente-neuf ans. Là, cette image s'estompait. On ne fait pas des enfants à quarante et un ans, surtout avec un homme qui est en âge d'être grand-père! Une petite vie à deux, cependant, une petite vie bien simple et sans histoire. Un mari… au moins! La mère de Dieudonné n'osait questionner son fils sur ses intentions même si elle eut souhaité avoir une bru dans la maison. Il fallait que ça vienne de lui. S'immiscer dans la vie privée de son fils? Ça ne se faisait pas dans la famille. Elle avait pourtant donné à cette chère Adèle une courtepointe en lui disant: «Voilà pour votre coffre en cèdre.» Dieudonné était là. Il n'avait pas réagi. Henri Berthier, de son œil de père, voyait bien que la relation d'Adèle n'avait rien de concret et il s'en désolait. Il aurait tant voulu la caser, celle-là!

À quarante et un ans bien sonnés, avec une montre-bracelet au poignet, cadeau de fête de Dieudonné, Adèle se morfondait. Une simple carte ornée de fleurs, un souhait impersonnel et c'était signé «Dieudonné». Pas le moindre post-scriptum à la main, aucun mot tendre, aucune lueur, Adèle désespérait. Il lui fallait tâter le pouls de ce cavalier trop peu entreprenant. Un seul hic, cependant, comment s'y prendre? Amélie souriait. Ce sourire à la commissure des lèvres voulait tout dire. Oui, Amélie savait qu'il n'y avait rien entre elle et lui, rien de plus qu'un bel échange. Adèle s'impatientait. Il fallait qu'elle se décide à faire les premiers pas. Cette trop longue fréquentation minait son cœur de femme. Dieudonné méritait d'être affronté. Subtilement, peut-être, mais avec témérité. Si son homme n'était pas intéressé, s'il ne l'aimait pas, elle devait le savoir. Elle n'allait tout de même pas jouer les égéries le temps d'une vie! La Seconde Guerre mondiale était finie? Adèle Berthier se devait de sonner le glas… de son célibat!

Le pire, c'est qu'elle n'aimait pas Dieudonné. Elle ne ressentait pas face à lui ce malaise qui l'avait jadis habitée avec René. Ce qu'elle voulait, c'était devenir «madame Chartier», quitte à faire son devoir sans désir ni passion. Être femme… les yeux fermés. Adèle Berthier n'avait qu'un but, celui d'être épousée. Non, elle n'aimait pas ce gras personnage. Elle ne voyait en lui qu'une bouée de sauvetage face au remous qui l'attendait. Il était distingué, il avait de l'argent, c'était suffisant pour qu'elle soit plus qu'intéressée. De plus, elle voulait prouver à sa chère Amélie qu'il était possible de bien convoler. Être une mariée, avoir un bouquet à la main, entendre les cloches sonner. Montrer à tous qu'elle avait réussi là où sa sœur avait lamentablement échoué. Se venger de son père qui ne l'en croyait pas capable et le laisser ensuite aux bons soins d'Amélie pendant qu'elle irait briller dans les salons. Être une dame, une femme du monde, non plus la fille d'un livreur. Bien sûr qu'elle serait allée jusqu'à avoir un enfant et faire ainsi dans les convenances ce qu'Amélie avait conçu dans le mal. Était-il nécessaire d'aimer pour parvenir à ses fins? Les dés étaient jetés et Adèle savait très bien que cet homme était sa dernière planche de salut. Déçue que la partie n'ait pas été aussi facile que prévu, il lui fallait attaquer. Non, elle n'allait pas laisser cette proie lui échapper. Pas après quatre années à l'avoir enduré à ses côtés sans la moindre émotion. Un Dieudonné Chartier se devait d'aimer une Adèle Berthier. Encore belle, coquette et distinguée, jamais il ne trouverait une telle perle. «Tout un honneur pour lui que je sois à ses côtés!» pensa-t-elle.

Adèle attendit la fin des classes. Elle voulait que son homme soit en vacances pour amorcer la bombe. Tout était planifié: une demande détournée et un mariage à l'automne si rien n'était raté. Astucieuse, ambitieuse, la grande scène allait être jouée. Adèle refusait d'avance la moindre contrariété. Par un beau soir de juillet, l'occasion se présenta. Dieudonné l'avait invitée au parc Jarry pour y entendre un orchestre d'anciens soldats. Peu friande des fanfares, elle accepta et l'attendit sur le balcon, plus belle qu'elle ne l'avait jamais été. Robe de dentelle, pendants d'oreilles de corail, cheveux longs garnis de fleurs, souliers de toile à talons hauts, on lui aurait facilement donné dix ans de moins. Amélie et son père furent même surpris d'un tel «déguisement».

— Mon Dieu, Adèle, je ne t'ai jamais vue aussi belle. Tu as magasiné?

— Un peu, Dieudonné. Merci du compliment.

Elle supporta tant bien que mal les marches militaires, puis, prenant le bras de son ami avec plus d'éloquence, elle lui murmura gentiment:

— Si nous allions nous asseoir sur un banc, loin de la foule?

— Comme tu voudras, Adèle, nous avons été debout assez longtemps.

Adèle choisit le banc le plus retiré et enleva ses souliers comme si elle avait vraiment mal aux pieds.

— Excuse-moi, j'aurais dû te prévenir qu'il n'y avait pas de sièges.

— Ce n'est rien, ce sont des souliers neufs. Là, je me sens beaucoup mieux.

Mal à l'aise, le gros homme sentit que quelque chose se tramait.

— C'est vrai que le ciel est clair, ce soir; il va faire beau demain.

— Tu sais depuis combien de temps nous nous fréquentons, Dieudonné?

— Moi, je ne vois pas le temps passer. Il me semble que nous venons tout juste de nous connaître.

L'homme sentit la soupe chaude et s'épongea le front.

— Bientôt quatre ans. Il faut quand même s'en rendre compte, mon ami. Je ne voudrais pas paraître osée, mais tu n'as jamais pensé que toi et moi…?

— Pensé… pensé à quoi, Adèle?

— Dieudonné! Ai-je vraiment besoin de préciser?

— Tu es étrange, ce soir, Adèle. Quelque chose ne va pas?

— Bon, si c'est comme ça, je vais préciser. Nous sortons ensemble depuis quatre ans. Ça veut sûrement dire quelque chose, non?

— Sans doute… on s'entend si bien tous les deux.

— Sais-tu que tu ne m'as jamais avoué que tu m'aimais? Il rougit, bégaya…

— Heu… je t'aime bien, Adèle. Tu devrais pourtant le savoir.

— Je ne veux pas savoir si tu m'aimes bien, Dieudonné, je veux savoir si tu m'aimes. Je m'excuse d'être aussi directe, mais te rends-tu compte que tu ne m'as jamais pris la main en quatre ans de fréquentation. Tu trouves ça normal, toi?

— Tu sais, moi, je ne suis pas le genre aux effusions. Je suis timide et je te respecte trop pour être déplacé. Tu m'as toujours dit que j'étais distingué et…

— Bon, je t'arrête et je vais droit au but. Tu ne penses pas qu'après toutes ces années, on pourrait peut-être penser… à se marier?

— Voyons, Adèle, nous ne sommes même pas fiancés!

— Ça pourrait être un commencement, non?

— Je ne sais pas, Adèle, je ne pense pas être… heu... du genre à me marier.

— Alors, pourquoi me fréquenter? Tu n'as jamais pensé que moi, j'aurais pu être intéressée? Tu ne t'es jamais demandé si moi, je pouvais t'aimer?

— Je t'avoue que j'ai toujours vu entre nous une belle amitié, Adèle, rien d'autre.

— Rien que ça, hein? Penses-tu que je suis faite de bois, Dieudonné? Crois-tu que je sors avec toi dans le seul but de me distraire? C'est pas possible! Tu n'es pas niais à ce point. Je suis une femme, moi. J'ai des sentiments, des penchants, des idées d'avenir. Ne viens pas me dire que tu n'en savais rien, allons, pas toi!

— Bon, je savais que ça viendrait un jour ou l'autre, Adèle. Je ne pensais pas avoir suscité le moindre intérêt chez toi et, si c'est le cas, j'en suis désolé. J'aurais préféré que ça n'arrive jamais et que tu sois toujours ma plus belle amitié. Comme c'est là, je n'ai pas d'autre choix que de te dire la vérité.

— Vas-y, mon ami, je ne demande qu'à t'écouter.

— C'est délicat, Adèle. Ce que j'ai à te dire, même ma mère ne le sait pas. Tu me promets de faire tout ton possible pour me comprendre?

— Si ça peut te rassurer, oui, mais parle, Dieudonné.

Il hésita longuement, se fit craquer les doigts, se dégagea la gorge, toussa, replaça son col…

— Tu sais, quand j'étais jeune j'ai fait mon séminaire. Je voulais devenir prêtre, mais l'évêque m'a conseillé d'y penser. Il était sûr que ce n'était pas là ma vocation. Peut-être avait-il raison, car j'ai fini par quitter les rangs des élus de Dieu pour devenir instituteur. Mes parents en étaient ravis, car étant fils unique, je revenais de cette façon auprès d'eux.

— Et qu'est-ce que cette erreur de jeunesse a à voir avec nous?

— Adèle, il faut que je te l'avoue, je… je n'ai pas d'attirance pour les femmes.

L'aveu s'amena tel un glaive en plein cœur de la pauvre fille.

— Ça veut dire quoi au juste, Dieudonné?

— Ça veut dire que je me plais beaucoup en ta compagnie, mais que je n'ai pas de désir charnel. Je n'ai pas ce qu'il faut pour être un bon mari et...

— Si je comprends bien, tu ne te vois pas avec une femme dans les bras?

— Il faut que tu me comprennes, Adèle. Tu m'as promis d'essayer.

— Tu as d'autres préférences, Dieudonné?

Rouge, embarrassé, Dieudonné détourna la tête et répondit nerveusement:

— Je n'ai pas à répondre à ça. Je n'ai pas à me confesser à qui que ce soit.

— Ah non? Après quatre années à me duper?

— Allons, Adèle, sois indulgente. Je ne t'ai jamais dupée et j'ai tenté d'être l'ami le plus fidèle qui soit.

— Je n'ai que faire de ton amitié, Dieudonné! Des amis, on en trouve partout. J'avais d'autres vues, moi. Et dire que tu m'as laissé espérer sans même avoir le courage de tout m'avouer! Te rends-tu compte que tu m'as fait perdre mon temps pendant quatre ans? Tu penses avoir été honnête? Tous ces cadeaux, ces sorties à deux, ces... Tu me fais pitié, Dieudonné! Pourquoi n'avoir rien dit avant?

— Parce que tu ne me l'as jamais demandé, Adèle. Tu as accepté ma compagnie pendant quatre ans sans me questionner et tu ne m'as jamais reproché de ne pas être entreprenant. J'ai toujours été de bonne foi, je te le jure. J'ai pensé que tu avais besoin tout comme moi d'une solide amitié, rien de plus. Penses-tu que j'aurais continué si j'avais su que tu avais d'autres idées? Tu ne m'as jamais fait douter de quoi que ce soit. J'ai pensé que deux célibataires endurcis pouvaient être amis pour la vie.

— Mais je n'ai pas ton problème, moi, je suis normale de ce côté-là! As-tu seulement pensé à ça, Dieudonné? Amélie a pourtant fait assez d'allusions sur nous deux et ta mère qui ne cesse de remplir mon coffre en cèdre. Tu as été malhonnête et hypocrite. Tu savais très bien qu'une fille comme moi avait des intentions. Tu m'as fait perdre mon temps, Dieudonné, pour meubler le tien. Tu en connais, des célibataires qui veulent rester vieilles filles toute leur vie? Oui, tu m'as fait perdre mes plus belles années et ça, jamais je ne te le pardonnerai.

Adèle remit ses souliers, se leva d'un bond et, le pointant du doigt, lui lança:

— Ne t'avise surtout pas de me raccompagner. Je rentre seule et je ne veux plus jamais te revoir, Dieudonné, jamais!

Le pauvre homme éclata en larmes et s'agrippa à son bras.

— Ne me fais pas ça, Adèle! Ne brise pas tout d'un seul coup. Pense à ton père, à ta sœur, à ma mère et à toutes ces années. Si tu voulais, nous pourrions continuer à nous voir sans rien dire de notre conversation. Nous pourrions du moins nous quitter lentement, peu à peu, mais pas de façon aussi brusque.

— Lâche, en plus. Pas question, Dieudonné, tu m'as volé déjà trop d'années. Tout ce que je veux, c'est t'oublier le plus vite possible. Va, il te sera sûrement facile de te consoler dans ta marginalité.

— Ne sois pas méchante, Adèle, sois humaine. Si seulement tu voulais…

— Non, je ne ferai pas comme si de rien n'était. Disparais, Dieudonné, sors de ma vue. J'en ai assez entendu pour te détester le restant de mes jours.

— Adèle, jure-moi au moins de ne jamais dévoiler mon secret, jure-le-moi!

— Tu peux compter sur moi. J'aurais bien trop honte de l'avouer. C'est moi l'humiliée, dans tout ça, Dieudonné, pas toi. Quand j'y pense! Quatre ans à espérer, à penser, à m'imaginer. Maudite folle que j'ai été!

— Si seulement j'avais su…

— Tu ne le savais que trop. Tu as tout simplement abusé de la situation. Tu as été monstrueux, tu as été égoïste, tu as joué avec le moindre de mes sentiments.

— Mais…

— Ne dis pas un mot de plus et sors vite de ma vie, espèce, espèce… de faux curé!

Resté seul sur le banc, Dieudonné Chartier se prit la tête entre les mains et pleura silencieusement. Qu'allaient penser Henri et Amélie? Sa mère allait sûrement le questionner. Et les gens du quartier? Et la pauvre Adèle? Elle avait certes été cruelle envers lui, mais avait-il été honnête tout au long des saisons? Il était repentant, très repentant de ne pas avoir eu le courage de tout lui dire avant.

Outrée, Adèle rentra chez elle et se réfugia dans sa chambre. Pas la moindre larme, beaucoup de rage au cœur cependant. «J'aurais dû m'en douter», marmonnait-elle. Il l'avait odieusement trompée, mais avait-elle eu, de son côté, la franchise de lui dire qu'elle ne l'avait jamais aimé? Était-il plus coupable qu'elle, en somme? Sans savoir pourquoi tout en le sachant fort bien, elle laissa échapper: «Oh! Amélie, si tu savais comme je te hais!»

Le lendemain, Henri et Amélie se rendirent bien compte que quelque chose n'allait pas. Le brave père s'approcha de sa fille avec une infinie bonté.

— Qu'est-ce que tu as, Adèle? Tu ne sembles pas dans ton assiette.

— Vous voulez le savoir, papa? Dieudonné et moi, c'est terminé.

— Qu'est-il arrivé, Adèle? Explique-toi… clama sa sœur.

— Je n'ai rien à ajouter, ni à père ni à toi. Tout ce que je vous demande c'est de ne plus jamais lui adresser la parole. La porte lui est fermée.

— Allons, ma grande, tu pourrais au moins te confier.

— N'insistez pas, papa. Je vous dis que c'est fini, un point, c'est tout. Je n'ai pas de comptes à rendre à qui que ce soit. Je suis en âge de décider pour moi; et Dieudonné, c'est chose du passé.

— Oui, mais on ne peut pas ne plus le regarder sans même savoir…

— Je serais bien surprise qu'il se montre le bout du nez. Tout ce que je vous demande, ainsi qu'à Amélie, c'est de ne jamais revenir sur le sujet.

Amélie n'insista pas et se rendit au jardin. Henri, sans maugréer, se leva puis, regardant sa fille droit dans les yeux, lui avoua:

— Adèle, je ne te comprends pas.

— Je ne vous le demande pas, papa!

Chapitre 12

Fin août 1955. Le temps était frisquet et l'on sentait déjà la saison des feuilles mortes s'annoncer à l'horizon. Henri Berthier, dans sa chaise berçante de bois, fumait sa première pipe du matin.

— C'est quand la reprise des classes, Adèle?

— Comme d'habitude, papa, après la fête du Travail. Mon Dieu que votre mémoire fait défaut! Forcez-vous donc un peu avant de questionner.

— À mon âge, la mémoire, ça diminue.

— Ça ne serait peut-être pas le cas si vous aviez moins bu.

— Vas-tu me reprocher ça toute ma vie, toi? J'ai pas été un bon père, malgré mes petites bouteilles de bière?

— Vos caisses, papa, pas vos petites bières. Faites-moi rire!

— Tu peux pas dire que j'en prends encore comme avant.

— Il est temps… à soixante-quatorze ans! Et ce n'est pas l'goût qui vous manque. C'est la santé et l'estomac que vous n'avez plus pour en prendre.

— Maudit qu't'es bête, Adèle! Des fois, je m'demande d'où tu sors.

— De vous, papa, avec exactement votre caractère.

— T'es dix fois pire que moi, Adèle!

— Ça se comprend. Je n'ai rien hérité de ma sainte mère... moi!

— Tiens! encore un reproche pour Amélie?

— Non, mais elle est mieux de se trouver un travail, celle-là. Ce n'est pas avec mon salaire et votre maigre pension de vieillesse qu'on va survivre. Le coût de la vie augmente sans cesse et elle en est encore avec ses petits élèves de piano à une piastre la leçon. C'est ridicule, non? Cinq élèves, une fois par semaine. Vous pensez que ça couvre son entretien? Ça ne paye même pas ce qu'elle mange, papa.

— Faudrait pas oublier que, dans l'fond, c'est à elle, cette maison-là. Elle pourrait la vendre et se trouver riche du jour au lendemain.

— Elle l'a mise à votre nom, papa. De plus, nous sommes toutes deux bénéficiaires, ne l'oubliez pas. C'est pas parce qu'on a un toit que l'épicerie tombe de la cheminée. Amélie a besoin de se grouiller!

L'eau de la rivière avait coulé sans cesse pendant ces dix années et le tic tac de l'horloge grand-père ne s'était pas arrêté, sauf pour qu'Henri remonte le ressort. Jusqu'à la veille de sa pension, le pauvre homme avait œuvré de ses mains usées. Sept ans à faire les livraisons du pharmacien Boutin et trois autres années à peinturer et à faire le ménage chez des voisins. Malade, épuisé, se plaignant parfois de sa vue qui baissait, Adèle n'avait pas sympathisé pour autant. Il fallait qu'il rapporte des sous pour les denrées. Le jour où son premier chèque de pension était tombé entre ses mains tremblantes, il s'était écrié.

— Bâtard, y' était temps que t'arrives, toé!

Dans le quartier, tout le monde aimait le père Berthier. Empressé, toujours prêt à aider, on ne pouvait que le louanger. Les commères disaient:

— Pauvre homme! Quand on pense qu'il ne s'est jamais remarié.

Puis, parlant des deux sœurs qu'on appelait «les vieilles filles», on ajoutait:

— Mam'zelle Amélie est bien fine, mais l'autre, une vraie peste. Imaginez-vous donc qu'elle ne va même pas à la messe!

Et c'était vrai. Adèle avait depuis longtemps rompu ses liens avec l'Église. Elle ne pouvait pas sentir le curé. C'est même en cachette de sa fille que le pauvre père payait sa dîme.

En toute âme et conscience, Adèle avait dit à sa sœur:

— La religion, c'est dans la prière que ça se passe, pas avec toutes ces commères et le supposé représentant du ciel. Moi, je prie le bon Dieu tous les soirs... et que le diable emporte le reste!

C'est donc avec son père qu'Amélie se rendait aux saints offices. Le curé, qui se croyait malin, avait dit à la cadette: «Votre sœur ira en enfer, mademoiselle Berthier.» Rapportant ce fait à son père, le brave homme avait murmuré:

— Pis après? Des fois, je m'demande si je la veux à côté de moi pour l'éternité.

— Voyons, papa, ne dites pas des choses comme ça.

— Bah! Amélie, dis au curé de pas s'en faire. Dis-lui qu'mon enfer, j'l'ai sur terre avec elle, moi.

Peu après sa rupture avec Adèle, Dieudonné, honteux et confus, avait opté pour un transfert à Trois-Rivières. Sa mère, totalement bouleversée, lui avait demandé:

— Et Adèle, mon fils, tu la laisses derrière?

— Elle n'est pas pour moi, maman, elle a trop mauvais caractère. Notre fréquentation a assez duré. Nous avons cassé, nous n'avons pas l'intention de nous marier.

— C'est drôle, moi, je l'aimais bien, cette petite-là!

Dieudonné était parti bien avant la fin de l'été. Il s'était esquivé comme un condamné à la vue d'une potence. S'il fallait qu'Adèle dévoile son troublant secret? Qu'à cela ne tienne, il ne serait plus là pour faire face au monde. Il ne fallait pas qu'on le pointe du doigt. Un an plus tard, la maison de ses parents était à vendre. Dieudonné leur en avait déniché une à Trois-Rivières. Henri n'avait jamais eu à livrer la moindre commande chez les Chartier. La dame, sur les conseils de son fils, achetait à la pharmacie d'un quartier voisin. Pas la moindre rencontre entre quiconque. Seule Amélie eut la chance de croiser la mère dans la rue quatre jours avant leur déménagement. Sur la recommandation du fils, si la chose se produisait, elle avait menti en avouant: «On s'en va vivre à Québec.» Puis, souriante, affable, elle avait ajouté:

— Vous allez me manquer, Amélie. Dites à votre père que nous sommes navrés de ce qui a pu arriver. J'aimais beaucoup votre sœur, vous savez.

— Dieudonné ne vous a rien révélé, madame Chartier?

— Pas le moindre mot, je n'ai jamais rien su. Et vous, de votre côté?

— Rien... la tombe! Adèle ne nous permet même pas de la questionner.

— Semblait-elle avoir de la peine? Était-elle bouleversée?

— C'est drôle à dire, mais non. Elle avait l'air plutôt enragée.

— Mon Dieu, qu'a-t-il pu se passer? Mon fils est un si bon garçon et j'étais certaine qu'ils finiraient par se marier.

— Et lui, il vous a semblé déçu?

— Pas déçu, Amélie, troublé. Dieudonné n'était plus le même. Du jour au lendemain, il ne riait plus et passait son temps à jongler.

Chassez le naturel et il revient au galop. Dès le moment de sa brusque rupture, Adèle Berthier remit la main à la pâte de ses plus mauvaises intentions. Peu à peu, puis rapidement, elle prit les guides de la maison, s'imposant en reine et tortionnaire. Le pauvre Henri avait chuchoté à Amélie: «Tiens! c'est la guerre qui recommence!»

Personne ou presque n'entrait à la maison. Elle n'acceptait que les élèves de sa sœur et tolérait tant bien que mal les visites de Germaine. Elle avait pris le dessus de façon si hypocrite que le père et sa cadette ne virent rien venir. Quand ils se rendirent compte qu'elle était devenue maîtresse des lieux, il était trop tard pour s'en plaindre au bon Dieu.

Trois ans plus tard, de plus en plus aigrie et insolente avec les commis à sa charge, Adèle fut remerciée de ses services chez Dupuis Frères. Fière comme un paon, elle avait pris sa paye, sa caisse de retraite et leur avait dit: «J'ai mieux à faire de ma vie. Je perdais mon temps ici.» Puis, reprenant ses diplômes encore valides, elle dénicha un poste dans une petite école privée. Mal payée par le Français qui l'avait engagée, elle n'avait pas rouspété. Elle venait de retrouver le respect de tous… et sa dignité. Dans un tel cas, le salaire était bien secondaire.

Henri n'avait pas le moindre ami sauf les quelques bonshommes qu'il rencontrait pour une partie de dames à la taverne. Moments d'évasion, discussions futiles, griseries multiples, la Molson était sa meilleure amie. Amélie, de son côté, n'avait plus que sa chère Germaine. Elle aurait pu se faire un tas d'amies, mais avec sa mégère de sœur sur les talons, comment les inviter à la maison? Amélie avait pris le parti d'être plus solitaire. Avec Germaine, chaque semaine, c'était le cinéma, le restaurant, les visites culturelles, les musées, les parcs, les spectacles. Déjà trop vieille pour apprendre les nouvelles danses! Elle avait tellement promené ses mains sur le clavier qu'elle en avait négligé ses pieds. Le monde moderne l'attirait, mais Adèle la ramenait sans cesse aux siècles des trépassés. Elle trouvait quand même le moyen d'être parfois sentimentale, d'écouter quand elle était seule des disques de Guétary ou de Frank Sinatra. Edna lui en suggérait sans cesse, allant même jusqu'à lui en poster qui arrivaient brisés. Rita, pour sa part, avait en sa possession tous les disques d'Ethel Smith, l'organiste la plus populaire de l'heure.

C'est Adèle qui administrait le budget et de façon très serrée. Plus qu'économe, redevenue austère, elle ne s'achetait que peu de vêtements et toujours les plus pratiques. Sa coquetterie de jadis avait fait place à une sobriété déroutante. C'est Amélie qui, même avec ses lunettes, était maintenant la plus affriolante des deux. Sans être riche, elle s'achetait des choses à la mode, portait du maquillage, du rouge à lèvres, des colliers en pierres du Rhin, des bracelets de nacre, des souliers à talons hauts, des crinolines. On lui donnait facilement dix ans de moins. On avait même déjà pris sa sœur pour sa mère, ce qui avait rendu Adèle au bord de la fureur.

— Si tu t'habillais comme une femme de ton âge. Avec tes accoutrements, tu as l'air d'une vraie courailleuse!

— C'est moins pire que d'avoir l'air d'une vieille fille, Adèle!

De tels propos engendraient les pires querelles. Le pauvre Henri avait bien souvent à arbitrer et quand ses filles fulminaient, il finissait par les faire taire en leur criant:

— Vous allez me faire mourir, viarge!

Cinq ans avant le jour actuel, soit en 1950, Amélie comptait cinq élèves dont les âges variaient entre six et douze ans. Un jour, par suite d'une petite annonce sur le babillard de l'épicier, un jeune homme téléphona pour s'enquérir du prix des cours. Intéressé, il prit rendez-vous pour le jeudi suivant. Intriguée, Amélie lui avait demandé:

— Puis-je savoir quel est votre âge?

— J'ai dix-neuf ans, madame. Est-ce trop vieux pour commencer?

— Non, non, pas si vous êtes bien intentionné. Votre nom, déjà?

— François... heu, François Duquette, madame.

Le lendemain, le jeune homme sonna à la porte des Berthier et c'est Adèle qui l'introduisit dans le petit salon où enseignait Amélie. En le voyant apparaître, elle resta éberluée. Amélie n'avait jamais vu un aussi beau garçon de sa vie. Pas tellement grand, les épaules carrées, cheveux blonds, yeux pers et songeurs, sourire timide, il avait l'air d'un chérubin noyé dans la brillantine de l'époque.

François portait un pantalon noir, une chemise ouverte d'un ton vert, bas blancs et mocassins noirs à la mode. Amélie, qui ne s'attendait pas à une telle vision, fut embarrassée de ne pas avoir soigné sa tenue ce jour-là. Habituée à de jeunes enfants, c'est comme si elle avait oublié que celui qui venait pour une première rencontre était tout près de sa majorité.

— Veuillez vous asseoir, François. Vous permettez que je vous appelle par votre prénom?

— Bien sûr, madame Berthier. Je serais gêné s'il en était autrement.

Amélie ne l'avait pas corrigé face au «madame Berthier». Non, elle n'allait pas lui dire bêtement… qu'elle était encore demoiselle.

— Vous avez déjà suivi des leçons de piano?

— Non, pas vraiment. Je joue par oreille depuis l'âge de treize ans et mes parents m'ont convaincu d'apprendre à partir de la gamme. J'aimerais lire la musique, pouvoir jouer de tout et composer. Vous croyez que c'est possible?

— Ne vous en faites pas. Ce n'est pas facile, mais c'est possible. Vous savez, quand j'avais votre âge, je ne connaissais pas la musique et je donnais quand même des récitals. Mais, vous avez raison de vouloir apprendre à lire la musique. J'ai été bien malheureuse de ne rien composer, faute de savoir écrire des partitions. Quel genre de musique jouez-vous plus particulièrement?

— Du jazz, du Cole Porter, bref, de la musique populaire.

— Rien de classique?

— Heu… un peu. Quelques morceaux de Chopin, mais les plus faciles.

— Et là, vous aimeriez apprendre quoi au juste?

— Tout ce que je peux apprendre sur le plan technique. J'ai envie de composer.

Amélie le pria de prendre place et François lui interpréta un thème de film sur une musique de Cole Porter. Elle l'observait. Il avait belle prestance et ses doigts glissaient sur le clavier avec une infinie tendresse. Il regardait souvent le plafond faute de ciel et quand sa tête redescendait, de jolies mèches retombaient sur son front. Très talentueux, François l'étonna puis… l'enchanta.

À son tour, elle lui interpréta une sonate de Schumann et sentit la présence d'Adèle derrière la porte. La pauvre Adèle était toujours aussi folle de Schumann. C'était chaque fois l'ultime moment où, seule dans la pénombre, un sourire illuminait son visage.

— Nous pourrions commencer la semaine prochaine, qu'en dites-vous?

— Ce serait idéal, mais serait-il possible d'avoir un cours privé? À mon âge, je ne tiens pas à être parmi les enfants que vous recevez. Et puis, mon père est prêt à payer deux fois le prix que vous demandez.

— Vous êtes encore aux études, François?

— Oui, j'en suis à ma première année de droit, mais ne vous en faites pas, j'ai un horaire qui me libère deux soirs par semaine. Je pourrais venir le mardi ou le vendredi. À vous de choisir ce qui vous convient.

Amélie songea quelques minutes et, se souvenant qu'Adèle allait au théâtre tous les vendredis soir et que c'était, en plus, la soirée de taverne de son père, elle n'hésita pas à opter pour ce jour-là. De cette façon, elle pourrait donner sa leçon sans risquer d'entendre les soupirs d'impatience de l'aînée. François fut ravi de cette décision et répondit:

— D'accord pour le vendredi.

— Je n'entrave rien, au moins? Vous avez peut-être une petite amie?

— Non, pas pour l'instant. J'ai trop d'études à mon actif et là, avec la musique…

— Bon, dans ce cas je vous attendrai dès vendredi, François.

— Merci, madame Berthier.

— Je pense qu'il serait plus gentil de m'appeler madame Amélie. Ça vous va?

— Oh oui! C'est encore plus joli!

François partit et Amélie le regarda déambuler de sa fenêtre. Adèle, qui l'observait, commenta:

— Tiens, ça te fait plaisir d'en avoir un qui ne soit pas en culottes courtes? Crois-moi, ils n'apprennent rien à cet âge-là!

— Tu l'as entendu jouer, Adèle? Il est vraiment doué, tu sais.

— Tu penses? De la musique populaire, tout le monde joue ça.

— Mais, je vais lui apprendre le classique. Il ne demande que ça.

— Ah oui? Dans ce cas, commence par Schumann. Ça va le cultiver, ce petit empesé!

Le vendredi suivant, François Duquette se présenta à l'heure convenue. Il était encore plus beau que la première fois avec, en plus, sa cravate de soie. Amélie était loin d'être celle qui l'avait reçu pour l'entrevue. Cheveux tombant sur ses épaules, elle s'était vêtue d'un chandail assez moulant et d'une jupe à fleurs avec crinoline. Elle n'avait pas omis ses talons hauts et encore moins ses grosses boucles d'oreilles en forme de pastilles. Elle avait l'air d'avoir trente ans ce soir-là et le garçon la regardait tout surpris, prêt à lui demander si elle était sur le point de sortir pour la soirée. Svelte, bien tournée, Amélie avait conservé sa taille de guêpe. Vêtue de cette façon, plus d'un homme se serait retourné sur son passage. Des effluves de son *Vol de nuit* de Guerlain émanaient de sa douce personne. Amélie, telle une enfant, avait volontairement joint «l'agréable»… à l'utile. La leçon, qui devait durer une heure, se prolongea de trente minutes. François était ravi de ce premier cours de musique. Son professeur lui avait déjà appris de bonnes notions. Il la quitta enchanté et promit de bien étudier ce qu'elle venait de lui enseigner. À la fin du cours, ils avaient bavardé et fumé une cigarette ensemble. François lui avait avoué être fils unique. Son père était médecin, sa mère, antiquaire. Il habitait une belle maison et était venu à son cours dans sa voiture dernier cri. Lui donner des leçons s'avérait déjà un plaisir. Adèle rentra au moment où le garçon quittait tout en la saluant. Seule avec Amélie, la regardant de la tête aux pieds, elle lui lança:

— Pourquoi t'es-tu habillée de la sorte? Tu veux cacher ton âge?

— Mais non, pauvre folle, je voulais juste être un peu plus élégante.

— Élégante? Voyez-moi ça! Tu as l'air d'une catin, Amélie, pas d'un professeur. A-t-on idée de s'habiller de cette façon pour recevoir un nouvel élève? Je me demande parfois où tu as la tête, ma pauvre sœur.

— Adèle, pour la dernière fois, je te le répète, mêle-toi de tes affaires.

— Tu te penses peut-être aguichante avec tes quarante-quatre ans maquillés? Tu penses lui faire un effet? Tu as l'air d'une vieille poupée, Amélie, voilà! Et si ton jeu est de tenter de séduire un petit gars de cet âge-là, tu as besoin de soins, ma sœur, et ça presse!

— Adèle, tais-toi. Tu es jalouse, rien de plus. Oui, jalouse parce que je ne suis pas comme toi une vieille fille étiquetée.

Toi qui jadis étais si fière de ta personne. Regarde un peu de quoi tu as l'air.

— J'ai l'air qu'il faut avoir, moi. Celui d'une femme distinguée.

— Non, Adèle, tu as l'air bête. L'air d'une vieille qui aurait mal digéré son souper.

— Tu peux dire ce que tu voudras, mais je n'ai rien à me reprocher, moi!

— Ce qui veut dire?

— Ne me fais pas répéter ce que tu sais déjà.

— Ah! tu parles encore du passé. Ça te chicote que mon vécu soit plus intense que le tien. Ça te dérange que j'aie pu être aimée et pas toi.

— Aimée? Fais-moi rire, Amélie. Dis plutôt abandonnée.

— Appelle ça comme tu voudras, mais j'ai vécu une histoire d'amour, moi. Toi, ça s'est terminé avant de commencer, avec ton Dieudonné.

— Ne prononce jamais ce nom, Amélie, tu m'entends? Jamais plus!

— Alors, n'attaque pas la première et tu t'éviteras ma riposte. Si tu crois que tu vas me dicter ce que j'ai à faire à mon âge, tu te trompes, Adèle. Si je suis encore ici, c'est à cause de papa. Sans lui, je quitterais ce toit et j'irais vivre avec Germaine pour avoir enfin la paix.

— Vas-y donc si ça te tente. Père peut fort bien rester avec moi, tu sais.

— Non, je l'aime trop pour ça. Il traverse déjà son purgatoire avec toi.

— Quoi? Tu oses dire que je le malmène? Tu en as du culot, Amélie.

— Oui, assez pour te le dire, mais ça n'entre même pas dans ta tête de pioche.

— D'abord, enlève donc cette cigarette du bec quand tu me parles. Tu devrais te voir, une fille sans manières, une vraie commune. Voilà ce que tu es, Amélie Berthier. Et tu penses que je suis jalouse de ça?

À ce moment, Henri fit irruption dans la maison. Témoin de la querelle pour la centième fois, il regarda Adèle.

— De vraies enfants, dit-il, voilà ce que vous êtes toutes les deux. Je vous écoutais par la fenêtre avant de rentrer et je n'en croyais pas mes oreilles. Vous vous chicanez encore de la même manière que vous le faisiez quand vous aviez douze ans. C'est incroyable, les filles, du coq-à-l'âne et aucun dialogue adulte. C'est tout juste si vous ne vous tirez pas les cheveux comme vous le faisiez petites. Bon, qu'est-ce qu'il y a encore?

— Vous… ne vous mêlez pas de ça!

Henri passa tout droit, se dirigea vers Amélie qui s'était tue pour ne pas énerver son vieux père et il lui demanda:

— Tu prendrais pas une petite bière avec moi, Amélie?

Cette dernière fixa sa sœur droit dans les yeux puis, se tournant vers son père:

— Bien sûr, papa… et c'est moi qui vous la sers, cette fois!

Adèle avait repris ses classes à l'école privée et Amélie, poussée par le désir de mieux contribuer au budget, avait trouvé un emploi comme vendeuse dans un magasin de pianos d'occasion. Son travail consistait à vanter les mérites de l'instrument et à interpréter quelques pièces pour mieux vendre le produit. Un emploi sans envergure, mais assez bien payé, d'autant plus que le propriétaire lui versait même une commission sur les pianos vendus. Henri écoutait ses nouvelles, suivait son hockey à la télévision et prenait sa marche tous les jours jusque chez le pharmacien avec qui il adorait causer. Sa vie était certes banale, mais à son âge, c'était ce qu'on appelait le repos du guerrier. Il lui arrivait encore d'exécuter quelques menus travaux pour les voisins, des bagatelles, car ses yeux faiblissaient de plus en plus et sa main n'était plus aussi alerte. Il n'avait pas toujours bonne mine, sans parler de sa mauvaise circulation sanguine. Il s'était même trouvé une passion... les mots croisés de tous les journaux! Tout en s'amusant, il s'instruisait. Oui, parce qu'il en avait le temps maintenant. Amélie conciliait donc travail, leçons de piano et entretien ménager sans être dérangée. Huit mois plus tard, cependant, le magasin de pianos qui l'employait fit faillite. Adèle en fut fort choquée et ne se gêna pas pour lui dire:

— Je suppose que ça va te prendre cinq ans avant de trouver un autre emploi?

C'est exactement ce qui allait arriver.

Entre temps, François s'amenait chaque vendredi et ses progrès étaient si rapides qu'Amélie se demandait ce qu'elle aurait à lui apprendre encore après un autre trois mois. Après ces six mois de cours intenses, le jeune homme aurait pu tirer sa révérence, mais il insistait pour parfaire davantage ses connaissances, ce qui fit plaisir à Amélie qui n'entrevoyait pas l'heure où elle serait privée de ses visites. Parce qu'ils étaient plus intimes, elle le tutoyait. Lui la vouvoyait, mais avait laissé tomber le «madame» pour l'appeler gentiment «Amélie». Un soir de décembre, alors qu'elle allait avoir bientôt quarante-cinq ans, il lui apporta une gerbe de fleurs.

— Pourquoi une telle délicatesse, François?

— Parce que c'est votre anniversaire le 23 et que mes cours se terminent dans deux semaines. Je ne voulais pas manquer cette occasion de vous exprimer ma gratitude. Vous m'avez tout appris, Amélie.

Ravie, telle une jouvencelle, elle avait déposé les fleurs dans un vase en cristal. Elle l'avait regardé puis avait murmuré:

— C'est trop, François. Tu n'es qu'étudiant et les fleurs coûtent si cher quand elles ne sont pas de saison. Non, tu n'aurais pas dû.

Il la regarda de ses yeux d'ange, lui sourit gracieusement et ajouta:

— Dommage que les filles de mon âge ne soient pas comme vous, Amélie.

— Qu'est-ce que tu veux dire au juste? Il y en a de bien mignonnes, pourtant.

— Oui, mais elles sont écervelées. Elles ne pensent qu'à sortir et à danser.

— C'est pourtant de ton âge, François…

— Non, non, je suis beaucoup plus sérieux que les jeunes de mon temps. Vous le savez, je vous l'ai dit que je n'étais pas né au bon moment!

— Allons donc, François. Tu es beau garçon et tu n'aurais que l'embarras du choix si tu le voulais. Il suffit d'en trouver une qui ne soit pas de son temps, elle aussi. Il doit bien y en avoir des sérieuses, non?

— Oui, mais pas comme vous, Amélie. Pas avec le même genre, les mêmes mots.

— Voyons, François, ça se comprend. J'ai plus que deux fois leur âge. Tu penses que j'étais aussi sérieuse que je le suis maintenant quand j'avais vingt ans?

— Non, sans doute, mais plus intéressante qu'elles, plus intelligente.

— Qu'en sais-tu? J'ai eu ma folle jeunesse, moi aussi.

— Oui, mais elle était sûrement différente. Bah! puis, ne me faites pas dire ce que je ne devrais pas dire.

— Je ne comprends pas, François.

Le jeune homme releva la tête, la regarda avec douceur et lui murmura:

— J'éprouve des sentiments pour vous, Amélie. Je pense que je suis amoureux.

Elle se leva, feignant la surprise, alla près de la fenêtre et se retourna pour lui dire:

— Écoute, François, ce sont des choses qui arrivent. Quand j'avais ton âge, j'avais aussi ce qu'on appelle un penchant pour l'un de mes professeurs. On appelle ça un tourment d'adolescent, mais ça n'est jamais sérieux. Je ne t'en veux pas de cet aveu, car il est normal à ton âge. Surtout quand on partage la même passion pour la musique. Tu verras qu'avec le temps tu seras le premier à sourire de ton sentiment d'enfant.

— Enfant? Vous me prenez pour un enfant? À quel âge est-on un homme, d'après vous? À quarante ans, je suppose? Comme si, à dix-neuf ans, on ne pouvait pas ressentir ce qu'on éprouve. Si j'avais su que vous alliez prendre mon aveu à la légère et vous en moquer, je me serais tu dès le premier mot.

— Je ne me moque pas, François. Je sais que tu es sincère, je tente juste…

— Non, ne dites rien. J'ai compris ce que vous pensez de moi.

Amélie était vraiment mal prise. Elle savait qu'elle était pour quelque chose dans cette situation inattendue, mais il lui fallait se ressaisir.

— Allons, François, si ça te met dans un tel état, je vais te demander de ne plus revenir pour quelque temps. Je me demande même si tu as encore besoin de poursuivre. Tu pourrais reprendre l'an prochain avec un autre professeur et...

— Non, non, Amélie, n'en parlons plus. Je ne veux pas d'un autre professeur et je vous promets de ne plus vous parler de la sorte. Excusez-moi, pardonnez-moi, je me suis égaré, mais ne me refusez pas vos cours, Amélie.

— Ne t'alarme pas, François. Oublions tout ça et merci pour les fleurs.

Le jeune homme quitta la maison d'Amélie fort embarrassé. Il avait osé, oui, il avait osé dire à cette femme qu'il en était amoureux. Il ne le regrettait pas, mais il était navré de la tournure des événements. Il avait pensé qu'elle serait charmée. Il s'était même imaginé qu'elle l'aimait elle aussi...

Amélie était restée très songeuse après le départ du garçon. Elle avait vite effacé la moindre illusion de son élève. Elle avait été habile, même radicale. Et pourtant, c'était sans penser à la moindre conséquence qu'elle avait provoqué cet amour grandissant: sa coquetterie, son charme exquis, sa douceur. Oui, Amélie avait mis tous ses atouts en valeur et les reproches d'Adèle étaient plus que fondés. Pourquoi avait-elle agi ainsi? Pour se prouver qu'elle pouvait encore plaire? Elle avait beau s'en repentir, demander pardon à sa mère d'avoir agi de la sorte, que ça n'arrangeait pas le sort du pauvre François. Elle avait fait en sorte qu'il l'aime, qu'il voie en elle une femme comme il n'en trouverait aucune de sa génération. Amélie n'avait pas été honnête et son père l'eût vertement réprimandée s'il avait su ce qu'elle avait tramé. Et pourtant, ce jeune homme ne lui était pas indifférent. N'avait-elle pas été subjuguée par lui dès le premier jour, à son arrivée? Elle y pensait, revoyait ce regard qui l'implorait et elle était heureuse dans sa plus grande crainte. Oui, elle avait l'âge d'être sa mère et c'était très mal ce qu'elle avait fait, contre nature. Elle le savait, elle s'en blâmait, mais dans son cœur de porcelaine… Amélie était troublée.

La prochaine leçon allait être particulière. Amélie s'était vêtue beaucoup plus sobrement. Cheveux remontés en chignon, aucun maquillage, jupe noire, blouse blanche, rien pour allumer qui que ce soit, encore moins un adolescent repentant. François lui avait apporté une petite boîte musicale en forme de cœur qui, lorsqu'on soulevait le couvercle, jouait la mélodie de *Parlez-moi d'amour*. Il n'avait pas eu le moindre sursaut face à la sévère tenue d'Amélie. Il avait même trouvé le moyen de la complimenter sur sa blouse pourtant modeste.

— Pourquoi ce présent, François?

— Pour rien, juste comme ça en passant. La mélodie me plaisait.

Pendant une heure, tout s'écoula doucereusement. François interprétait ses allegros et, subjuguée, Amélie l'écoutait. Il n'avait rien remis en question, pas la moindre allusion à sa dernière visite. Amélie, assise tout près, l'observait à la dérobée. François n'avait jamais été aussi beau que ce jour-là. Il avait dans les yeux la sensibilité d'un jeune romancier. La leçon terminée, François pria Amélie de lui interpréter une sonate de Mozart qu'il affectionnait plus particulièrement. Lui cédant sa place, il s'installa juste à ses côtés, puis, se levant, préféra s'accouder au piano. Pendant qu'elle jouait, emportée par la musique, yeux fermés, Amélie ne remarqua pas qu'il s'était glissé derrière elle. Tout ce qu'elle sentit, et qui l'arrêta net de jouer, c'est le doux baiser qu'il déposa sur sa nuque.

— François, François, que fais-tu là? Tu m'avais pourtant promis…

— Je vous aime, Amélie. Je… c'est plus fort que moi.

Elle se leva d'un bond, s'appuya au mur, se croisa les bras et lui dit:

— Tu es ridicule, François. Je ne peux tolérer de tels élans, pas à mon âge. Te rends-tu compte de la situation? C'est très mal, ce que tu fais là.

— Pourquoi? Vous ne m'aimez pas un peu, vous aussi? Suis-je repoussant?

— Ne joue pas les nigauds avec moi. Tu sais très bien que toutes les filles pourraient se pâmer devant toi. Là où tu ne comprends rien, c'est que tu n'as que dix-neuf ans et que j'ai plus que le double de ton âge. Je pourrais être ta mère, mon garçon! Non, je ne t'aime pas. Je t'aime bien, mais pas de la façon dont ça germe dans ton imagination. Je te trouve gentil et affable, je te l'ai déjà dit, mais pas davantage. Tu n'es qu'un enfant, François, et je te le redis au risque de te choquer. Un jeune garçon en quête de sensations. Tu devrais savoir pourtant que le cœur ne se nourrit pas d'illusions. J'aimerais que tu partes, maintenant. Il est inutile de prolonger tes cours. Tu as déjà tout appris et si tu poursuis de toi-même, tu pourras…

Amélie n'avait pas pu poursuivre sa phrase. François, debout devant elle, l'avait brusquement saisie dans ses bras pour l'embrasser sur les lèvres. Elle protesta, tenta de le repousser, mais ses lèvres étaient restées clouées sur celles de son élève. Elle réussit à s'en défaire, dans un sursaut de raison. Il lui retint les mains et s'écria:

— Vous voyez bien que vous m'aimez, vous aussi. Pourquoi me repousser? Pourquoi vous entêtez-vous à le cacher et à vous en défendre?

Amélie, retrouvant son calme, lui commanda en reprenant le «vous» formel d'antan:

— Partez d'ici, François, et ne revenez plus jamais. Si vous insistez, si vous tentez de revenir, je me verrai dans l'obligation d'en avertir vos parents.

Le jeune homme prit place dans un fauteuil et deux larmes perlèrent sur ses joues. Il la regardait tel un condamné devant son bourreau. Émue sans le laisser paraître, Amélie lui répéta d'un ton empreint de tendresse:

— Partez, François, et ne revenez plus. Ça vaudra beaucoup mieux… pour nous deux.

— Je vous demande pardon, Amélie. Je sais que je n'aurais pas dû, mais je vous aime. Je passe des nuits entières à penser à vous, à rêver d'une petite maison où vous et moi…

— Cessez, François, vous sombrez dans un bain de sentimentalité. Ce n'est pas sérieux, ce que vous dites là. Retrouvez votre raison, voyons.

— Vous êtes dure avec moi. Vous ne croyez pas un mot de ce que je dis. Je…

— C'est assez, François. Partez avant que j'en arrive à regretter de vous avoir enseigné. Allez vers les filles de votre âge, ce sera plus normal, croyez-moi.

— Vous ne voulez pas que je revienne? Même si je vous promets...

— Non, François, les leçons sont terminées.

— Il m'en reste pourtant une autre, Amélie. Une autre avant la fin du cours.

— Je vous la rembourse si vous le voulez, mais il est inutile de vous présenter une dernière fois. Si vous le faites, je n'ouvrirai pas. Je vous ai donné le meilleur de mes connaissances. Vous pouvez voler de vos propres ailes, maintenant.

D'un pas décidé, Amélie se dirigea vers la porte et l'ouvrit en ajoutant:

— Vos plus belles années sont devant vous. Sachez en profiter.

François, tête basse et attristé, franchit le seuil de la porte. Il tenta de se retourner, d'implorer une dernière fois, mais la porte s'était refermée. Appuyée de dos, tenant encore dans sa main la poignée, Amélie laissa échapper un long soupir de soulagement… mêlé de chagrin. Elle s'était retenue pour ne pas pleurer. C'eut été avouer qu'il ne s'était pas tout à fait trompé. Tirant légèrement le rideau de la fenêtre, elle vit son prince charmant peu à peu disparaître, tête baissée, pas lents. Amélie passa son auriculaire sur ses lèvres. C'est comme si elle avait voulu dans un dernier moment ressentir la chaleur du baiser plus que troublant. Il l'avait embrassée, elle, passionnément! Elle n'en croyait pas son cœur. En pleine force de ses quarante-quatre ans. Oui, elle avait éprouvé un doux malaise face à l'adolescent. Elle aurait voulu l'étreindre, glisser sa main dans sa chemise entrouverte. Amélie n'avait jamais fait l'amour depuis la fuite de Nick. Ce François, beau comme un dieu, attirant au possible et épris d'elle? Ce baiser audacieux, cette langue qui avait tenté de fureter, cette haleine de mâle qui l'avait enivrée… Amélie avait honte à la seule idée qu'elle aurait pu commettre cet acte que sa sœur aurait condamné jusque dans l'éternité. La raison l'avait, hélas, emporté sur le désir. C'était pour mieux s'excuser et éviter tout regret qu'elle se parlait comme on parle à sa conscience. Non, elle n'avait pas le droit de se jeter dans les bras d'un enfant avec une maturité sans cesse aux aguets. Un jeune homme de l'âge du fils qu'elle aurait si Dieu ne l'avait rappelé à lui. Elle avait déjà trop entravé de lois dans sa folle jeunesse. Amélie Berthier, toujours fleur bleue, avait troqué le rêve contre la réalité. Elle s'était convaincue elle-même d'avoir bien agi en repoussant ce bel adolescent, mais elle savait qu'elle garderait à tout jamais le sensuel frisson de ce dernier baiser.

François ne revint plus. Il n'osa se présenter ni même téléphoner. Il avait sans doute compris, mais Amélie se culpabilisait d'être la cause du chagrin qu'en silence il vivait. Elle se souvenait de sa peine à elle au moment où elle avait été délaissée. Elle revoyait toutes les larmes qui avaient mouillé son oreiller. Mais non, il ne pouvait en être ainsi de François. Pas d'un homme! Elle ne parla ni à son père ni à sa sœur de l'incident. Elle leur avait tout simplement dit que les cours du jeune homme étaient terminés. Elle avait même menti en ajoutant à Adèle qu'il allait maintenant s'inscrire au conservatoire pour accéder aux grands orchestres.

Trois mois plus tard, se trouvant à bord d'un autobus qui l'amenait chez Germaine, Amélie crut défaillir. Là, sur un coin de rue, juste devant ses yeux, François déambulait main dans la main avec une très jolie fille de seize ou dix-sept ans. Il la regardait avec passion et elle, entourait la taille du garçon de ses bras délicats. Amélie regardait la scène, d'abord surprise et tenaillée. Puis, souriante face à l'image, elle se remémorait l'inconsolable garçon qui n'était pas de son temps. François Duquette avait finalement eu… raison de son tourment!

La fin d'août 1955 laissait derrière elle un été surmené. Les querelles entre les deux sœurs avaient été violentes et le pauvre père ne savait plus où donner de la tête pour arbitrer les prises de bec acerbes de ses deux filles. Il est vrai qu'Henri parlait sans cesse de hockey, sport auquel il s'était intéressé depuis peu. C'était devenu une passion pour le pauvre vieux qui ne manquait pas un match à la télévision. Adèle avait crié plus d'une fois:

— Maudite télévision, damnée boîte à images! On ne peut même plus écouter de la bonne musique dans cette maison. Papa, baissez le son!

— Laisse-le donc faire, Adèle, c'est son seul passe-temps.

— Arrête de prendre sa part, Amélie. On le gâte trop, il est pire qu'un enfant. Il n'est quand même pas tout seul dans cette cabane!

— Non, mais n'oublie pas qu'il est le père. Tu lui dois donc respect.

— Je n'en manque pas, crois-moi, mais de là à lui passer tous ses caprices…

— Fichue vieille fille! Mets-toi donc de la ouate dans les oreilles si tu n'es pas contente. Et puis, ta musique, écoute-la donc dans ta chambre.

— Amélie, ne m'appelle plus jamais «vieille fille», tu m'entends? Une fois de plus et tu en subis les conséquences, t'as compris?

— Tu peux toujours t'essayer, ma chère, tu auras vite ma réplique.

— Allons, allons, les p'tites filles, pas de chicane, s'il vous plaît.

— Comme si tu n'étais pas vieille fille toi aussi. Penses-tu que le fait d'avoir perdu ta vertu t'en enlève le statut? Pauvre niaise, va!

— Toi, tu aurais dû perdre la tienne, Adèle. Tu serais moins exécrable. Tiens! je parie que c'est ça qui t'a manqué dans ta vie.

— Amélie, un mot de plus et tu as ma moppe en pleine face!

— Alors, tais-toi et pas un mot de plus à papa. T'as compris, Adèle Berthier?

— Bâtard! allez-vous finir de vous engueuler? On dirait que vous avez encore quinze ans toutes les deux. Laisse-la dire, Amélie, c'est pas elle qui va m'empêcher de r'garder mon hockey.

— Non, je le sais. Avec vous, rien qui instruit. Le menu peuple, pas plus.

— Oui, Adèle, le vrai monde, le bon monde. Tu devrais même t'en rapprocher.

— Pour finir comme vous par sacrer? Puis cracher? C'est ça, votre bon monde?

— C'est encore mieux que tes poètes damnés. Ils sont tous en enfer, ceux-là.

— Pauvre papa, à boire comme vous le faites, je me demande si ce n'est pas plutôt vous qui allez expier là votre péché.

— Là, tu d'viens effrontée. Ferme ta gueule, Adèle! Ah! j'te dis, Amélie, si y'a une langue qui devrait être dans l'vinaigre...

À ces mots, Adèle claqua la porte de sa chambre. Henri sursauta puis, se tournant vers sa cadette:

— Ah! celle-là, celle-là... j'me demande encore où j'ai pu la pêcher!

Les remarques acerbes d'Adèle n'empêchaient pas le vieux d'aller rejoindre Boutin ou les gars de la taverne pour jaser de l'émeute du Forum en mars dernier. Ce satané Campbell qui avait suspendu Maurice Richard pour la fin de la saison. Il n'en revenait pas encore. Le «Rocket», son idole, c'était inacceptable. Une autre saison s'amenait. On parlait de recrues, d'un Jean-Guy Talbot et de Henri, le p'tit frère de

Maurice qui promettait beaucoup. Ah! si seulement Tonio était encore en vie! Il aurait sûrement suivi ça lui aussi.

Amélie s'en donnait à cœur joie avec Germaine. Ensemble, elles allaient au théâtre, au cinéma, magasiner rue Saint-Hubert, manger dans les bons restaurants... Elles avaient vu Édith Piaf en personne en mai dernier lorsqu'elle était en vedette avec sa compagnie continentale au théâtre Her Majesty. Amélie était revenue ravie et s'était exclamée:

— Quel talent! Vous auriez dû l'entendre chanter *La vie en rose.*

— C'est une diseuse, rien de plus. Tu es bien loin de Schumann, ma pauvre sœur.

— Peut-être, mais je suis de mon temps, moi. Le monde continue, tu sais.

Une autre fois, alors qu'elle vantait les mérites de la nageuse Marilyn Bell qui avait réussi à traverser la Manche en juillet, Adèle avait répliqué:

— Tu t'en viens comme le père, Amélie. Un rien t'emballe.

La prise de bec la plus violente survint quand Amélie, revenant avec Germaine de faire quelques emplettes, avait sorti, d'une boîte de carton, une paire de souliers pour les montrer à son père. Adèle y jeta un coup d'œil.

— Des souliers rouges? À talons hauts en plus? Une vraie guidoune!

— Tiens! encore une crise de jalousie, Adèle? Tu voudrais peut-être que je porte des souliers noirs lacés comme les tiens? Des souliers de sœur grise?

— Ils sont beaux et très à la mode... osa Germaine.

— Oui, pour les bonnes-à-rien, pas pour une femme distinguée.

— N'insiste pas, Germaine, tu vois bien qu'elle a son air bête.

— Je n'ai pas fini de l'avoir avec toi. Avec tout ce que tu as pu faire...

— Comme quoi, Adèle? Allez, va au bout de ta pensée, au moins.

— Laisse faire, Germaine n'est pas folle. Elle a compris ce que je veux dire.

— Tu réfères encore à Nick, hein? C'est ça que tu veux dire, n'est-ce pas?

— Pas rien que ça, mais disons que ça a été le commencement de tes erreurs.

— Erreur? Tu qualifies d'erreur le fait d'avoir aimé un homme duquel j'ai eu le plus bel enfant de la terre? Tu ne me l'as jamais pardonné, n'est-ce pas?

— Un homme? Moi, je dirais plutôt un *bum* qui n'a pas tardé à disparaître.

— Et que tu approuvais pourtant. Un gentleman, comme tu disais. Bien sûr, il m'a donné une maison et ça t'arrangeait. C'est encore grâce à lui si tu as un plafond sur la tête. Mais toi, Adèle, toi? Est-ce le fait de ne pas avoir été aimée qui te frustre à ce point? Est-ce de ma faute si un homme ne t'a jamais courtisée?

Germaine, très mal à l'aise, ne savait sur quel pied danser. Elle faisait mine de causer avec monsieur Berthier alors que ce dernier tendait l'oreille, prêt à intervenir.

— Tu sais très bien qu'un homme m'a aimée, Amélie. C'est moi qui...

Amélie, folle de rage pour une fois, laissa échapper:

— Un homme aux hommes, Adèle! Tu l'aurais même marié s'il n'avait pas été assez franc pour te l'avouer. Tu appelles ça avoir été aimée?

Tous restèrent bouche bée. Germaine était de plus en plus mal à l'aise et Henri, qui voulait trancher, ne trouva pas les mots. Adèle avait regardé sa sœur de façon haineuse et s'était réfugiée dans sa chambre en fermant la porte, doucement cette fois, pour que sa sœur soit en proie au plus vif des remords.

— T'es allée trop loin, Amélie. Il fallait pas lui dire une chose comme ça.

Amélie éclata en sanglots et se laissa choir dans un fauteuil.

— Elle m'a poussée à bout, papa. Je ne voulais pas la blesser ainsi, mais ç'a été plus fort que moi. Vous avez entendu tout ce qu'elle a dit de moi devant Germaine?

Puis, retrouvant peu à peu son calme:

— Je ne cherche pas à lui faire de peine, papa. Je n'ai pas sa mauvaise nature, moi. On dirait qu'elle tire un malin plaisir à me rendre hors de moi. Je suis rentrée joyeuse et souriante et voyez où j'en suis à présent. Mes nerfs ne supportent plus ses attaques, papa. Plus ça va, plus elle a le don de me faire sortir de mes gonds. Excuse-moi, Germaine. Je t'ai mise dans l'embarras, mais je n'ai pas pu me retenir. Si seulement elle avait voulu, si seulement elle voulait. Nous ne sommes que deux sœurs et c'est toujours comme chien et chat qu'on se côtoie. Vous le savez bien, papa, que ce n'est jamais moi qui sors les crocs. Vous en êtes victime vous aussi, non?

— Bien sûr, Amélie, mais moi, je n'ai plus la force de m'emporter. Il faudrait que tu tentes de l'ignorer, complètement l'ignorer. Tu sais, une personne ignorée, c'est pire qu'une personne insultée. Ton indifférence aura plus d'effet, crois-moi. Quand tu t'emportes, on dirait que ça l'arrange. C'est l'indifférence qui la dérange.

— Je peux bien essayer, papa, mais ce n'est pas toujours aisé.

— Je sais, mais essaye, Amélie. Là, ce que tu lui as dit, et devant Germaine à part ça, c'est pas tellement gentil... même si ben du monde l'a su quand Chartier est parti.

Adèle avait repris ses classes depuis un mois. Plus rébarbative que jamais, elle parlait peu, se contentant de lire et d'écouter sa musique dès que le souper était terminé. Occupée par ses cours du lendemain, elle ne cherchait pas noise à qui que ce soit. C'est comme si sa dernière querelle avec Amélie lui avait fait déposer une à une les armes de son agressivité. Non, elle ne lui pardonnait pas l'humiliation subie. Elle préférait se taire pour mieux aviver le remords de l'autre. Un soir d'octobre, Amélie avait annoncé à son père, devant sa sœur qui lisait:

— J'abandonne mes leçons de piano, papa. Je me suis trouvé un emploi.

— Où ça? Tu veux travailler, maintenant?

— Oui, père, j'en ai assez des murs de la maison et des petits élèves qui ne rapportent rien. J'ai déniché un emploi de secrétaire chez le docteur Grenon à Cartierville. Je commence lundi prochain.

Adèle leva les yeux pour lui dire:

— Mais, tu n'as aucune connaissance médicale, Amélie.

— Ce n'est pas nécessaire. Mon travail consistera à recevoir les patients à son bureau, à confirmer les rendez-vous, à tenir ses dossiers à jour et à taper quelques lettres à la machine. Il sait que je n'ai pas mon doigté, mais ça ne le dérange pas. Ce qui m'a valu cette place, c'est que je parle l'anglais. Le docteur Grenon a des patients qui viennent de partout.

— Comment l'as-tu trouvé, cet emploi?

— C'est une dame patronnesse qui m'a référée au bon médecin.

— Et tu ne nous en avais même pas parlé?

— À quoi bon, je voulais être sûre d'obtenir le poste avant de le faire.

— C'est payant, cet emploi-là? Ça vaut le dérangement?

— Disons que je ne ferai que dix dollars de moins que toi par semaine, Adèle.

— Et dire que moi j'ai un diplôme d'enseignante. Maudit Français!

— L'important, Adèle, c'est d'aimer ce que l'on fait. Tu sais, à notre âge, on ne peut pas trop exiger. Le Français te donne ce qu'il peut, mais là, avec ton salaire, le mien et la pension de papa, nous vivrons très bien. Tu souhaitais que je travaille? C'est fait. Je vais aviser les élèves que je ne donnerai plus mes cours de piano.

— Les parents ne seront pas très contents.

— Ne t'en fais pas, il y a d'autres professeurs de musique dans le quartier.

Henri, qui avait écouté, se tourna vers sa cadette pour ajouter:

— Ça veut dire que je vais rester seul à longueur de journée?

— Oui, papa, et vous allez fort bien vous débrouiller. Avec vos sorties, vos copains, le pharmacien et la télévision, vous n'allez pas vous ennuyer. D'ailleurs, vos repas seront préparés et j'aurai même le temps de faire cuire vos œufs le matin.

— Il est jeune, ce docteur-là?

— Non, au début de la soixantaine. Il en a encore pour quelques années à pratiquer sa médecine. Il souhaitait une personne de mon âge, car sa dernière secrétaire était avec lui depuis des années. Elle a dû le quitter pour aller vivre avec sa sœur dans le Connecticut. Pour moi, ça tombe bien. Ce n'est pas loin d'ici, les gages sont bons et je verrai du monde… enfin! J'espère que tu es contente de la bonne nouvelle, Adèle?

— Oh! tu sais, tu peux bien faire ce que tu veux, Amélie. Chose certaine, ça va te changer les idées.

Oui, Adèle était ravie de la décision de sa sœur. De cette façon, un surplus d'argent allait rentrer dans la maison. En outre, elle n'aurait plus à supporter les enfants qui venaient pianoter dans la soirée. De plus en plus près de ses sous, Adèle comptait bien diviser davantage les dépenses de la maison… pour en mettre davantage dans son carnet d'épargne. La belle Adèle, autrefois dépensière et coquette, était devenue pingre et austère. Les toilettes n'étaient plus de ses fantaisies. C'est à peine si elle s'offrait un flacon de parfum de temps en temps et elle portait encore ses bijoux de jadis qu'elle conservait précieusement. Ses cheveux grisonnaient et pas question de colorants. Mademoiselle Berthier, comme l'appelaient ses élèves, était le prototype parfait de la maîtresse d'école. Une lettre d'Edna arriva de North Bay, adressée à Amélie. Après lui avoir donné des nouvelles du patelin, elle ajouta, à l'intention d'Adèle, qu'elle avait lu quelque part qu'on avait érigé un monument à la mémoire du poète Henry Longfellow à Grand Pré.

— Tu étais au courant de ça, Adèle?

— Non, mais ça ne me touche pas. Je n'ai jamais aimé les poètes américains.

— Tu le connais, au moins?

— Oui, oui, j'ai lu ses poèmes sur l'esclavage, mais ça ne m'a pas intéressée. C'était un petit gars du Maine qui est mort dans le Massachusetts à la fin du XIXe siècle, en 1882 ou 1883, je ne me rappelle pas. On l'a acclamé même en Europe mais, comparé aux poètes français, il n'était pas à la hauteur. Il manquait d'âme.

— Dis donc, tu connais tout de la littérature, toi?

— Tu aurais pu en savoir autant si tu avais lu autre chose que des romans d'amour.

Amélie poursuivit la lecture de sa lettre et le ton s'assombrit. Edna écrivait: «J'ai une mauvaise nouvelle à vous apprendre. Rita va de plus en plus mal. Depuis son zona mal soigné, elle endure le martyre. Elle se tord de douleur et son cœur déjà faible en prend un coup. Les docteurs ne savent plus quoi faire avec elle. *My God*, je te dis que ce n'est pas drôle. On a de la misère avec elle parce qu'elle est trop grosse. Elle mange moins, mais elle ne maigrit pas. J'ai bien peur, Amélie, qu'elle soit prise avec son mal toute sa vie. Il y a des jours où elle crie de douleur et seules les piqûres lui apportent un peu de soulagement. Comme je ne suis pas toujours là, c'est une des filles à Charles qui vient s'en occuper. Je souhaite qu'on trouve enfin un remède parce que j'ai peur pour elle. Dis à ton père de ne pas l'oublier dans ses prières…»

— Pauvre Rita! elle n'a vraiment pas de chance. Heureusement qu'elle est grosse et forte.

— Ça ne veut rien dire, papa. Pensez-y, elle a le cœur dans la graisse.

— Jamais j'croirai qu'on pourra pas la guérir de sa maudite maladie.

— Vous savez, North Bay, ce n'est pas Montréal ou Toronto.

— Faudrait peut-être qu'Edna l'emmène chez un vrai spécialiste.

Adèle, qui ne s'était pas encore manifestée, s'interposa:

— Vous savez bien que les petits médecins ont dû les consulter. Rita n'est sûrement pas la seule avec cette maladie. Edna ne peut pas tout faire. C'est elle qui devrait se prendre en main et consulter un peu plus loin. Une vraie gamine que la Rita. Les deux pieds dans la même bottine!

— Faut dire qu'elle n'a pas eu beaucoup de chance, la pauvre fille.

— Parce qu'elle est épaisse, papa, vous le savez. Elle s'est toujours fiée sur sa mère ou sa sœur. Je la plains, mais mon Dieu qu'elle est niaise!

— Ta tante l'a trop surprotégée, Adèle. Ce fut là son erreur.

— Oui, et Edna a continué. Charles aussi la dorlote comme si elle avait douze ans. Je sympathise avec elle, mais elle pourrait peut-être sortir de sa coquille. Elle a quarante-huit ans, il en est à peu près temps.

— On devrait peut-être lui télégraphier des fleurs? Ça la remonterait un peu.

— Non, Amélie, écris-lui un mot et dis-lui que nous prions pour elle. Envoie-lui une belle carte, ce sera assez. Les fleurs, ça coûte cher. On n'a pas les moyens.

— Non, ton idée est bonne, Amélie… de répliquer le père. Envoie cinq piastres à Edna de ma part et dis-lui d'acheter un petit bouquet pour Rita avec nos bonnes pensées. C'est le moins qu'on puisse faire, Adèle.

— Comme vous voudrez, papa, mais c'est vous qui allez le payer. Elle a autre chose à dire, la cousine?

— Imagine-toi donc qu'elle s'est fait un ami. Un vétéran de la dernière guerre qui s'appelle Godfrey. Il a son âge, n'a jamais été marié et elle dit qu'il est très empressé. Il l'invite souvent à sortir, à aller au cinéma et il l'a même présentée à son vieux père. Elle semble très heureuse, Adèle. Mon Dieu que je suis contente pour elle!

Henri se montra ravi de cette dernière nouvelle. Il aimait bien Edna et y alla d'un bel hommage à son endroit. Adèle attendit la fin pour ajouter:

— À son âge! Pauvre folle!

Début de novembre, vent frisquet, feuilles encore au sol. Henri prit son manteau, son foulard et Amélie lui demanda:

— Où allez-vous, papa, par ce matin pas mal froid?

— C'est le mois des morts, ma fille. Je vais rendre une visite à ta mère au cimetière.

— Tout seul? Ce n'est pas raisonnable, à votre âge. Vous pourriez…

— Non, ne dis rien. J'ai besoin d'être seul avec ta mère.

Amélie n'insista pas. Il arrivait de temps à autre à Henri de se diriger vers Côte-des-Neiges. Lorsqu'il revenait, il avait toujours le cœur apaisé. Henri prit l'autobus du coin, changea pour un autre, un troisième, un quatrième et se retrouva au lieu de ses plus douces réflexions. Il avait avec lui quelques fleurs qu'il déposa religieusement sur le sol humide qui retenait la pierre tombale. Le cimetière était presque désert. Plus loin, des fossoyeurs creusaient un trou pour une dépouille à venir. Seul, foulard autour du cou, casquette renfoncée, le vieux s'agenouilla sur un journal pour ne pas se mouiller et se lança dans un vibrant monologue.

«Ma belle Georgina. Si seulement tu savais comme tu me manques, c'est pas possible. Moi, j'pense à toi chaque jour depuis le moment où t'as fermé les yeux pour aller rejoindre le bon Dieu. Tu dois être belle, toi, dans ton ciel. T'es partie dans la fleur de l'âge et j'ai encore dans mon cœur ton dernier portrait. Regarde ce que j'ai l'air, moi, avec ma peau plissée, le crâne à moitié chauve, les dents pourries pis ma carcasse qui se traîne. J'espère que tu peux encore lire tout mon amour dans mon regard. Tu sais, y paraît qu'il y a juste les yeux qui ne changent pas. Je ne viens pas ici pour me plaindre, ma douce Georgina. J'en veux même plus au Seigneur de t'avoir arrachée à moi. C'est sans doute parce qu'il avait encore plus besoin de toi de l'autre côté. Non, j'viens comme ça te visiter parce que j'ai personne d'autre à qui parler. Toi, au moins, tu m'comprends. J'serais là à rien dire que tu devinerais pourquoi j'ai souvent le motton dans la gorge. Amélie est bien bonne pour moi, Georgina. Elle est remplie d'attentions comme toi. C'est ton portrait tout craché. Elle m'en a fait voir des vertes et des pas mûres au cours des années, mais c'était pas d'la mauvaise volonté. J'ai pleuré souvent pour elle, la pauvre petite. J'ai fait ce que j'ai pu, mais tu sais, un père c'est jamais aussi adroit qu'une mère dans ces moments-là. C'est quand même une fille forte, notre Amélie. Elle endure bien des choses en silence, comme toi tu l'faisais quand venait l'temps de m'plaire. Heureusement que je l'ai, c'est une ben douce consolation pour mes vieux jours. Même si c'était pas correct de la façon dont ça s'est fait, j'te dis qu'j'étais content en maudit quand elle m'a mis son p'tit Jacquot dans les bras. Astheure, c'est toi qui l'as et il est entre bonnes mains, mais j'aurai eu la joie au moins d'être grand-papa. Je m'excuse pour le «maudit» que j'ai lancé, ma femme. C'est sorti tout seul et je m'rappelle que, dans l'temps, tu n'aimais pas que je sacre comme ça.

«Comme tu vois tout du ciel, tu dois sûrement t'en faire pour moi avec ce que j'endure de notre Adèle. T'en fais pas, Georgina. Dans l'fond, elle n'est pas si méchante que ça. Elle le montre rarement, mais je sais qu'elle a bon cœur. Elle a juste hérité de mon sale caractère. Des fois, c'est Amélie qui est ben plus à plaindre que moi. J'aimerais ça me rapprocher d'elle, lui dire que je l'aime autant que sa sœur, mais j'sais plus quel bord prendre pour le lui faire comprendre. Elle n'a pas été chanceuse dans la vie, ça tu l'sais. Je la sens malheureuse, c'est pas possible et c'est pourquoi je te demande à genoux de parler au bon Dieu pour qu'il lui envoie un brin de sa lumière. Chose certaine, j'vais pas mourir sans lui dire que je l'aime. Y paraît qu'au dernier moment, on finit par trouver les mots.

«Comment va Tonio, Georgina? Dis-lui que je ne vais pas souvent sur sa tombe mais que je prie sur sa photo. Tu ne dois pas t'ennuyer là-haut, hein? Avec Jules et Estelle, Tonio et Jacquot. Mon Dieu que je vous envie d'être tous ensemble au paradis! J'espère que t'en veux pas à Éva Poulin d'avoir un peu partagé ma vie. Tu sais, elle était juste là pour éponger mon chagrin. Elle savait qu'elle ne te remplacerait jamais, mais elle a fait de son mieux quand j'ai eu des jours malheureux. J'espère qu'elle est devenue ton amie. Le curé m'a dit qu'on était tous frères et sœurs en Jésus-Christ. J'ai une dernière chose à te demander, ma douce moitié. Penses-tu que ça va prendre ben du temps avant que tu viennes me chercher? C'est pas que j'sois fatigué d'être sur terre. Amélie, sans moi, aurait ben d'la misère. C'est juste que j'ai hâte de te retrouver, de t'regarder dans les yeux et de m'dire comme autrefois que j'ai la plus belle fille à côté d'moi. Des fois, j'ai l'impression d'être encore en vie pour expier mes fautes. On dirait qu'c'est mon purgatoire. J'ai beau me confesser, mais j'ai quand même pas été ce qu'on appelle un mauvais gars. Auprès des filles, j'ai essayé ben souvent de t'remplacer, mais y'en n'avait pas deux comme toi, Georgina. J'me fiais tellement sur toi que, lorsque t'es partie, j'savais même plus comment parler aux enfants. Excuse-moi, là je pleure. C'est parce que j'ai une boule dans la gorge et que j'me sens si près de toi quand j'suis juste à côté de ta pierre. Il faut que j'parte, ma belle Georgina. Le fret est à nos portes et, à genoux sur de la gazette, c'est pas bon pour mes rhumatismes. J'suis certain qu'tu s'rais la première à m'le dire…»

Henri se releva péniblement, essuya une larme le long de sa joue et ajouta:

«Tu peux pas savoir comment ça m'a fait du bien de me vider le cœur, ma femme. Quand je prie dans ma chambre, c'est ben beau, mais c'est pas comme être juste au-dessus de ton coffre qui est en terre. Je te laisse des fleurs parce que j'veux qu'tu saches que t'es toujours dans mon cœur. Sans trop insister, glisse donc un mot au bon Dieu pour moi. Demande-lui de m'faire faire le dernier voyage au plus sacrant. Qu'il s'en fasse pas, j'suis patient, mais un p'tit coup d'main de ta part, ça peut pas nuire, tu penses pas? J'vais revenir, Georgina, même dans la neige pis les tempêtes, parce que j'vas en avoir encore à t'raconter. À moins que… Non, oublie ça. Ça peut finir par être lâche de trop espérer. Bon, j'pars maintenant avant d'avoir le bout du nez gelé, mais tu peux pas savoir comment j'suis content d't'avoir parlé. Ton vieux est soulagé, Georgina. Une dernière chose, j't'aime. Oui, j't'aime comme lors de notre première rencontre à North Bay. Attends-moi, Georgina. Quand j'vas arriver, ça va être un mau… excuse-moi, j'voulais dire que ça va être un beau moment que celui de te prendre dans mes bras. Prie pour moi, ma femme, mais rassure-toi, je te rejoindrai pas sans avoir dit aux filles combien on les a aimées toi et moi. Fie-toi sur moi, Georgina, j'vais m'arranger avec tout ça.»

Une dernière larme versée, Henri s'éloignait en boitant d'avoir été trop longtemps agenouillé. Il se retourna une dernière fois pour murmurer: «Fais une grosse caresse à mon p'tit Jacquot, ma femme.»

Début de décembre, le 6 plus précisément, et le téléphone sonne chez les Berthier en début de soirée. Amélie se précipite pour répondre.

— Edna? Comme je suis contente! Quel bon vent t'amène?

Amélie écoutait pendant que son père et sa sœur l'observaient. Elle chancela et gémit: «Oh! non!» Des larmes humectèrent ses joues. Adèle regarda son père et lui chuchota: «Je suis certaine que c'est Rita...» Amélie raccrocha, s'empara d'une chaise pour s'asseoir, et leur annonça:

— Rita est morte ce matin. Elle a rendu l'âme dans la douleur.

Henri, stupéfait, s'écria:

— Pauvre petite fille, et si jeune à part ça. Ça aurait pas pu être moi?

— Quoi? Que venez-vous de dire, papa?

— T'as compris, Amélie. J'sais pas pourquoi le bon Dieu vient chercher de la jeunesse quand y'a des vieux qui traînent de la patte comme moi.

— Ne parlez pas comme ça, de répliquer Adèle. Le bon Dieu vient nous chercher comme un voleur. C'est écrit dans la bible. Si Rita est à ses côtés, c'est que son heure était arrivée. Elle a tellement souffert, la cousine. Je pense que tante Estelle a dû intercéder pour elle.

— Qu'est-ce qu'on fait? Edna compte-t-elle sur nous pour les funérailles?

— Elle n'en a pas parlé, papa, elle était si désemparée. C'est à nous de voir ce qu'on peut faire.

Adèle, qui écoutait sans mot dire, ajouta:

— Moi, je ne peux pas y aller. Pas avec mes élèves, juste avant les fêtes. Tu penses que tu pourrais t'y rendre, Amélie? Ton docteur pourrait t'accorder un congé?

— Je ne sais pas, faudrait que je le lui demande. C'est pas toujours facile en ce temps de l'année. Si c'est possible, vous viendrez avec moi, papa?

— Tu sais bien que père n'est pas en forme pour un tel déplacement, Amélie.

— Laisse faire ça, Adèle. Si Amélie y va, je la laisserai pas partir toute seule. Un coup dans l'train, y'a plus raison d's'inquiéter. Informe-toi, Amélie, appelle tout d'suite le doc et si c'est possible, on part demain.

— Sans avoir fait de réservations?

— Bah! on s'tassera dans le dernier wagon. Même si on n'est pas ensemble, ça ne fait rien. C'est pas encore la période des fêtes et j'suis certain qu'on trouvera un banc quelque part.

Amélie obtint le fameux congé en cinq minutes et Henri la pria de s'informer pour le train. Fort heureusement, il y avait de la place et ils pourraient faire le voyage sur la même banquette.

— Tu vas t'arranger sans nous, Adèle?

— Ne vous en faites pas pour moi, père, ce ne sera pas la première fois. J'aimerais bien que tu lui achètes un bouquet de ma part, Amélie. Tu diras à Edna que si je ne suis pas là, c'est bien contre ma volonté.

— Ne t'en fais pas, Adèle, elle comprendra. Edna connaît tes priorités.

Amélie reprit le téléphone et annonça à sa cousine en détresse:

— On arrive demain soir, Edna. Papa et moi.

— *My God*, Amélie, c'est pas une obligation. Pense à la santé de ton père.

— C'est son désir, Edna. Papa aimait beaucoup Rita et il tient à être là.

Les funérailles de Rita Sabourin furent bien tristes. Quelques clientes de sa défunte mère avaient tenu à y assister ainsi que les collègues de travail de la pauvre Edna qui avait encore les yeux rougis par la peine. Charles était là avec sa femme et ses dix enfants ainsi que de vieux amis de la famille qui s'étaient empressés auprès d'Henri et d'Amélie qu'ils n'avaient pas oubliés.

Le cercueil en bois de rose avait été descendu solennellement dans la fosse creusée la veille. Rita reposait entre son père et sa mère. La veille, au salon mortuaire, Henri avait pu s'agenouiller devant le corps de sa nièce. Souriante, ou presque, sur son coussin de satin, Rita, qui n'était plus que l'ombre de ce qu'elle avait été, semblait vouloir lui dire: «Ne pleurez pas, mon oncle, j'ai fini d'en arracher.» Henri avait prié et murmuré sans que personne ne l'entende: «C'est pas juste, Rita, c'est moi qu'on aurait dû venir chercher.» Amélie ne quittait pas Edna d'une semelle et recevait avec elle les condoléances des badauds de la paroisse. À un certain moment, un gros homme chauve entra et s'approcha discrètement de la pauvre Edna. Cette dernière lui prit la main et pleura sur son épaule. Un peu plus tard, elle l'entraîna auprès d'Amélie qui venait de terminer une conversation avec une camarade du temps des classes.

— Godfrey, je te présente ma cousine dont je t'ai tant parlé.

— Très heureux, madame. Je suis Godfrey Duguay et votre cousine m'a tellement parlé de vous que j'ai l'impression de vous connaître.

— Vous êtes francophone, monsieur Duguay?

— Par mon père, oui. Ma mère était irlandaise, d'où la raison de mon prénom.

— Vous avez fait la connaissance de mon père?

— Oui, Edna a fait les présentations. C'est un homme bien charmant.

— Vous êtes de North Bay, monsieur Duguay?

— Non, de Hamilton. Je suis ici depuis cinq ans seulement.

— Pas trop dépaysé?

— Non, c'est la même mentalité et je suis content d'y être venu. C'est grâce à ce déménagement si j'ai pu rencontrer ma chère Edna.

Les obsèques terminées, chacun rentra chez soi et Henri et sa fille suivirent de bon gré Edna qui insistait pour les garder un jour ou deux. Au-dessus de l'épreuve, quoique triste, Edna avait avoué à sa cousine:

— Tu sais, dans le fond, c'est une bénédiction. Je n'en pouvais plus de la voir se tordre de douleur. Son agonie a été terrible, Amélie.

— Que comptes-tu faire maintenant? Tu gardes la maison?

— Oui… pour un bout de temps. C'est trop grand pour moi, mais je vais attendre les événements. Charles aurait voulu que j'aille habiter chez lui, mais *My God*, Amélie, pas avec ses dix enfants!

— C'est sérieux entre monsieur Duguay et toi, Edna?

— Godfrey est affable, honnête et bien gentil. À notre âge, ce n'est pas comme à vingt ans, mais c'est un homme rempli d'attentions.

— Sérieux au point…

— Je te vois venir, Amélie. Je n'en sais rien encore, mais si le destin le veut, je ne dis pas non. Godfrey est un homme pour qui j'ai beaucoup d'affection.

— Il est charmant, Edna. Quel homme bien élevé à part ça! S'il est sérieux dans ses déclarations, n'hésite pas. Je le trouve bien sympathique et papa aussi. Je suis certaine qu'il a de grandes qualités.

— Tu as raison, ma cousine. Tout ce qu'il a connu avant moi, c'était l'armée. Depuis que son père est mort l'an passé, il se sent bien seul, le pauvre homme. À propos, comment va Adèle?

— Assez bien. D'ailleurs, elle s'excuse de ne pouvoir être là. Tu sais, avec ses classes et en plein mois de décembre…

— C'est correct, Amélie, je comprends ça, voyons. Tu la remercieras de sa belle gerbe de fleurs. Je lui écrirai un mot, mais remercie-la avant que ma lettre arrive. Dis-lui de ne pas s'en faire avec son absence. Je me compte bien chanceuse d'avoir pu vous avoir, ton père et toi.

— Je sais que le moment est mal choisi, Edna, mais maintenant que tu es seule et plus libre, viendras-tu nous visiter cet hiver?

— Peut-être pas cet hiver parce que j'ai beaucoup à faire ici, mais l'été prochain j'aimerais bien aller dans votre coin. J'ai été privée de voyages depuis bien longtemps. Si jamais Godfrey est consentant, je lui demanderai de venir avec moi. Il a un beau char neuf de l'année et la route est bien belle en été.

— Ce sera un grand plaisir de le recevoir avec toi. Il faut que tu viennes, Edna. On a si peu la chance de parler toutes les deux.

— On va se rattraper, Amélie. On est encore jeunes, *My God*, non? Tiens, si tu restais par ici, j'aurais quelqu'un de bien à te présenter.

— Non, non, oublie ça, Edna. J'ai fait une croix sur les histoires d'amour. Moi, je vis avec mes souvenirs et crois-moi, ça me suffit.

— As-tu pensé au jour où ton père ne sera plus là?

— Tu penses à Adèle, n'est-ce pas? Bah! elle n'est pas si pire que ça et elle a parfois de bons moments. Si ça ne fait pas, rien ne m'obligera à rester là.

— *Of course*! Amélie, je n'avais pas pensé à ça.

Le 23 décembre, au petit matin. Amélie Berthier se leva, se regarda dans la glace et constata quelques rides nouvelles aux commissures des lèvres. Elle venait d'avoir cinquante ans. Son vieux père lui offrit ses vœux accompagnés d'une boîte de chocolats aux cerises. Adèle attendit jusqu'au soir et lui remit un colis accompagné d'une carte. Amélie y découvrit une paire de gants de laine et un foulard à franges. La carte portait la mention «À une sœur bien-aimée». Amélie s'empressa de la remercier et l'aînée répliqua, fort intimidée:

— Voilà qui te gardera au chaud. L'hiver risque d'être dur.

— Déjà cinquante ans, Adèle, je n'ose y croire. Je t'avoue que je n'aime pas changer de décennie. Ça va me faire tout drôle, c'est un chiffre brutal.

— Eh oui! fini l'âge des folies. Je les ai eus moi aussi. Pensais-tu échapper au temps, ma petite sœur?

Noël était à deux pas et rien n'était prévu chez les Berthier. Amélie avait garni le sapin et posé la couronne à la fenêtre. Germaine viendrait pour la messe de minuit, car Amélie avait accepté pour la première fois de toucher l'orgue de l'église sur les instances de monsieur le curé.

— Tu viendras, Adèle?

— Bah! je ne sais pas. Peut-être que oui, mais dans la dernière rangée, juste pour t'entendre. Ensuite, je me sauverai avant que les commères me voient.

Le soir venu, Henri était dans le premier banc avec Germaine. Il adorait entendre les enfants entonner en chœur *Adeste Fideles* et *Çà, bergers.* Le fils du pharmacien Boutin chanta le *Minuit, chrétiens* accompagné à l'orgue par Amélie. À un certain moment, cette dernière y alla de son talent et interpréta merveilleusement une cantate de Jean-Sébastien Bach. Dès la dernière note, Adèle, qui effectivement était dans le dernier banc, se leva et quitta discrètement le saint lieu. Juste avant la quête! Elle déposa tout de même un petit cinq cennes dans la fente du petit ange qui remerciait en bougeant la tête. Les commères l'avaient vue et l'une d'elles avait chuchoté à sa voisine: «L'avez-vous vue, la vlimeuse! Elle est partie avant la communion. Une vraie païenne, que je vous dis!»

Quelques tourtières, deux ou trois bouteilles de bière qu'Henri et Amélie dégustèrent et ce fut la remise des cadeaux. Le père reçut une pipe de la part d'Amélie et un sous-vêtement chaud de la part d'Adèle. Les deux filles reçurent des poinsettias du paternel, et pendant qu'Adèle offrait un porte-monnaie de velours à sa sœur, cette dernière lui remettait un disque des œuvres de Verdi. Germaine eut droit à des chocolats de la part de son amie et lui offrit en retour des savons d'Espagne en forme de camées. On parla de tout et de rien, on causa gentiment et Adèle se montra presque joyeuse pour l'événement. Il neigeait doucement et le décor ressemblait à une carte de souhaits. Adèle était heureuse de son présent. L'opéra était ce qui l'intéressait à présent. Elle se mêla aux autres, parla de ses élèves à Germaine et alla même jusqu'à l'embrasser au moment des souhaits officiels. Elle avait même fait exception et portait pour l'occasion du rouge à lèvres et des boucles d'oreilles argentées. Les souhaits n'étaient pas arrivés par la poste de North Bay. Là-bas, la famille était en deuil et c'est dans la tristesse que la nuit de Noël s'écoulait. Le curé avait même offert sa messe de minuit pour le repos de l'âme de Rita. Henri, songeur, avait dit à ses filles la veille:

— Pauvre petite, elle n'aura même pas eu la joie de garnir son arbre une dernière fois.

Aux petites heures du matin, au moment où on s'apprêtait à se coucher chez les Berthier, le téléphone sonna. Amélie sursauta et s'empressa de répondre pour entendre au bout du fil Edna lui exprimer avec tendresse:

— *Hi*! *Amélie, Merry Christmas to all in Montreal*!

Chapitre 13

Douze saisons s'étaient écoulées sous le ciel des Berthier depuis les événements marquants de North Bay. Trois années pendant lesquelles l'accalmie avait engendré la routine. Adèle et ses classes, Amélie et son emploi au cabinet médical et Henri qui s'était dépensé entre ses visites chez le pharmacien et ses haltes à la taverne du coin. Il y avait eu, bien sûr, quelques accrocs passagers entre les deux sœurs, mais pas de véritable drame. C'était comme si Adèle avait ménagé son souffle. Dans leur cœur, aucun amour, pas de rosiers à l'horizon. Les demoiselles Berthier vivaient de souvenirs. Déjà!

Leur vieux père était devenu le centre de leur intérêt et ce dernier s'inquiétait d'être aussi entouré. Adèle avait même renoncé à lui reprocher ses états d'ébriété. «Pour autant qu'il revienne sur ses deux pieds!» avait-elle dit un jour à sa cadette.

Amélie était de plus en plus coquette dans sa tenue vestimentaire. Avec Germaine, elle parcourait les grands magasins et assistait à tous les défilés de mode qu'on présentait. Fort jolie femme, elle était à la fine pointe de l'élégance. L'argent qu'elle gagnait servait à sa garde-robe, à ses bijoux et à ses sorties mondaines. Elle raffolait des beaux restaurants, allait au cinéma, au théâtre… et même dans quelques boîtes où l'on présentait des chansonniers. En bon accord avec le temps, elle s'intéressait à tout ce qui se voulait moderne. En 1956, elle avait été subjuguée d'apprendre que Grace Kelly venait de se fiancer au prince Rainier. Tout le contraire d'Adèle. Comme si un vice versa s'était fait entre les deux sœurs. Amélie était maintenant celle dont on parlait en disant: «As-tu vu sa robe? Quel bon goût elle a!» Commentaires qui étaient autrefois destinés à Adèle. Cette dernière, quoique toujours propre, s'habillait de façon très classique. On lui donnait facilement dix ans de plus que sa sœur. Se refusant à l'évolution, elle ne vivait que pour sa hantise de la poésie, de l'opéra, de ses élèves… et des tailleurs gris qu'elle agrémentait toujours d'une blouse blanche. Les acteurs? Adèle ne les connaissait pas. Foutaise! disait-elle quand Amélie lui parlait de Gregory Peck ou de Marlène Dietrich. Elle avait cependant eu beaucoup à dire quand le compositeur Jean Sibelius avait rendu l'âme en Finlande en septembre 1957. Elle avait déclaré à sa sœur d'un ton grave: «C'est le dernier des grands qui s'en va.» Le lendemain, c'était au tour de Haakor VII, roi de Norvège, de mourir à l'âge de quatre-vingt-cinq ans. Émue, elle avait dit à Amélie: «Savais-tu qu'il était le plus vieux souverain du monde? Il a régné pendant cinquante-deux ans.» L'autre s'en foutait bien, mais faisait mine de s'intéresser. Adèle Berthier connaissait bien l'histoire.

En 1958, Camillien Houde, maire de Montréal, était décédé. Henri en fut bouleversé et insista auprès d'Amélie pour qu'elle l'accompagne jusqu'à l'hôtel de ville où son corps était exposé. La cadette se plia de bonne grâce et se rendit même avec son père, quelques jours plus tard, assister aux funérailles. Sur le chemin du retour, elle lui avait dit:

— Vous l'aimiez à ce point, cet homme, papa? Il avait pourtant un si gros nez!

— Oui, mais quel flair, ma petite, quel flair! C'était un maudit bon maire!

Pendant qu'Henri pleurait la mort de Camillien et qu'Amélie attendait la prochaine sortie d'un film américain, Adèle s'inquiétait de la hausse du prix du lait et du pain.

— Pas encore une augmentation? Les cochons!

Les plus belles sorties d'Adèle, c'était de se rendre à la banque d'épargne et d'y déposer ses économies, sommes parfois rondelettes. Adèle accumulait des fonds tandis que, loin de tout souci, Amélie dépensait tout ce qu'elle gagnait. Elle était souvent réprimandée par l'aînée qui lui répétait sans cesse:

— Quand tu seras vieille, ne compte pas sur moi pour te faire vivre...

Amélie répondait:

— Bah! ma pension me suffira, dans ce temps-là.

Au grand désespoir de sa sœur, Amélie ne touchait plus le piano ou presque. La poussière s'y accumulait. Seule consolation de l'aînée: l'orgue que touchait encore sa sœur à la messe, office religieux auquel elle n'assistait jamais.

Février 1959, et le paternel annonce à son aînée:

— Tu savais que c'était le cinquantième anniversaire de l'aviation canadienne cette année?

— Non, père, mais ça ne va rien changer dans ma vie.

— On va faire de belles cérémonies, tu sais.

— Qu'est-ce que ça peut vous faire? Vous n'êtes jamais allé à la guerre.

— N'empêche que j'aimerais bien voir ça, moi.

— Vous demanderez à Amélie, ça la changera de son libertinage.

— Parlant d'elle, je pense qu'elle a reçu une lettre d'Edna ce matin.

— Oui, j'ai vu l'enveloppe et j'ai reconnu l'écriture de la cousine.

— Je m'demande bien ce qu'elle a à nous dire.

— Patience, papa, Amélie va se faire un plaisir de tout vous colporter.

Amélie rentra transie de froid.

— Quel pays! déplora-t-elle. On dirait que c'est le pôle Nord par ici. Les gens peuvent bien être malades. J'ai jamais vu autant de monde qu'aujourd'hui dans le cabinet du docteur!

— Amélie, t'as reçu une lettre d'Edna. Tu veux bien me la lire?

— Bien sûr, papa. Le temps d'enlever mes bottes et mon manteau.

Elle mit ses lunettes, parcourut la missive et déclara, folle de joie:

— Papa, Adèle, ça y est, Edna se marie!

Adèle, froide et pétrifiée par l'envie, s'emporta:

— Pas avec son gros épais?

Henri, qui savourait le bonheur de sa nièce, réprimanda sa fille:

— Dis donc pas ça, Adèle. C'est un bon diable que ce Godfrey.

— Et nous sommes invités aux noces. Enfin, c'est arrivé!

Amélie sautillait de joie et se grattait la tête à savoir si elle obtiendrait un congé. Le mariage était prévu pour mars dans la plus stricte intimité.

— Quand je pense que la cousine va s'appeler «Mrs. Duguay». Qu'en dis-tu, Adèle? Penses-tu pouvoir te déplacer?

— Ne compte pas sur moi. Mon enseignement d'abord. Et je n'ai aucune envie d'être là pour cette mascarade. Si tu crois que je vais me rendre à North Bay pour voir Edna faire une folle d'elle, tu te trompes. A-t-on idée de se marier à un âge aussi avancé? Si seulement c'était quelqu'un de bien, mais Godfrey! Allons donc!

— Je ne te force pas, Adèle, je n'insiste même pas. Comme d'habitude, je trouverai le moyen de t'excuser, mais moi, je tiens à être là. Edna mérite bien son bonheur et Godfrey est un homme charmant.

— Ah oui? Chauve, gras comme un voleur et avec juste de quoi vivre? Tu appelles ça un bon parti, toi? Je suis certaine que la cousine va être prise à l'entretenir, ce gros morceau de lard!

— Toujours aussi bête, à ce que je vois. Et vous, papa, vous pensez être capable de m'accompagner?

— Je ne sais pas, Amélie. Je ne pense pas. J'aimerais bien ça et c'est pas l'argent qui me manque pour le déplacement, mais à mon âge et avec mon angine, ça risque de m'épuiser. D'autant plus que ce sera encore un peu l'hiver. J'suis sûr qu'Edna va comprendre ça. Profites-en, toi. Ça te fera un petit voyage et tu représenteras la famille. Tu lui apporteras nos cadeaux et nos vœux.

— Je n'ai pas l'intention de lui en faire un... clama Adèle. Avec ce que je pense de lui, ce ne serait pas honnête. De plus, j'ai trop de dépenses actuellement. Je...

— Correct, Adèle. J'inscrirai quand même ton nom sur ma carte.

Adèle avait fait la connaissance de Godfrey lorsque, comme promis, il était venu à Montréal avec Edna. Polie, courtoise, elle avait quand même gardé ses distances. Le roman de sa cousine lui faisait mal. Non, il n'était pas laid ni niais, le Godfrey d'Edna. Très gentil, il était le genre d'homme qu'Adèle eût aimé. Soumis, facile à vivre, une femme pouvait faire ce qu'elle voulait de lui. Heureusement qu'il était tombé sur Edna, celui-là! Ils se bécotaient tendrement, ce qui déplaisait à l'infortunée cousine. Les voir s'aimer alors qu'elle... Et une autre qui ne risquait plus de mourir vieille fille! C'en était trop pour celle qui, de sa tour, ne voyait rien venir. Elle fut polie, très polie. À tel point que Godfrey, mal à l'aise, ne savait quoi lui dire. De retour à North Bay, il avait dit à Edna:

— J'ai mangé tout croche. Pas trop chaleureuse, ta cousine. Amélie et elle, c'est le jour et la nuit.

— *My God*! pense plus à ça, *honey*. Elle n'est pas heureuse, la pauvre fille.

Amélie s'était rendue à North Bay. Toute seule et empressée. Elle s'était procuré une toilette qui attirait tous les regards. Munie de cadeaux dont une ravissante nappe de dentelle de la part d'Adèle et du paternel; c'est le vieux qui avait acquitté la facture. De sa part à elle, de superbes chandeliers en verre taillé. La noce fut intime. Charles, sa femme et leurs dix enfants, quelques collègues de travail d'Edna et l'unique sœur de Godfrey, venue de l'Alberta. La mariée, fort en beauté, portait un costume de gabardine dans les tons de bleu et un joli bouquet de corsage composé de boutons de roses blanches. Un goûter très bien préparé par la femme de Charles et sur le *pick-up* de la maison, les disques d'Ethel Smith qui avaient appartenu à la pauvre Rita étaient de la fête.

— Ah! si seulement elle était encore là! Elle aimait tant les mariages.

— T'en fais pas, Edna. De l'autre côté, tout le monde te voit.

— Tu sais, j'en croyais rien quand Godfrey m'a demandé de l'épouser. Après quatre ans de fréquentation, j'osais même plus y penser.

— Ça lui a donné un bon temps de réflexion, tu ne trouves pas?

— *My God!*...

Et toutes deux éclatèrent de rire.

— Que vas-tu faire de la maison, Edna? Vous allez vivre où?

— Godfrey veut garder la maison de son père. Je pense que c'est l'aîné de Charles qui va acheter la mienne. Au moins, ça restera dans la famille.

— Et tu t'en vas où en voyage de noces?

— Une semaine aux chutes Niagara. Godfrey n'a pas encore vu ça.

— Tu comptes aussi laisser ton emploi?

— Pas encore. J'en ai pour un an avant d'avoir ma pleine pension. Godfrey ne s'y oppose pas. On a tout décidé avant de faire le pas.

— Je sens que tu vas être heureuse, Edna. C'est un brave homme que tu as entre les mains.

— Dommage que je ne sois plus une jeunesse. Si seulement je l'avais rencontré avant, pendant que j'étais en âge d'avoir des enfants...

— C'est le destin qui en a décidé ainsi, Edna. Ne pense pas à ça. Vous allez être bien, tous les deux. Godfrey est fou de toi. Tu vois? Regarde-le, il te cherche des yeux.

— Que complotez-vous encore toutes les deux?

— Rien, rien, cousin. Je peux t'appeler ainsi maintenant que c'est fait, n'est-ce pas? Je disais à Edna que vous alliez être très heureux.

— Je vais tout faire pour ça, Amélie. Ta cousine, c'est toute ma vie. Tu es bien fine d'être venue, tu sais.

Edna tenait ses doigts croisés…

— Godfrey, tu m'as trahie! s'exclama Edna.

Puis, prenant les mains d'Amélie dans les siennes, elle lui murmura:

— Oui, c'est vrai. J'aurais eu bien de la peine de ne pas te voir là. *My God*, Amélie, sais-tu que tu es très importante dans ma vie?

Charles s'approcha de sa cousine pour lui dire:

— Amélie, tu es la plus belle femme que j'ai vue aujourd'hui.

— Toujours aussi flatteur, mon cousin? Je te remercie, mais tu es sûrement aveugle si tu ne remarques pas mes rides.

— Ça ajoute à ta beauté, Amélie. Toi, tu as tout pour te trouver un mari.

— J'ai pas le goût, Charles. Le seul homme que j'aurais voulu, c'est toi, mais tu es marié et, par malheur… tu es mon cousin!

Tous éclatèrent de rire, la femme de Charles incluse.

— Dis-moi, mon oncle se porte bien?

— Oh! ça dépend des jours, Charles! Son angine progresse et ça m'inquiète.

L'hiver avait cédé sa place à la saison des fleurs et Henri, toujours friand de hockey en dépit de la baisse de sa vue, était fou de joie de lire que les Canadiens étaient honorés en devenant pour la dix-huitième fois champions du monde au hockey international. Il avait passé un bel hiver, le vieil homme, devant son téléviseur la plupart du temps, hormis quelques visites à la taverne. Il buvait plutôt chez lui, sortait moins et parlait souvent tout seul ou avec... Georgina. De temps à autre, le pharmacien Boutin, maintenant retraité, lui rendait une petite visite. Henri ne filait pas bien. Son angine empirait, il manquait de souffle et se frottait souvent le bras gauche avec un liniment, croyant à une douleur rhumatismale, mais le cholestérol faisait lentement son œuvre. Adèle lui avait dit de cesser de boire, d'arrêter de bourrer sa pipe, mais le paternel lui avait répliqué:

— Voyons donc, à mon âge, tu penses que ça va me remettre à neuf?

Il venait, avec les premiers bourgeons, de fêter ses soixante-dix-huit ans. Frileux, amaigri, chancelant de plus en plus, il mangeait de moins en moins. Ses gencives retenaient à peine ses prothèses dentaires. Un bol de soupe, de la compote, une soupane le matin et un peu de pâté chinois le soir. Amélie se damnait à convaincre Adèle que c'était sa bière qui le tenait en vie.

— On sait bien. Tu prêches pour ta paroisse, ma chère.

— Toujours le mot de trop au bon moment, n'est-ce pas, Adèle? Moi, je te dis que c'est sa bière qui lui donne de l'énergie.

— Oui, oui... et son gras dans le sang aussi!

— Allô! Vous êtes madame Berthier?

— Non, je suis sa fille, monsieur. Qui parle?

— Je suis le *waiter* de la taverne, madame. Je m'excuse de vous déranger, mais j'ai pas d'autre choix que de vous avertir: votre père vient d'être transporté à l'hôpital.

— Quoi? Comment ça! Que lui est-il arrivé?

Amélie, plus pâle qu'une morte, était suspendue au bout du fil. Adèle, qui brassait la soupe du soir, était restée figée, sentant que quelque chose venait d'arriver.

— On l'a transporté à Sacré-Cœur il y a dix minutes. Il s'est écroulé par terre et il ne bougeait plus. Ne vous en faites pas, il est encore en vie, mais on ne sait pas ce qui s'est passé. Ils sont partis en ambulance avec lui, la sirène en plus. C'est sérieux, d'après ce que j'ai entendu. Je pense qu'il…

Amélie, fort agitée, avait raccroché. En larmes, elle cria à Adèle:

— Vite, appelle un taxi, papa est rentré à l'hôpital. Vite, Adèle!

C'était par un beau samedi du mois de juin, en fin d'après-midi.

Les deux femmes se ruèrent à la salle d'urgence de l'hôpital. À tel point que les infirmières durent les calmer avant de leur dire:

— Vous ne pouvez pas le voir pour l'instant, il est aux soins intensifs.

— Qu'est-il arrivé? Allez-vous enfin nous dire ce qui s'est passé?

— Nous n'en savons rien, madame. Tiens! voilà le docteur Chénier.

Le médecin, qui comprenait la détresse des deux femmes, les prit à part pour leur annoncer d'un ton grave:

— Votre père a fait une thrombose, mesdames. Une grave thrombose.

— Il était pourtant bien ce matin. Vous allez le sauver, n'est-ce pas?

C'est Adèle qui avait prononcé ces mots pendant qu'Amélie, ne pouvant tenir le coup, pleurait à chaudes larmes.

— Nous allons tout faire pour lui, madame, mais nous ne pouvons rien promettre. À son âge, on peut s'attendre à tout.

— Mais, il est fort comme un bœuf, docteur.

— Non, frêle comme un poulet, madame. Soyez réaliste, voyons, il n'a que la peau et les os. Remarquez que c'est mieux que d'être trop gros, mais il ne faudrait pas surestimer ses forces. C'est un homme bien usé, vous savez. Il faisait de l'angine depuis longtemps?

— Je ne sais pas, répondit sèchement Adèle. Il ne s'en plaignait pas et je n'ai pas son dossier médical, moi. Pour l'instant, ce que nous voulons, c'est le voir. Est-ce possible?

— Non, madame, pas pour l'instant. Votre père est complètement paralysé du côté gauche. Il peut à peine articuler quelques mots. Donnez-lui au moins la chance de se reposer et demain nous verrons si vous pourrez le voir. Un effort de trop pourrait lui coûter la vie dans son état.

— Dans ce cas, nous ne bougeons pas d'ici, docteur, quitte à y passer la nuit.

— C'est votre droit, madame, mais vous feriez mieux de vous détendre. Les jours qui viennent vont être ardus pour vous. Vous devriez…

Amélie prit le bras de sa sœur et la pria de s'asseoir. Puis, se tournant vers le docteur, elle murmura entre deux sanglots:

— Nous restons là, docteur. S'il fallait que quelque chose survienne! Non, faites savoir à notre père que nous ne le quittons pas.

La nuit fut affolante pour les deux sœurs qui, angoissées, voyaient entrer à l'urgence blessés et moribonds. Côte à côte sur un banc dur, elles n'osaient trop se parler. Adèle avait tout de même déclaré:

— Et dire qu'il fallait que ça arrive dans une taverne. Tu vois bien que j'avais raison quand je te disais que sa bière finirait par le tuer.

— Ils vont le réchapper, Adèle. Papa a un cœur de lion, tu vas voir.

— Dans une poitrine de poulet, Amélie. Tu as entendu ce que le docteur a dit?

Au petit jour, un autre spécialiste s'amena auprès des demoiselles.

— Comment va-t-il, docteur? Vous avez réussi à l'en sortir?

— Pour l'instant, ça va, mais il n'en mène pas large. Il est paralysé et nous craignons que ça ne revienne pas. Il est toujours sous observation.

— Est-il réveillé? Peut-il encore parler? A-t-il pleine conscience?

— Oui, mais il s'exprime avec difficulté. Il est très fatigué, cet homme.

— Pouvons-nous le voir, docteur? Au moins quelques minutes?

— Non, pas avant cet après-midi. Il est actuellement sous étroite surveillance. Il est épuisé, madame, presque à bout de souffle. Comprenez que votre père a été à deux doigts d'y passer.

— Juste le voir, docteur, pour nous rassurer. Je vous promets qu'on n'essaiera pas de lui parler. Nous serons très discrètes.

— Ça risquerait de l'agiter davantage. Cet après-midi, peut-être. C'est le docteur Chénier qui décidera. Votre père est son patient.

Le médecin s'apprêtait à partir, puis, se tournant vers les sœurs, demanda:

— Est-ce que l'une de vous s'appelle Georgina?

— Non, c'était le prénom de notre défunte mère. Pourquoi?

— Il n'a pas cessé de la réclamer. C'est tout ce qu'il a pu prononcer.

Ce n'est que le soir qu'elles purent enfin le voir. Pour quelques minutes seulement. Henri dormait comme un loir, blanc comme un suaire et intubé de toutes les manières. Dans le nez comme dans la verge. Les deux sœurs l'observèrent de loin. Interdiction de s'en approcher. Amélie avait les larmes aux yeux et Adèle refoulait les siennes. L'infirmière leur fit signe de la main de partir. Elles reculèrent, ayant peine à supporter la vision de leur père entouré d'agonisants. Le docteur Chénier leur fit comprendre qu'elles devaient rentrer à la maison et qu'on allait les appeler si quelque chose de plus grave se produisait. Bon gré mal gré, elles obtempérèrent et regagnèrent leur foyer. Il était presque minuit. Assises dans le salon, l'une en face de l'autre, elles étaient abattues, désemparées, avaient les traits tirés.

— Tu vas prendre ta journée demain, Adèle?

— Oui, j'aviserai la direction à la première heure. Et toi?

— Je n'aurai aucune difficulté. Nous nous devons d'être à ses côtés.

Amélie passa une nuit blanche à pleurer et à prier. Adèle ne s'endormit qu'aux petites heures à force de fixer le plafond. Elle avait eu juste le temps de se dire: «Papa, ne nous faites pas cela!»

Trois jours entiers à être à ses côtés du matin jusqu'au soir. Hors de danger pour l'instant, Henri Berthier restait paralysé. On leur avait dit honnêtement: «Ça ne reviendra pas. C'est le mieux qu'on ait pu faire.» Henri les avait vues à son chevet. Il leur avait souri, avait prononcé leur nom et prit leurs mains dans les siennes. Son côté droit répondait à ses efforts. Amélie avait pleuré doucement et son père lui avait essuyé une larme de sa main tremblante. Adèle s'était contenue. Le cœur déchiré, il lui fallait être forte pour deux. Son père lui avait souri tendrement et avait même serré son bras, ce qui l'avait bouleversée. C'était la première fois qu'elle sentait une telle chaleur l'envahir. L'émotion des yeux du vieux allait de l'une à l'autre avec la même affection. Pas un soupçon de tendresse de plus pour Amélie. L'aînée se pencha vers son père et murmura tout bas:

— Ça va mieux, papa?

Henri la fixa, regarda Amélie, ferma les yeux et répondit avec difficulté:

— Faites… faites-vous-en pas pour moi.

Trois semaines s'écoulèrent ainsi et les deux sœurs ne manquaient pas un seul soir de visite. Travaillant le jour, elles se rendaient dès l'heure venue au chevet de leur père maintenant confiné dans une petite chambre à trois lits. Henri ne marchait plus et c'est avec peine que les infirmières parvenaient à l'asseoir dans un fauteuil. Il parlait avec difficulté dans ses moments de lucidité. Certains jours, il avait peine à se rappeler qui il était et se montrait agressif envers le personnel pourtant affable. Questionné, le spécialiste avait répondu à Adèle:

— Il ne reviendra pas de sa paralysie, madame, pas à son âge. Votre père a, de plus, un caillot qui se déplace jusqu'au cerveau, ce qui explique ses bons et ses mauvais moments. Nous avons fait tout ce que nous avons pu pour lui, mais l'état dans lequel il est représente le maximum de sa récupération. Nous ne pouvons faire davantage.

— Est-il hors de danger, docteur?

— Pour le moment, oui. Dans cet état, votre père peut vivre cinq ou dix ans ou mourir subitement. Je préfère être franc avec vous, madame.

Quelques jours plus tard, le médecin traitant demanda à voir les deux sœurs. Dans son bureau, elles l'écoutèrent en silence.

— Mesdames, je suis navré mais nous ne pouvons le garder ici plus longtemps. L'état de votre père est stable et il n'est plus un cas pour nous. Il faudrait absolument le placer.

— Dans un hospice? Pas question! s'exclama Adèle.

— Il n'y a pas que des hospices, madame. Je suggérerais qu'il soit transféré à l'hôpital Notre-Dame-de-la-Merci.

— Pour y crever à petit feu? Jamais, docteur, jamais. Surtout pas là!

— Il nous faut le sortir d'ici, madame. Nous avons besoin de nos lits.

— Dans ce cas, nous le ramènerons à la maison.

— Vous n'y pensez pas! Votre père est un cas sérieux, vous savez. Il aura besoin de quelqu'un à ses côtés constamment. Y avez-vous songé?

— C'est tout réfléchi, docteur. On s'arrangera avec ça. Quand peut-il partir?

— Dès samedi, mais je crains sincèrement que votre idée ne soit pas réaliste.

Adèle se leva et ajouta sèchement:

— Vous en avez une meilleure? Un hospice ou un hôpital pour mourants? Vous croyez qu'il recevra de meilleurs soins dans ces endroits-là? Non, vous nous le retournez. D'ici là, nous aurons tout planifié pour qu'il ait des soins adéquats.

— Soit, madame, mais je vous aurai prévenue. Un homme dans son état requiert beaucoup d'attentions. Il n'en tiendra qu'à vous...

Adèle ne le laissa pas terminer sa phrase et ajouta:

— Retournez-nous-le en ambulance. Nous sommes prêtes à le reprendre.

Les demoiselles quittèrent le bureau. Amélie, qui n'avait pas osé parler au cours de l'entretien, demanda timidement à sa sœur dès qu'elles furent sorties:

— Mais, qui donc va s'en occuper, Adèle?

— Toi! Qui d'autre?

La discussion fut assez orageuse à la maison. Amélie avait tenté de raisonner son aînée au cours du trajet, mais cette dernière faisait la sourde oreille. Seules, face à face, sans témoins gênants, Amélie s'était emportée:

— Tu ne penses tout de même pas que c'est moi qui vais me sacrifier jour et nuit. J'ai un travail que j'aime et...

— Quitte ton travail, Amélie. Père a besoin de toi.

— Ah oui? Et pourquoi pas toi, Adèle?

— Parce que j'enseigne, moi, je ne peux laisser mes classes et mon travail est assuré. De plus, papa sera beaucoup plus heureux avec toi.

— Voyons, Adèle, tu sais bien que nous ne pourrons pas arriver. Les comptes à payer, le chauffage de l'hiver, la nourriture, les médicaments...

— On va se serrer la ceinture, Amélie. Avec la pension de papa et mon salaire, nous aurons nos trois repas et nous dormirons au chaud.

— Et tu crois que ça va me suffire? Que fais-tu de ma vie à moi?

— Mets-la en quarantaine, ma petite sœur. Fais des sacrifices un peu. C'est ton père, non? Il a toujours été là pour t'épauler, lui, même quand tu lui en as fait arracher. Serais-tu à ce point ingrate? Tu as du linge pour au moins trois ans. Il ne te restera qu'à couper quelques sorties.

— Quelques? Tu veux dire toutes mes sorties. Je n'ai pas un traître sou de côté.

— Ça, c'est ton problème. C'est avant qu'il fallait y penser.

— Non, non, Adèle, c'est impossible. L'hôpital qu'on nous suggérait serait…

— Espèce de sans-cœur, espèce d'égoïste. Tu ne penses qu'à toi, pas vrai? Que fais-tu de tous les sacrifices qu'il a faits pour toi? C'est de ton père dont je parle, Amélie, pas du voisin. Tu le laisserais se faire maltraiter dans un hospice sans aucun remords de conscience? Toi qui as toujours prétendu l'aimer? Toute sa vie, tu as été sa princesse, sa petite préférée. Il t'a toujours protégée, défendue contre tous dans tes pires moments. Tu laisserais cet homme avec des étrangers? Il n'a jamais rien fait pour moi et j'ai encore plus de cœur que toi. Ah! si mère te voit en ce moment, elle doit avoir bien honte.

Amélie éclata en sanglots. La tête entre les mains, elle jeta les hauts cris:

— Tais-toi, Adèle, tu es injuste. Tu sais très bien à quel point je l'aime. Je donnerais même ma vie pour qu'il recouvre la santé.

— Je ne t'en demande pas tant, juste ton emploi, Amélie.

— Ce n'est pas le fait de quitter mon emploi qui m'inquiète, ni d'être constamment auprès de papa. C'est toi, Adèle, qui me fais hésiter.

— Et pourquoi donc? Je te fais peur, ma petite sœur?

— Oui, j'ai peur de ce que sera ma vie désormais. Sans aucun revenu, à ta merci et à tes frais. Surtout avec ton avarice, Adèle. Tu es si près de tes sous. Tu penses que j'ai le goût de vivre cet enfer?

— Heureusement que je suis près de mes sous, où en serions-nous? Je suis économe, Amélie, pas avare. J'ai prévu les orages, moi.

— Pour l'amour de papa, Adèle, comprends-moi. Je veux bien être celle qui sera à ses côtés, mais je ne tiens pas à être à ta charge, tu m'entends? Si je quitte mon emploi, si je me dévoue jour et nuit pour papa, je veux que sa pension me revienne. Je veillerai à ce qu'il ait ses médicaments et tout ce que ça lui prendra, mais je ne veux pas dépendre de toi.

— Et la nourriture, l'électricité, le chauffage, le téléphone? Qui va payer ça?

— Tu te charges des victuailles, et moi du reste. Si le partage n'est pas équitable on refera les comptes, mais je veux que ce soit comme ça. Tu sais, c'est une lourde tâche que j'aurai entre les mains. Papa est un grand malade et il exigera beaucoup de soins. Je passerai mes journées avec lui, mais les soirées et les nuits, on se les partagera. Il faudra y mettre aussi du tien, Adèle.

— Soit! comme tu voudras, mais il est ridicule de mettre ainsi les cartes sur table quand notre propre père a besoin d'amour et de soins.

— Je le sais, mais avec toi, Adèle, mieux vaut prévenir que guérir. J'aime père et je veux que le temps qu'il lui reste à vivre soit paisible. Je me dévouerai corps et âme pour lui, mais avec entente de ta part. Il est dommage d'en être réduites à négocier de la sorte, comme tu dis, mais avec toi, Adèle, je ne prends plus de chances. Tu m'as assez échaudée comme ça!

Adèle ne releva même pas la réplique. Satisfaite de l'engagement de sa sœur et se donnant bonne conscience, elle ajouta:

— Ça va, ça va, mais il faudra que tu donnes ta démission vendredi.

Amélie eut bien du mal à remettre sa démission au docteur Grenon. Sympathique à sa cause, et plus que compréhensif, il lui avait dit:

— Vous avez un grand cœur, mademoiselle Berthier. C'est beaucoup, ce que vous faites là, mais je sais que vous serez à la hauteur. Je vais demander à mon épouse de me seconder jusqu'à ce que je vous remplace. Ce ne sera pas facile, croyez-moi, vous étiez si dévouée. Sachez que je vais vous regretter.

C'est la mort dans l'âme que la pauvre Amélie avait repris tous ses effets personnels avant de réintégrer le bercail. Décontenancée, elle avait téléphoné à Germaine qui l'avait consolée en lui disant:

— Je serai là, Amélie, tant et aussi longtemps que tu auras besoin de moi. Ne t'en fais pas pour nos sorties. On trouvera bien un moyen de temps en temps.

C'est en ambulance que le pauvre père paralysé fut ramené à la maison, ce qui avait créé un attroupement du voisinage. Amélie avait soigneusement préparé sa chambre avec tout ce qu'il fallait pour qu'il soit aussi à l'aise qu'à l'hôpital. Elle lui avait même procuré un large fauteuil qu'elle avait installé au pied de son lit. Henri fut déposé sur son grabat d'invalide et, épuisé par le trajet, s'endormit dès que sa tête toucha l'oreiller. Les badauds se dispersèrent, le calme revint et les sœurs Berthier se tinrent à son chevet. Amélie le regardait sommeiller. Amaigri, vieilli comme ce n'est pas possible, Henri Berthier ressemblait à un mort en sursis.

— Pauvre papa, je prendrai bien soin de vous.

Adèle s'était retirée sur la pointe des pieds, laissant Amélie à son monologue que le vieux, dans les bras de Morphée, n'entendait pas.

— Oui, je veillerai sur vous comme vous l'avez fait pour moi lorsque je n'avais que votre épaule. Pauvre papa, comme vous avez vieilli!

Pleine de tendresse, veillant sur lui comme s'il était un petit être à qui on ne devait qu'éponger le front, Amélie n'avait pas songé un seul instant à tous ces soins qui allaient lui demander une nette improvisation.

Son père ouvrit les yeux, constata qu'il était dans son lit et sourit à sa fille bien-aimée. Elle lui passait la main dans les cheveux, replaçait le col de son pyjama, le bordait, le dorlotait….

Henri tourna la tête comme si une gêne s'était emparée de lui.

— Qu'y a-t-il, papa? Vous avez besoin de quelque chose? Un peu d'eau, peut-être?

Le vieux la regarda, baissa les yeux et réussit tant bien que mal à articuler.

— Amélie, j'ai… j'ai envie d'chier.

La vie n'était pas facile pour la frêle femme qu'était Amélie. Lever son père, l'installer dans son fauteuil exigeaient un effort énorme. Elle en avait, des courbatures, d'autant plus que le manège se répétait trois ou quatre fois par jour. Il y avait aussi ses selles, le bain à la serviette, les repas, les remèdes. Adèle regardait sa sœur, l'aidait parfois quand elle était là, mais n'avait guère la vocation d'infirmière. Entre les sœurs, c'était le calme après la tempête. Adèle n'osait rien dire, rien reprocher, par crainte de voir sa sœur épuisée... exploser. Elle se taisait pour que rien ne vienne entraver la noble mission de sa cadette. Deux longs mois, sans la moindre sortie de la part d'Amélie. Dévouée à son vieux père, il était désormais sa raison de vivre. Elle lui faisait la lecture, jouait aux cartes et aux dames avec lui, partageait ses goûts pour le petit écran et allait jusqu'à lui offrir une bière de temps en temps. Germaine avait tenté à maintes reprises de la sortir de son isoloir mais, sans s'en rendre compte, Amélie répondait: «Non, je préfère rester avec papa.» Le vieux qui avait parfois toute sa raison lui chuchotait de sa bouche croche et édentée: «T'es du vrai bon pain, Amélie. Pareille comme ta mère.»

Un jour, pour qu'il ne se sente pas comme un être à qui on a tout retiré, sa fille avait déposé sur sa table de chevet un billet de dix dollars.

— Pourquoi faire, Amélie?

— C'est à vous, père. Ça vient de votre pension. Gardez-le pour payer votre bière.

Deux jours plus tard, Adèle hurla, affolée:

— C'est toi qui as donné un dix dollars à papa?

— Oui, pour qu'il se sente valorisé. Qu'as-tu à t'énerver comme ça?

— Espèce de folle! Tu sais ce qu'il a fait? Il s'est torché avec!

Amélie courut jusqu'à la chambre et constata le terrible dégât. C'était l'un de ces jours où le caillot s'était déplacé.

— T'as pas compris qu'il n'a pas toute sa tête?

— Je n'aurais jamais imaginé une chose pareille.

— Bon, ça va. Fais-le tremper dans l'évier, il l'a pas déchiré.

La fin août approchait et il faisait une chaleur torride. Dans quelques jours, on allait enfin inaugurer l'autoroute des Laurentides qui avait fauché des vies lors de sa construction. Henri se faisait lire toutes les nouvelles de *La Presse* et Amélie en était parfois étourdie. Germaine venait moins souvent. Elle avait compris que son amie n'était plus disponible, qu'elle était tout entière à son vieux père. Amélie le promenait dans un fauteuil roulant et l'amenait parfois jusqu'au bord de la rivière.

— T'es une bonne fille pour prendre ainsi soin d'moi. J'espère que j'en n'ai pas pour longtemps, ma p'tite. T'as l'air ben fatiguée, t'as souvent l'caquet bas.

— Ne parlez pas comme ça, papa. Vous avez tant fait pour moi. Si vous saviez comme je suis contente de pouvoir vous le rendre.

— C'est vrai c'que tu dis, Amélie? J't'embête pas trop? Si seulement j'pouvais marcher, j'pense que ça t'enlèverait un poids d'sur les épaules.

— Laissez ça au bon Dieu, papa. Il va finir par vous remettre sur pied.

— Maudit qu'ta mère prend du temps à v'nir me chercher!

— Ce n'est pas à parler comme ça que vous allez vous aider, papa. C'est le Créateur qui décide de tout, pas maman. Et puis, j'ai encore besoin de vous, moi…

— Cré Amélie, va. Toé, si j't'avais pas…

— Faut dire qu'Adèle fait aussi sa part, ne l'oubliez pas.

— Oui, c'est vrai qu'elle est plus pareille. Elle est ben bonne pour moi. T'as eu des nouvelles d'Edna?

— Oh oui! elle m'écrit de temps en temps. Godfrey et elle sont allés à New York pour la première fois. Elle m'a raconté son beau voyage. Elle vous salue chaque fois et m'a même recommandé de vous frotter avec de l'huile de Saint-Joseph. Il paraît que ça fait des miracles.

— Bah! laisse faire ça. Ta cousine est trop dévote. Dis-lui plutôt de prier pour moi. C'est un *racket*, cette huile-là. Boutin a encore son arthrite même avec ça. Tu sais quelque chose, Amélie? J'prendrais ben une p'tite bière.

— Pas aujourd'hui, papa. Le docteur m'a dit que je vous en donnais trop.

— Bâtard! De quoi y s'mêle, celui-là! Dis-lui pas tout c'qu'on fait, moi pis toi.

— Paraît que les derniers tramways ont été retirés des rails, Adèle?

— Oui, père. Maintenant, ce sont des autobus partout.

— Y avait beaucoup d'monde aux funérailles de Duplessis?

— Beaucoup, papa. D'ailleurs, Amélie vous a lu tout ce qu'il y avait dans le journal. On en a même parlé à la télévision, vous vous rappelez?

— Non, j'devais sûrement dormir. Qui c'est qui le remplace, déjà?

— L'honorable Paul Sauvé. Il est en train de former son cabinet.

— Y a une bonne tête, ce gars-là. Pas comme l'autre avec son air de faux vicaire.

— Laissez-le reposer en paix, papa. Je sais que vous ne l'aimiez pas.

— Y a sûrement des péchés à s'faire pardonner de l'autre côté.

— Tout le monde en a, papa, vous comme moi. Soyons charitables, il a quand même fait de grandes choses, cet homme-là.

— On sait ben, toi, t'es dans l'enseignement. Avec lui, c'était l'école, les habitants, pis le clergé. Amélie est sortie ce soir? Partie aux vues avec Germaine?

— Non, chez le dentiste, papa. Vous l'avez déjà oublié?

— Des fois, j'perds la boule. C'est vrai qu'elle me l'a dit. Pendant qu'on est tout seuls, Adèle, j'aimerais te dire quelque chose d'important.

— Allez-y, papa, il n'y a que vous et moi, en effet.

— J't'aime, Adèle. J't'ai toujours aimée. J'ai jamais su comment t'le dire, mais t'as un cœur d'or même avec ton caractère de chien. T'es pareille comme moi, toi.

Adèle resta bouche bée. Laissant tomber son tricot, elle regarda son vieux père, les yeux embués de larmes. Gêné, angoissé même, Henri poursuivit:

— C'est vrai que j'ai été plus proche d'Amélie, mais c'est à cause de ta fierté. Les Berthier sont tous pareils. Ils sont sensibles mais orgueilleux. T'es une vraie Berthier, Adèle. Une fille qui a du cœur au ventre. Oui, j't'aime et maintenant que j'suis vieux, j'peux t'le dire. Avant, ça m'aurait embarrassé, mais j'ai promis à ta mère de te l'avouer avant d'fermer les yeux.

— Arrêtez, papa. Je suis toute bouleversée et pour vous, dans votre état…

— Fallait que j't'le dise, Adèle. T'es ma p'tite fille, pis j't'ai toujours aimée.

Adèle essuya quelques larmes et murmura:

— Moi aussi, je vous aime, papa.

Le vendredi 2 octobre 1959. Il était quatre heures du matin lorsque Amélie fut réveillée brutalement par un bruit suivi de fracas. Le tout venait de la chambre de son père. Sautant hors du lit, elle se dirigea vers la petite pièce et entra à vive allure. Elle resta figée. Son père était étendu de tout son long, face contre terre.

— Papa, papa, qu'est-ce que vous avez? Vous êtes tombé?

Elle tenta de le soulever pour ensuite le tourner sur le dos. Spectacle horrifiant. La bouche ouverte, les yeux dans le vide, Henri Berthier venait de rendre l'âme. Reculant de deux pas, elle cria de toutes ses forces:

— Adèle, Adèle, viens vite. Adèle, Adèle…

L'aînée, qui n'avait eu connaissance de rien, se réveilla en sursaut aux cris de sa sœur et accourut jusqu'à la chambre de son père. Amélie le montrait du doigt en tremblant et en pleurant.

— Il est mort, Adèle. Il est mort. Appelle quelqu'un. Vite!

Adèle garda son sang-froid et se pencha sur le corps de son père. Ce dernier ne respirait plus. Il avait nettement cessé de vivre. À deux, elles réussirent à le hisser sur le matelas. Par terre, des éclats de vitre. En tentant de se lever, en tombant raide mort, Henri avait accroché de la main un cadre qui s'était fracassé. Sur le plancher, juste à l'endroit de sa chute, on pouvait voir le portrait de noces du défunt; il était assis dans un fauteuil, et sa douce Georgina tout de blanc vêtue était debout à ses côtés. Adèle regarda son père puis la photo par terre. Se tournant vers sa sœur, elle la prit dans ses bras et la consola en lui murmurant:

— Il avait raison. Maman a fini par venir le chercher.

— Oh! papa, papa, vous ne pouvez pas partir comme ça!

Amélie était hystérique et elle pleurait presque de rage. Secouée, inconsolable, elle criait de tous ses poumons:

— Sans le moindre mot d'adieu, Adèle. Sans un au revoir tout comme maman. J'aurais tellement aimé lui parler une dernière fois.

Adèle pleurait doucement. Tenant la main de sa sœur, elle la conjura:

— Jure devant lui qu'on ne se quittera jamais, Amélie.

Obsèques modestes. Adèle et Amélie avaient tenu à ce que leur père soit exposé dans le petit salon de la maison. Edna, Godfrey, Charles et son épouse vinrent de North Bay pour assister aux funérailles du doyen de la parenté. Boutin, le pharmacien, quelques comparses de taverne, Germaine et son frère Vianney, une ou deux dames de Sainte-Anne, le docteur Grenon et sa femme, des élèves de mademoiselle Adèle, etc. Un défilé que les deux sœurs ne virent même pas, tellement la douleur était profonde. Un service religieux sans déploiement, quelques fleurs, un coussin sur la tombe avec l'inscription: «À papa, avec amour» et le cadavre fut mis en terre juste à côté du cercueil de leur mère. Henri avait finalement rejoint sa Georgina et tous ceux qu'il voulait tant revoir au paradis. La cousine s'affaira et juste avant de reprendre le train, elle dit à Amélie:

— *My God*! La maison va être bien trop grande pour vous deux.

— Non, Edna. On va encore l'habiter, Adèle et moi. On va au moins essayer.

Si Amélie avait été la plus fragile au cours du triste événement, c'est Adèle qui dépérissait avec les premières neiges de décembre. Sombre, plus austère que jamais, elle avalait à peine quelques bouchées. C'est comme si le couloir de la dépression l'invitait de sa noirceur. Amélie faisait tout son possible pour la distraire, mais un jour Adèle éclata:

— Tu vas me dire qu'il y a un bon Dieu, toi? Qu'il est miséricordieux?

— Bien sûr, Adèle, tu ne devrais pas en douter. Tout ce qui arrive n'est que sa volonté. Dieu éprouve ceux qu'il aime…

— Trêve de catéchisme, Amélie. Fais-moi grâce de ton évangile aussi. Si le bon Dieu existait, crois-tu qu'il éprouverait sans cesse les honnêtes gens? Penses-tu qu'il m'aurait donné la vie que j'ai eue, moi?

— Allons, Adèle, tu es révoltée. Calme-toi, voyons. Ne parle pas de la sorte.

— De la marde, Amélie. Voilà ce qu'il m'a donné, ton bon Dieu, et toute ma vie à part ça. De la marde, juste de la marde!

— Adèle, cesse de blasphémer ainsi. Quel vocabulaire pour parler du Seigneur!

— Il faut appeler les choses par leur nom. Oui, c'est tout ce que j'ai eu de lui. Aucun amour, une mère ravie trop tôt, un père qui est mort juste au moment où il avouait m'aimer. Non, je n'ai pas mérité cela. Il n'a mis que des épines sur ma route, ton bon Dieu, pas le moindre pétale de rose. Pas de mari, pas d'enfants, pas la plus petite promesse. Il t'a même donné un petit que j'ai aimé, Amélie, puis il l'a repris. Autant à moi qu'à toi, parce que ton petit Jacquot, c'était toute ma vie. J'ai bûché, j'ai travaillé, j'ai pleuré et j'ai même prié. Il ne m'a jamais écoutée, jamais exaucée. Tu vas me dire que c'est ça être un Dieu, et bon par surcroît? Non, Amélie, la terre, c'est ça l'enfer. Après, c'est le cimetière, pas le paradis. Et dire que père pensait rejoindre notre mère. Heureux les creux, hein!

— Adèle, cesse de parler comme ça. Tu te fais du mal et tu me fais de la peine. Si tu avais cru en lui au lieu de l'ignorer comme tu l'as fait, il t'aurait certainement exaucée dans tes souhaits. Tu n'as pas le droit de te révolter contre ton Créateur. C'est abominable d'en arriver là.

— Tu penses qu'il t'a plus aimée, ton bon Dieu? C'est sans doute sa miséricorde qui a fait que Nick t'a quittée, que Jacquot est...

— Tais-toi, Adèle, tu ne sais plus ce que tu dis. Tais-toi avant que le ciel ne te punisse de blasphémer ainsi. Pense à père et à mère qui te regardent de là-haut. Pense à ceux qui sont encore plus éprouvés que toi, à ces enfants qui n'ont rien à manger et qui gardent l'espoir, à ces vieillards abandonnés. Adèle, tu n'as pas le droit de douter du Seigneur.

L'aînée se jeta dans les bras de sa sœur et ajouta en pleurant:

— Je voudrais tant, je voudrais tant, mais je n'ai plus aucun espoir, moi. J'ai tout fait pour m'accrocher à lui. Je n'en peux plus. J'aurais tellement voulu être comme toi! Pourquoi a-t-il fallu que personne ne m'aime, que personne ne s'approche de moi?

— Mais je suis là, moi, Adèle. C'est Dieu qui a voulu que je sois là. Oui, et il a été bien bon de faire en sorte que nous soyions deux à accepter les épreuves. Je suis là, Adèle, et je t'aime beaucoup, tu sais.

— Tiens, toi aussi? Pourquoi ne me l'avoir jamais dit? Attendais-tu que je sois à bout de force, pour t'exprimer ainsi? Papa m'a fait le même aveu avant de mourir. Pourquoi cette cruauté? Ce que tu m'avoues aujourd'hui, j'aurais dû l'entendre il y a bien des années, Amélie.

— Tu en doutais? Pauvre Adèle! Tu as toujours eu une place de choix dans mon cœur. C'est vrai que je ne te l'ai jamais dit, mais m'en as-tu seulement donné la chance? Tes sentiments étaient sous carapace, Adèle. Pour papa comme pour moi. Toi non plus, tu ne t'es jamais exprimée. Comment pouvions-nous savoir? Cesse de pleurer et retrouve tes forces. Nous avons besoin l'une de l'autre, maintenant. Tu as toujours été la plus forte, Adèle, et j'ai besoin de toi. Redeviens celle que tu étais, retrouve le sourire et la joie de vivre et tu verras que la vie a encore beaucoup à offrir. Tu ne passes qu'un mauvais moment, crois-moi. Aide-toi et le ciel t'aidera. Ne t'en fais plus avec Dieu, ne l'accuse plus de rien. Je suis certaine qu'il te pardonne cet outrage et qu'il te fera retrouver la foi. Je le prierai sans cesse, Adèle, juste pour toi, mais je t'en conjure, aide-toi.

Adèle se jeta dans les bras de sa sœur et, séchant ses larmes, lui demanda:

— Tu ne me quitteras pas, Amélie? Tu finiras ta vie avec moi?

— Laissons le destin se charger de nous, Adèle.

— Non, c'est trop facile. Tu l'as juré, Amélie. L'as-tu déjà oublié?

— Non, je n'ai rien oublié. Je serai avec toi, Adèle, quoi qu'il arrive.

Ce fut un triste Noël, un bien triste temps des fêtes. Sans le père à la maison, c'est comme si tout s'était enseveli. Plus de hockey, pas le moindre bruit, plus d'odeur de tabac, pas la plus petite nouvelle dont on aimait tellement l'entendre parler jadis. Amélie avait touché l'orgue à l'église et Adèle s'y était rendue afin de se replonger dans une certaine nostalgie. Elle fit brûler un lampion. On ne sut jamais pour qui ni pourquoi. Journée de Noël: Adèle cuisinait pendant qu'Amélie jouait du Schumann sur le piano désaccordé. Tout pour faire plaisir à sa sœur qui retrouvait peu à peu meilleure mine et un peu de sa mauvaise humeur. Un coup de téléphone de North Bay. Edna n'avait pas oublié.

— *Merry Christmas*! les cousines.

Chapitre 14

Que de printemps, que d'étés et combien d'hivers rigoureux s'étaient écoulés depuis le décès du paternel! Seuls les calendriers pouvaient les compter. Dans la petite maison de bois et de stuc du boulevard Gouin, deux vieilles demoiselles profitaient de l'été dans la balançoire de leur cour donnant sur la rivière. Adèle avait eu soixante-cinq ans en mai. Premiers chèques de pension de vieillesse à venir, elle avait cessé d'enseigner depuis trois ans. Comment avait-elle vécu sans cette aide du gouvernement? Les quelques années de sursis s'étaient écoulées au gré d'une stricte économie. Son argent à la banque avait profité au fil du temps et l'héritage du père, par le biais d'une police d'assurance-vie, lui avait permis une retraite prématurée. Vêtue de noir ou de gris, elle sortait peu, sauf pour assister à la messe en compagnie d'Amélie. Sa foi lui était un tantinet revenue. Croire ou ne pas croire? La dame aux cheveux gris avait opté pour la crédulité... au cas où. La maison n'était plus ce qu'elle était. Délabrée, bonne à repeindre. La vieille fille refusait qu'on rénove quoi que ce soit. «Les sous ne poussent pas dans les arbres», disait-elle constamment à sa sœur qui, découragée, voyait sa demeure devenir peu à peu une mansarde. Rabougrie, silencieuse, repliée sur elle-même, Adèle Berthier ne prenait la parole que pour critiquer. Ce monde moderne l'étouffait, et la jeunesse l'inquiétait avec sa mode euphorique. La vieillesse? Elle la craignait tout en s'y dirigeant d'un pas ferme.

— Adèle, tu devrais soigner ta tenue. On te donne facilement soixante-quinze ans.

— Occupe-toi de ta petite personne, Amélie, laisse-moi tranquille.

— Si seulement tu voulais, tu es encore très belle, tu sais.

— Ça n'a plus d'importance. Je n'ai plus l'âge de la coquetterie.

— Mais, Adèle, j'ai à peine un an et demi de moins que toi et…

— Tu as l'air d'une vieille poudrée, Amélie. On ne te l'a pas encore dit?

L'année 1969 arriva. L'homme fit la conquête de la Lune, les Expos disputèrent leur premier match, ce fut le premier anniversaire de la mort de Daniel Johnson et Adèle… rêvait toujours de Schumann. Vivant de souvenirs, le nez toujours plongé dans les classiques de la littérature, elle avait même annulé la livraison du journal pour ne pas lire ce qui se passait dans ce monde de démence. Elle n'ouvrait le téléviseur que pour les concerts de Radio-Canada ou le visionnement d'un vieux film français en fin de soirée. Elle avait son petit appareil dans sa chambre et fermait sa porte quand Amélie ouvrait le téléviseur du salon pour y suivre les téléromans les plus récents. Elle faisait le marché, adressait à peine quelques mots aux commerçants et partait après avoir payé comptant. Jamais le moindre pourboire au livreur. Aucune voisine ne réussissait à l'approcher.

Froide, distante, elle répondait d'un léger signe de tête quand on la saluait. «Quelle drôle de femme», disaient les gens du quartier. «Une vraie sauvagessse et l'air bête à part ça», murmuraient les autres. «Heureusement que sa sœur n'est pas comme elle. Quelle perle, celle-là!» chuchotait-on quand on les voyait ensemble.

Amélie avait également traversé toutes ces saisons, mais d'une façon différente. Après la mort de son père, elle avait réussi à réintégrer son emploi chez le docteur Grenon et l'avait conservé jusqu'à la mort de ce dernier, cinq ans plus tard. Vive et alerte, elle avait déniché un autre emploi chez un libraire et avait même repris quelques élèves à la maison. Trois fillettes venaient régulièrement y suivre des leçons de piano. Les temps durs n'avaient pas été longs pour la dépendante de l'aînée durant la maladie du père. Elle avait donc pu reprendre ses activités, au grand bonheur de Germaine, et repartir à la recherche des plus belles robes de chiffon. Elle fumait toujours, prenait sa bière à l'occasion, du vin dans les restaurants et ne voulait à aucun prix quitter son emploi, même aujourd'hui. «Le plus tard possible», pensait-elle. Non, elle ne voulait pas ressembler à sa sœur. Non, ses volets sur la vie n'allaient pas se clore ainsi. Même si ces dix années ne lui avaient guère apporté quoi que ce soit de bon. Sa chambre peinte en rose avait l'ambiance de celle d'une jouvencelle. À soixante-trois ans, Amélie restait une femme de goût et était encore fort attirante. Germaine et elle dépensaient sans compter dans les centres commerciaux pendant qu'Adèle achetait le strict nécessaire à l'aide du catalogue de la maison Eaton. Amélie s'était même fait percer les oreilles pour porter les anneaux d'or à la mode, ce qui avait fait dire à sa sœur: «Une vraie négresse, voilà de quoi tu as l'air.» Amélie songeait parfois à la quitter, à partir de chez elle et à louer un petit logement avec Germaine, mais elle avait juré... Il fut quand même un temps où tout allait bien entre sa sœur et elle. Beaucoup mieux qu'en ce mois de juillet où plus rien n'était à espérer, sauf un hiver qui n'allait pas trop la malmener.

Oui, bien des choses avaient changé après le départ du père. Adèle s'était rapprochée d'elle au point de se l'approprier. Chaque soir, Amélie devait lui offrir un récital. Rien de neuf cependant. Du Schumann, du Ravel, du Beethoven, du Mahler. Son aînée lui offrait même des cadeaux à l'occasion. Un collier, un parfum, un ceinturon, des chocolats. Amélie payait chèrement le fait de lui avoir dit qu'elle l'aimait. D'égale à égale, les sœurs cohabitaient dans le calme et la paix. Jamais le moindre reproche, même quand elle sortait avec Germaine. Sans partager ses goûts, sans la suivre dans ses déplacements, même sur invitation, Adèle était tout sourire quand, le soir venu, sa sœur rentrait. Il s'était pourtant passé quelque chose dans la vie de ces deux femmes. On ne traverse pas une décennie en parlant strictement du soleil ou de la pluie. Elles avaient eu des histoires, ces saisons écoulées. Amélie avait davantage rempli les pages de ses journaux intimes. Adèle avait encore au fond du cœur un souvenir impérissable. Oui, les années avaient eu leur mot à dire. Elles avaient vécu l'une et l'autre de grandes émotions desquelles il ne restait que deux prénoms. Florent... et Marie-Thérèse.

Mai 1963. Amélie était à son poste dans le petit bureau du docteur Grenon. Prenant ses appels, fixant des rendez-vous, la matinée s'annonçait chargée.

— Bureau du docteur Grenon?

— Bonjour, mademoiselle. J'aimerais obtenir un rendez-vous le plus tôt possible avec le docteur Grenon. Mon nom est Florent Marcil.

— Vous êtes un patient du docteur Grenon, monsieur?

— Non, je suis recommandé par madame Campion, une patiente du docteur.

— Est-ce urgent? Puis-je savoir un peu la nature de votre mal?

— Des douleurs du côté du foie. Je ne dors pas depuis deux jours.

— Bon, que diriez-vous de demain matin à neuf heures pile?

— Ça me va, j'y serai, mademoiselle. Merci beaucoup.

— À demain, monsieur Marcil. Le docteur vous attendra.

Appel parmi tant d'autres. Un patient parmi ceux qui souffraient d'arthrite, de bursite, d'un taux élevé de cholestérol ou d'embonpoint. Le docteur Grenon, brave médecin de famille, soignait à peu près tout, sauf ce qui relevait des spécialistes.

Le lendemain, Florent Marcil se présenta. Plutôt gras, chauve et quelque peu édenté, il avait cet air jovial qu'affichent les bons vivants. Nom, adresse, âge. Il avait soixante ans. Antécédents médicaux, Amélie relevait tout avant de remettre le dossier au médecin.

— Le nom de votre épouse, s'il vous plaît?

— Je suis veuf depuis trois ans, madame. Ma femme s'appelait Léonie Poirier.

— Des enfants?

— Deux fils, mariés tous les deux et âgés de trente et vingt-huit ans.

— Veuillez vous asseoir, monsieur, ce ne sera pas très long.

Tout en s'affairant à ses dossiers, tout en prenant ses appels, Amélie remarqua que le patient face à elle ne la quittait pas des yeux. Mal à l'aise, elle souhaitait qu'il s'empare d'une revue, qu'il baisse un peu les yeux. Florent Marcil n'en fit rien. Il la regardait, lui souriait fréquemment sans se soucier des trois autres patients. Son tour arriva enfin et Amélie échappa un soupir de soulagement. Le gros monsieur fut introduit dans le bureau et en sortit vingt minutes plus tard. Souriant, il avait déclaré au médecin:

— Vous venez de m'enlever une épine du pied. J'avais tellement peur d'être opéré.

Prenant son imperméable, il se retourna et remercia Amélie en lui disant:

— Vous avez été très aimable, madame. Madame...?

— Mademoiselle, monsieur. Mademoiselle Berthier.

— Ça vous fait pas mal de travail, n'est-ce pas?

— Oh! vous savez, avec le temps on s'habitue.

Le téléphone sonna, Florent Marcil sortit et, après son appel, Amélie put lire sur le résumé du dossier que lui avait remis le docteur pour le classer: Gaz intestinaux, flatulences, gonflement de l'abdomen. Régime strict. «Il doit manger comme un cochon!» pensa Amélie tout en rangeant le dossier. Monsieur Marcil était sorti avec une ordonnance et un autre rendez-vous dans quinze jours. Amélie classa le dossier 207 dans son fichier à la lettre M.

Quinze jours plus tard, comme convenu, Florent Marcil se présenta de nouveau au bureau du docteur Grenon. La matinée était plutôt calme. Une vieille dame venait d'entrer dans le cabinet du médecin et il ne restait plus que le joufflu monsieur dans la salle d'attente. Vêtu proprement, gai comme un pinson, il toussotait dans l'espoir d'attirer l'attention d'Amélie qui tapait un dossier sur sa machine à écrire.

— Belle journée, n'est-ce pas? Je pense que l'été sera passablement chaud.

— En effet et surtout humide... répondit Amélie sans quitter sa feuille.

— Vous habitez dans les parages?

— Pas tellement loin. Ça se fait même à pied.

— Voilà qui est très bon pour la santé. Ça ne vous dérange pas de voir tous ces gens qui viennent ici pour se plaindre?

— Pas du tout, la maladie frappe tout le monde, vous savez.

— Je ne voudrais pas être indiscret, mais vous avez toujours fait ce travail?

— Non, j'ai déjà enseigné la musique.

Amélie avait délaissé son travail et une conversation s'engagea entre elle et le brave homme qui semblait s'ennuyer terriblement. C'est ainsi qu'elle apprit qu'il était un commerçant retraité, que sa femme était décédée d'une pneumonie double et que ses deux fils, Raymond et Olivier, avaient pris la relève du magasin de chaussures qu'il leur avait légué.

— Là, je tourne en rond. J'ai pas grand-chose à faire, vous comprenez.

— Pourtant, ce ne sont pas les activités qui manquent. Vous n'aimez pas le sport ou le théâtre?

— Les sports, non. Je vais parfois au cinéma, mais tout seul ce n'est pas tellement plaisant. Personne à qui passer ses commentaires.

La vieille dame sortit et ce fut au tour de monsieur Marcil d'entrer. Brève visite, car sept minutes plus tard, il sortait tout souriant. Le docteur l'accompagnait et lui recommandait:

— N'oubliez pas, rien de gras, surtout pas de lard salé. Je vous l'avais bien dit que votre problème serait de courte durée. Vous êtes sur la bonne voie. Continuez à prendre vos pilules et faites un peu plus d'exercice.

— Comme ça, je n'ai pas à revenir, docteur?

— Non, à moins que vous ressentiez quelques complications, mais j'en doute, monsieur Marcil. Vous êtes un homme pétant de santé!

«C'est le cas de le dire»… pensa Amélie tout en souriant. Le point culminant du dossier faisait justement mention de pets répétitifs!

Le docteur réintégra son bureau et Florent Marcil jasa quelque peu avec Amélie avant de partir. Il put apprendre discrètement qu'elle vivait avec sa sœur et que son brave père était décédé. Ils parlèrent encore de cinéma et Marcil en profita pour ajouter:

— Ah! si seulement j'avais une personne comme vous avec qui y aller. Vous pourriez m'apprendre beaucoup.

Amélie sourit mais ne répondit pas. Constatant sa maladresse, le brave homme ajouta:

— Je me suis mal exprimé. Je ne voudrais pas que vous pensiez…

— Vous n'avez pas à vous excuser, monsieur Marcil. Je vous sens de bonne foi, mais je pars dans quelques jours pour North Bay visiter ma cousine et j'y resterai plus d'un mois. C'est là que je suis née, vous savez.

Pieux mensonge que celui du voyage. Amélie ne tenait pas à s'engager dans la moindre sortie qui soit. Elle avait fait son deuil de toute éventualité sur ce plan.

— Bon, ben, bon voyage, mademoiselle, et à un de ces jours, peut-être.

— Merci, monsieur Marcil, et un bon été de votre côté.

Le docteur Grenon, qui avait tout entendu de son bureau, s'étira le cou pour lui dire:

— Il semble vous trouver de son goût, Amélie.

— Docteur, je vous en prie, ne partez pas de rumeurs, vous!

Le docteur s'esclaffa et ajouta le plus sérieusement du monde:

— Vous avez peut-être tort, Amélie. C'est un brave homme que celui-là.

— Adèle, tu as vu à la télévision? On a parlé de Valentina Tereshkova, la première femme cosmonaute de l'histoire. C'est pas mal fort, non?

— Qu'est-ce que tu veux que ça me fasse? Tu sais, moi, la Lune puis sa découverte, ça me laisse froide. Il y a pourtant tant de choses à faire sur terre. On dépense pour ces choses-là et il y a des enfants qui crèvent de faim au tiers monde.

Adèle, comme toujours, y alla d'un vibrant discours sur la misère humaine, effaçant d'un seul trait l'exploit de cette courageuse Valentina. Quelques jours plus tard, le 21 juin plus précisément, le cardinal Montini devenait pape sous le nom de Paul VI. Amélie était bouleversée par l'événement.

— J'aurais préféré qu'il choisisse Jean XXIV comme nom.

— Bah! ce n'est qu'un pape de plus, ma pauvre sœur. Un autre à rouler sur l'or et les richesses du Vatican pendant que…

Et Adèle y alla de son négativisme le plus ancré même face à l'élection du représentant de Dieu sur terre. Elle osa même ajouter:

— Encore des courbettes, mais ce n'est pas le pape qui mettra de la viande dans les assiettes!

Germaine avait invité Amélie pour une glace sur la terrasse d'un petit restaurant de la rue Saint-Denis. Les deux bonnes amies se voyaient plus rarement depuis quelque temps et les retrouvailles étaient superbes. Elles avaient tant de choses à se dire.

— Tu sais que mon frère Vianney a fait un voyage à Paris?

— C'est pas vrai! Le chanceux! Dire que moi, je ne suis pas allée plus loin que North Bay. C'est pourtant cher, l'Europe?

— Oh oui! T'aurais dû voir tout ce qu'il a économisé pour s'y rendre! Il a visité le Louvre et le château de Versailles avec sa femme. Il m'a dit que c'était vide, que ça ne valait pas le déplacement. Il s'est rendu jusqu'à Marseille et il a bien aimé ça. Il est revenu gras comme un voleur. Dis donc, Amélie, si on faisait un voyage, toi et moi?

— Tu sais bien que je n'ai pas d'argent, Germaine. J'arrive bien juste.

— Pas si loin, Amélie. On pourrait quand même aller aux États-Unis?

— Voyons donc, Germaine, j'ai même pas ce qu'il faut pour me rendre à North Bay.

— Bon, dans l'temps comme dans l'temps. On peut quand même en rêver, tu penses pas? Qui te dit qu'on ne gagnera pas le *Irish Sweepstake*?

Les deux femmes éclatèrent de rire. Un rire d'enfant interrompu par une voix.

— Mademoiselle Berthier! Si je pensais vous trouver là!

Amélie leva la tête. Droit devant elle et souriant, Florent Marcil. Présentations faites, elle ajouta pour Germaine:

— C'est un patient du docteur Grenon.

— Dites donc, vous n'étiez pas supposée être en vacances chez votre cousine?

— Heu… oui, mais son mari est tombé malade et j'ai dû annuler. Vous en avez de la mémoire, vous, ajouta-t-elle en rougissant gauchement.

— C'est peut-être parce que j'ai beaucoup pensé à vous, mademoiselle. Vous permettez que je prenne une glace avec vous sans trop vous déranger?

Amélie hésita, regarda Germaine et c'est cette dernière qui l'invita.

— Prenez donc place, monsieur, ça ne dérange en rien.

Florent, toujours bon vivant, y alla d'histoires drôles qui firent rire Germaine. Il parla ensuite de sa solitude, de ses enfants, de la pluie et du beau temps et ajouta pour le bénéfice de Germaine:

— J'aime aussi le cinéma, mais votre amie a refusé de m'y accompagner le mois dernier.

— Je n'ai pas refusé, monsieur Marcil, je partais pour…

Sautant sur l'occasion, il ajouta, à l'endroit d'Amélie cette fois:

— Bon, et là, si je vous le demandais pour la seconde fois? Il y a un bon film au Palace qui me tente, mais c'est en anglais et j'aurais besoin d'une personne comme vous pour me le traduire. Vous accepteriez?

— Bien, c'est que…

Amélie regarda Germaine qui semblait lui dire des yeux de ne pas décevoir le pauvre homme. N'écoutant que son bon cœur, Amélie susurra:

— Je ne dis pas non, mais…

Florent ne la laissa pas continuer et lui lança:

— Ne vous en faites pas, ça n'engage à rien. Quand pourrais-je vous inviter?

Ils parlementèrent plus longuement et c'est finalement Amélie qui obtint le numéro de téléphone du monsieur. Elle avait refusé de lui donner le sien à cause d'Adèle. Ils jasèrent un peu et Marcil s'excusa.

— Bon, j'ai assez pris de votre temps, mesdames. Il faut que je rentre, car mon Raymond vient me chercher pour souper.

Il salua Germaine et, serrant la main d'Amélie, il ajouta timidement:

— Je peux donc espérer avoir de vos nouvelles avant longtemps?

— Je vous ferai signe, monsieur Marcil. Nous irons le voir, ce fameux film.

Après le départ de l'homme, Amélie regarda Germaine pour lui dire:

— Me voilà dans de beaux draps. Il ne m'a guère laissé le choix.

— Vas-y, Amélie. Une sortie, ça n'engage à rien, comme il l'a dit.

— Tu oublies que c'est un veuf, Germaine. Ça, c'est parfois pire qu'une sangsue.

— Mon Dieu, Amélie, sois pas si méfiante! Parfois, j'ai l'impression d'entendre Adèle. Tu as cinquante-huit ans, Amélie, pas soixante-quinze! On ne sait jamais. Et puis, tu n'as rien à perdre! Regarde Edna, ça devrait être un exemple pour toi.

— Ah! toi, Germaine Brisson! Tu as le don de convaincre comme ça ne se peut pas!

Hésitante, surtout à cause de sa sœur qui la surveillait de près, Amélie mit quinze jours avant de rappeler Florent qui se désespérait. Bien sûr que le film n'était plus à l'affiche, mais Amélie suggéra un film français au Cinéma de Paris. Il s'offrit de venir la prendre à la maison avec sa Chevrolet, mais Amélie refusa net.

— Je vous rejoindrai au petit restaurant de la rue Saint-Denis.

Après tout, avec une sœur toujours en rogne, qu'avait-elle à perdre? Elle s'emmerdait à la maison et Germaine avait peut-être raison.

Amélie se fit très coquette et sa sœur, silencieusement, l'observait.

— Tu sors? Puis-je savoir où tu t'en vas dans ta robe neuve?

— Je sors, Adèle. Où et avec qui, ça ne te regarde pas. Je n'ai pas de comptes à te rendre, à ce que je sache.

— De quel droit me parles-tu sur ce ton? Ce n'était là qu'une simple question.

— Bon, excuse-moi si je t'ai froissée, mais mettons les choses au clair. Je vais là où bon me semble et tu en fais autant de ton côté. Ça t'arrange?

— Je ne sors jamais, moi. C'est plutôt toi que ça arrange. Avec toi, on ne sait jamais ce qui se passe. C'est à peine si nous causons toutes les deux.

— Oui, Adèle, parce que rien ne t'intéresse à part Schumann et tes poètes. J'ai tout fait pour me rapprocher de toi, mais c'est peine perdue. J'ai décidé de mener ma vie et de te laisser vivre la tienne. On habite ensemble et c'est déjà assez pour moi. Mes moments de loisir, je n'ai pas à les justifier.

— Pourquoi t'emporter? Quelle mouche t'a donc piquée?

— Je m'emporte avant que tu le fasses, Adèle. C'est la seule façon avec toi.

— Tu me juges bien mal, ma pauvre sœur. Tu rentreras tard?

— Je ne le sais pas et ça aussi ça ne regarde que moi.

— C'était juste pour savoir si…

— J'ai ma clef, Adèle, et je trouverai bien la serrure toute seule.

— Bon, fais donc ce que tu voudras, sale caractère!

Amélie pouffa de rire:

— Quoi? C'est toi, c'est bien toi qui me dis ça?

La soirée fut charmante, mais le film, plutôt ennuyeux. Florent Marcil s'en foutait éperdument. Depuis la mort de sa femme, c'était la première fois qu'une dame était à ses côtés. Il l'invita à prendre un goûter au restaurant et ils parlèrent pendant des heures. Il la regardait sans cesse avec un sourire empreint de bonté. Dès la première fois qu'il l'avait vue, Amélie ne l'avait pas laissé indifférent. Une célibataire de surcroît, Florent n'en espérait pas tant. Amélie lui parla de sa mère, de sa sœur, de son père, de North Bay, de ses récitals et trophées de jadis. Bref, elle lui parla de tout sauf de Nick et de l'enfant qu'elle avait eu de lui. De son côté, Florent lui raconta sa longue union avec sa Léonie, son lien avec ses fils, même si l'une de ses brus, la femme d'Olivier, lui était hostile. Il lui parla de son petit-fils, l'enfant de Raymond. Il fit narration de ses dures années de labeur dans son magasin de chaussures, de son chagrin lorsque sa femme partit pour le paradis, de sa solitude, des femmes qui tentaient de l'amadouer. Il ajouta même avec fierté: «Je ne suis pas du genre, vous savez. D'ailleurs, aucune ne vous ressemble.»

Il était minuit et il n'était pas question qu'Amélie rentre seule à la maison. Il insista pour la reconduire et elle accepta volontiers. Elle pensait: «Adèle dort sûrement» pour ensuite ajouter dans sa pensée: «Si elle me voit, tant pis pour elle. Je n'ai rien à lui expliquer.» Florent habitait rue Beaubien, pas tellement loin du coin où Amélie avait grandi. Le détour pour la ramener à la maison était loin de l'ennuyer. Au contraire, ça lui permettait de faire plus ample connaissance, et il parvint même à la convaincre de s'appeler par leur prénom. Il la déposa juste à la porte en s'exclamant: «Quelle jolie petite maison!» Il lui fit part de son désir de la revoir. Elle répondit: «Peut-être.» Amélie déverrouilla la porte. Sans être troublée par la soirée, elle sentait qu'un lien venait de se créer. Un lien qui lui redonnait une confiance depuis longtemps tuméfiée. Tout était noir. Pas un bruit, pas le moindre son. Adèle dormait sûrement. Mais non, de sa fenêtre entrouverte, Adèle avait tout vu... tout entendu.

Petit déjeuner. Silence infernal qu'Adèle rompit soudainement.

— Qui était l'homme qui t'a raccompagnée hier soir?

— Évidemment, j'aurais dû m'en douter. Tu es restée debout jusqu'à ce que je rentre, n'est-ce pas? Je ne suis pas assez grande pour...

— Amélie, tu n'as pas répondu à ma question.

— Que tu n'es pas en droit de poser. Ça ne te regarde pas, Adèle.

— Amélie, comprends-moi! Je ne veux que ton bien. N'ai-je pas été la sœur que tu désirais depuis la mort de papa? Pourquoi cette agressivité?

— Tu as été charmante, Adèle... pendant dix-huit mois! Je les ai même comptés, ces jours pendant lesquels tu faisais semblant d'avoir changé de peur que je te quitte. Dix-huit mois, Adèle, et tu es redevenue celle que tu étais.

— Ce n'est pas vrai, Amélie, C'est toi qui, parfois, me pousses à bout.

— Tu crois? Tout ce que j'ai essayé toute ma vie, Adèle, c'était de te pousser au bout de toi. J'aurais voulu que tu sois heureuse parce que j'aurais pu l'être également si le sourire t'avait éblouie. Mais non, tu te replies de plus en plus sur toi-même, tu es près de tes sous, tu ne te coiffes même plus. Qu'as-tu fait de ta vie, Adèle? Qu'en fais-tu encore aujourd'hui alors que tu pourrais jouir de tes plus belles années?

— Tu m'as pourtant avoué que tu m'aimais, Amélie. Tu t'en souviens?

— Oui, je ne l'ai pas oublié et je voudrais tellement t'aimer comme mon cœur me le commande, mais tu ne te laisses pas aimer, Adèle. Non seulement tu te butes, mais, toi, m'as-tu seulement dit une seule fois que tu m'aimais?

— Ai-je besoin de te le dire, ma petite sœur? Ne suis-je pas à tes côtés?

— Pour me cerner, Adèle. Pour m'accaparer, pour me vilipender, pas pour m'aimer.

— Tu as tort, Amélie. Si seulement tu savais combien je tiens à toi. Tu es tout ce que j'ai pour encore espérer de cette vie. Tout ce que j'ai, Amélie.

— Dans ce cas, c'est mon bonheur que tu devrais souhaiter, Adèle, seulement ça.

— Tu veux bien me dire qui était l'homme qui t'a raccompagnée?

— Un ami du docteur Grenon. Un veuf de bonne réputation.

— Tu comptes le revoir? C'est probable, Amélie?

— Peut-être, je ne sais pas. Il faut que je me sauve, il est déjà huit heures.

Amélie revit Florent plus d'une fois au cours de l'année. D'un jeudi à la prochaine quinzaine pour ensuite passer à une fois par semaine. Ils allaient ensemble au cinéma, dans les restaurants, à des concerts, en promenade à la campagne. Elle avait retrouvé une joie de vivre, un essor qu'elle n'espérait plus. Florent, rempli d'amabilité, répondait au moindre de ses désirs. Épris de cette tendre créature, il rêvait de l'impossible. Il l'avait invitée maintes fois à partager un souper à la maison lorsque Raymond, sa femme et leur fils venaient en visite. On s'était plu en la compagnie de cette femme que le bon Dieu avait placée sur la route du paternel. On l'aimait beaucoup, cette Amélie, avec sa gentillesse, son doux sourire et sa belle histoire de vie. Elle avait également fait la connaissance de son autre fils, Olivier. Beau garçon, très intelligent, instruit, le cadet de Florent lui avait dit: «Mes hommages, madame.» Elle l'avait vu une seule fois, et sans sa femme que le père n'aimait pas.

Les fils Marcil en étaient arrivés à voir, en cette vieille demoiselle, le bijou parfait pour l'écrin vide de leur père. Amélie s'amusait, se complaisait même, mais son cœur ne répondait pas tout à fait à l'ardeur de son prétendant. Elle aimait bien Florent, mais n'en était pas amoureuse. Respectueux, il voulait lui donner tout le temps de fondre d'amour pour lui, mais... Ils se vouvoyaient tout comme au premier jour et jamais la moindre marque d'intimité ne fut échangée. Sentant que le cœur de sa belle n'avait pas l'euphorie du sien, il patientait. Pas fou, pas bête, ce bon monsieur Marcil. Sa solitude était comblée, sa retraite, dorée. Pas d'imprudence, pas la moindre bévue. Il pensait en silence: «Elle finira bien par m'aimer.» Comblée de présents, Amélie avait reçu de son soupirant une montre-bracelet, des fleurs à pleins bouquets, un collier de perles de culture et combien d'autres petits colis sans le moindre prétexte. Quand elle le lui reprochait, il lui disait: «Prenez, vous me le rendez si bien.» Quand même cossu, ce monsieur Marcil, avec son gros duplex dont il habitait seul le premier étage. C'était certes un bon parti, mais...

Il n'était jamais venu à la maison sauf pour la prendre ou pour l'y reconduire. Adèle l'avait aperçu à quelques reprises de sa fenêtre, mais lui ne l'avait jamais vue. Contrariée par la présence de cet homme dans la vie de sa sœur, elle n'osait rouspéter, craignant trop qu'Amélie en vienne à la quitter pour emménager avec lui. Distante et peu loquace, il lui arrivait de dire à sa sœur: «Tu sors avec lui ce soir?» «Lui», voilà comment elle appelait cet homme dont elle avait pourtant lu le prénom sur une carte brochée à une gerbe de roses. «Lui», l'intrus, l'étranger qui lui faisait ronger son frein. Elle parlait de tout avec Amélie sauf... de «Lui». Elle voyait pourtant les gâteries qui s'accumulaient et avait même eu vent d'une lettre d'Edna qui disait à Amélie: «*My God*, je suis si contente pour toi!» Germaine venait de moins en moins souvent à la maison, voulant laisser libre ce passage de vie de son amie. Elle se faisait discrète et ne la rencontrait qu'en de rares occasions pour l'entendre se plaindre avec tristesse: «Il est si gentil. Dommage que je ne sois pas amoureuse de lui.» Germaine manquait maintenant à Adèle. Non pas pour ce qu'elle valait mais pour ce qu'elle savait. Germaine qui meublait quand même un coin de sa solitude et qui l'amusait avec ses platitudes. Germaine qu'elle traitait de gourde, mais qui faisait que la maison n'était pas muette. Adèle, plus vieille fille que jamais, s'était lentement glissée sous sa carapace. Elle se regardait dans la glace et avait des rides d'effroi face à sa propre image. Plus malheureuse qu'elle, il n'y avait que la toiture qui coulait quand la pluie tombait. Elle ne recevait jamais de nouvelles d'Edna. Elle avait fermé les volets un à un et ne voyait plus le moindre rayon à l'horizon. Plus désespérée qu'elle, il n'y avait que la cigale qui savait qu'elle allait mourir à la fin de l'été. Adèle pleurait le soir alors qu'elle était seule. Elle se revoyait jadis dans les bras de René Juteau à qui elle s'était refusée. Adèle... autrefois si belle.

— Faudrait bien ramasser les feuilles sur le terrain, Amélie. C'est à peine si l'on voit où on marche.

— Je le ferai samedi. D'ici là, il y en aura d'autres de tombées. Nous ne sommes qu'au début d'octobre, tu sais.

— Tu sors ce soir?

— Oui, je vais au cinéma avec... Florent.

Amélie venait de prononcer son prénom devant sa sœur pour la première fois. Bien sûr qu'Adèle savait qu'il s'appelait Florent, avec tous ces messages qu'elle avait pris de sa part sans pour autant engager la conversation.

— Tu sais, Amélie, si jamais tu veux le recevoir à la maison, je n'ai pas d'objection. Je pense même qu'il serait temps que je fasse sa connaissance.

Amélie la regarda, méfiante, fronça les sourcils et questionna:

— Tu es certaine que ça te ferait plaisir? Tu en es sûre, Adèle?

— Bah! Au point où en sont les choses, tu ne crois pas que ce serait une bonne idée? Tu le fréquentes presque régulièrement à présent. Je pense qu'il serait en droit de rencontrer l'unique sœur que tu as, tu ne trouves pas?

— Oui, mais ce n'est pourtant pas là ton genre. J'avoue que tu me surprends…

— On change, avec le temps, ma petite sœur. Je ne te dis pas de l'inviter régulièrement, mais je ne peux t'empêcher de le recevoir une fois de temps en temps. Cette maison est aussi la tienne et que va-t-il finir par penser de moi, cet homme-là? Au fait, que lui as-tu dit de moi pour qu'il soit méfiant quand il appelle? Il me parle comme si j'étais la bonne ou la voisine.

— Je lui ai dit de ne pas se familiariser avec toi, Adèle, rien de plus. Somme toute, je t'ai dépeinte telle que tu es et il n'a pas insisté.

— Encore le portrait de la marâtre, je suppose? Ou celui de la vieille fille bornée?

— Non, juste celui de la femme peu sociable que tu es. Comme il est bien élevé, il a accepté de bonne grâce de ne pas t'ennuyer.

— Bon, ça va. Tu pourras quand même l'inviter à souper quand ça te plaira. Dis-le-moi d'avance, cependant, pour que je me prépare.

— Et on va le recevoir avec quoi? Un autre de tes pâtés chinois?

— Tu t'arrangeras avec le repas, Amélie. Reçois-le avec le veau gras si tu veux et achète le vin que tu voudras. De toute façon, c'est toi qui paieras.

— Si c'est comme ça, je veux bien m'occuper de tout, mais tu es certaine que ça ne te dérangera pas et que tu seras aimable avec lui?

— Oui, oui, puisque je te le dis. Tu peux même inviter Germaine si tu veux que ce soit encore plus réussi. De cette façon, tu n'auras même pas le temps d'être mal à l'aise. Je suis sûre qu'elle et lui vont bien s'entendre si ce n'est déjà fait. Invite-le une fois, après on verra bien.

Amélie était sur ses gardes. Que pouvait-il se passer dans la tête de sa sœur pour qu'elle fasse ainsi cette étrange volte-face? Elle qui ne voulait jamais voir personne, et encore moins un homme. Cette invitation de sa part était vraiment bizarre. Adèle n'avait pas l'habitude de virer ainsi son chapeau de bord.

Ce qu'Amélie ne savait pas, ce dont elle ne se doutait guère, c'est qu'Adèle se mourait de rencontrer celui qui pouvait intéresser sa sœur. Oui, par simple curiosité, maintenant que son père n'était plus là pour tout lui raconter. Elle voulait juste voir cet énergumène qu'en son cœur elle détestait déjà. Non, il n'était pas question qu'un autre homme lui vole Amélie. Il n'était surtout pas question que sa cadette finisse comme Edna, avec un mari à l'âge de la retraite. Adèle avait son idée, mais il lui fallait d'abord connaître ce va-nu-pieds.

— Tu as entendu la nouvelle à la radio, Adèle?

— Non, quoi encore?

— Édith Piaf est morte aujourd'hui. La France entière est en deuil.

— Allons, n'exagère pas, ce n'était qu'une chanteuse, après tout.

— Tiens! tu la connaissais? Pourtant, tu n'écoutais rien d'elle!

— Ni de personne d'autre, Amélie, mais je ne suis quand même pas au Carmel. On a souvent parlé d'elle dans *Paris-Match* et avec sa vie et les hommes qu'elle a eus, pas surprenant qu'elle soit morte si jeune.

— C'était une grande romantique. Moi, elle me donnait des frissons quand elle interprétait des chansons d'amour. On aurait dit qu'elle pleurait chaque fois.

— Bien oui, Amélie. Toujours aussi mauviette, à ce que je vois. Il n'y avait pas de nouvelles plus importantes que celle-là?

Florent avait accepté avec joie l'invitation à souper même si Amélie l'avait prévenu du caractère changeant d'Adèle.

— Ne vous en faites pas, je saurai bien la contourner. Pour autant que vous soyez là, Amélie, c'est tout ce qui compte pour moi. De plus, si votre amie Germaine se joint à nous, je suis assuré que je passerai une agréable soirée.

Vêtue de rouge, des souliers jusqu'aux boucles d'oreilles, Amélie était prête à recevoir son ami pour le souper. Adèle, la voyant ainsi parée, s'était exclamée:

— Voyons donc, Amélie, c'est bien trop voyant pour ton âge!

Adèle s'était vêtue d'une jupe plissée de teinte ocre et d'une blouse de dentelle blanche. À son cou, une épinglette en forme de camée et, à ses lobes, des perles qu'elle avait depuis trente ans. Chignon remonté, elle avait quand même eu la coquetterie de s'appliquer du rose aux lèvres et s'était chaussée de souliers bruns à talons cubains.

— Tu sais que tu es très élégante ce soir, ma chère sœur?

— L'élégance, c'est de la sobriété qu'elle se dégage. J'ai cette blouse depuis cinq ans, mais je conserve mes choses, moi. Tout coûte si cher de nos jours.

Germaine arriva à six heures, histoire d'aider Amélie dans la préparation du repas qui consistait en un potage de chou suivi d'un vol-au-vent au poulet. Pour le dessert, quelques mokas et une salade de fruits. Amélie avait tout payé, vin compris. Florent arriva tout pimpant, vêtu d'un complet gris, d'une chemise blanche rehaussée d'une cravate à pois, chaussures bien cirées. Timide au départ, il le fut davantage lorsqu'il voulut serrer la main d'Adèle et qu'elle la retint en lui disant simplement: «Enchantée de vous rencontrer.» Germaine y alla de petites blagues et Florent en fut ravi. Amélie riait de bon cœur, mais Adèle mangeait sans regarder qui que ce soit.

— Vous avez plusieurs élèves, mademoiselle Adèle?

— Une classe se compose toujours de trente-cinq à quarante élèves, de nos jours.

— Il vous faut sûrement beaucoup de patience avec cet emploi, n'est-ce pas?

— Ce n'est pas un emploi, c'est une vocation, monsieur.

Réponses sèches quoique polies. Florent ne savait plus où donner de la tête et avait drôlement hâte de sortir de table. On passa au salon et, pour la première fois, Florent entendit Amélie jouer de son piano magique. Pour mettre un peu de couleur aux joues de sa sœur, la pianiste interpréta des œuvres de Schumann. Florent vit les yeux d'Adèle s'illuminer pendant qu'elle esquissait un doux sourire. C'est comme si plus rien n'existait. Belle tout comme autrefois, vue de son profil parfait, on aurait dit un ange de bonté. Florent l'observait et tentait bêtement de la gagner à sa cause.

— C'est pas mal bon, ce que vous faites, Amélie.

— Pas mal bon? Ma sœur est un génie, monsieur. Elle aurait pu devenir une grande concertiste si elle l'avait voulu. Je me demande même si Clara, la femme de Schumann, jouait les œuvres de son mari aussi bien qu'elle.

— Je suis d'accord avec vous, c'est très beau, mais, vous savez, je ne m'y connais pas tellement en musique classique. Moi, j'écoute plutôt Lawrence Welk et je possède des disques de l'orchestre de Ray Ventura.

— Je vois, je vois. Chacun ses goûts, n'est-ce pas?

— Ma défunte mère jouait pourtant du violon.

— En public?

— Ben… elle faisait danser les gigueurs à la maison.

— Ah! je vois! Elle habitait sûrement la campagne.

— Oui, oui, quelque part dans un rang. Comment l'avez-vous deviné?

Adèle voulut répondre, mais craignant le pire, Amélie s'empressa d'intervenir.

— Venez dans le jardin, Florent, je vais vous faire voir quelques plantes avant que le gel ne les foudroie.

Germaine mit son châle et les suivit pendant qu'Adèle, restée au salon, murmurait entre ses dents: «Vieil imbécile!»

Le lendemain matin, ne se retenant plus, Adèle y alla d'un trait.

— Tu ne vas pas me dire que tu t'es entichée d'un tel rustre, Amélie!

— Si j'avais su que tu le recevrais aussi froidement, je ne l'aurais jamais invité. Ah! j'aurais dû m'en douter! Germaine m'avait pourtant prévenue.

— Prévenue, prévenue… Tu ne pensais tout de même pas que j'allais me fendre en quatre pour un homme sans culture, non? L'as-tu regardé comme il faut? Faut vraiment être en peine pour en arriver là. Jamais je n'aurais pensé que tu puisses perdre ton temps avec un ventru sans instruction à qui il manque des dents. Tu baisses dans mon estime, ma pauvre sœur. C'est ce qui s'appelle se contenter de restants!

— Chassez le naturel et il revient au galop, n'est-ce pas, Adèle?

— Tu as tort de me dire ça. J'étais remplie de bonnes intentions, mais je ne peux pas me retenir de te dire ce que je pense de lui. C'est un bon-à-rien, Amélie. Il ne savait même pas qui était Schumann. Allons, ne sois pas si idiote, tu vois bien que tu perds ton temps avec ce pauvre hère du peuple.

Amélie se contenait. Elle aurait voulu lui arracher la langue. Gardant son calme, elle lui déblatéra, le dos tourné:

— N'ajoute rien, Adèle, ça te rendrait encore plus laide. Florent ne remettra jamais les pieds ici. Nous nous verrons chez lui ou ailleurs, tu as compris? Je ne veux plus de ton venin dans notre entourage.

— Mais, comprends-moi, Amélie, je ne veux que ton bien et tu n'es quand même pas aveugle, non?

— Ta sale gueule, Adèle, ferme ta sale gueule!

— Quoi? Qu'est-ce que tu m'as dit? Comment as-tu pu oser…

— Baisse les yeux, Adèle, sinon je te les arrache des orbites, tu m'entends? Tu n'es qu'un serpent, une vieille chauve-souris! Tu es laide, Adèle, aussi laide qu'une sorcière en colère, laide à faire peur! Un mot de plus et je pars! Je vendrai la maison et tu auras ta part. Un mot de plus et…

— Bon, bon, ça va. Puisque tu ne veux rien comprendre, restons-en là. Si un Florent Marcil te suffit, tant pis!

Adèle regagna sa chambre d'un pas rapide. Pour une fois, elle avait eu peur de sa sœur. Peur qu'elle parte vraiment, peur de la perdre, malgré le flot d'injures qu'elle venait d'avaler de travers.

Amélie n'était pas amoureuse de Florent Marcil. Non, elle ne l'aimait pas, mais, pour rien au monde, elle ne l'aurait avoué à sa sœur. Elle n'avait pas besoin d'Adèle pour lui dire ce qu'elle savait déjà. C'est peut-être ce qui l'avait piquée droit au cœur. Il y avait belle lurette qu'elle avait compris que Florent n'était pas de son acabit, qu'il n'était pas pour elle et que jamais elle ne pourrait faire sa vie avec lui. Ce qu'elle n'aurait jamais admis, même à Germaine, c'est qu'elle était aussi attirée par le côté physique. Amélie Berthier, en dépit de son âge, s'arrêtait aux attributs d'un homme tout comme au temps de son Nick qui était le mâle incarné par excellence. Oui, elle aimait qu'un homme soit beau et attirant. N'avait-elle pas eu, il y a dix ans, les avances d'un jeune François de vingt-cinq ans son cadet? N'avait-elle pas frémi quand il avait osé déposer un baiser sur ses lèvres? Non, ce n'était pas de l'amour, mais quel beau jeune homme que celui qui avait soufflé son haleine sur sa nuque! Ce n'est pas parce qu'elle était quelque peu fanée qu'Amélie ne regardait pas encore avec les yeux de la passion. Florent était bon, gentil, affable, mais jamais elle n'aurait pu s'imaginer dans son lit. Oui, c'était «un bon diable», comme disait Germaine, mais une Amélie Berthier ne recherchait pas la sécurité. Romantique à outrance, sentimentale comme une débutante, son chevalier servant se devait d'avoir, quel que soit son âge, le charme et ses avantages. Si Edna avait pu, selon les normes, vivre avec un Godfrey, Amélie ne pouvait se soumettre à une telle éventualité avec un Florent. Amélie rêveuse, Amélie qui se devait d'admirer jusqu'aux cils pour être amoureuse. Il est évident que son défunt père eût aimé ce «sacré bon gars», mais ce n'était pas assez pour elle. Pas suffisant pour son cœur... encore adolescent. Par contre, elle ne permettait pas qu'Adèle l'assomme de ses vils propos. Florent l'aimait sincèrement, lui, et c'est, hélas, ce qui l'épouvantait le plus. Comment lui dire qu'il n'était qu'une issue pour ne pas se sentir prisonnière de sa sœur? Comment lui faire comprendre, sans le blesser, qu'il était sa seule évasion de cette maison qui puait la mort? Elle aurait voulu être honnête, lui dire qu'entre elle et lui... mais c'était se condamner à une bien cruelle captivité. Ancre jetée, ultime espoir, Florent Marcil devait rester dans sa vie. Avec lui, c'était les rires et les gambades. Avec sa sœur, le désespoir. Amélie savait qu'elle n'avait pas le droit d'agir ainsi et que, du haut du ciel, on la jugeait sévèrement. Amélie, douce et sans reproches, n'avait qu'un défaut qu'elle se pardonnait au nom de sa sœur. Un égoïsme qui se voulait… accusateur.

Florent avait vite saisi qu'Adèle ne l'avait pas aimé. Ce fut d'ailleurs la seule invitation dans la maison des Berthier. Amélie avait tenté de lui cacher la vérité mais, habile et complaisant, il avait déclaré : «Ne vous en faites pas. Pour autant qu'on soit ensemble, vous et moi. Vous savez, ma bru est un peu comme ça. On ne peut pas plaire à tout le monde. Vous et moi, Amélie, c'est tout ce que je demande.»

À son anniversaire, Amélie reçut une superbe écharpe de sa part. Noël se passa avec lui, chez Raymond et sa famille. Amélie ne pensait plus qu'à elle. Ce goût de vivre, de rire, de s'amuser, c'était un doux retour aux sources pour elle. Le jour même de Noël, Florent l'invita à souper dans un grand restaurant avec son amie Germaine. Le champagne coula à flots, le vin se versa dans les coupes et on dansa frénétiquement. Dans son refuge, seule et désemparée, Adèle attendit en vain le retour d'Amélie. Elle avait souhaité un juste partage, mais la lumière s'éteignit sur ses larmes et le jour se leva sur sa solitude la plus absolue.

1964. Pendant que le monde entier pleurait encore la mort de John F. Kennedy assassiné en novembre dernier, Amélie déplorait le décès subit du docteur Grenon. Il s'était affaissé aux pieds de sa femme juste après le souper, en plein cœur de février. Florent l'accompagna aux funérailles et la soutint. On pleura, mais sans penser qu'Amélie n'avait plus d'emploi. Son dernier patron venait de passer de vie à trépas.

— Amélie, j'ai une bonne nouvelle pour vous. Un de mes vieux amis, libraire de carrière, se cherche une vendeuse. Ça vous plairait?

Et comment donc! Trois mois déjà qu'elle était sous la férule de sa sœur qui ne cessait de lui répéter: «Ne t'imagine pas que je vais te faire vivre!» Florent veillait aux petites dépenses et la sortait régulièrement, mais Amélie lui avait laissé croire que, pour le reste, il n'avait pas à s'inquiéter. Ce qu'il ne savait pas, c'est qu'Adèle lui vendait sa mauvaise humeur... à crédit. Adèle comptait tout, la tasse de thé comme le pois vert. Amélie baissait parfois l'addition en y allant de concertos. Schumann avait encore du pouvoir sur ce cœur de pierre. Cet emploi, quel qu'il soit, arrivait juste à point. À son âge, elle n'anticipait plus rien. Les patrons des grandes entreprises voulaient des secrétaires de l'âge des fleurs. Que de refus essuyés! On lui disait bien poliment: «Vous savez, je recherche une personne pour plusieurs années.» Ce libraire la voulait? C'était inespéré. D'autant plus qu'elle aurait à œuvrer dans un monde littéraire. Adèle fut emballée mais ne sut jamais que cette chance, elle la devait à Florent. Le plus important c'était qu'Amélie ramène enfin de l'argent. «Une bouche de moins à nourrir», pensait-elle. Amélie pourrait ainsi lui rendre tout ce qu'elle avait déboursé pour elle. Mademoiselle Berthier fut ravie par ce nouveau travail qui, tout en l'instruisant, lui rapportait. Florent, toujours aussi galant, la sortait fréquemment. Une seule ombre au tableau: le veuf devenait plus entreprenant. La veille, il lui avait pris la main et elle en était restée figée.

— Germaine, j'ai un peu peur. Florent est de plus en plus empressé et je ne sais plus quoi inventer pour me dérober. Je savais bien que ça en arriverait là. On dirait qu'il est plus sûr de lui depuis qu'il m'a trouvé cet emploi.

La serveuse s'amena. Amélie commanda un café et Germaine, un chocolat chaud.

— Tu es sûre de ne rien éprouver, Amélie? C'est un bon type, tu sais. C'est peut-être ce que ça te prendrait pour te sortir des griffes d'Adèle.

— Non, Germaine, je n'éprouve aucun amour pour lui. De l'amitié, oui, mais je crains que, pour Florent, ce soit nettement différent. Je ne peux tout de même pas prétendre m'attacher à lui juste pour me sortir de la tyrannie de ma sœur. Ce ne serait pas honnête de ma part et tu imagines ce que serait ma vie aux côtés d'un homme que je n'aime pas? Ce serait pire que changer le mal de place. Ça ne se fait pas, une chose comme ça.

— Je comprends un peu, mais tu devrais sérieusement envisager qu'à notre âge, l'amour n'est plus comme on l'entrevoyait quand nous étions jeunes. Ce n'est pas Nick, cette fois, et tu n'as plus vingt ans, Amélie. Tu l'aimes bien, Florent? Alors, tu ne crois pas qu'une tendresse peut faire d'un couple...

— Arrête, Germaine, tu ne comprends vraiment pas! Je sais que je n'ai plus l'âge des romances, mais il y a quelque chose qui se passe en moi que je ne peux pas t'expliquer. Je l'aime bien, mais il suffirait d'un geste pour que j'en éprouve du dégoût. Tu saisis? La tendresse entre époux mène aussi au lit et ça, je n'en serais pas capable. Ce n'est pas par pudeur, c'est... ça ne s'explique pas, Germaine, même pas à sa meilleure amie.

— Je crois comprendre ce que tu cherches à me dire, ma pauvre amie, mais avoue que tu lui as fait perdre bien du temps, à ce pauvre Florent. Il aurait pu trouver quelqu'un d'autre, mais il semblait si sûr qu'un jour, toi et lui…

— C'est ça le pire et je le sais. Je n'ai pensé qu'à moi dans cette histoire. Remarque que je n'ai rien laissé présager, cependant…

— Sans pour autant lui donner l'heure juste, avoue-le. Il a fondé des espoirs, lui, tu comprends?

— Oui et ça, je ne me le pardonne pas. J'aurais dû être franche depuis longtemps, mais il y avait Adèle… Ah! j'aurais dû lui dire que tout ce que je cherchais, c'était une belle amitié! Florent aurait peut-être compris et accepté ce fait.

— Voyons donc, Amélie, Florent se cherche une femme, pas une amie. Il veut refaire sa vie, ça se voit, non? Il t'a comblée de tant de choses…

— Oui, que j'aurais dû refuser, je le sais. Je te dis que je ne suis pas grosse dans mes souliers. Dis-moi ce que je dois faire, Germaine. Tu es mon amie la plus précieuse et, bien souvent, ma conseillère. Aide-moi, je suis vraiment mal prise et j'ai tellement peur de le blesser.

— Tu es vraiment certaine de ne rien ressentir? Tu n'as pas le moindre doute?

— Non, Germaine, je ne l'aime pas. Il est gentil, mais je ne me vois pas dans ses bras et encore moins… Ah! Seigneur, que ce n'est pas facile!

— C'est bien simple, Amélie, dis-lui la vérité, juste la vérité, rien d'autre.

Amélie ne trouva pas le courage, d'autant plus que Florent ne tentait même plus de lui prendre la main. Sans doute avait-il senti que son audace avait pu déplaire à sa bien-aimée. Amélie se laissa quand même choyer comme si rien n'était arrivé. Travaillant le jour chez le libraire, elle sortait trois fois par semaine avec son veuf qui faisait tout son possible pour lui plaire. Le cinéma, les balades en auto, les concerts, les musées, les fanfares dans les parcs publics, quelques boîtes de nuit avec spectacles, quelques pas de danse qu'Amélie maniait plus adroitement... et les somptueux restaurants. Ainsi s'écoula l'été entre son boulot et sa solide fréquentation. Raymond, sa femme et leur fils l'aimaient beaucoup. Ils sentaient en elle, celle qui allait rendre «le père» heureux. Ils en vinrent même à la taquiner sur le sujet.

— Vous savez que la France, c'est beau pour un voyage de noces!

Amélie avait blêmi pendant que Florent rougissait d'aise. Non, ça n'avait plus de sens. Il fallait qu'elle en vienne à s'expliquer avec le brave homme. Olivier, second fils de Florent, lui offrait encore ses hommages quand il la croisait et sa femme, entrevue une seule fois, lui avait souri poliment.

— Amélie? C'est Florent. J'espère que vous n'êtes pas trop fatiguée, car j'aimerais vous prendre après le travail. J'ai déniché un très beau restaurant.

— Je ne suis même pas changée, Florent. On peut remettre ça à samedi?

— Non, non, c'est très important. Accordez-moi cette faveur, je vous en prie.

— Qu'est-ce qu'il y a de si important? Ce n'est ni votre fête ni la mienne!

— Faites-moi confiance. Je suis certain que, même pas changée, vous êtes très belle.

— Mais non, je ne suis pas coiffée, j'ai les cheveux remontés en chignon.

— Bah! un coup de brosse et vous serez fraîche comme une perle. Ne me refusez pas cette joie, Amélie. Je vous répète que c'est très important.

— Bon, puisque vous insistez, mais faites en sorte que le restaurant ne soit pas trop chic.

— Promis. Je vous prends à cinq heures tapant. À tout à l'heure, ma chérie.

Il raccrocha. Amélie regarda avec étonnement le récepteur. «Ma chérie»? Il avait bien dit «Ma chérie»? Prise d'un trac fou, elle avait le cœur à l'envers.

Florent s'amena dans sa Chevrolet fraîchement repeinte. Il s'était changé et portait même une cravate à fleurs. Comme pressenti, Amélie était élégante dans sa robe jaune pastel. Elle avait brossé ses cheveux, appliqué du rouge sur ses lèvres et portait aux oreilles des marguerites aux tons de sa toilette. Pour une femme «pas changée», elle était plus que convenable pour une grande soirée. Florent l'amena dans un restaurant français de haute réputation et, avant même qu'elle puisse émettre un seul son, il commanda:

— Champagne, s'il vous plaît, et le plus cher!

— Voyons, Florent, je travaille demain, vous le savez.

— Bah! ce n'est pas une coupe ou deux qui vont vous en empêcher. Faites-moi confiance, ça se digère très bien avec le poisson. Ils ont le meilleur, ici.

Intimidée, se tortillant sur son fauteuil de velours bleu, Amélie ne savait que dire à son prétendant qui avait des étincelles dans les yeux.

— Que me vaut ce banquet, Florent? Je ne comprends vraiment pas.

— Nous sommes en juillet, n'est-ce pas? Ça ne vous dit rien?

— Non... pas précisément.

— Voyons, Amélie, ça fait un an jour pour jour que nous nous fréquentons sérieusement. Fallait célébrer l'occasion, vous ne pensez pas?

Elle sourit, resta songeuse. Florent avait bien dit «sérieusement».

— Vous ne dites rien? Ça vous surprend que ma mémoire soit aussi bonne? C'est par un jour comme celui-là que nous avons même soupé ensemble la première fois.

— Si vous le dites. Mais moi, vous savez, je ne vois pas le temps passer. Bon, je vous l'accorde, mais était-ce nécessaire de souligner ce fait avec autant de faste?

— J'arrive au but, Amélie. Vous n'êtes sûrement pas sans savoir que je vous aime. Je suis profondément en amour avec vous et...

— Florent, je voudrais...

— Laissez-moi aller jusqu'au bout; ensuite, je vous écouterai, Amélie. Ce que j'ai à vous dire est primordial pour moi. Je le répète, je vous aime de tout mon cœur et j'ose vous demander la permission de glisser à votre doigt une bague de fiançailles à Noël cette année.

Amélie, muette de stupéfaction, le regardait sans pouvoir émettre un seul son.

— Je sais que ça surprend. Je dirais même que des fiançailles à notre âge, ce n'est pas nécessaire, mais comme vous n'avez jamais été fiancée, je tiens à le faire. Et comme ce soir j'ai la parole facile, permettez-moi d'ajouter que j'aimerais faire de vous ma femme en février. Ce serait le mois idéal pour nous envoler à Hawaï, le plus beau des paradis.

Amélie croyait rêver, mais elle était bel et bien en face d'une dure réalité. Elle avait espéré qu'il se manifeste quelque peu pour mettre à exécution le conseil formel de

Germaine, mais jamais elle n'aurait pensé se trouver dans une telle situation. Son esprit tourmenté lui faisait regretter de ne pas avoir pris les devants dès le lendemain. Elle avait joué avec le temps et voilà qu'elle en payait le prix. La formule de rupture si souvent répétée dans sa tête ne tenait plus. Pas devant une demande en mariage, pas devant un homme si bon à qui elle crèverait le cœur. Silencieuse, elle baissait la tête, lorgnait de côté pour fuir son regard heureux.

— Vous ne dites rien? Je vous ai émue? Pardonnez-moi, je ne voulais pas vous surprendre, mais admettez que vous vous y attendiez un peu.

— Non, Florent, je ne m'y attendais pas. Je ne sais plus quoi vous dire.

— Mais, vous n'avez qu'à dire oui! N'est-ce pas là aussi votre désir?

Elle reprit son calme et son souffle. Florent, sans le savoir, venait de lui lancer un défi.

— Non, Florent, ce n'est pas là mon désir. Je n'ai jamais songé à me marier. Je voulais être fréquentée, combler ma solitude et la vôtre, mais pas me marier. Je pensais que vous l'aviez compris depuis longtemps.

Florent prit un air triste. Malheureux jusqu'à la moelle des os, il murmura:

— Mais, qu'est-ce qui vous en empêche? Ne serions-nous pas heureux, vous et moi?

Amélie, ne sachant que répondre pour ne pas le blesser, livra un plaidoyer.

— Florent, j'ai un passé duquel vous ne savez rien. Un passé dont vous ne m'avez jamais rien demandé. J'ai été amoureuse étant jeune et…

— Amélie, tout le monde a un passé, mais c'est l'avenir qui compte.

— Florent, j'ai… j'ai déjà eu un enfant!

Le veuf resta la bouche ouverte, cloué sur sa chaise, sourcils froncés. Puis, retrouvant sa bonne mine, il lui demanda affectueusement:

— Vous avez déjà été mariée? Pourquoi ne m'en avoir rien dit…

— Non, je n'ai pas été mariée. J'ai eu cet enfant de l'homme que j'ai aimé.

— Et où est-il cet enfant, Amélie? Vous ne l'avez tout de même pas abandonné?

— Au grand jamais! Il est mort à l'âge d'un an. Le bon Dieu m'a repris mon petit.

— Excusez-moi, je ne voulais pas vous peiner de la sorte. Excusez-moi, Amélie.

— Florent, il est temps que vous sachiez tout de moi. J'ai aimé un homme, j'ai eu un enfant de lui, je l'ai perdu et j'ai été délaissée par le père.

— Pourquoi? Il ne vous aimait pas? Il ne vous a même pas épousée?

— Nous n'étions pas de la même race ni de la même religion. Il était impossible de nous unir à ce moment. Le père de mon enfant a été très bon pour moi. Il m'a comblée de tout jusqu'à la mort de notre bébé. Après, il m'a fait don d'une maison et il est retourné en Grèce, son pays natal. Il est parti parce que son devoir était accompli. J'ai beaucoup pleuré, Florent, j'ai même pensé mourir. Ce fut un bien triste épisode dans ma vie et, juste à en parler, je suis toute chavirée.

— Dans ce cas, n'en parlons plus. C'était donc là votre secret? Il n'y a pas de honte à avoir parce qu'on a été mère. Bien au contraire, ça vous élève à mes yeux. Gardez en vous ce souvenir, Amélie, il vous appartient. Maintenant que je sais, rien n'empêche de songer à l'avenir. Nous avons tous deux de belles années devant nous. Mon rêve le plus cher serait de finir mes jours avec vous. Je vous le demande, ma chérie.

— Je vous en prie, Florent, n'utilisez pas ce terme. Rien ne l'a permis entre nous.

— Allons, est-ce un crime que de manifester son ardeur devant la femme qu'on aime?

Amélie prit une gorgée de son verre de champagne, une bonne gorgée afin de se donner de l'aplomb pour le chapitre qui allait suivre.

— Florent, je ne voudrais pas vous faire de peine, mais vous avez dû remarquer mes distances envers vous. Vous n'avez jamais pensé…

— Que vous m'aimiez moins que je puisse vous aimer? Bien sûr, Amélie, mais je suis certain qu'avec le temps, nous finirons par nous atteindre.

— Non, Florent. Je… je ne vous aime pas!

L'aveu crucial était lancé. Pâlissant, Florent Marcil déposa sa coupe et, embarrassé, sortit un mouchoir pour s'éponger le front. Amélie s'empressa d'ajouter:

— Je vous aime bien, mais pas comme le voudrait le verbe. Je suis mal à l'aise de vous le dire. J'ai tout fait pour tenter de vous aimer, mais c'est peine perdue. Je n'ai pas le droit d'être malhonnête, Florent. Pas envers vous qui avez été si bon, si patient. Je suis vraiment navrée…

— Pourquoi n'en avoir rien dit avant? Pourquoi?

— Parce que je n'ai rien fait qui aurait pu le laisser croire et parce que vous ne me l'avez jamais demandé, Florent. J'avais l'impression qu'une douce amitié vous suffisait. Je croyais que je n'avais rien à vous expliquer.

— Non, Amélie, vous m'avez fait marcher et ça, vous le savez!

— Comment osez-vous dire une chose pareille? Ai-je fait le moindre geste qui pouvait laisser présager que j'étais intéressée? Vous le prenez mal, Florent, mais vous n'avez pas le droit de m'accuser d'une telle chose. Je ne mérite pas d'être traitée de la sorte. Je ne vous ai jamais rien demandé et j'ai même tout fait pour refuser vos présents. N'était-ce pas là un signe de mon désintéressement? C'est vous qui avez toujours fait semblant de ne rien voir. Vous saviez très bien quels étaient mes sentiments. Tout à l'heure, j'étais peinée de vous voir accablé et voilà que vos dernières paroles m'en consolent.

Florent se mit à pleurer. Si fort, que la serveuse et les clients se retournèrent.

— Pardonnez-moi, Amélie, je n'ai pas voulu dire ça. Je suis désemparé, j'ai peine à croire que vous me répudiez. Vous avez raison, vous ne m'avez jamais rien laissé espérer. Je n'ai même pas pu vous prendre la main et encore moins vous embrasser. C'est vrai que j'ai fermé les yeux, que j'ai eu peur de la vérité. Je pensais tellement qu'avec le temps… Que vais-je devenir, maintenant? J'en ai même parlé à Raymond qui…

— Je vous en prie, Florent, contenez-vous. Tout le monde nous regarde.

— Amélie, je vous en supplie. Vous n'allez pas mettre un terme à nos fréquentations? Oubliez ce qui s'est passé ce soir, je ne veux pas vous perdre. Je tiens à vous plus qu'à tout au monde. Vous avez ensoleillé mes jours, vous…

— Partons, Florent, je ne veux plus rester ici. Nous avons attiré l'attention.

— Le repas arrive, Amélie. On pourrait au moins le partager.

— Parce que vous avez encore de l'appétit? Je ne pourrais pas avaler la moindre bouchée, moi. Ramenez-moi, s'il vous plaît, sortons d'ici.

Florent régla l'addition et laissa tout sur la table à la surprise de la serveuse qui marmonna: «Encore une querelle de ménage!»

Ils roulèrent tranquillement, silencieusement. Amélie, quoique vexée, avait le cœur gros. Elle l'avait fait «marcher»? Non, elle ne pouvait lui pardonner un tel jugement. Au fond de son cœur, elle savait que tout était fini.

— Vous acceptez qu'on se revoie comme si rien n'était arrivé? Je vous laisserai le temps qu'il faut. Je ne vous reparlerai plus de rien si c'est là votre désir, mais ne rompez pas avec moi à cause d'une maladresse. Si vous saviez comme je regrette ce que j'ai dit. Je n'ai jamais pensé ainsi, je vous le jure. C'est le désappointement qui m'a fait dire une sottise. Nous arrivons, Amélie, mais promettez-moi de vous revoir.

— Vous croyez que c'est la meilleure chose à faire? Pourquoi vous torturer de la sorte quand vous savez fort bien qu'une autre femme…

— Taisez-vous, Amélie. Je n'aime que vous, que vous, vous m'entendez?

— Allons, soyez raisonnable. Il m'a déjà été assez pénible de tout vous avouer, ne tournez pas le fer dans la plaie. Cette scène est indigne de vous.

— On se rappelle demain? Vous ne me laissez pas tomber, vous me le jurez?

— Je suis bouleversée, Florent. Vous voulez bien qu'on en reparle demain?

— Non, jurez-le-moi, Amélie. Jurez avant de sortir de cette voiture.

— Non, Florent, vous prenez avantage de ma sensibilité. Plus vous insistez, plus vous risquez de détruire ce qui reste entre nous. Je refuse de céder à votre insistance, c'est trop me demander.

— Trop? Moi, je dirais bien peu après tout ce que je vous ai donné!

Ce fut là sa seconde erreur. Plus grave que la première. Des reproches, maintenant? C'est tout ce dont avait besoin Amélie pour s'élever au-dessus de ses forces. Elle ouvrit la portière et, dans un dernier sursaut de clémence, elle ajouta:

— Rentrez, nous reparlerons de tout ça demain.

Il resta là, penaud, au volant de sa voiture, pendant quatre ou cinq minutes.

Amélie, qui avait quelque peu pleuré devant la douleur atroce de son veuf, s'essuya les yeux. Sa sœur remarqua que quelque chose d'étrange s'était passé.

— Ça ne va pas, Amélie?

— Ce n'est rien, Adèle. Je monte à ma chambre, j'ai déjà soupé.

Seule, assise au pied du lit, elle pensait au mal qu'elle avait pu lui faire. Non, elle ne l'avait pas fait marcher et il pouvait bien reprendre tout ce qu'il lui avait donné. Elle avait certes abusé de sa bonté, étiré le temps par égoïsme, mais elle n'avait jamais joué avec son cœur. Elle avait depuis longtemps constaté qu'il l'aimait, mais pas au point d'en être désespéré. Il lui fallait rompre. À tout jamais. Il en souffrirait, mais de là à en être inconsolable, non. Ne s'était-elle pas remise un jour de l'abandon de Nick? Pas tout à fait, mais elle avait gardé la tête haute et retroussé ses manches de chemise. Elle, la pauvre fille délaissée. Elle, la frêle femme se remettant à peine de la mort de son enfant. Elle, faible créature. Florent, lui… était un homme!

Il rappela le lendemain, mais Amélie refusa de discuter…
avec une Adèle à ses côtés. Il téléphona à la librairie deux
jours plus tard; elle prétendit avoir plusieurs clients et refusa
de sortir avec lui le soir même en lui disant: «Laissez passer
au moins quelques jours.» Il insista le lundi soir suivant et,
seule à la maison, Amélie y alla avec délicatesse de son long
boniment. Au bout d'une heure, il finit par accepter le verdict
tout en lui disant comme pour mieux l'accabler: «Jamais je ne
vous oublierai.» Amélie lui renvoya tous ses cadeaux, du
premier jusqu'au dernier. Florent Marcil, malgré son amour et
son chagrin… ne les lui retourna pas.

Le silence se fit d'or et plus un seul appel ne vint troubler
sa quiétude. Elle avait dit à Germaine: «Ça n'a pas été facile,
tu sais, mais jamais plus je ne me risquerai.» À sa sœur, qui
semblait radieuse de la tournure des événements, elle avait
murmuré une seule fois: «N'en parlons plus, ce n'était pas un
homme pour moi.» Le libraire, au courant de l'affaire, avait
dit à Amélie: «Ne vous en faites pas, ça ne changera rien pour
vous. Florent est un ami, mais vous êtes ma meilleure
vendeuse.» Edna lui avait écrit après avoir appris la nouvelle:
«*My God*! moi qui pensais que tu ferais comme moi!»
Amélie, à la lecture de cette phrase, avait murmuré: «Comme
tu es naïve, ma cousine. Comme si nous étions semblables, toi
et moi.» De son travail à la maison, de la maison à son travail.
Voilà quelle était la routine d'Amélie Berthier depuis la fin de
la tempête. Quatre mois plus tard, jour pour jour, elle
apprenait par le libraire que Florent Marcil s'était remarié. Il
avait épousé dans la plus stricte intimité une veuve, mère de
onze enfants.

— J'ai peine à le croire! s'était exclamée Germaine.

— Bien, voyons donc. «Une de perdue, dix de trouvées», tu connais le dicton? J'aurais pu le jurer, Germaine. C'était ça, la passion de Florent. Un mâle, ça oublie dès que ça repart en chasse. Il l'a trouvé, son gibier. Une servante pour le torcher! Et dire que j'ai été pendant des semaines à en avoir pitié. Pauvre folle, comme dirait Adèle. Une chose me console. C'est qu'avec son Raymond et la marmaille de sa nouvelle femme, il a fini de s'ennuyer. Dis donc, Germaine, ça ne te tenterait pas d'aller voir un bon film américain?

Un autre Noël, à trois cette fois. Adèle, Germaine et elle. De la dinde, du vin blanc, des sonates de Schumann, le *Minuit, chrétiens* de Raoul Jobin, une fine neige sur la toiture et les sapins. Amélie venait à tout jamais de tirer le rideau sur sa vie intime. Confinée à sa sœur, elle avait chuchoté à Germaine:

— C'est sans doute ce que papa souhaitait.

De North Bay, un autre coup de fil aux petites heures du matin.

— *Merry Christmas to both of you*!

— Oh! Edna, quel plaisir! Germaine est aussi avec nous.

— Ah oui? *Well... to all of you*!

L'année qui suivit fut un peu plus calme pour Adèle et Amélie. La maison se détériorait de plus en plus et le dur hiver y avait été pour quelque chose.

— Ça tombe en ruine, Adèle, faudrait faire réparer.

— Tu as de l'argent pour ça, toi? Fais-le, moi je n'en ai pas.

— Et si on prenait une petite hypothèque à la banque? Juste de quoi payer les rénovations. On pourrait rembourser par versements.

— Jamais de la vie! Avec des intérêts en plus? N'y pense pas. Et puis, ça reviendrait au même. Qui va rembourser? Toi?

— À nous deux, on pourrait peut-être…

— Tu n'as pas une traître cenne, Amélie. Tu n'as jamais su ce que ça voulait dire être prévoyante. Je te vois venir, toi! Si tu penses que j'ai gratté pendant toutes ces années pour voir mes économies s'envoler pour des réparations de maison, tu te trompes. Pendant que tu couraillais, pendant que tu te mettais tout sur le dos, moi, je ménageais. Tu as tété tout le monde, le père inclus. Tu n'auras rien de moi, Amélie. Emprunte seule et paye-les, ces réparations.

— Mais la maison est à nous deux, Adèle.

— Si tu la veux, tu n'as qu'à la mettre à ton nom, moi je n'y tiens plus.

— On sait bien, maintenant qu'elle s'écroule. Tu n'as pas toujours parlé comme ça, ma chère sœur. Si seulement papa t'entendait.

— Laisse-le reposer en paix. Il y a juste nous deux, maintenant, Amélie, toi et moi face à face. Parle plus des morts, ils n'entendent rien.

— Non, mais ils nous voient, Adèle.

— Quand le croque-mort nous ferme les yeux, ma sœur, on se retrouve exactement où l'on était avant de naître. Dans le néant, dans le noir.

— Adèle! Tu recommences à douter du ciel et de l'éternité?

— Jusqu'à preuve du contraire, oui. En connais-tu un seul qui soit revenu nous dire ce qui se passait de l'autre côté? Voyons, Amélie, c'est aussi enfantin que le Santa Claus d'Edna, cette croyance-là!

— Des fois, Adèle, j'ai l'impression que tu retombes en enfance, avec tes termes.

— Ça viendra bien assez vite, ça. Mes mots sont tout simplement ceux dont Edna se sert dans ses cartes. Je ne sais pas pourquoi, mais ça s'imbibe dans mon esprit.

— Bon, bon, et la maison, on l'oublie encore une fois?

— On va repeinturer la galerie cet été. Pour le reste, ça tiendra, c'est du solide.

— J'oubliais, tu as lu dans les journaux? On dit que le groupe des Beatles a été reconnu par la reine d'Angleterre. Elle les a même reçus à Buckingham.

— Pauvre Amélie, on dirait que tu as encore seize ans. Tu t'emballes comme les petites folles que j'ai dans ma classe. Tu ne mûriras donc jamais?

— Je parlais de la souveraine, pas nécessairement d'eux.

— La reine, la reine, tu ne vois donc pas que c'est pour se donner bonne figure? Elle n'est pas très populaire, la pauvre Élisabeth. Pas seulement ici, même en Ontario. Edna m'a déjà dit qu'elle ne se dérangerait pas pour elle.

— C'est pourtant une bonne personne, une bonne mère de famille. Je ne te comprends pas, Adèle. Toi qui as un culte sans bornes pour la royauté.

— Celle d'hier, ma chère, la véritable histoire. Pas pour les couronnes de peccadille d'aujourd'hui!

C'était, d'un jour à l'autre, le genre de conversations entre les sœurs Berthier. Jamais de terrain d'entente… ou presque. Amélie, frustrée d'être désormais rivée à sa sœur, était bien souvent celle qui partait le bal. Quand elle en avait assez de la mauvaise humeur d'Adèle, elle se hâtait de s'en plaindre à Germaine ou à Edna dans une lettre. Avec le temps, l'arbre généalogique se détériorait sérieusement. Il y avait de moins en moins d'oiseaux sur les branches. Amélie s'emmerdait dans l'ombre de sa sœur de plus en plus acariâtre. Avec la fin de sa liaison avec Florent, tout comme «Anne, ma sœur

435

Anne», elle ne voyait rien venir. Son maigre salaire chez le libraire lui permettait à peine de vivre et les augmentations étaient plus que rares dans ce domaine. Elle avait donc pris trois élèves, histoire de retrouver une sève de jeunesse et d'égayer, à l'occasion, cette maison qui avait de plus en plus l'allure d'un presbytère.

À la mi-juillet, un coup de fil d'Edna annonçait la mort de Charles. Le pauvre père de dix enfants était décédé d'une crise cardiaque. Tout un choc pour la famille et Edna était quasi désespérée. La veuve de son frère, qui n'était pas en bonne santé, se demandait si elle allait y survivre.

— Adèle, nous devrions y aller toutes les deux. Ce pauvre Charles! Nous en profiterions aussi pour revoir North Bay, Edna et le cousin Godfrey.

— Pas question, Amélie. Charles n'a jamais eu un bon mot pour moi. Il a toujours eu l'air bête chaque fois que je le rencontrais. Il ne m'aimait pas et moi non plus. Je n'irai pas là en dévote hypocrite. Je suis navrée de son décès pour ses enfants, mais je t'avoue franchement que ça ne me touche pas outre mesure. Je vais lui faire chanter une messe, ça suffira.

— Une messe? Toi qui ne crois ni à Dieu ni au diable?

— Il était croyant, lui! Et puis, c'est pour Edna. Une vraie grenouille de bénitier, celle-là!

— Juste une messe, ça ne se fait pas, Adèle. Moi, je l'aimais bien, le cousin Charles. Il faut absolument que je fasse plus que ça.

— T'as les moyens, encore? Tu vas prendre à tes frais un jour ou deux de congé et tu vas payer le tarif du train pour un si court séjour?

— Je sais bien que c'est cher, mais comment l'expliquer à Edna?

Amélie téléphona à sa cousine pour lui dire d'une voix brisée par l'émotion qu'elle ne voyait pas comment elle pourrait se rendre à North Bay pour les funérailles. Son travail était important et sa semaine de vacances n'était qu'au mois d'août. Edna lui dit:

— Si tu peux avoir ta journée, prends-la et viens nous voir. Pour ce qui est du train, je te rembourserai.

— Voyons, Edna, je ne peux pas accepter ça. C'est bien trop gênant pour moi.

— *My God*! ne t'en fais pas. Pour Godfrey et moi, c'est rien, ce montant-là. Viens, Amélie, je t'en prie. Penses-tu pouvoir avoir ton lundi?

La cousine n'avait même pas parlé d'Adèle. Elle savait qu'elle ne viendrait pas, même si elle était en vacances et en avait les moyens. C'est ainsi qu'Amélie, fort embarrassée, put assister aux obsèques de son cousin, revoir sa chère Edna et le reste de la parenté. C'est à cause du défunt qu'elle avait pu revoir North Bay, ville de son enfance… jamais oubliée. La vieille école, le *candy store*, la cathédrale, les gens qui se souvenaient d'elle et cette visite au cimetière pendant laquelle elle profita d'un moment pour déposer des fleurs sur la tombe de tante Estelle. Edna lui avait dit:

— Pourquoi ne reviens-tu pas vivre ici? Je suis sûre que tu pourrais trouver du travail. Tu serais si heureuse avec nous, Amélie!

Elle avait remercié sa cousine, pleuré dans ses bras et dans ceux de Godfrey. Oui, elle aurait aimé retourner au berceau de sa jeunesse, rire, s'amuser, profiter de la vie. Mais il y avait Adèle, cette chère Adèle que, malgré tout, elle ne pouvait pas quitter. Adèle à qui elle était solidement enchaînée.

L'aînée avait repris ses classes... les jeunes volaient des pommes chez le voisin et Amélie était lasse d'avoir vendu autant de manuels scolaires.

— On a inhumé Schweitzer ce matin, Adèle.

— Oui, je sais. Le pauvre homme! Il a tant fait pour la science. Pas surprenant qu'il ait obtenu le prix Nobel de la Paix. J'ai tout lu sur lui, même ses mémoires. Je vais même donner un cours sur sa philosophie de la culture et je demanderai aux élèves d'observer une minute de silence en guise de respect. Est-il vrai que le libraire songe à déménager, Amélie?

— Non, c'est la bâtisse qui est à vendre. Il va renouveler son bail quand même.

En ce 23 décembre, jour frais et réjouissant, les sapins illuminés invitaient déjà à la fête qui allait suivre et Amélie venait d'avoir soixante ans. Un chiffre certes important qu'Adèle souligna d'une carte et d'une broche en pierres de lune. Seule avec son âge, Amélie sentait désespérément l'automne de sa vie la quitter peu à peu. Oui, elle craignait la vieillesse, d'autant plus qu'avec Adèle elle s'y sentait déjà enlisée. À Noël, aucun appel de la cousine Edna. Une carte était arrivée la veille avec des vœux pour Amélie. Rien pour Adèle. Sans l'avoir ouvertement manifesté, Edna ne lui avait pas pardonné d'être restée de marbre alors qu'on enterrait son frère.

L'hiver était rigoureux, mais contrairement à son habitude, Adèle ne s'en plaignait pas. Mine réjouie, de bonne humeur, elle arrivait même à fredonner quelques airs à la mode. Depuis quelque temps, elle se coiffait, s'habillait mieux et ne partait jamais pour ses classes sans son collier, ses boucles d'oreilles et son fard sur les joues. Peu à peu, elle se transformait, à la grande surprise d'Amélie qui n'osait la questionner. Même Germaine n'en revenait pas.

— Quelle guêpe a bien pu la piquer?

— Je me le demande… surtout en février!

Et les deux amies pouffèrent de rire. Adèle sortait le soir, courait au téléphone quand il sonnait et parlait à voix basse. Elle faisait également des appels en s'enfermant dans le boudoir avec l'appareil. Amélie avait beau tendre l'oreille, peine perdue. Quand elle osait lui demander où elle allait, Adèle répondait:

— N'avons-nous pas déjà convenu de «à chacune sa vie»? C'était là ton pacte, Amélie.

«Mon Dieu, pensait la cadette, aurait-elle croisé un poète ressuscité?» Il n'en était rien. Adèle s'était bien juré de ne plus se laisser avoir par le moindre soupirant depuis son Dieudonné. Ce qui lui arrivait ne s'était jamais produit depuis son enfance. Enfin, tout comme sa sœur, Adèle avait une amie. Cette dernière, institutrice comme elle, était arrivée à l'école en janvier. Âgée de soixante-quatre ans, la demoiselle avait pour nom Marie-Thérèse Dalpé.

C'est au début de janvier que cette vieille institutrice s'était amenée comme suppléante à l'école privée. Retraitée depuis peu, elle avait accepté de remplacer, pour la fin de la session, un professeur dont la maladie s'aggravait. Marie-Thérèse Dalpé, grande, distinguée, bien mise, avait enseigné toute sa vie. Native de Trois-Rivières, elle était arrivée à Montréal à l'âge de treize ans. Fille d'un banquier et d'une institutrice, elle avait embrassé très tôt la carrière de sa mère. Parents depuis longtemps décédés, elle n'avait qu'un frère,

Jérôme, qui, maître en droit, vivait depuis vingt-cinq ans aux États-Unis avec sa femme, une riche Américaine. Ce dernier n'avait qu'un fils qu'elle ne vit qu'une fois ou deux. La sœur et le frère n'étaient pas très liés et Marie-Thérèse l'avait vu pour la dernière fois lors de l'enterrement de leur mère. Seule, très à l'aise, pour ne pas dire fortunée, elle avait sa maison à Outremont. Quelques amis, collègues d'enseignement, lui rendaient parfois visite… pour son argent. Bourgeoise, bien éduquée, elle avait visité l'Europe, l'Asie, l'Amérique du Sud et s'était rendue quatre fois à Rome afin de voir le pape au Vatican. Pieuse à outrance, elle avait enseigné le catéchisme pendant plusieurs années pour terminer sa carrière dans les sciences et l'histoire. Elle avait sa voiture, son chalet d'été dans les Cantons de l'Est et un petit meublé à New York où elle se rendait souvent seule pour assister à des opéras et magasiner sur la *Fifth Avenue*. Marie-Thérèse Dalpé était une femme du monde. Célibataire par choix, elle avait failli épouser un notaire au temps de sa prime jeunesse. Un homme que son père lui poussait dans les bras. Peu amoureuse, têtue comme une bourrique, elle l'avait repoussé malgré les supplications de son papa. Marie-Thérèse avait été très belle autrefois. Si belle qu'elle en avait encore l'esquisse. Tout comme Adèle.

Dès son arrivée à l'école privée, elle avait remarqué mademoiselle Berthier quoique cette dernière semblait distante avec elle. Un sourire, un mot gentil, et un beau jour, elle lui demanda:

— Vous ne sortez jamais pour prendre votre dîner?

— J'ai si peu de temps. J'apporte ce qu'il me faut.

— Il y a tout près d'ici un gentil restaurant, ça vous dirait d'y venir avec moi demain? J'aimerais tellement vous mieux connaître. Vous savez, on se sent bien seule quand on arrive à la mi-année.

Adèle avait souri. La dame lui paraissait bien sympathique.

— J'en serais ravie, mais on nous annonce un tel froid.

— Ne craignez rien, nous utiliserons ma voiture. Vous accepteriez?

— Bien… je ne sors jamais, mais pour une fois, comment pourrais-je refuser?

Tout ce que souhaitait Adèle, c'était que le restaurant ne fût pas trop huppé. Elle n'avait guère l'intention d'y laisser le quart de son salaire. L'endroit était gentil et bien tenu. Peu de gens, mais des clients de qualité. Adèle examina le menu et fronça presque les sourcils. Elle commanda ce qu'il y avait de moins cher, se privant même de dessert parce qu'il n'était pas inclus. Marie-Thérèse avait commandé des éperlans et le flambé le plus extravagant.

— Vous mangez toujours aussi peu, mademoiselle Berthier?

— Oui, sur ordre de mon médecin. Toujours peu et légèrement.

Pieux mensonge de la part de celle qui avalait le soir un gros pâté chinois sans pour autant délier les cordons de sa bourse.

Pendant cette heure brève, Marie-Thérèse s'était racontée et avait posé bien des questions à sa voisine de table. Adèle ne s'était pas dérobée. Elle lui parla de ses origines, de son défunt père, de sa sœur Amélie qui jouait si bien Schumann et de leur modeste maison.

— Et vous n'avez jamais été mariée, si vous me permettez la question?

— Non, ma sœur et moi avons opté pour le célibat.

Puis, d'un rire timide elle avait ajouté:

— Les hommes de notre temps ne nous plaisaient pas.

Dîner terminé, Adèle voulut régler sa note mais la vieille demoiselle s'en empara.

— Non, non, vous êtes mon invitée. Rappelez-vous, c'est moi qui ai insisté.

— Allons donc, vous n'y pensez pas. Vous me mettez nettement à la gêne.

— Tut, tut tut… laissez faire. J'insiste et je ne vous permets pas.

Adèle referma son réticule… soulagée de n'avoir rien à débourser. En quittant la table, elle vit Marie-Thérèse laisser un pourboire de cinquante sous.

— Dites donc, vous ne serez jamais riche, vous!

— Non, sûrement pas puisque je le suis déjà. Ceci dit sans prétention, bien entendu.

Elles revinrent à leurs classes et, le soir, avant de quitter, Marie-Thérèse la remercia de sa compagnie pour le dîner.

— J'ai l'impression que nous serons de bonnes amies, mademoiselle Berthier.

— Au gré du temps, mademoiselle Dalpé.

Adèle ne parla pas de sa sortie à Amélie. Heureuse et souriante, elle avait la conviction d'avoir à son tour une amie. Tout comme sa sœur avec son inséparable Germaine.

D'autres dîners, des confidences, un bel échange. Avec l'avantage que Marie-Thérèse insistait sans cesse pour payer.

— Vos revenus sont moindres, ne soyez pas mal à l'aise. D'ailleurs, sans vous, je me demande bien avec qui je le dépenserais, cet argent.

Un vendredi du début de février, elle avait croisé Adèle et lui avait murmuré:

— Que diriez-vous de venir veiller chez moi demain soir? J'ai sur disque *La Bohème* de Puccini. Ça vous dirait de prendre le thé?

— Je ne dis pas non, mademoiselle Dalpé, si la température le permet.

— Je viendrai vous chercher s'il le faut.

— Mais non, pas avec ce verglas qu'on nous annonce.

— Alors, tant pis, vous prendrez un taxi et j'en assumerai les frais.

— Il n'en est pas question, voyons.

— Si, si… j'insiste. Ce sera moins risqué que de me casser le nez.

Toutes deux éclatèrent d'un franc rire. La porte de l'amitié était déverrouillée.

— Tu sors par un temps pareil, Adèle?

— Oui, j'ai été invitée à veiller. Aussi bien te le dire, je me suis fait une bonne amie en la personne d'une institutrice récemment arrivée. Elle adore l'opéra et m'a invitée pour la soirée. C'est une personne superbe, Amélie, une femme de qualité. Distinguée à part ça et avec de belles manières.

— C'est merveilleux, Adèle. Elle est âgée?

— Je n'ai pas osé le lui demander, mais sûrement pas loin de mon âge.

— Elle habite tout près d'ici?

— Non, un peu plus loin. À Outremont, plus précisément.

— Outremont? Mais, comment vas-tu te rendre jusque-là avec ce verglas?

— En taxi, ma chère. Pour une fois que j'ai une belle invitation.

— En taxi? Mais, ça va te coûter une fortune, Adèle.

C'était incroyable. Ça prenait bien une telle invitation pour la faire fouiller dans son cochon, pensa Amélie. «Tiens, au fait, j'ai oublié de lui demander le nom de cette amie!»

Au fil des jours, une transformation était évidente chez la pauvre Adèle. Le fait d'avoir une amie bien à elle l'avait fortement secouée. N'était-ce pas là le rêve de toute une vie? Jeune, on la fuyait parce que trop prétentieuse et le temps avait fait d'elle une esseulée avec qui personne ne s'était lié d'amitié. Elle avait vu sans répit la chère Amélie entourée de bonnes gens et de confidents. Amélie, la préférée de son défunt père. Amélie à qui Edna écrivait sans relâche. Amélie qui cultivait depuis toujours un jardin fleuri avec Germaine. Amélie qui s'était même gagné les faveurs de… la Poulin. Damnée Amélie! Qu'avait-elle donc de plus qu'elle? Amélie qui la supplantait par son charme. Un homme, un enfant, des prétendants, toujours elle… même avec ses lunettes. Mais voilà que, pour une fois, Adèle avait une amie elle aussi. Un trésor confidentiel qu'elle ne voulait partager avec qui que ce soit. N'avait-elle pas dit à sa sœur, l'autre soir:

— Marie-Thérèse est mon amie, pas la tienne. Ne t'avise pas de t'immiscer dans nos rencontres!

Un retour aux sources. Les mêmes mots, dont, petite fille, elle l'avisait autrefois.

Adèle avait changé. Heureuse comme au temps de ses premières poupées, elle s'évertuait à vanter les mérites de sa douce amie, sachant fort bien que, pour sa sœur, c'était le temps des vaches maigres. Peu d'argent, aucune économie, pas le moindre prétendant. Seule Germaine s'accrochait encore à ses jupes. Adèle jubilait. C'était elle qui allait avoir enfin le haut du pavé. «Tu savais que Marie-Thérèse possédait un chalet?» ou «T'ai-je dit que Marie-Thérèse a fait le tour du monde?» Non, Amélie n'en savait rien. D'ailleurs, au fond d'elle-même, elle s'en foutait bien.

— Vas-tu finir par l'inviter, ta chère mademoiselle Dalpé?

— Ta question tombe à point. Elle viendra souper ici dimanche.

— Tu préfères que je te laisse seule avec elle?

— Non, non, je tiens à te la présenter. Je lui ai d'ailleurs dit à quel point tu maîtrisais les études de Schumann. Une chose, cependant, j'aimerais que tu n'invites pas Germaine pour cette soirée.

— Et pourquoi donc? Tu ne penses pas que ce serait plus agréable d'être quatre?

— Écoute, Amélie, j'aime bien Germaine, mais elle n'est pas assez cultivée. Je ne voudrais pas qu'elle fasse mauvaise impression.

— Allons donc! Elle est si précieuse que ça, ton amie? Germaine se comporte fort bien et a quand même de bonnes manières.

— Crois-moi, Amélie, j'aimerais mieux pas. Du moins, pas pour cette fois. Elle fume comme une cheminée et Marie-Thérèse souffre d'asthme. Je te prierais de t'abstenir de fumer toi aussi si tu en es capable.

— Une longue soirée sans la moindre cigarette? C'est un supplice que tu m'imposes, Adèle. Au fait, j'aimerais mieux que tu la reçoives seule. Moi, j'en profiterais pour aller au cinéma avec Germaine.

— Sois gentille, Amélie, j'aimerais tellement que tu sois là! Ce serait déplacé de disparaître pour la soirée. J'ai tellement parlé de toi à Marie-Thérèse qu'elle meurt d'envie de te connaître.

— Bon, si ça peut te faire plaisir, je la recevrai avec toi, ton amie.

— J'oubliais, Amélie. Ne lui parle pas de tes emplois antérieurs. Je lui ai dit que tu avais été professeur de musique toute ta vie après avoir été concertiste. Là, elle est au courant que tu es libraire.

— Toujours la même, chère Adèle. Papa appelait ça «péter plus haut que le trou». Tu t'en souviens?

— Laisse ces expressions vulgaires de côté. Marie-Thérèse n'a rien à savoir de notre passé. Contente-toi d'être polie et réservée.

— Je suppose que tu lui as dit que notre défunt père avait été banquier?

— Non, je n'ai rien exagéré de ce côté. Marie-Thérèse sait que nous avons vécu sous le seuil de la pauvreté.

— Tiens, tiens, et depuis quand? Ça t'arrange de passer pour une pauvresse, n'est-ce pas? Avec une maison bien à nous, tu ne crois pas que tu exagères?

— Je t'en prie, Amélie, ne recommence pas. Fais-moi plaisir pour une fois et ne me contredis pas. Elle n'y verra que du feu.

— Ce n'est pas en mentant de la sorte qu'on bâtit une amitié, Adèle.

— Ni en étant trop franche qu'on la conserve! Laisse-moi faire.

— Ne t'en fais pas, je ne te priverai pas de la joie de ta dernière ascension. Soit, je serai là, mais ne compte pas trop sur moi pour la conversation. À propos, le fils de l'épicier m'a dit que sa chatte avait mis bas.

— Et puis? Qu'est-ce que ça vient faire dans nos commentaires?

— C'est… qu'il m'a fait voir les petits chats et que j'aimerais en prendre un.

— Comme tu voudras, Amélie. En autant que tu t'en occupes.

— Quoi? Tu ne cries pas au désespoir? Ai-je bien entendu?

— Oui, oui, prends-en un, mais je te préviens, je ne veux pas l'avoir dans les jambes.

— Tu sais que je lui ai déjà trouvé un nom? Je l'appellerai Caramel.

— Amélie! Tu ne pourrais pas trouver un nom moins galvaudé?

— Il est orangé et il a la tête haute comme un souverain.

— Alors, pourquoi ne l'appelles-tu pas Soleil? Je suis certaine que Louis XIV ne s'en plaindra pas… et ton chat n'aura pas l'air de sortir d'une poubelle.

Adèle avait tout mis en œuvre pour que la visite de sa chère amie soit mémorable. Elle n'avait pas hésité à dépenser plus que de coutume et le menu comprenait, outre le rôti de bœuf, de succulents desserts du pâtissier du quartier. Le vin était à l'honneur ainsi que le cognac que Marie-Thérèse aimait verser dans son café. Du matin jusqu'à l'heure du souper, Adèle Berthier s'était agitée. Elle avait même endossé sa plus jolie robe et orné son cou de trois rangs de cristal. Tout avait été soigneusement pensé. Il y avait même des fleurs sur la table et des fruits dans un bol de verre givré. La maison reluisait de propreté. Anxieuse, terriblement nerveuse, elle entrouvrait les rideaux de sa fenêtre dans l'attente de la visiteuse. Amélie, qui l'observait et qui ne comprenait plus rien, se disait: «Mon Dieu, on dirait que c'est l'épouse du Premier ministre qui s'amène à notre table.» Elle avait, pour sa part, revêtu une robe d'un vert seyant ornée de dentelle et portait des pierreries au cou et aux oreilles. Maquillée avec soin, vert sur les paupières, Adèle ne lui reprocha pas son brin d'outrance. Il fallait absolument que Marie-Thérèse oublie le vieux sofa pour s'ébahir de leur élégance.

La vieille demoiselle arriva avec quinze minutes de retard. Elle prétexta l'affluence tout en retirant sa jaquette de vison noir. Vêtue d'une robe de velours rose, elle portait une broche ornée de diamants et une énorme bague sur laquelle flottait une splendide émeraude. Ses cheveux gris, bien coiffés, lui donnaient l'allure d'une reine douairière. Présentations faites, elle avait dit à Amélie:

— Votre robe est ravissante.

Amélie la remercia timidement tout en la trouvant très affectée dans ses manières. Le nez en l'air, mademoiselle Marie-Thérèse scrutait de l'œil tentures et candélabres. Elle causait sans regarder son interlocutrice. Le genre «chiante», comme aurait dit Germaine, avec un verre de vin dans le gosier. Néanmoins, le souper se déroula fort bien. Polie et distinguée, Marie-Thérèse vantait les mérites du bœuf et les bienfaits du vin d'Alsace. L'auriculaire toujours en l'air, elle se gavait de doigts de dame à la crème devant une Adèle qui s'acharnait à lui plaire. Anna de Noailles n'aurait pu être mieux reçue.

— Vous devriez changer de coiffure, Adèle. Cela vous rajeunirait.

— Vous croyez? Je porte pourtant le chignon depuis plusieurs années.

— Tut, tut. Je vous présenterai ma coiffeuse, vous verrez ce qu'elle fera d'une aussi belle crinière. N'ai-je pas raison, mademoiselle Amélie?

— Heu… sans doute. Adèle a de si beaux cheveux.

— Il paraît que vous avez une main de fée sur le clavier?

— Oh! c'est me faire une bien grande réputation, vous savez!

— Vous accepteriez de jouer quelque chose pour moi?

— Si vous insistez, mais je ne touche pas souvent à ce piano, outre les quelques cours que je donne.

— Tut, tut… je suis certaine que vous saurez m'enchanter.

Amélie était de plus en plus agacée par les «tut, tut» de la demoiselle. De prime abord, cette Marie-Thérèse ne lui plaisait guère, mais pour le bonheur d'Adèle, elle allait n'en rien laisser paraître. L'enthousiasme de sa sœur faisait plaisir à voir. Amélie pensait: «Pendant qu'elle la vénère, elle me fiche la paix. C'est toujours ça de pris!» Amélie interpréta un adagio de Schumann et la visiteuse, applaudissant du bout des doigts, lui réclama quelques œuvres de Chopin dont sa célèbre *Tristesse éternelle*. Le récital fut divin et Adèle suait d'admiration devant la grâce de sa sœur. Marie-Thérèse lui avait murmuré:

— Quelle classe, quelle dignité! Votre sœur joue comme si elle avait elle-même composé ces sonates.

Adèle jubilait. La bourgeoisie était dans l'air et, pendant que sa douce amie s'extasiait devant sa sœur, elle n'apercevait pas le rideau troué camouflé par un bouquet.

— Je vous ai apporté de la lecture, Adèle. Un roman de George Sand et un autre de Françoise Sagan. Ces femmes de lettres vous intéressent?

— Bien sûr, c'est trop gentil, Marie-Thérèse. Je suis vraiment comblée.

La conversation se poursuivit, un tantinet hautaine. Pendant que Marie-Thérèse vantait le talent de Sagan, Adèle lui parlait de sa chère Anna de Noailles.

— Vous aimez le cinéma, Adèle? Il y a près de chez moi un endroit où l'on présente des films de répertoire. De vieux films usés mais inoubliables.

— Heu… oui, j'aime bien le cinéma, mais j'avoue être très sélective.

— Que diriez-vous de m'accompagner? Jeudi, on présente *La Grande Maguet*, avec Madeleine Robinson. C'est un film que j'ai dû voir au moins sept fois. Vous verrez, c'est superbe, et la Robinson gagnera votre admiration. Et puisque vous aimez l'histoire, on présentera la semaine suivante *L'Affaire des poisons* avec Danielle Darrieux et Viviane Romance. Quelles actrices extraordinaires. Ça vous plairait de venir avec moi?

— Avec plaisir, Marie-Thérèse. J'aime beaucoup Viviane Romance.

«Menteuse, pensa Amélie. Elle n'a jamais vu un seul film d'elle de sa vie!»

— Vous pourriez vous joindre à nous, Amélie. Au fait, vous permettez que je vous appelle par votre prénom? C'est si joli, Amélie!

— Soyez à l'aise, Marie-Thérèse. Tiens! voilà que la réciprocité se fait.

La demoiselle éclata de rire et Amélie constata avec effroi qu'elle avait les dents cariées. On parla musique, théâtre, chiffons. Amélie n'avait pas relevé la question de l'invitation. Elle préférait de beaucoup les films américains et ne voulait surtout pas entraver l'amitié d'Adèle. D'ailleurs, sans que rien ne paraisse, elle n'aimait pas cette vieille chipie. Elle se disait: «Va pour Adèle. Moi, je n'irais pas au coin de la rue avec elle.» Marie-Thérèse partit très tard, au grand désespoir d'Amélie qui se retenait pour ne pas lui bâiller au nez. Une poignée de main assez ferme, un «Ravie de vous avoir rencontrée, Amélie» et la vieille toupie s'esquiva non sans avoir embrassé Adèle sur la joue tout en lui retenant la main. Gestes qui surprirent Amélie.

— Comment l'as-tu trouvée? N'est-elle pas merveilleuse, cette femme?

— Tout à fait charmante, Adèle. Je suis certaine que tu t'entendras bien avec elle.

— Tu sais qu'elle m'a déjà invitée à son chalet d'été? Je parie que c'est un palais. J'espère que mes absences ne vont pas te contrarier?

— Pas le moins du monde. Il est temps que tu voies autre chose que ces murs. Profites-en, Adèle. Quand tu ne seras pas là, Germaine viendra me tenir compagnie.

— Je pense vraiment qu'elle a été impressionnée. Tu as si bien joué qu'elle n'arrêtait pas de me complimenter sur toi. Tu crois qu'elle a aimé le souper?

— Comment en douter, il ne restait même pas un os dans son assiette.

— C'est vrai. Je suis certaine qu'elle a été enchantée du repas.

— Le contraire me surprendrait. Je peux griller une cigarette, maintenant?

Adèle se coucha éblouie. De plus en plus sous l'emprise de son amie, elle avait dit à sa sœur avant de monter:

— Marie-Thérèse a raison. Faudrait bien que je change de coiffure.

Amélie souriait. Jamais elle n'avait vu sa sœur aussi pimpante. Quelque peu ennuyée du fait que ce fût une étrangère qui l'avait à ce point amadouée, elle songeait: «Et dire que j'ai tout fait pour me rapprocher d'elle.» Elle monta à son tour et, juste avant de se coucher, lui lança:

— J'espère que tu n'as pas changé d'idée pour le chat!

— Mais, ce chalet est superbe, Marie-Thérèse! On dirait le paradis sur terre.

— J'étais certaine qu'il vous plairait, Adèle. Vous savez, Magog, c'est pour les gens huppés. On ne trouve pas de canailles par ici. Tiens! voilà votre chambre. J'espère que vous y serez à l'aise.

— Mon Dieu! comme c'est beau! Ces petits rideaux jaunes me rappellent la fenêtre de ma chambrette à North Bay. Que de délicatesse dans la décoration. C'est vous qui avez fait tout cela?

— Non, non, je n'ai aucun mérite. J'ai fait appel à des experts. Les mêmes qui avaient décoré, jadis, le domaine de mon défunt père dans les Laurentides.

— Et cette galerie, comme c'est romantique, comme c'est charmant.

— Tut, tut… trêve de compliments. Vous êtes ici chez vous, ma chère. N'est-ce pas le décor rêvé pour vous jeter à corps perdu dans votre poésie?

— Je crois que je passerai les trois plus belles semaines de ma vie, Marie-Thérèse.

— À propos, vous ai-je dit que cette coiffure vous allait à ravir?

— Ça vous plaît? Félicitez votre coiffeuse, c'est là son œuvre.

Adèle éclata d'un franc rire après cette phrase et, se dandinant sur elle-même telle une gamine, elle examina tout, du divan soyeux jusqu'à la cheminée. Sa robe de mousseline rose volait au vent et Marie-Thérèse, qui s'amusait de la voir si heureuse, lui dit:

— Sans vous avoir connue, je parie que vous êtes encore plus belle qu'à vingt ans.

— Avec ces vilaines rides autour des yeux? Vous êtes très indulgente, croyez-moi.

— Tut, tut… j'ai une bonne intuition. Vous devez avoir faim, à présent. Si nous passions à table? J'ai au frigo la plus verte des salades.

— Et pourquoi pas? Voilà certes ce qui nous remettrait d'aplomb après ce voyage.

— J'ai même un très bon vin d'Alsace. Je l'ai choisi pour vous, Adèle.

— Mais, vous savez bien que je ne prends jamais d'alcool.

— Tut, tut… un bon vin n'est pas une boisson forte. Vous l'apprendrez, ma chère, c'est le complément à tout repas. Regardez-moi ces verres de cristal…

— Vous pensez vraiment que mon pauvre estomac pourra le supporter?

— Un doigt ou deux, Adèle, c'est ça être une femme du monde. Essayez toujours et si ce nectar de la vigne vous dérange, je n'insisterai pas. Dites-moi, vous êtes certaine qu'Amélie n'a pas été ennuyée de votre départ?

— Ne craignez rien, elle a déjà Germaine avec elle et semblait plutôt ravie de mon éloignement. Je la connais si bien. Je ne lui ai guère laissé de répit, vous savez. De plus, avec son affreux chat qui est devenu sa raison d'être, elle ne s'ennuiera sûrement pas.

— Je ne sais trop pourquoi, Adèle, mais j'ai comme l'impression qu'elle ne m'aime pas. Elle est de plus en plus distante avec moi.

— Allons donc, Amélie vous adore. Elle est discrète, voilà tout. Elle n'aime pas s'immiscer dans mes amitiés et je la sens plutôt timide avec vous. Vous l'impressionnez beaucoup, Marie-Thérèse. Je la connais, ma chère sœur.

— Bon, si vous le dites. Sait-elle que vous n'enseignerez plus, Adèle?

— Oui, je l'ai mise au courant et elle n'a pas osé répliquer. Amélie sait fort bien que je peux vivre de mes rentes. C'est elle qui serait bien à plaindre si le cas était le sien. Vous êtes sans doute au courant qu'elle n'a pas un traître sou. Dépensière à outrance, elle a même dilapidé sa part d'héritage. Elle vit au jour le jour et, tout comme la cigale, ne voit jamais le gel venir. Elle n'a que sa part de la maison et ses vêtements. Insouciante comme ce n'est pas possible!

— Dites-moi, a-t-elle déjà été amoureuse?

— Amélie? Qui aurait voulu d'une fille comme elle? Elle a bon cœur, mais pour les manières, ça laisse à désirer. Sans médire, j'oserais ajouter qu'elle n'a pas bon caractère. De toute façon, sa musique est sa seule passion.

— Elle a pourtant l'air douce comme une fleur. Jamais je n'aurais pensé…

— La preuve qu'il ne faut jamais se fier aux apparences, Marie-Thérèse. Jeune, elle était très impopulaire auprès des garçons. On lui disait bonjour, mais c'est moi qui recevais les invitations.

— Sans pour autant donner votre cœur?

— Surtout pas à ces poltrons! Et, comme je vous le disais, avec mon père et Amélie à ma charge, il m'était impossible d'y penser. J'ai sacrifié ma vie pour eux, Marie-Thérèse, mais je suis sûre que le bon Dieu me le rendra.

Amélie, restée seule, s'en donnait à cœur joie boulevard Gouin. Germaine venait la visiter tous les soirs et passait les fins de semaine avec elle. Soleil ronronnait d'aise sur les genoux de sa maîtresse et dormait du sommeil du juste quand Amélie et Germaine partaient pour le cinéma ou une promenade au parc.

— Comment trouves-tu la vie sans elle, Amélie?

— C'est drôle, Germaine, mais elle passerait l'été là-bas que je ne m'en plaindrais pas. Plus le temps passe, plus je me rends compte à quel point je peux être bien sans sa présence. Trois semaines, ce n'est pas beaucoup, mais c'est juste assez pour se rendre compte de ce que veut dire le mot liberté.

— Et sa retraite, c'est sérieux? Qu'en penses-tu?

— Ça, c'est moins drôle. Imagine! Je vais l'avoir à mes trousses sans cesse. Je sais qu'elle peut subvenir à ses besoins, mais son avarice va sans doute doubler d'ardeur. Heureusement qu'elle a sa Marie-Thérèse, parce que ce serait invivable. Tout ce que je souhaite, c'est que cette taupe vive assez vieille pour lui garder le sourire.

Les deux amies éclatèrent de rire, puis, retrouvant leur calme…

— Tu ne l'aimes pas tellement, la Dalpé, n'est-ce pas?

— Pas trop, en effet. Une vieille fille pincée comme il ne s'en fait pas. Je la tolère parce qu'elle m'est bénéfique. Te rends-tu compte à quel point Adèle serait odieuse si sa précieuse n'était pas là? Je te le dis, Germaine, Dieu est bon pour moi. Je pense que je ne tiendrais pas le coup.

— Qui sait, peut-être que Marie-Thérèse va la convaincre d'aller vivre avec elle?

— Ce serait trop beau, mais je connais Adèle, elle n'irait pas. La Dalpé dépense, ne l'oublie pas. Ma sœur, c'est l'avarice même. De plus, Adèle n'aime pas être soumise, même à sa meilleure amie. Son besoin d'autorité referait surface tôt ou tard et ça ne marcherait pas. Je te le répète, Germaine, il n'y a que moi pour l'endurer.

— Bah! il n'est quand même pas défendu d'y penser, non?

Printemps 1967. L'hiver avait semblé long, mais Amélie n'avait guère eu à se plaindre d'Adèle. Mademoiselle Dalpé l'accaparait jour et nuit et l'aînée avait passé plus de temps chez elle que dans la maison paternelle. Adèle était sans cesse de bonne humeur. Ayant retrouvé une sève de jeunesse, elle dépensait pour de nouvelles toilettes dans le but d'impressionner Marie-Thérèse… tout en ménageant sur le beurre. Cette dernière, peu avare de compliments, y allait bon train. «Adèle, ce chapeau vous va à ravir!» ou «Quelle jolie robe! On dirait du Chanel!» Parfois c'était: «Ce rouge à lèvres est trop prononcé, Adèle. Le rose vous sied mieux» ou «Comme vous êtes belle! Où donc avez-vous déniché ce collier?» Fière comme un paon, Adèle dépensait… mais très modestement. Avec prudence, même. Elle n'osait avouer à son amie fortunée qu'elle courait les vêtements à rabais et que son collier venait d'une table d'aubaines lors d'une vente de feu. Elle avait, par contre, ce don de mettre en valeur… ce qui ne coûtait que quelques cennes.

— Amélie, imagine-toi donc que Marie-Thérèse m'a offert un passeport pour l'exposition universelle qui se tiendra à Terre des Hommes.

— Vraiment? C'est gentil de sa part. Elle te comble beaucoup, ton amie.

— En effet, elle m'a même offert de payer toutes les dépenses de nos visites.

— C'est donc dire que tu vas y aller plus souvent qu'à ton tour, n'est-ce pas?

— Il y aura tellement de pavillons à visiter. Te rends-tu compte? On pourra y voir des pièces d'art de tous les pays. Il paraît que le pavillon de la France sera de toute beauté. Marie-Thérèse se meurt de voir celui du Japon et de l'Angleterre.

— Il y aura celui du Québec également.

— Bien sûr, mais pour ce qu'on pourra y voir, ce sera vite fait. Le Québec n'a pas d'histoire, du moins pas pour une exposition universelle.

— Tu vois, c'est finalement bien d'être libre comme tu l'es.

— Et moi qui pensais m'ennuyer. Tu sais ce que Marie-Thérèse veut m'offrir pour ma fête? Je ne devrais pas te le dire, mais elle a parlé d'une étole de vison.

— Tiens, tiens. Et toi qui disais détester les fourrures.

— Pauvre sotte, c'est parce que je n'avais pas les moyens de m'en offrir.

Le 25 juillet 1967. En pleine euphorie de l'Expo, le général de Gaulle faisait la manchette de tous les journaux après son «Vive le Québec libre!» de la veille.

— C'est un vieux fou! s'exclama Adèle. Il joue les héros et, pendant la guerre, trop lâche pour être auprès des siens, il se cachait derrière Churchill en Angleterre. Comme si on pouvait faire du Québec un pays avec les crétins que nous avons ici. Ce serait du joli, ça. Chacun voudrait être un petit

Robespierre et, tout comme au temps de la Révolution, l'un voudrait la tête de l'autre. La plèbe se mange elle-même, elle ne s'aide pas. Libres, c'est à qui aurait la place du plus fort. On ne forme pas un pays avec six millions d'abrutis.

— Retiens-toi, Adèle. Depuis quand t'intéresses-tu à ce point à la politique?

— Marie-Thérèse m'en a beaucoup appris. Une vraie reine Victoria, celle-là. De Gaulle est un fou, je te le dis. Il crie ce qu'on lui met dans la bouche. C'est sans doute pour avoir l'air vainqueur après avoir été si lâche!

Amélie donnait toujours ses leçons de piano à quelques enfants du voisinage. Chez le libraire, on vendait de plus en plus de romans québécois. Adèle, consciente du fait, répétait à sa sœur:

— Un autre écrivailleur qui se prend pour Victor Hugo!

Amélie sortait avec Germaine. Le cinéma, le restaurant, quelques soirs à l'Expo, des promenades en plein air et des moments de solitude passés avec Soleil qui miaulait pour mieux quémander des caresses. Un jour qu'elle était seule avec son chat sur les genoux, elle se dit: «Je me demande si Nick est encore vivant. Pense-t-il à moi de temps en temps?» Elle osa en parler à Germaine qui lui murmura:

— Tu ne l'as jamais oublié, n'est-ce pas?

— Non, Germaine. Il y a, dit-on, de ces amours qui ne meurent pas!

Septembre, premières feuilles sur le parterre, le chat à la poursuite d'un écureuil… et Adèle toute joyeuse qui fredonne un air à la mode en prenant son café.

— Amélie, j'ai une bonne nouvelle à t'annoncer. Marie-Thérèse m'invite à passer une semaine en Haïti. Tu te rends compte? Ce sera le premier voyage de ma vie. Juste à y penser et j'en suis étourdie.

— C'est merveilleux, Adèle, mais pourquoi Haïti? Ça me semble peu rassurant, ce coin-là, pour deux dames seules. Le régime Duvalier, la pauvreté…

— On exagère, ma sœur. Marie-Thérèse prétend, selon ses lectures, que c'est le plus beau coin de la terre. D'ailleurs, c'est l'un des rares endroits qu'elle n'a pas encore visité et, selon elle, l'art haïtien dépasse de beaucoup la réalité.

— Peut-être, mais voilà un voyage qui va te coûter cher.

— Marie-Thérèse s'engage à en défrayer le coût. Elle sait très bien que je n'en ai pas les moyens. Je le lui ai dit carrément, crois-moi.

— Adèle! Tu ne trouves pas que tu exagères? Ton amie paye pour tout et te comble de présents dont une étole de vison. Comment fais-tu pour toujours accepter? Tu n'as pas peur d'être en dette avec elle?

— Mais non, que vas-tu chercher là? Elle ne sait que faire de son argent et si je n'étais pas son amie, avec qui voudrais-tu qu'elle voyage?

— Tout de même, tu pourrais au moins défrayer le coût de ton billet d'avion. Il me semble que ce n'est pas normal, ce que tu fais là. Tu n'accepterais même pas ça d'un homme, Adèle. Tu n'as pas peur de te sentir un peu entretenue? Je veux bien croire qu'elle est riche, mais que fais-tu de ta fierté, Adèle? L'as-tu empaillée au nom de ton avarice?

— Tiens, tiens, je savais bien que tu finirais par être jalouse de mon sort. Je le sentais bien, va. Voilà pourquoi tu n'aimes pas Marie-Thérèse. Il aurait fallu que ce soit toi et non moi qu'elle préfère, n'est-ce pas? Mademoiselle est vexée de constater que sa sœur peut aussi plaire?

— Tu crois vraiment ça, Adèle? Je ne te reconnais plus. Avec ou sans gâteries, Marie-Thérèse est une vieille pimbêche. Il y a quelque chose qui me déplaît chez elle.

— Et elle le sent, Amélie. Tu n'as même pas la délicatesse de le cacher. Une fois pour toutes, laisse-moi vivre ma vie et ne te mêle plus de mes affaires. Quand tu as eu ton veau gras, t'ai-je dérangée, moi?

— Oh! que si, tu as la mémoire bien courte, ma chère! Si papa était encore là, il pourrait te dire combien de fois tu m'as fait pleurer. Je pardonne, Adèle, mais je n'oublie pas. Ne me fais surtout pas creuser dans le puits du passé.

— Tu peux en parler, du passé. Tu es sûrement bien placée, toi. Et moi, tu penses que je n'ai jamais pleuré? Tu ne peux pas savoir tout le mauvais sang que je me suis fait pour toi. Tu es égoïste, Amélie, égoïste et malsaine.

— Oh! que non! J'ai été trop bonne et plus que patiente avec toi. Si tu savais combien de fois j'ai songé à te quitter pour vivre mon entité. Tu n'as qu'à demander à Germaine et à Edna. L'une comme l'autre m'ont maintes fois conseillé de le faire. Si seulement tu te décidais à déménager chez Marie-Thérèse, je pense que ça résoudrait un bien gros problème, Adèle.

À ces mots, apeurée par le ton ferme de sa cadette, Adèle prit un air tendre et, baissant les yeux comme elle seule savait le faire...

— On ne va tout de même pas s'engueuler pour un petit voyage, Amélie. Je ne serai partie qu'une semaine, tu sais. D'ailleurs, je ne supporterais pas de vivre sans toi. Nous sommes liées l'une à l'autre depuis si longtemps.

— Tu n'as rien compris, Adèle. Comme toujours, d'ailleurs. Je n'ai rien contre ce voyage, j'en suis même heureuse pour toi. Tout ce que je tentais de te faire comprendre, c'est de ne pas perdre ta dignité au point de toujours dépendre d'elle. Si toi ça ne te gêne pas, c'est une autre affaire.

— Non, ça ne me gêne pas et ce n'est pas par avarice, comme tu sembles le croire. Marie-Thérèse a choisi l'endroit? Alors, je me considère comme son invitée. Si j'avais à débourser, tu sais très bien que la France serait mon choix. Comme c'est elle qui m'invite, je n'ai pas à soupeser quoi que ce soit et j'en profite. Si jamais je visitais l'Europe, j'aimerais que ce soit avec toi, Amélie, pas avec elle. Marie-Thérèse n'a pas toujours mes goûts, tu sais. Elle préfère Chopin à Schumann et Sagan à ma chère de Noailles!

Le voyage payé avec les deniers de la vieille s'effectua donc. Au fond de son cœur, Amélie était ravie pour sa sœur. N'avait-elle pas changé du tout au tout depuis cette étrange amitié? Amélie savait d'ailleurs qu'elle était la première à en bénéficier. Loin d'être jalouse, elle ne l'enviait pas le moins du monde. Haïti ne voulait rien dire pour elle. Amélie n'avait aucune envie de voyager, pas même en France avec sa sœur. Un tour de train jusqu'à North Bay de temps en temps pour retrouver sa chère Edna et elle était comblée. Il lui arrivait de songer au pays de celui qu'elle avait tant aimé, mais c'était emportée par le cœur qu'elle s'était mise à en rêver, pas pour les ruines d'Athènes ni pour la mer Égée.

Ravie, enthousiasmée par ce premier avion qu'elle avait pris et ce paradis qu'elle avait visité, Adèle était fort éloquente:

— Le climat est superbe, Amélie, et tu devrais voir les galeries d'art. C'est primitif, mais tellement différent. L'hôtel était de première classe et les plats exquis. Nous avons même aperçu le président traversant la ville en limousine. Le peuple est chaleureux et fort accueillant. La seule chose qui m'a peinée, c'est de voir tous ces enfants qui préfèrent mendier plutôt que de s'instruire. J'ai pourtant vu de belles écoles là-bas.

Adèle parlait, parlait... Tel un perroquet, elle répétait mot à mot ce que, une fois de plus, Marie-Thérèse lui avait ancré dans le cerveau. Elle avait rapporté quelques tableaux fort jolis, mais qui n'avaient guère leur place dans le décor de leur salon. Retirant de son sac un collier fait de coquillages et d'ébène, elle l'avait offert à Amélie avec le plus gracieux des sourires.

— Comme tu vois, j'ai pensé à toi. J'espère que tu le porteras parce que je l'ai acheté d'une pauvre enfant de dix ans qui l'a enfilé de ses propres mains.

Sans penser, enfreignant les lois de la décence, Amélie avait murmuré:

— J'espère au moins... que c'est toi qui l'as payé!

Marie-Thérèse ne venait plus chez les Berthier. Son instinct lui commandait de se tenir éloignée de celle qui l'accueillait poliment mais froidement. Adèle avait-elle fini par lui avouer les sentiments de sa sœur à son égard? Sans le moindre doute. Germaine avait même fait quelques reproches à son amie.

— Ce n'est pas bien, ce que tu fais, Amélie. Tu ne devrais pas entraver ainsi la seule amitié de ta sœur. Sais-tu que tu agis avec elle exactement comme elle le faisait avec toi? Elle est victime à son tour de ce que tu lui reprochais et je ne te comprends pas, Amélie. Pour une fois qu'elle te fiche la paix, qu'elle est de bonne humeur, tu t'arranges pour l'éloigner de ses bons sentiments envers toi.

— Ce n'était pas voulu, Germaine. Je ne l'ai jamais empêchée de recevoir la Dalpé. C'est elle qui a choisi de la tenir éloignée.

— Voyons, Amélie, ça va de soi. Mets-toi à sa place. Tu pourrais faire un effort…

— Peut-être bien, Germaine, mais que veux-tu, je ne l'aime pas, cette vieille souris et je suis incapable d'être hypocrite. De toute façon, ça se verrait tout de suite. Je ne sais pas pourquoi, mais je sens quelque chose de malsain dans cette amitié.

— Amélie! Tu étais la première à lui dire de se mêler de ses affaires quand elle mettait son nez dans ta vie. Ça ne te ressemble pas d'agir comme ça.

— Tu ne peux quand même pas me forcer à lui sourire quand j'ai peine à la sentir, non? Tu t'en fais pour rien, ma chère. Si Adèle avait décidé que sa Marie-Thérèse aurait sa place dans la maison, elle ne m'aurait pas demandé la permission. Non, je pense que ça l'arrange, d'être plus souvent chez sa vieille riche qu'ici. Là, elle peut converser à son goût, sans oreilles indiscrètes. Elle peut lui en mettre plein la vue sans risquer d'être démentie et jouer les précieuses ridicules avec elle. Ça l'arrange, cet éloignement, crois-moi. Mon Dieu, s'il y a quelqu'un qui connaît ma sœur, c'est bien moi! Dans le fond, ça m'arrange aussi. Pendant qu'elle passe des semaines chez la Dalpé, ça me permet de profiter de mon toit. Je suis également chez moi, ici, et j'ai mes élèves, mes manies. Tu vois le portrait d'ici, avec la Marie-Thérèse toujours là? Toi-même ne le supporterais pas. Penses-y un peu…

— T'as sans doute raison, Amélie, et ça ne me regarde pas, dans le fond. J'ai juste pensé qu'un p'tit coup d'éponge de ta part…

On sentait venir l'hiver peu à peu avec les vents d'octobre qui s'élevaient. Adèle s'accommodait fort bien de sa retraite prématurée et passait la majeure partie de son temps chez Marie-Thérèse. Elle revenait le dimanche soir afin de vaquer aux besoins de la maison dès le lundi et repartait, tâche accomplie, dès le mercredi, chez son amie. Cet horaire convenait très bien à Amélie qui jouissait d'une liberté presque totale. Elle parlait pendant des heures avec Edna, oubliant même les frais de l'interurbain. Cette dernière se plaignait du mauvais état de santé de son Godfrey. Trop gras, à bout de souffle, ce dernier l'inquiétait avec ses petites crises d'angine qui se répétaient de plus en plus. Edna, qui aurait bien aimé avoir sa cousine auprès d'elle, lui répétait sans cesse:

— Pourquoi ne viens-tu pas pour une semaine? *My God*, ton patron te donnerait sûrement un congé si tu insistais.

— Il n'y a pas que cela, Edna, j'ai tellement peu d'argent à dépenser.

— *My God*! mets-en un peu de côté, Amélie. Tu dépenses sûrement trop ailleurs. Un billet de chemin de fer, ce n'est pas si cher!

— Tu as raison mais, que veux-tu, je n'ai jamais été une adepte de l'économie. J'aurai peut-être à le regretter, mais je flambe tout au fur et à mesure. Il m'arrive même d'acheter des choses que je ne porte même pas. Je suis une impulsive, Edna, et quand je sors, je reviens toujours la sacoche vide. C'est là mon grand défaut et Adèle me le reproche souvent.

— Avoue qu'elle a un peu raison. Moi, si j'étais toi, je m'ouvrirais un compte d'épargne. As-tu pensé à ce qui arriverait si tu tombais malade? *My God*, Amélie, tu connais pourtant ta sœur!

— Je n'ose pas y penser, cousine, mais tu as raison. Avec un peu d'argent de côté, je serais plus libre de voyager, d'aller te voir souvent.

— Et si je te payais ton billet de train, Amélie? Tu sais, Godfrey et moi nous n'avons pas tellement d'occasions de dépenser…

— Non, non, surtout pas ça, une fois a suffi. Je viendrai un de ces jours, mais par mes propres moyens.

— Je n'ai pas voulu t'insulter, tu sais, mais, *My God* que je m'ennuie de toi!

Dernier dimanche du même mois. Amélie déjeunait en écoutant la radio, son chat sur les genoux, quand elle entendit le moteur d'une voiture qui avançait dans l'allée sous les arbres. C'était un taxi et quelle ne fut pas sa surprise de voir Adèle qui réglait sa course pour tranquillement regagner la porte d'entrée.

— Adèle? Mais que t'arrive-t-il? Pourquoi reviens-tu si tôt de chez Marie-Thérèse? Elle n'est pas malade, j'espère?

Adèle ne répondit pas. Tête baissée, elle enleva son manteau et se versa une tasse de café encore chaud.

— Mais, qu'est-ce qu'il y a? Tu ne te sens pas bien? Parle, enfin!

Adèle la regarda et Amélie remarqua par ses yeux rougis qu'elle avait pleuré de toute son âme. Sa main tremblait encore et ses traits étaient d'une extrême pâleur. Devant l'inquiétude de sa cadette, Adèle balbutia:

— Ne cherche pas à savoir pourquoi, mais je ne reverrai jamais Marie-Thérèse. C'est fini entre elle et moi.

— Quoi? Mais qu'est-il arrivé, Adèle? Tu t'es disputée avec elle?

— Non, pas tout à fait, mais je t'en supplie, Amélie, ne me pose pas de questions. Tout ce que je peux te dire, c'est qu'il y a eu un désaccord. Je ne tiens pas à en parler davantage.

— Voyons, Adèle, tu pourrais au moins te confier à ta sœur…

— Non, Amélie, c'est personnel et ça ne regarde que moi. Je te dis que je ne verrai plus Marie-Thérèse et n'en demande pas plus.

— Mais, on ne brise pas une telle amitié sur un simple malentendu?

Adèle se mit à pleurer et à marmonner entre ses sanglots:

— Amélie, je t'en supplie… n'insiste pas. Laisse-moi…

Secouée par les larmes de celle qui avait toujours été la plus forte, Amélie préféra ne rien demander de plus. Le temps viendrait sans doute à bout de ce mutisme. Adèle regagna sa chambre, ferma la porte et l'on put entendre, quelques minutes plus tard, la musique de Schumann en sourdine.

Pendant une semaine, ce fut le silence total. Adèle s'affairait à ses choses et retrouvait peu à peu sa mauvaise mine d'antan. La coquetterie passagère semblait au rancart et, de sa coiffure vaguée, l'aînée reprit le chignon et son accoutrement sévère. Amélie souhaitait que ce bris ne soit que passade. Elle craignait beaucoup ce retour aux sources, cette image austère de son aînée. Qu'était-il donc arrivé, bon Dieu, pour que «l'autre» ne donne le moindre signe de vie? Douze jours… et, enfin, un coup de téléphone. Marie-Thérèse, d'une voix larmoyante, demandait à parler à Adèle. Cette dernière sursauta et répliqua sèchement:

— Dis-lui que je ne suis pas là. Dis-lui de ne plus rappeler et que je suis morte pour elle.

Amélie tenta de la convaincre de s'expliquer elle-même, mais Adèle, tout en montant à sa chambre, s'était emportée:

— Dis-lui d'aller au diable, Amélie. Tu as compris?

Amélie se contenta d'aviser poliment Marie-Thérèse que sa sœur ne tenait pas à lui parler. Constatant le silence au bout du fil, elle osa demander:

— Que s'est-il passé, Marie-Thérèse? Elle n'a rien voulu me dire.

— Oh! un simple malentendu mais, si tel est le cas, dites-lui que je ne rappellerai plus. Dites-lui aussi que j'ai énormément de peine.

Amélie transmit ces mots à sa sœur qui répliqua sèchement:

— Pas moi! Je n'ai pas de peine! Je n'ai besoin de personne dans ma vie, surtout pas d'une telle amie.

— Tu es certaine de ne pas vouloir te confier?

— C'est pas la peine, Amélie. Oublie tout ça. Nous sommes ensemble toutes les deux et ça me suffit amplement. Tu sais, les joies de la vie c'est auprès des siens qu'on les obtient. Si jamais elle revient à la charge, ferme-lui la ligne au nez. Je ne veux même pas qu'elle te parle. Tu viens faire les emplettes avec moi?

Amélie était perplexe. Adèle avait vraiment mis une croix sur le nom de sa plus précieuse amie. Tantôt gentille, elle avait par la suite des sautes d'humeur qui laissaient entrevoir des jours qu'elle croyait enterrés. La rupture de l'amitié semblait définitive… et c'est ce qui inquiétait la cadette. Germaine, ayant eu vent de la chose, lui avait dit:

— Pourvu qu'elle ne s'en prenne pas à toi.

Un matin, Adèle descendit avec une grosse boîte dans les bras.

— Appelle un taxi, Amélie, et demande au chauffeur de livrer ce colis.

Amélie put noter l'adresse de Marie-Thérèse et lui demanda:

— Qu'est-ce que c'est? Que lui envoies-tu de si bonne heure?

— Tous ses cadeaux... étole de vison incluse. Je ne veux rien garder d'elle.

— Lui as-tu écrit un mot avec l'envoi?

— Pas le moindre... et ne t'en fais pas, elle comprendra.

— Adèle, ça va te coûter cher, un taxi jusque chez elle...

— Qu'importe le prix. Appelle-le vite, ce taxi.

Puis, pensive, elle marmonna:

— J'aurais dû faire ça bien avant...

Repliée sur elle-même, plus maussade que le temps de ce début de décembre, Adèle devenait peu à peu l'insupportable personne des années précédentes. Surveillant sa sœur de près, ne sortant jamais, elle s'en prenait même au pauvre chat qu'elle chassait souvent d'un coup de balai. Les querelles entre les sœurs reprirent de plus belle et Amélie se réfugiait souvent chez Germaine, sa seule porte de secours. Elle avait pourtant tenté d'amadouer l'aînée, de lui dire à un certain moment:

— Pourquoi reprendre tes allures de vieille fille? Tu aurais pu rester la même et nous aurions pu sortir ensemble, Germaine, toi et moi.

— Laisse-moi tranquille. L'image que j'ai est celle qui me convient. J'ai plié trop souvent pour être l'autre. À mon âge, je suis celle que je suis et ton amie Germaine, tu peux la garder pour toi.

— Bon, d'accord, mais ne t'avise pas d'être bête comme autrefois.

— Je suis comme je suis. Si ça ne te convient pas, tu sais ce que tu as à faire.

— Ne sois pas si sûre de toi, Adèle. J'y pense, tu sais. Je veux bien laisser passer le temps des fêtes, mais si tu ne changes pas, je t'avertis, je fous le camp. Je t'ai endurée toute ma vie avec ton sale caractère et je l'avais presque oublié dans la durée de ton amitié. Qu'importe ce qui est arrivé, je m'en fous, mais je ne serai pas celle qui va payer les pots cassés. Tu as compris?

— Je ne te demande rien, ma sœur. Laisse-moi être comme je suis et sois telle que tu es. Je ne t'impose rien, moi.

— Non? Ton attitude est pire qu'une imposition. Je n'ai pas le goût ni l'âge de me cloîtrer avec toi. J'ai encore envie de vivre, moi.

— À soixante-deux ans? Tu appelles ça vivre, quand on n'en a plus l'âge? C'est toi qui devrais refermer des parenthèses, Amélie. Tu joues encore avec tes sentiments comme si tu avais vingt ans. Tu ne te rends pas compte, pauvre folle, qu'il n'y a plus rien à espérer au seuil de la retraite?

— Si… une raison de vivre, une douceur, un sourire. Je ne cherche pas le bonheur, Adèle, mais une sérénité. Si je ne peux trouver cette paix du cœur auprès de toi, je te le répète, j'irai la chercher ailleurs.

— Avec quoi? Sois logique, voyons, tu n'as rien d'autre que ce toit!

Le temps des fêtes fut plus triste que jamais. Adèle s'était même opposée au sapin et Amélie dut se contenter d'une petite crèche montée au pied de son lit. Le réveillon, c'est chez Germaine qu'elle le passa. Vianney Brisson y était venu avec sa femme, ses enfants et ses deux petits-fils. On s'était bien amusé et Amélie avait bu d'un trait la coupe de vin qu'on lui avait offerte. Adèle s'était barricadée pour se coucher avant que le *Minuit, chrétiens* ne soit entamé à la radio. Fenêtres closes, butée sur ses pensées, elle avait oublié dehors le chat qui grelottait de froid. Sur la table du salon, deux cartes de souhaits. Une de Germaine et une autre d'Edna, adressée à Amélie, dans laquelle on pouvait lire: «*Merry Christmas*, cousine… *and to* Adèle *also*».

De gros flocons se posaient sur le sol comme pour annoncer symboliquement que l'année allait prendre fin. Soleil avait retrouvé sa douillette lorsque Amélie avait réintégré le nid familial. Adèle ne lui avait posé aucune question sur ses festivités. Le réfrigérateur était presque vide et, sur une remarque de sa sœur, elle avait répondu:

— On n'a besoin de rien de plus. On n'attend personne, à ce que je sache!

Elle avait ajouté, en ce 27 décembre:

— J'ai rendez-vous avec le dentiste cet après-midi. J'ai une molaire qui me fait souffrir et il a accepté de me recevoir. J'espère ne pas en arriver au dentier, mais j'en ai déjà tellement d'enlevées. Ah! ces arracheurs de dents!

Amélie profita de son absence pour mettre un peu d'ordre dans la maison. Sa sœur se préoccupait de moins en moins de sa chambre. Elle avait dit à sa cadette:

— Un coup de plumeau de ta part me rendrait service.

Amélie s'était affairée. «Quel fouillis!» pensa-t-elle en voyant le désordre qui y régnait. Remuant vases et potiches, elle vit une lettre tomber par terre. Se penchant pour la ramasser, elle reconnut l'écriture de Marie-Thérèse. La missive remontait au 20 octobre dernier. Devait-elle l'ouvrir? Non, c'était personnel, elle n'en avait pas le droit. Pourtant, ce bout de papier plié l'attirait, d'autant plus qu'il était arrivé à son insu après le prétendu malentendu. C'était plus fort qu'elle et, pendant qu'elle dépliait la lettre, elle pensait intérieurement: «Pourvu que le bon Dieu me le pardonne.» Elle examina scrupuleusement la façon dont la lettre avait été rangée. L'en-tête vers le bas, un pli sur le côté droit. Il ne fallait surtout pas qu'Adèle s'aperçoive du geste qu'elle allait faire en violant ainsi ce qui relevait de la plus stricte intimité. Elle hésita, comme si elle allait commettre le plus vil des péchés. Non, elle n'aurait pas aimé que sa sœur soit intruse à ce point envers elle, mais sa raison lui commandait cette indiscrétion. Il lui fallait lire cette missive, aussi banale pût-elle être. Elle voulait en avoir le cœur net. Il lui fallait savoir ce qui s'était passé et elle se répétait: «C'est pour son bien et papa ne m'en voudra pas.» Elle déplia la lettre, mit ses lunettes et s'alluma une cigarette.

Ce 20 octobre 1967

Chère Adèle,

Je sais que votre premier geste sera de vouloir détruire cet écrit avant même de le lire, mais, je vous en conjure, épargnez-moi ce chagrin. J'ai tenté de vous parler, de m'expliquer, mais en vain puisque votre cœur n'a pas daigné m'écouter. Je ne vous écris qu'une fois, Adèle, une seule fois et c'est là mon plus vibrant plaidoyer. Si vous ne me répondez pas, je comprendrai qu'il n'y a plus rien à espérer, pas le moindre reste d'amitié. Ai-je été fautive à ce point, ma douce amie? Ai-je mérité un tel châtiment, moi dont l'âme s'illuminait à la vue de ce regard qui me troublait? Ai-je commis un crime, Adèle... de vous avoir trop aimée? Vous ne pouvez savoir combien je souffre depuis le soir où le vin m'a fait perdre ma plus belle histoire.

Oui, je l'avoue bien humblement, je vous ai aimée et je vous aime encore. Vous en faire l'aveu m'a perdue, d'où mon plus grand désarroi. Et pourtant, j'avais cru, j'aurais même juré que, depuis longtemps, ce sentiment était, de votre part, partagé. Dès le premier moment, mon cœur s'est mis à trembler, Adèle. Ah! si seulement j'avais su que j'étais condamnée. Cette amitié particulière, cette douce marginalité, je la croyais réciproque. Je pensais de tout mon être que vous aussi vous m'aimiez.

Rappelez-vous ces longues soirées où les mots doux n'entravaient pas les confidences. Rappelez-vous aussi ce voyage au cours duquel vous ne retiriez pas votre main quand je la prenais dans la mienne. Et que dire de ce tête-à-tête où vous m'avouiez ne pas pouvoir vous passer de moi? Vous m'aviez même chuchoté que l'amitié sans trêve était une forme d'amour. Était-ce un jeu de votre part? Aviez-vous lu trop de poèmes, ma belle amie? Comment vouliez-vous que je ne pense pas que vous et moi...

J'ai passé ma vie à chercher ce bonheur et vous me l'avez offert, Adèle, pour ensuite me le reprendre comme on le fait d'un jouet. Je vous ai choyée de mon avoir, je vous ai comblée de ma tendresse... et vous avez tout accepté sans jamais enfreindre les gestes. Je vous ai maintes fois parlé de mes passions, de mes penchants et vous me disiez: «Oh! comme je vous comprends!» Que pouvais-je donc en déduire, ma douce amie? Mon bonheur n'était-il pas entre vos mains?

J'avais rêvé pour nous d'un monde fou. J'avais imaginé l'automne de nos vies dans la plus parfaite harmonie. Je choisissais déjà pour nous ce toit qui fermerait un jour nos yeux. Je vous aimais déjà... jusqu'aux cieux!

Et voilà que j'ose enfin vous prouver que mon cœur ne mentait pas. Ce baiser furtivement volé, cette gifle de votre *part, ce terme de «lesbienne» dont vous m'avez affublée. Je croyais rêver, Adèle, je n'osais le croire. Je n'ai su que pleurer, implorer votre pardon, mais vous m'avez quittée. Comment pouvais-je deviner... vous qui ne m'aviez pas ignorée. À ce jour, encore, je ne peux me résoudre à comprendre. Un dard au cœur n'aurait pas été plus douloureux. Seule, je me suis retrouvée telle une épave rejetée par la mer. Je vous en prie, Adèle, ne soyez pas amère envers moi. On ne brise pas ainsi un vase duquel débordait un bouquet de sentiments. Ne me laissez pas mourir dans un tel état. Je vous en conjure, ne me quittez pas car, sans vous, ma vie n'a plus sa raison d'être. Je me meurs déjà de vous savoir si loin de moi. Honorez-moi de votre amitié, Adèle, que de votre amitié. C'est là tout ce que je réclame. Revenez-moi et je vous jure de ne vous aimer... qu'en silence. Pour vous, j'en suis capable. Renouez ce lien que vous avez brisé, rendez-moi véritable. J'implore votre pardon, Adèle, à genoux si tel est votre désir, mais ne me délaissez pas. Épargnez-moi le repentir et laissez à Dieu le privilège de me juger.*

Saurez-vous faire la sourde oreille à ma supplication? Je doute que votre cœur soit à ce point sans merci. Vous seule connaissez mon secret, Adèle. Je vous sais gré de votre discrétion et c'est pourquoi mon cœur vous rappelle. Nous pourrions vivre de si nobles et si belles choses ensemble. Oseriez-vous me fermer votre cœur jusqu'à mes cendres? Non, pas vous, pas pour un simple malentendu dont nous ne reparlerons plus. Un signe, Adèle, un mot, voilà ce que j'implore de mes larmes. Ne me laissez pas ainsi... le cœur en lambeaux!

Marie-Thérèse

Amélie n'en croyait pas ses yeux. C'était donc là le lourd secret d'Adèle? Prise de pitié pour cette vieille Marie-Thérèse, elle ne pouvait concevoir que sa sœur fût restée de marbre devant un si vibrant appel. Et elle lui avait retourné tous ses présents sans un mot? Sans le moindre pardon? Elle qui idéalisait les poétesses? Pensive, Amélie replaça la lettre telle qu'elle était et la remit sous le vase qui la cachait. Pourquoi ne l'avait-elle pas détruite? Adèle se complaisait-elle à relire ce cri du cœur désespéré? Toutefois, elle savait que sa sœur avait pu être dupe. Peu sensible aux faits et gestes, elle avait certes pu ne rien deviner. Jeune, elle n'avait jamais su discerner le mensonge de la vérité. Amélie était chagrinée. Pourquoi sa sœur ne s'était-elle pas confiée? Comment avait-elle pu garder pour elle un drame d'une telle intensité? Mais oui, elle en était capable. Blessée dans son orgueil, outrée de sa naïveté, Adèle n'avait pu partager son émoi… même avec elle. N'en avait-il pas été de même lors de son choc brutal face à la fuite de Dieudonné? Pauvre Adèle! Elle n'avait guère été choyée par la vie. D'un déboire à l'autre, elle était devenue la reine des introverties. Pourquoi le ciel s'acharnait-il sans cesse sur elle? Amélie pourrait-elle encore la blâmer de ne plus croire en Dieu ni en personne? «J'aurais pu la consoler, l'épauler, lui faire oublier», pensa la cadette. Mais non, trop fière, trop altière, Adèle n'aurait jamais pleuré sur son épaule. Elle préférait sans doute reprendre le dessus du pavé, prouver qu'elle était encore la plus forte, la plus douée. Peine perdue, jamais Adèle ne se serait avouée vaincue. Surtout pas à elle, Amélie. Non, elle n'allait pas lui parler de sa découverte. Ce serait courir à sa perte. Elle se tairait, mais sachant la vérité, Amélie se promettait d'être plus indulgente. Du moins, elle essaierait. Toute sa vie, sa sœur n'avait rêvé que d'un infime bonheur et c'est bien contre son gré que s'engendrait l'ardeur. Non, elle ne dirait rien à personne de ce qu'elle savait. Pas même à Germaine, pas même à son père dans ses prières. Elle tâcherait de comprendre quand Adèle crierait à Soleil: «Hors d'ici, sale bête!» Puis, tranchant le débat, elle se surprit à murmurer en pensant à Marie-Thérèse: «Vieille toupie! Tant pis! Mon intuition ne m'avait pas trompée!»

Les oiseaux venaient en vain mendier du pain chez les sœurs Berthier. Ce n'est pas parce que la neige fondait qu'Adèle avait le cœur sur la main. Elle n'avait pas mis le nez dehors de l'hiver, se contentant de tricoter, d'écouter de la musique, de lire et de chasser le chat d'un coup de pied. Elle avait rangé à tout jamais ses dernières toilettes et son horrible chignon avait refait surface dans la glace. Elle parlait peu, causait à peine avec sa sœur et se plaignait sans cesse de maux plutôt imaginaires. Quand la conversation s'animait, c'était pour morigéner la pauvre Amélie sur son usage du tabac et sa consommation de bière.

— T'es bien comme ton père, toi! Des vices, rien que des vices!

Amélie essayait par tous les moyens de ne pas rester à la maison. Elle avait tenté une autre fois un rapprochement, mais peine perdue. Adèle n'avait nullement l'intention de lui ouvrir son cœur, et encore moins ses bras. Heureusement qu'il y avait Germaine et les lettres d'Edna. Deux consolations, deux bouées de sauvetage pour la sœurette éplorée. Son travail lui permettait de vivre convenablement, mais Adèle, plus pingre que jamais, lui refilait des comptes à payer qu'elles auraient dû partager.

— Adèle, la maison tombe en ruine, il faut absolument la rénover.

— Je n'ai pas un traître sou à mettre sur cette cabane. Tu en as, toi?

— On pourrait peut-être l'hypothéquer. Il faut faire quelque chose.

— Fais ce que tu voudras, mais ne compte pas sur moi. Emprunte si tu veux, moi je ne travaille pas. C'est ta maison, Amélie, pas la mienne.

— C'est notre maison, voyons. Tu en as ta part toi aussi.

— Prends-la à ton nom, Amélie, moi je n'en veux pas.

— On sait bien. Facile à dire maintenant qu'elle s'écroule. Écoute, Adèle, c'est la deuxième fois que tu m'arrives avec cette solution et crois-moi, je vais finir par te prendre au sérieux.

— Fais-le, prends-la, garde-la. Je te dis que moi je n'en veux plus. J'aimerais cent fois mieux qu'elle soit à toi et te payer une pension, tant par mois.

— Et tu vas me signer comme ça l'abandon de ta part?

— Sûrement, pour autant que tu t'arranges avec toutes les réparations. Que veux-tu que j'en fasse, de cette maudite maison, moi? Je passe ma vie dans ma chambre.

— Très bien, Adèle, tu l'auras voulu. Dès demain, je convoque le notaire!

Et ce qui fut dit fut fait. Adèle céda sa part et Amélie emprunta pour remettre la maison un peu d'aplomb. Un gros cinq mille dollars qu'elle promettait de rembourser mensuellement moyennant des intérêts. Un manœuvre fut engagé et, en moins de trois mois, la demeure avait repris sa forme, du moins, pour deux hivers et trois étés. Amélie arrivait on ne peut plus juste. Il lui fallait restreindre ses dépenses et ses sorties, ce qui faisait sourire d'aise son aînée. Adèle n'avait pas hésité à lui céder ses droits, sachant trop bien que jamais sa sœur ne la jetterait à la rue. Elle avait si bien manigancé ses affaires qu'elle n'avait plus qu'une minime pension à payer. De cette façon, ses sous n'allaient pas être mangés. Amélie tirait le diable par la queue et avait parfois peine à ajouter à son marché quelques morceaux de foie de porc pour le chat. Endettée, responsable, il lui arrivait de suer avec le maigre salaire du libraire, mais elle avait au moins la paix. Adèle de plus en plus… se taisait.

— Tu devrais au moins m'aider à régler le compte d'électricité.

— Pas question, je paie ma pension comme convenu. De plus, je mange si peu que tu débourses davantage pour ton chat.

— Si on se partageait au moins le compte de téléphone?

— Pourquoi? Je n'appelle jamais personne, moi. Je n'ai pas besoin de cet appareil-là. Quand tu n'es pas là, ça ne sonne pas, Amélie. Sors-le si tu n'es pas capable de le payer, mais ne compte pas sur moi pour une telle inutilité.

— Voyons, Adèle. S'il fallait que l'une de nous tombe malade.

— L'autre n'aurait qu'à se rendre chez le voisin. On n'hésiterait pas à nous aider.

— Laisse tomber, Adèle, je vais m'arranger. Je ne suis pas du genre à demander la charité!

Le 4 avril 1968, Amélie rentrait de son travail.

— Tu as écouté les nouvelles, Adèle? Martin Luther King a été assassiné!

— Oui, j'ai entendu, mais ça ne va pas m'empêcher de dormir ce soir.

— Rien ne t'émeut, toi. Serais-tu faite de bois?

— Voyons, Amélie, comme si ça m'intéressait, ce qui se passe aux États-Unis.

Le 5 juin, le monde était secoué par l'assassinat de Robert Kennedy. Chez le libraire, on se précipitait sur tout ce qui concernait sa vie. Amélie était bouleversée et, pendant que l'Amérique pleurait, Adèle avait débité:

— On l'avait dit qu'il y avait un mauvais sort sur cette famille. Je pense que leur père n'a pas toujours été honnête!

C'est en juillet qu'un drame épouvantable allait chavirer Amélie. Le téléphone sonna à sept heures du soir.
C'était Vianney Brisson, le frère de sa douce amie.

— Amélie, j'ai une bien triste nouvelle à t'apprendre.

— Qu'est-ce qu'il y a? Qu'est-il arrivé pour que tu m'appelles chez moi?

— C'est… c'est Germaine. Elle a été happée par une voiture.

— Quoi? Qu'est-ce que tu dis? Comment est-elle? Rien de grave, au moins?

À l'autre bout du fil, un silence et des sanglots.

— Qu'est-ce que tu as, Vianney? Parle! Que s'est-il passé?

— Elle… elle est morte, Amélie. Germaine a rendu l'âme vers quatre heures cet après-midi.

— Mon Dieu! c'est pas possible! Ce n'est pas vrai, ça ne se peut pas!

Amélie se retint au chambranle de la porte et Adèle eut juste le temps de la saisir avant qu'elle ne s'effondre. Prenant le récepteur, elle supplia:

— Vianney, que lui as-tu dit? Amélie a perdu connaissance!

Accident banal, mort stupide, départ grotesque et bête que ne souhaite aucun vivant. Germaine traversait la rue quand un vieux monsieur, brûlant un feu rouge sans s'en rendre compte, la projeta tête première dans une vitrine. Un accident, un simple accident, une triste négligence et Germaine était partie, sans le moindre avertissement, rejoindre ceux dont le départ nous laisse inconsolable. On avait tout tenté pour lui sauver la vie. Trois heures dans un profond coma, fracture du crâne, et c'est sans reprendre conscience que la pauvre fille avait rendu le dernier souffle. Une simple maladresse d'un chauffeur trop âgé et sa douce amie était dans le couloir de l'éternité. C'était inacceptable. Amélie lui avait parlé la veille. Elles avaient jasé longuement et Germaine lui avait même laissé entrevoir la possibilité d'un voyage avec elle à North Bay. «Ça te ferait du bien, Amélie. Ta cousine Edna serait au paradis!» Quelle expression pour quelqu'un qui, dès le lendemain, allait frapper à sa porte. Prémonition? Ne dit-on pas que les morts ont toujours un mot bizarre avant leur départ?

Adèle se montra fort compatissante devant la détresse de sa cadette. Son désespoir lui faisait mal et ses larmes la secouaient. Adèle était également bouleversée. Germaine avait de si belles qualités. Oui, elle était peinée, très peinée. Germaine avait partagé depuis toujours le moindre des secrets d'Amélie et son père l'avait tellement aimée. Germaine, cette chère Germaine, qui faisait presque partie de la famille.

— Allons, Amélie, prends sur toi. Il faut aller ensemble au salon mortuaire.

— J'en suis incapable, Adèle. Je ne veux pas la voir dans son cercueil.

— Un peu de courage, petite sœur. Je ne te quitterai pas d'un pouce. Tu dois y aller. Tu ne peux pas laisser partir ainsi ton amie sans le moindre adieu.

— Je ne peux pas, Adèle, j'ai trop mal. Je ne le supporterais pas.

C'est presque de force qu'Adèle entraîna sa sœur jusqu'au cercueil de son amie. Tendre comme elle ne l'avait jamais été, Adèle la pressait contre son cœur. À la vue des fleurs et de sa chère Germaine dans le coffre de satin, Amélie devint si hystérique que la famille recueillie en sursauta.

— Germaine, ma douce Germaine, tu ne peux pas me faire ça. Ouvre les yeux, je t'en prie, et parle-moi. Tu ne peux pas me quitter comme ça. J'ai besoin de toi. Que vais-je devenir sans toi? Mon Dieu, rendez-la-moi, ne la reprenez pas ainsi. Germaine, non, pas toi!

On dut se mettre à trois pour la conduire dans un salon voisin. Agrippée aux mains de la défunte, penchée sur son front, Amélie pleurait à fendre l'âme. Vianney tenta en vain de lui faire comprendre, de la consoler. Adèle, désespérée, avait des larmes sur les joues. Traînant sa sœur jusqu'à l'auto de Vianney qui allait les ramener, elle s'était retournée pour crier aux visiteurs sidérés:

— Vous allez me dire qu'il y a un bon Dieu, après ça?

Germaine fut exposée trois jours comme le voulait la coutume. Défigurée, elle était méconnaissable et le fard de l'embaumeur n'avait rien arrangé. Amélie n'était pas retournée au salon tellement son désarroi faisait peine à voir. Adèle avait compris qu'il ne fallait plus qu'elle voie son amie sur les planches. C'est elle qui s'était chargée de faire livrer une couronne de roses blanches avec la mention «De ta plus précieuse amie. Amélie». De sa part, une gerbe avec les mots «Sincères condoléances. Adèle Berthier». Edna, avertie par

Adèle, avait fait envoyer une petite croix fleurie. Elle était peinée pour Germaine, mais davantage par la tristesse d'Amélie. «*My God*! pauvre cousine. Elle n'avait qu'elle!» Godfrey avait baissé la tête.

Amélie s'était rendue aux funérailles accompagnée d'Adèle. Le médecin lui avait prescrit quelques calmants pour qu'elle puisse supporter l'épreuve. À la descente du corps au-dessus de la tombe de la mère, Amélie se sentit défaillir. Vianney pleurait et ces larmes sur le visage d'un homme l'ébranlèrent. Un ami de Vianney s'offrit pour le retour et c'est blottie dans les bras de sa sœur qu'Amélie regagna la maison isolée. Adèle pensa, songeuse: «Je ne l'ai jamais vue pleurer comme ça. Même pas à la mort de Jacquot ni de papa.»

Amélie mit cinq jours avant de reprendre son travail. Incapable de se rendre au cimetière, elle causait encore avec son amie lors de ses insomnies.

— Germaine, je prie pour toi, mais ne m'abandonne pas. Veille sur moi du haut du ciel et demande à Dieu de me donner la force de vivre sans toi. Protège-moi d'Adèle, parle aussi à mon père. Oh! Germaine, que se passe-t-il là-haut? Nick serait-il à tes côtés, par hasard? Si j'en arrache trop, tu viendras me chercher, dis? Aide-moi à vivre, ma douce amie.

Et c'était toujours très tard qu'elle s'endormait… un chapelet entre les doigts.

— Pourquoi ne laisses-tu pas tomber tes leçons de piano, Amélie? Je suis tannée de voir ces petites morveuses venir ici.

— N'y songe pas. C'est désormais mon seul désennui.

— Mais, je suis là, moi. Faudrait pas oublier qu'il ne te reste que moi.

— Pour ce que tu as de conversation, c'est comme être seule.

— C'est toi qui ne parles plus, Amélie. Toujours là à jongler depuis que Germaine est partie. Il va falloir que tu t'en remettes, tu sais. Ça fait deux mois qu'elle est morte et enterrée. Il va falloir que tu te fasses une idée à la fin. Penses-tu que c'est plaisant pour moi, cet air bête que tu as?

— Ma pauvre Adèle, j'ai bien enduré le tien toute ma vie, moi!

— Toujours le mot pour me faire plaisir, hein? C'est pas comme ça qu'on va se rapprocher l'une de l'autre, ma pauvre sœur.

— Tu y tiens vraiment, Adèle? Allons, sois plus honnête que ça. Tu penses sérieusement qu'on peut renouer le fil après toutes ces années, toi qui l'as coupé je ne sais combien de fois?

— Nous pourrions quand même essayer, Amélie. Nous ne pouvons pas finir nos jours sous le même toit comme chien et chat.

— Il n'en tient qu'à toi, Adèlc. Moi, j'ai toujours été de bonne foi. Changement de propos, tu as su que Maurice Chevalier avait eu quatre-vingts ans hier? Encore solide, n'est-ce pas?

— Bah! il n'a jamais eu de voix, celui-là!

— Toujours aussi négative. Il ne t'arrive jamais d'avoir un bon mot?

— Amélie, quand même! Papa chantait mieux que lui.

— Je ne te parlais pas de sa voix, Adèle, je te parlais de son âge.

— Comme si c'était un exploit d'être encore là à quatre-vingts ans. Il n'est pas le seul à être en forme, tu sais. Prends le deuxième voisin…

— Arrête, arrête, Adèle. Il est inutile de parler de quoi que ce soit avec toi. Non, nous ne sommes pas sur la même ficelle. Toute conversation banale tourne au drame avec toi. C'est ça que tu appelles un rapprochement?

— Mais, c'est de ta faute, Amélie. Tu ne m'entretiens que de balivernes et de sottises!

Amélie se consolait de sa triste solitude en inondant la pauvre Edna de lettres qui n'avaient pas toujours de réponse. La cousine en avait plein ses tiroirs et, avec l'état piteux de son Godfrey, elle n'avait guère le temps de s'asseoir et de sortir son écritoire. Toutes les lettres d'Amélie étaient empreintes de désarroi, d'amertume et de ressentiment. Elle traversait un bien mauvais moment. Edna lui avait écrit: «Viens, prends deux semaines à tes frais. Viens, ça va te changer les idées.» Amélie répondit: «Je ne peux pas, je dois travailler. J'ai des dettes à rembourser.»

Peu à peu, avec la première neige qui recouvrait le sol et ses feuilles, Amélie retrouva meilleure mine. Elle s'était faite à l'idée que Germaine ne reviendrait plus et elle lui parlait de moins en moins dans l'au-delà. Son monologue avait atteint la phase de l'épuisement. Ce qui la terrifiait, c'était de sentir qu'elle n'avait plus personne à qui se confier. Pas la moindre amie, pas une seule connaissance. Elle travaillait et rentrait vite à la maison pour se réfugier dans un livre ou s'empiffrer de téléromans. Inutile d'y penser, Adèle ne serait jamais une amie pour elle. N'avait-elle pas refusé la moindre sortie suggérée par sa sœur? Adèle vivait, telle une recluse, avec la musique de Schumann, quelques poèmes, de légers repas et sa chambre. Oui, toujours cette maudite chambre dans laquelle elle s'enfermait pour se plonger dans un monde qui n'existait plus. Son univers, c'était hier. Ses «grands disparus», comme elle les appelait. Et c'est pas à pas qu'Amélie devint à son tour solitaire. Les grands magasins n'avaient plus d'attrait pour elle. Le cinéma ne l'intéressait plus, sauf les films qu'on présentait au petit appareil. Sortir seule? Amélie n'y pensait pas. Faire partie d'un cercle ou de l'âge d'or? C'eût été là une issue de survie, mais la pauvre fille craignait de se mettre les pieds dans les plats. Elle allait, bien sûr, à la messe, mais ne touchait plus l'orgue à l'église. Il ne lui restait que ses trois élèves qui venaient la divertir, son chat, ses bouts de conversation avec l'épicier et ses lettres à Edna. Bien malgré elle, seule et tourmentée, Amélie s'était emmurée.

Le 23 décembre au matin et Amélie, devant sa glace, se regarda en murmurant: «Mon Dieu, comme le temps passe. Soixante-trois ans déjà!» Adèle lui avait préparé un petit colis et la cadette y découvrit une boîte musicale en forme de lune. En soulevant le couvercle, on pouvait entendre le thème du film *Docteur Zhivago*. Oui, *La Chanson de Lara*.

— Tu n'aurais pas dû faire ça, Adèle. Ça coûte cher, ces petites choses-là.

— Bah! Ce sera du même coup ton cadeau de Noël. Excuse-moi pour l'oubli de la carte, mais comme je suis là, je t'offre mes vœux de vive voix.

— Merci, Adèle, c'est un air que j'aime beaucoup. J'ai d'ailleurs vu le film.

— Oui, je sais... et tu l'as même revu trois fois par la suite.

Février 1969. Amélie rentre à la maison transie de froid et la mine basse. Elle n'ose regarder sa sœur qui, inquiète, lui demande.

— Qu'est-ce qui t'arrive encore? Tu n'as pas l'air dans ton assiette, toi.

— Il y a de quoi, je perds mon emploi, Adèle. Le libraire prend sa retraite et écoule sa marchandise. Il a été au regret de m'annoncer que, dans deux semaines, mon travail serait terminé.

— Quoi? Mais il va sûrement te recommander ailleurs, celui-là?

— Il a essayé, il a téléphoné à des confrères, mais ils ont leurs employés. Et puis, j'ai également compris que, vu mon âge...

— Mais, tu ne vas quand même pas rester à rien faire?

— Que veux-tu que je fasse? J'aurais aimé poursuivre jusqu'au jour de ma pension, mais la vie m'a joué un tour. Je ne sais vraiment pas ce que je vais faire.

Amélie comptait bien sur la compréhension de sa sœur, ou du moins sur sa pitié. Elle avait pensé: «Avec son avoir, ce n'est pas ça qui va la ruiner. Elle va sûrement me rassurer de ce côté.» Tel ne fut pas le cas puisque sa sœur enchaîna:

— Et je parie que tu n'as pas une cenne noire de côté?

— Tu le sais bien, Adèle. Pourquoi me poser cette question?

— Tout simplement pour te dire de ne pas compter sur moi. Tu as des dettes, c'est ta maison, et moi je ne peux rien faire dans ce cas.

— Voyons, Adèle, tu devrais comprendre la situation. L'an prochain, les pensions seront à soixante-cinq ans. Avec la tienne et la mienne, on arrivera. Ce n'est que temporaire...

— Et d'ici là? Tu crois que je vais tout payer? Tu penses vraiment que j'ai économisé toute ma vie pour être ainsi dilapidée? Tu te trompes, ma sœur. Je ne verserai pas un sou de plus que la pension transigée. Le reste, c'est ton affaire et tu devras gagner ta pitance d'ici là.

— Ah! comme je te reconnais! Tu ne lèverais même pas le petit doigt pour moi. Je m'en doutais bien, va, mais j'aurais cru que ton cœur…

— Laisse-le tranquille, le cœur! Tu as profité de bien des gens avec tes sentiments, mais ça ne prend pas avec moi. Il faut que tu travailles, Amélie. Tu es en bonne santé et il y a sûrement une place pour toi quelque part.

— À mon âge? Tu penses qu'on veut d'une secrétaire ou d'une vendeuse qui va avoir soixante-quatre ans?

— Dans ce cas-là, fais des ménages! Il y a des demandes pour ça.

— Quoi? Tu es sérieuse? Tu voudrais voir ta sœur laver des planchers et être traitée comme une servante? Ta sœur que tu présentais comme une concertiste, Adèle? Non, vraiment, tu es odieuse!

— Il n'y a pas de sot métier. Rappelle-toi de ce que père disait quand tu étais *waitress*. Tu t'en souviens, ma petite sœur? À défaut de ne pouvoir trouver autre chose, ça ne te fera pas mourir d'ici là.

— Tais-toi, Adèle, tu es monstrueuse. Je savais que tu serais dure envers moi, mais pas à ce point-là. Tu es une femme sans entrailles, avec un cœur de pierre. Je pense même que ça te ferait plaisir de me voir à quatre pattes avec une brosse et un savon. Tu es immonde, Adèle, et je te jure que je ne finirai pas mes jours avec toi.

— J'en ai marre de cette menace et tu es bien mal placée pour me dire ça, ma pauvre sœur. Tu n'as rien à toi, sauf cette maison hypothéquée jusqu'aux oreilles. T'imagines-tu que c'est le Pérou? À moins que tu finisses par te contenter d'un vieux qui ne demanderait pas mieux que de faire soigner sa goutte par une vieille folle comme toi.

— Fais attention, Adèle, je peux toujours la vendre, cette chienne de maison!

— Oui? Et puis après? Quand tu auras survécu un an ou deux, quand tu te retrouveras avec ta seule pension de vieillesse, tu penses que tu vas arriver? Ouvre-toi les yeux, ma chère, à moins d'être avec moi, tu ne te rendras même pas aux fins de mois.

— Et toi, qu'est-ce que tu ferais sans moi?

— J'ai des économies, moi! Je n'ai pas dépensé tout mon argent, moi! Tu sais très bien que je pourrais survivre sans toi.

— Et avec qui? Dis-moi, Adèle, qui voudrait de toi?

— Je n'ai besoin de personne, je me suffis, Amélie. Je n'ai pas peur, moi!

— Je n'aurais jamais pensé que tu en arriverais là, Adèle. Ah! si seulement papa te voit du haut du ciel, tu penses qu'il…

— Les morts, ça ne voit pas et ça ne parle pas. N'essaie pas de m'attendrir avec des stupidités comme ça. Tu perds ton temps, ma chère. Tout ce qu'il te reste à faire, c'est de te trouver un travail temporaire. Je te le répète, je ne te verserai pas le moindre sou. C'est final, tu entends?

— Je ne voudrais pas de ton argent, Adèle. Il doit être aussi noir que ton âme. Je vais me débrouiller sans toi, mais ne t'avise plus jamais de me voir en femme de ménage. Père m'a déjà dit: «Dans la vie, tu peux tout perdre, mais jamais ta fierté.»

— Et jadis, aux crochets de Nick, ce n'était pas la perdre, Amélie?

— Sans doute moins que toi… dans les bras de Marie-Thérèse!

Adèle sentit son sang bouillir dans ses veines. Comment sa sœur avait-elle pu savoir? Comment avait-elle osé glisser une telle méchanceté dans la conversation? Comment avait-elle pu dire une telle chose? Furieuse, hors d'elle, elle se leva de sa chaise et hurla violemment:

— Espèce de vache! Sale ordure! Ne répète jamais ça devant moi!

Puis, pressant le pas pour qu'Amélie ne voie pas sa main qui tremblait, elle regagna sa chambre en claquant la porte. Amélie sursauta et se dit: «Tant pis, il ne fallait pas me rendre à bout, Adèle Berthier!»

Dès lors, le silence régna derrière les fenêtres givrées. Amélie n'avait pas perdu un seul instant. Le notaire se chargea de lui trouver une seconde hypothèque de trois mille dollars et Edna, à qui elle écrivit sa détresse, s'empressa de lui répondre:

Chère cousine,

My God*! ce n'est pas drôle, ce qui t'arrive. Sais-tu que tu aurais pu vendre et venir habiter avec nous? Godfrey l'a même suggéré et ce ne serait pas bête. D'un autre côté, je sais très bien que tu ne laisserais pas Adèle derrière toi. C'est toi qui es prise avec elle, pas elle avec toi. Je te plains,* dear cousin, *mais si tu veux bien accepter mon aide, j'aimerais te prêter cinq mille dollars pour que tu ne sois pas inquiète jusqu'au moment de ta pension.*

Avec ce que tu as emprunté, tu pourras rencontrer les dettes de la maison et mon argent te servira pour manger et t'habiller jusque-là. Ne refuse pas, Amélie, Godfrey en serait choqué. Nous, nous n'avons pas besoin de cet argent-là. Tu pourrais nous le rembourser par petits versements quand tu le voudras et pas avant tes soixante-cinq ans. Accepte mon aide, je suis ta seule confidente à présent. Comme ça, tu seras indépendante et tu pourras dormir en paix sans penser à te chercher un autre emploi. Tu as assez travaillé dans ta vie, Amélie. Tu mérites un repos. Bien plus qu'Adèle, qui n'a pas vécu la moitié de ce que tu as passé.

Réponds-moi vite et je t'envoie le chèque. Ne sois pas mal à l'aise, cousine, pas avec moi. Pas avec ta chère Edna. Godfrey t'embrasse bien fort et te demande de prier pour lui. Sa santé n'est pas bonne, mais il a du courage. Écris-moi vite ou téléphone. Quand tout sera réglé, arrange-toi donc pour venir nous visiter.

God bless you,

Edna

Amélie, songeuse, se disait: «Je ne peux pas faire ça. Pauvre Edna, elle n'en a peut-être pas les moyens et elle n'écoute que son cœur.» Elle relut la lettre quatre fois et, encore hésitante, elle revoyait l'odieux visage de sa sœur qui la condamnait aux planchers. Oui, voilà comment elle retrouverait sa dignité, elle, Amélie Berthier. Elle savourait déjà le moment où Adèle, hébétée, se demanderait quelle corne d'abondance elle avait pu décrocher. Non, elle ne lui dirait rien. Elle allait la laisser se morfondre dans ses points d'interrogation et lui en mettre plein la vue. Elle allait même redécorer la maison, chanter, pianoter. Tout cet argent dépassait de beaucoup ses besoins. Elle en profiterait pour aller à North Bay, pour s'acheter de nouvelles robes, vivre et rire au lieu d'attendre de mourir. Quelle tête elle aura, la chère Adèle, en voyant ce luxe autour d'elle! Oui, Amélie avait une folle envie de lui démontrer qu'elle était châtelaine et non fille à sabots. Adèle resterait stupéfaite, bouche bée, sans ne rien savoir de son soudain avoir. Amélie, une fois de plus, aurait raison d'elle. Pas un pouce, pas le moindre pli. Voilà ce qu'elle se jurait de ne jamais lui accorder. Prenant le téléphone au lieu d'écrire, le fil conducteur la transporta jusqu'à North Bay.

— Edna? *It's* Amélie. *Dear cousin…* je ne sais comment te remercier!

Chapitre 15

Le samedi 5 août 1989. Garde Dubé entra en trombe dans le bureau de la directrice qui s'apprêtait à prendre sa journée de congé.

— Excusez-moi de vous déranger, mais Adèle ne va vraiment pas bien.

— Qu'est-ce qu'elle a? Elle avait pourtant l'air en forme, hier.

— Je ne sais pas, madame, mais elle ne veut rien manger et elle est à bout de souffle comme ce n'est pas possible. Je pense qu'il serait plus prudent de faire venir le docteur Girard.

— Mon Dieu! Lui qui passe la fin de semaine à son chalet!

— Je sais bien, mais rappelez-vous qu'il nous a recommandé de ne pas hésiter à l'appeler si quelque chose n'allait pas. Vous savez comment il est, surtout avec les Berthier. S'il fallait que quelque chose arrive, il nous reprocherait amèrement de ne pas l'avoir averti. Appelez-le et prenez quand même votre samedi, je vais m'arranger avec lui.

— Vous pensez pouvoir le faire, Thérèse? Je vous avoue que ça me dépannerait. Ma sœur m'attend pour la journée et elle a tout préparé.

— Ne vous en faites pas, appelez-le et laissez-le-moi. De toute façon, si Adèle a besoin de plus de soins, ce ne sera plus notre problème. Il sera là pour s'occuper d'elle.

— Avez-vous demandé à Amélie ce qui avait pu se passer cette nuit?

— Voyons, madame! Comme si elle pouvait me répondre. Dès qu'elle m'a vue, elle m'a crié: «Je pense qu'Adèle ne veut pas aller à l'école aujourd'hui!» Vous voyez ce que je veux dire? Peu après, elle était en train de bercer sa poupée en disant à sa sœur: «Tu es paresseuse et papa ne sera pas content!»

— Bon, bon, j'appelle le docteur Girard et je verrai s'il peut venir. Au moins, nous aurons fait notre devoir, Thérèse.

Le brave médecin ne se fit pas prier pour se rendre au chevet de la malade. Quittant son chalet, il arriva à la résidence en début d'après-midi. Pendant qu'il auscultait sa patiente, un cortège nuptial passait dans les environs en klaxonnant à tout rompre. Se tournant vers garde Dubé, il s'exclama:

— Et dire que pour certains, la vie commence! C'est beaucoup plus agréable que de la voir s'éteindre.

— Elle est si mal en point que ça, docteur?

— Elle n'est pas forte. Elle a fait une terrible crise d'angine cette nuit et je suis même surpris de la voir encore en vie. Heureusement qu'elle n'a rien mangé, car vous auriez eu un lit à nettoyer.

Adèle, qui regardait le brave docteur, murmura:

— J'ai mal au cœur, docteur. Je pense que je me meurs…

— Allons, mademoiselle Adèle, ce n'est qu'une indigestion passagère.

— Vous pensez que mon père va venir cet après-midi?

— Votre père? Heu… peut-être, si c'est son jour de congé.

Dans le lit voisin, Amélie fredonnait un air du passé et brossait sa longue chevelure en se regardant dans la fenêtre.

— Pourquoi vous n'appelez pas sa mère? Elle pourrait en prendre soin, elle?

Le docteur Girard regarda garde Dubé et préféra ne rien répondre. Amélie était dans l'une de ses journées de grave sénilité. Elle en était rendue à voir sa propre sœur comme une étrangère. Adèle sommeillait, mais sa respiration était de plus en plus faible.

— Il faut la conduire à l'hôpital. Appelez une ambulance, garde.

— C'est si grave que ça, docteur Girard?

— Je le crains et nous ne sommes pas équipés pour des réanimations cardiaques, en cas de besoin. Appelez à Sacré-Cœur, ils sont à quelques minutes d'ici et dites-leur que c'est une requête urgente de ma part. Cette demoiselle n'en a plus pour longtemps. Allez, je resterai auprès d'elle. Je ne la quitterai pas avant l'arrivée des ambulanciers. Adèle a besoin de soins pressants. Préparez aussi ses affaires, car j'ai l'impression qu'ils vont la garder.

— Est-ce à dire que son lit sera disponible?

— Non, pas à ce point. Gardez-le-lui au cas où elle en réchapperait.

L'infirmière s'exécuta et revint auprès du médecin.

— Ils seront ici le plus vite possible, docteur.

— Ces demoiselles ont-elles encore des sous, selon vous?

— Non, elles n'ont rien, sauf leur pension de vieillesse.

— Elles avaient une maison, pourtant?

— Oui, mais on a dû la vendre et ce fut juste assez pour rembourser les hypothèques. Il paraît qu'elle tenait debout de peur, cette maison. La dame du CLSC nous a dit qu'elle avait eu bien de la misère à les sortir de leur taudis il y a six ans. Elles s'y étaient enfermées et n'avaient rien mangé pendant trois jours. Elles étaient ruinées, docteur.

— Elles recevaient pourtant leur pension?

— Oui, mais elles ne sortaient plus, pas même pour les emplettes. Elles se nourrissaient de conserves qu'un dépanneur leur livrait. On a dû abuser de leurs maigres chèques de ce côté. Faut pas oublier qu'elles nous sont arrivées séniles toutes les deux. On aurait dit deux enfants délaissées. Si vous aviez vu tout le trouble qu'on a eu à savoir qui elles étaient. Même les voisins ne les connaissaient pas. Le quartier avait changé et les gens plus âgés disaient que ça faisait longtemps qu'elles ne parlaient plus à personne. On s'est ensuite aperçu qu'elles n'avaient plus de parenté, pas la moindre trace. La directrice a mené une enquête, mais c'était peine perdue. Les quelques paroissiens qui se souvenaient d'elles nous ont dit que les vieilles filles vivaient comme des marmottes en terre. Il n'y a que cette grosse dame qui est venue une fois ou deux et qui a jadis été une élève d'Adèle, mais elle ne connaissait rien ou presque de leur vie personnelle. Elle venait les voir en tant que bénévole et vous auriez dû voir comme elle avait l'air bête. Là, ça fait un bon moment qu'on ne l'a pas revue.

Adèle se mit à tousser. Ses poumons semblaient bien malmenés. Le souffle court, elle chuchota:

— Quand est-ce qu'on va me laisser dormir!

— Nous allons vous transporter à l'hôpital, mademoiselle Berthier.

— Je ne veux pas y aller, docteur. Je ne peux pas laisser ma sœur toute seule. Papa m'a demandé d'en prendre soin toute la journée.

— Ne vous en faites pas, garde Dubé va s'occuper d'elle.

Adèle tira le médecin par la manche et lui livra au creux de l'oreille.

— Dites-lui de la surveiller... Elle fume en cachette!

La malade fut transportée en ambulance et le docteur Girard la suivit. Aux soins intensifs, Adèle était dans un bien piètre état et les spécialistes hochaient la tête en se consultant. Puis, allant vers Girard, ils déclarèrent:

— Nous allons la garder ici, mais je doute que nous puissions faire quoi que ce soit pour elle. Cette femme a le cœur qui tient par une ficelle et, à son âge, on peut s'attendre au pire. Nous allons la garder sous observation et, si dans deux jours elle prend du mieux, nous la retournerons, mais j'en doute fort.

— Elle est au bout de sa vie, n'est-ce pas?

— C'est une femme usée. Ses forces la quittent et nous craignons qu'elle parte comme un petit poulet. Elle a quatre-vingt-cinq ans et c'est comme si son cœur était centenaire. Elle n'a même plus la capacité de faire le moindre effort.

— Pauvre vieille, elle était tellement enjouée la semaine dernière.

— Que voulez-vous, docteur Girard? C'est comme la plupart. En forme un jour et agonisants le lendemain. Il y a de ces vieilles personnes qui attendent avec anxiété le tout dernier hoquet. Si seulement on savait ce qui se passe encore dans leur tête. C'est comme si elles avaient décidé de se laisser aller. On a beau faire tout ce qu'on peut, mais leur volonté est plus forte que nos solutés.

Garde Dubé rangeait les vêtements d'Adèle et refaisait le lit sous le regard souriant de la douce Amélie. Sa sœur n'était plus à ses côtés et c'est comme si elle était allée faire une marche de santé.

— Papa ne veut pas qu'elle sorte quand elle a le rhume, vous savez.

— Pourquoi me dis-tu ça, Amélie?

— Parce qu'elle a toussé et râlé toute la nuit. Elle a réveillé souvent mon bébé et j'ai eu beaucoup de mal à l'endormir par la suite.

— Tu n'as pas une cousine qui s'appelle Edna, Amélie?

— Edna, Edna... oui, j'en avais une. Non, non, c'était Rita. Il y avait aussi Charles et ma sœur Germaine. Edna est partie en voyage avec sa mère.

— Ah oui? Pour aller où?

Amélie hésita, regarda dans le vide et chuchota:

— Chez monsieur Antonio. Oui, c'est ça, chez le gros Tonio!

Chapitre 16

Les années du *Peace and Love* n'allaient pas atteindre les cœurs d'Adèle et d'Amélie. C'est comme si, en veilleuse, le monde se refermait sur elles. Il y avait, bien sûr, les nouvelles à la télévision et Amélie, tout comme son père jadis, suivait comme elle le pouvait le déroulement d'une décennie de trouble-fêtes. Adèle passait de temps en temps devant le petit écran noir et blanc et son regard en disait long. La Crise d'octobre 1970? L'assassinat de Pierre Laporte? Un regard furtif, un sursaut de révolte.

— Maudits pouilleux! Bande de ratés! S'ils avaient réussi dans la vie, aucun d'eux ne songerait à faire du Québec un pays. Comme si l'on pouvait changer quoi que ce soit avec ces rapaces-là. Moi, je te le dis, Amélie, si ça continue comme ça, je retourne en Ontario!

Amélie, plus calme, plus compatissante, lui répondait:

— Il y a quand même du bon dans ce qu'ils disent.

— Toi, tu es comme ton père. Sotte et influençable! Oui, il aurait sûrement été de ton avis parce qu'il n'avait rien à perdre lui non plus. Rien à perdre parce qu'il n'a jamais su faire mieux que de gagner ses miettes de pain.

— Ne dis pas ça, Adèle, papa avait du cœur au ventre.

— Oui, mais pas de plomb dans la tête. Et avec ça, pas une cenne dans ses poches!

— Bon, bon, ça va. Je n'ai pas l'intention de m'obstiner avec toi. Savais-tu que Charlie Chaplin avait enfin regagné les États-Unis après vingt ans d'exil en Europe?

— Tu m'en diras tant. Un abruti qui n'a même pas été capable de jouer au cinéma parlant. On a pris la peine d'écrire ça dans les journaux?

Ce dernier écho datait du matin même, 3 avril 1972. Le règne du terrorisme avait laissé un coin de page pour les petites nouvelles.

Adèle ne sut jamais comment sa sœur s'était tirée d'affaire pour vivre comme une millionnaire jusqu'au jour de son premier chèque de pension. Elle se doutait bien que la maison avait été mise en garantie, mais elle sentait que d'autres piastres s'y étaient ajoutées. Elle ne la questionna pas pour autant, craignant trop, en le faisant, d'avoir à l'aider dans le remboursement de ses dettes. Amélie avait décoré la maison, effectué des achats pour elle et s'était même permis un nouveau mobilier de chambre à coucher. Elle n'avait pas eu à frotter des parquets. Loin de là, la cadette avait vécu comme si elle avait gagné à la loterie du Québec instaurée depuis peu. Ce qui charmait l'aînée, c'était de voir que sa sœur n'avait plus la moindre amie. Seule, plus seule que jamais, Amélie n'avait eu d'autre choix que de se rapprocher d'elle. À tel point qu'elle lui jouait du Schumann tous les soirs et qu'elle préparait tous les repas. Non, Adèle n'avait aucune raison de se montrer déplaisante. Amélie payait tout, ou presque, et, de plus, la maison lui appartenait tout entière. N'était-ce pas là ce qu'elle avait souhaité toute sa vie? Argent vite dissipé,

Amélie se trouva fort aise de recevoir son premier chèque. Désormais, elle ne pourrait plus jouer les coquettes, surtout avec la mode qui changeait sans cesse. Elle avait juste de quoi joindre les deux bouts et sa sœur pouvait maintenant la voir modifier elle-même l'attrait d'une vieille robe pour lui ajouter une note d'élégance. Amélie se demandait bien comment elle allait pouvoir rembourser Edna et lui écrivit pour lui offrir une remise de vingt dollars par mois. Sa cousine lui avait répondu: «*Don't worry, cousin*, tu avais un urgent besoin de cet argent. Tu me le rembourseras quand tu le pourras. Je peux attendre, ne t'en fais pas.» Dès lors, sans vouloir mal faire, Amélie savait qu'elle ne rembourserait jamais cette dette. Elle aurait pu ne pas se servir de tout cet argent et le remettre en partie à la chère cousine, mais c'est en jetant beaucoup de poudre aux yeux d'Adèle qu'elle avait obtenu son respect. La maison était jolie, les candélabres superbes. C'était, hélas! la dernière fois qu'elle lui en mettrait plein la vue. Là, avec un chèque assez minable, il n'était plus question de la moindre innovation. Rien à vendre, plus d'argent pour acheter. Amélie devait compter ses sous tout en arrivant à greffer, à son maigre budget, ses cigarettes et quelques bières.

Dieu que les journées étaient longues dans cette maison sans âme! Adèle lisait sans cesse jusqu'à son récital du soir. Amélie s'ennuyait à en mourir.

— Adèle, tu sais qu'on organise maintenant des bingos dans le sous-sol de l'église?

— Oui, ma chère sœur, pour le menu peuple, sûrement.

— Allons, nous pourrions peut-être y aller de temps en temps?

— Tu plaisantes, j'espère. Toi, une musicienne, et moi, une enseignante, avec ces femmes avides de gagner une dinde ou un calendrier? Parfois, je me demande où tu as la tête. Dépenser pour gagner, c'est de la pure sottise.

— Non, juste pour sortir, Adèle. J'ai besoin de voir du monde. Je n'en peux plus d'être enfermée entre ces murs, et puis… ça pue la solitude, ici. Ça sent déjà l'agonie, Adèle, et je ne passerai pas le reste de mes jours à te regarder priser.

— Alors, vas-y, Amélie. Sors si le cœur t'en dit. Mêle-toi à cette foule qui sait à peine compter jusqu'à trois, mais ne compte pas sur moi.

— Mais, je ne peux pas y aller seule. Ça ne se fait pas, voyons.

— Alors, ne te plains pas. Nous avons tout ici pour être bien. J'ai ma musique et mes livres et toi, la télévision. Il y a le jardin, le voisinage…

— Parles-en, du voisinage, tu n'adresses la parole à personne.

— Parce que je n'ai pas besoin d'eux, moi. Parce que je n'ai besoin que de toi, Amélie. Si ma présence ne te suffit pas, fais de ton vide ce que tu voudras.

— Si seulement tu venais au cinéma parfois. Si au moins tu optais pour un restaurant, quelquefois. Non, sans cesse ici, le nez dans la fenêtre.

— Ton nez, Amélie… pas le mien! Je n'ai besoin de rien qui vienne de l'extérieur, moi. J'ai une paix du cœur que rien ne trouble et je n'ai pas l'intention de m'aventurer dans un monde qui pourrait la perturber. J'ai passé l'âge de tout compromis.

— Voyons, Adèle, tu n'auras que soixante-neuf ans dans quinze jours, c'est encore jeune, tu sais.

— Oui, pour profiter d'une douce accalmie. J'ai entendu assez de bruit dans ma vie et j'ai vécu assez d'angoisses. J'ai l'âge du repos, Amélie, l'âge de la sagesse. Si seulement tu pensais comme moi! Décroche de tes folies, regarde-toi dans la glace et si tu prends conscience, tu pourras peut-être y voir l'image de la sérénité. Il ne nous reste plus qu'à vieillir ensemble, Amélie. Accordons-nous au moins cette chance.

— Tu as peut-être raison, Adèle, mais… Non, tu as sans doute raison.

Soleil était couché sur les genoux de sa maîtresse et ronronnait d'aise pendant qu'elle lui caressait la nuque. Dehors, le gazon, déjà vert, s'humectait de gouttes de pluie. Sur le phono, un disque de Tino Rossi tournait. Amélie se gavait de vieilles rêveries.

— Tu savais qu'on avait dévoilé la statue de Duplessis?

— Oui, j'ai vu ça. Vieille bourrique! Lui qui a arraché l'argent des pauvres gens pour le distribuer dans les communautés. Il jouait au bon Dieu, ce suppôt de Satan. Et dire qu'on lui érige un monument! Ah! ce que les gens ont la mémoire courte! Vieux garçon rabougri dont on fait maintenant l'éloge. À les voir, on dirait que c'est un second Napoléon. Je gagerais même que les bonnes sœurs vont aller se recueillir devant sa statue pour prier. Je les vois d'ici avec la robe fripée et les lunettes sur le bout du nez. On sait bien… avec les couvents qu'il leur a donnés!

Amélie éclata d'un franc rire. Il arrivait à Adèle d'avoir de ces mots d'esprit… mots qui venaient de la bouche de son père.

Elle sortait peu, mais c'était encore elle qui se rendait chez l'épicier pour les emplettes. On la saluait poliment, on lui piquait parfois une petite jasette.

De plus en plus sous l'influence de sa sœur, Amélie empruntait ses manières. Elle avait également opté pour les cheveux longs avec chignon et se vêtait de façon plus austère.

La pétillante mademoiselle Berthier devenait vieille fille sans même s'en rendre compte. Les dames qui la croisaient chuchotaient: «Ce n'est plus la même. Elle est de plus en plus comme sa sœur. Vous avez vu son allure? Elle sourit encore, mais elle est plus distante. C'était une si belle femme! Je me demande bien pourquoi elle se laisse aller de cette manière.» Adèle observait, jubilait même. Sa sœur se détachait de plus en plus du monde extérieur. Elle lisait, ne trouvant rien de mieux à faire, et découvrait sans le chercher le monde inexistant de son aînée. Adèle lui avait dit un jour:

— Tu crois vraiment qu'on a besoin du téléphone? Personne n'appelle, tu sais.

— Je sais, mais si Edna tentait de nous joindre?

— Allons, elle peut toujours écrire. Un téléphone pour un appel tous les six mois?

— Tu as peut-être raison, Adèle, moi, je suis bien capable de m'en passer.

— Bon, sujet clos. Ça te dirait de pianoter pour moi ce soir?

— Mademoiselle Berthier, regardez-moi ce beau foie gras.

— Non, quatre saucissons et huit onces de steak haché, monsieur Adélard.

— Rien de plus? Vous n'allez pas engraisser juste avec ça.

— J'ai tous les légumes qu'il me faut. Oh! donnez-moi un peu de tête fromagée.

— Savez-vous que vous êtes une personne très en forme pour votre âge? Mon vieux père me l'a fait remarquer la semaine dernière.

— Votre père? Je ne le connais pas…

— Mais oui, c'est le vieux qui est souvent ici, toujours assis au bout du comptoir.

— Ah oui? Je ne savais pas que c'était votre père.

— Il est veuf et à part ça, il s'ennuie. Vous me comprenez? C'est lui-même qui m'a demandé de vous en parler.

— Très aimable à lui, mais je suis pressée ce matin, monsieur Adélard.

— À ce que je vois, ça ne vous intéresse pas. Pourtant, tout ce qu'il souhaitait, c'était de vous rencontrer pour se désennuyer.

Amélie ne répondit pas. Sérieuse, tête baissée, elle faisait mine d'observer le contenu du présentoir.

— Vous voulez m'ajouter des œufs? À coquilles brunes, s'il vous plaît.

— Excusez-moi, mademoiselle Berthier. Je n'ai pas dit ça pour mal faire.

— Ça va, mais je suis pressée. Ma sœur est très malade et je dois m'en occuper.

Amélie saisit son sac, paya à la caisse et prit la porte, sans même remercier la dame qui avait soigneusement tout emballé.

Seule sur le trottoir, elle avançait d'un pas pressé. «Quel effronté! Son vieux père! Laid, malpropre et avec une jambe amputée!» Elle fulminait et marchait d'un pas rapide. Elle croisa une dame qui lui sourit, mais ne la vit même pas. Juste en face de chez elle, trois garçonnets s'amusaient à faire tomber les filles qui sautillaient à la corde. Voyant Amélie, l'un d'eux s'écria:

— Regardez. C'est elle! Ma mère m'a dit qu'elle et sa sœur sont des sorcières!

Ce n'était là que le commencement d'un long calvaire. Adèle et Amélie, jadis si belles, si fières, étaient déjà les proies de sales petits garnements.

En cachette, on sonnait à leur porte et on y pendait aussi de vieilles chaussures ou un caleçon. Les sœurs Berthier étaient devenues les victimes d'une jeunesse mal élevée. Amélie se regarda dans la glace et eut soudainement peur de son image.

— Ça n'a pas de sens, j'ai l'air de ce qu'ils prétendent!

Par un beau dimanche, elle fouilla dans sa garde-robe et sortit des boules à mites ce qu'elle avait de plus beau comme vêtement d'il y a quinze ans. Robe rose, chapeau à fleurs, cheveux frisés, maquillage trop lourd, souliers à talons hauts sur lesquels ses chevilles chancelaient, elle se rendit à la messe.

— Amélie, qu'est-ce qui t'arrive? Tu ne vas pas sortir comme ça?

— Oui, Adèle, pour les faire taire. Pour leur montrer que je ne suis pas «mortuaire».

Sa sœur, estomaquée, ne put ajouter un seul mot. Amélie déambula le long de la rue la plus achalandée et deux vieilles dames s'exclamèrent:

— L'as-tu vue? Avec elle, c'est tout ou rien. À son âge, grimée comme ça! Elle a sûrement pris ses vêtements à l'Armée du Salut!

Amélie fit mine de n'avoir rien entendu. Poursuivant sa route, elle contourna le restaurant du coin où trois voyous dans la vingtaine étaient accoudés sur une voiture dernier cri. Ils reluquaient les filles qui répondaient par des sourires. À la vue d'Amélie, l'un d'eux lança:

— R'garde, Ti-Guy, c'est la Mae West du cinéma muet!

Ils éclatèrent de rire, les filles également. Amélie emprunta un autre chemin et rentra chez elle en pleurant. Adèle se précipita.

— Qu'est-ce que tu as? Qu'as-tu à brailler comme ça?

— Rien, rien, j'ai juste failli me faire heurter par une voiture.

— Pas surprenant. Avec des talons hauts comme ça!

Amélie remit son accoutrement de vieille fille et réussit tant bien que mal à se tresser un chignon après avoir enlevé le ridicule de son visage fardé. Châle sur les épaules, elle contemplait ses photos de jeune fille et les yeux dans le vide, elle demanda à sa sœur:

— Pourquoi la vie est-elle si injuste? Regarde-moi, vois ce que je suis devenue.

— On ne peut pas rester jeune toute sa vie, Amélie. On peut quand même vieillir en beauté si on s'en donne la peine.

— J'ai pourtant essayé. J'ai tout fait, Adèle. C'est de ta faute si j'en suis rendue là.

— Ah! bon, de ma faute, hein? As-tu oublié que tu t'en allais sur tes soixante et onze ans, vieille folle?

En effet, 1976 allait apporter un grain de neige de plus dans les cheveux d'Amélie. Elle n'osait plus sortir, la pauvre demoiselle. Encore jeune et si âgée à la fois. Cette triste solitude avec Adèle lui avait donné dix ans de plus en l'espace de quelques saisons. Les garnements du quartier s'acharnaient de plus en plus sur elles. Des quolibets quand l'une osait sortir ou des bouteilles vides accrochées à leur porte. Elles étaient devenues les têtes de Turc de jeunes sans souci du bien-être d'autrui. Un soir, une fenêtre brisée, un carreau en éclats… c'était le comble. Adèle fit appel aux constables qui promettaient d'enquêter sans n'en rien faire. Un autre jour, c'était la clôture du jardin qu'on saccageait sans respect.

Les forces de l'ordre furent rappelées sur les lieux et, cette fois, un policier compatissant prit l'affaire en main.

— Que leur avons-nous fait, Adèle, pour qu'ils s'en prennent ainsi à nous?

— Que veux-tu, c'est le lot des vieilles personnes esseulées d'être la cible de ces petites vermines. Nous sommes deux pauvres femmes vivant seules et ça, ils le savent, ces malotrus. Personne pour nous protéger, Amélie. Juste nous, sans même un homme dans la maison. Nous sommes vulnérables pour ces petits malfaiteurs. Ils sont si mal élevés de nos jours.

— Mais, ça ne peut pas continuer comme ça. Ils vont finir par mettre le feu à la maison. Je ne dors plus, Adèle, je les épie constamment. Est-ce possible de vivre ainsi sans cesse? Je suis à bout de nerfs, moi. Il m'arrive même d'avoir le goût de repartir pour North Bay où les gens sont beaucoup plus civilisés. J'ai envie d'en glisser un mot à Edna.

— Laisse tomber, Amélie, ça passera, tu verras. Ils vont vieillir, ces malappris.

Le policier au cœur tendre retrouva vite la trace de ces vauriens. Ils furent sommés de ne plus embêter les vieilles dames sous peine d'être arrêtés. La mère de l'un d'eux, qui dut payer pour le carreau brisé, rétorqua: «La plus vieille les couraille avec un balai!» Non, Adèle n'avait jamais fait cela. Cette mégère qui encourageait ses enfants à la turbulence n'était nulle autre que la fille du vieil amputé. Elle n'avait guère prisé le fait qu'Amélie ne veuille rien savoir de son vieux père qui était maintenant à sa charge. Elle rageait face à la «vieille truie» qui avait osé lever le nez sur le vieux radoteux. C'était elle qui avait incité ses plus vieux à les embêter au point de les faire fuir. Cette grosse salope, selon le policier, avait, en outre, un œil sur leur maison qu'elle comptait acheter pour le prix du solage. L'avertissement eut son effet, car l'époux de cette dernière, informé de l'affaire, fit une colère. Un mois plus tard, la famille indésirable du quartier déménageait ses pénates dans le bas de la ville. Le vieil amputé fut placé... et la paix revint dans l'environnement des sœurs Berthier.

— Grosse chienne! Bon débarras! s'était écriée Adèle.

Interloquée, sa sœur lui avait murmuré:

— Allons, Adèle, ménage tes paroles. Tu n'as jamais parlé comme ça. Si seulement papa t'entendait.

— Tu penses que je vais mettre des gants blancs avec elle?

— Non, mais tout de même, quel langage que le tien, par moments!

— Tu lui as vu la face? Le genre à coucher avec tous les hommes du quartier.

— Là, tu exagères. Comme si un autre homme que son mari aurait pu vouloir d'elle.

— Les hommes? Tous pareils, Amélie. Des matous qui cherchent les chattes en chaleur.

— Adèle! tu déraisonnes. Ça n'a pas de bon sens de parler comme ça. On dirait que tu en veux aux hommes. Qu'est-ce qu'ils t'ont fait?

— À moi, rien, mais à toi... Regarde ce qu'ils ont fait de toi, les hommes.

— Quels hommes? Je n'en ai eu qu'un dans ma vie, et un gentleman à part ça.

— Laisse-moi rire, Amélie. Un sale Grec qui a abusé de ta naïveté pour ensuite te plaquer là. T'appelles ça un gentleman, toi?

— Je te défends de parler de lui ainsi. Nick a été très bon pour moi. Tu n'as pas le droit, Adèle. S'il est mort, que Dieu ait son âme.

— Il a gâché ta vie, Amélie. Il a pris ta jeunesse, ta beauté et ta confiance. Mon Dieu que tu peux être sotte, même encore aujourd'hui. S'il est mort, ton Nick, c'est sûrement le diable qui prend soin de son éternité.

— Encore jalouse, n'est-ce pas? Après tant d'années... Tu ne m'as jamais pardonné d'avoir été aimée, Adèle. Tu n'as rien oublié de mon bonheur parce que toi, tu as été incapable d'aller chercher la moindre joie. Tu m'en voudras jusqu'à la fin de mes jours, ça je le sais, mais je ne t'en veux pas et je te plains de tout mon cœur.

— C'est toi qui es à plaindre, ma pauvre sœur. C'est à toi qu'il a crevé le cœur quand il est parti. Comment peux-tu être aussi indulgente?

— Parce qu'il m'a aimée et que je l'ai aimé. Il y avait aussi Jacquot...

— Parles-en, de l'enfant! Ton fameux bon Dieu te l'a même enlevé!

— Tais-toi, Adèle, tu es horrible à entendre. Tu blasphèmes alors que tu devrais songer au repos de ton âme. Tu vas mourir frustrée, Adèle, tel que tu as vécu. Pourquoi penses-tu que je prie papa tous les soirs? C'est pour qu'il te vienne en aide, pour qu'il intercède pour toi de l'autre côté. Pour que...

— Occupe-toi de ton salut et laisse faire le mien. Quand je serai dans ma tombe, six pieds sous terre, tes prières ne vaudront plus rien.

Amélie regardait sa sœur qui lui faisait maintenant pitié. Jamais douleur plus vive n'avait été décelée dans les yeux d'une femme. Adèle, rouge de honte et de colère, était laide à voir. Amélie avait de plus en plus peur de ce terrible visage. Elle croyait parfois apercevoir le diable en personne sous les traits de sa propre sœur. Calme, elle murmura:

— Si on se mettait à table? De telles discussions, ce n'est pas bon pour ton cœur.

— Quel cœur? Tu m'as toujours dit que je n'en avais pas.

— Si, tu en as un, Adèle. Oui, tu en as un et plus grand que tu ne le crois. C'est toi qui le rends de pierre, ma pauvre sœur. C'est toi qui l'effrites au point d'en faire du calcaire. Il ne t'arrive jamais de pleurer, Adèle? Pleurer de joie ou de tendresse? Pourquoi faut-il que ce soit toujours de rage?

— Je n'ai rien à pleurer, moi! Je n'ai jamais rien fait qui puisse m'arracher des larmes, moi!

— Dommage, Adèle, et pourtant…

— Pourtant quoi? Tu as déjà vu papa pleurer, toi? Quand on a une tête sur les épaules, ça évite d'avoir un ruisseau dans la face!

1976, année des Jeux olympiques. Amélie avait suivi à la télévision les exploits de la jeune Nadia Comaneci qui émerveilla de ses quatorze ans. C'était la perfection même, mais Adèle était insensible à ces événements. Pour elle, à part la musique de Schumann et quelques œuvres de Mauriac, rien de ce qui se passait ici n'était valable à ses yeux. Seule l'Europe comptait, ainsi que tout ce qui pouvait s'y dérouler, même si elle n'y avait jamais mis les pieds. Quand le président Giscard d'Estaing remplaça Jacques Chirac par Raymond Barre à la tête du gouvernement français, elle s'écria comme si elle avait été l'instigatrice de cette décision: «Je suis certaine que celui-là sera plus bénéfique à son pays.» Pauvre Adèle, qui déduisait sans cesse à partir de quelques écrits lus ici et là. Tout lui était prétexte pour démontrer à

Amélie qu'elle faisait partie des intellectuels. Le port de la ceinture rendu obligatoire pour les automobilistes? Elle avait rétorqué: «Ce ne sont pas les ivrognes qui vont respecter cette loi!» Adèle ne suivait que les nouvelles à la télévision. Rien d'autre. Pour mieux y cracher son venin. Les téléromans? C'était pour les femmes de ménage. Le théâtre d'ici n'était guère celui de Sacha Guitry, et les chanteuses n'avaient aucune allure. Non, Adèle n'était pas de son temps. L'avait-elle seulement été depuis ses trente ans? Marie-Thérèse l'avait pourtant remise sur la bonne voie, mais voilà un prénom qu'il ne fallait jamais prononcer dans cette maison.

Quand arriva l'anniversaire de sa cadette, elle lui offrit ses vœux en ajoutant:

— De toute façon, tu auras toujours un an de moins que moi.

Edna se désespérait de ne pas recevoir des nouvelles de ses cousines. Elle en avait fait le reproche à Amélie qui n'avait su quoi répondre. D'autant plus que les sœurs n'avaient même plus le téléphone. Oui, Amélie était devenue distante, se désintéressait même de sa chère Edna. L'influence néfaste d'Adèle suivait son cours. La fatigue et la réclusion également. C'était comme si elle n'avait plus rien à dire à cette chère cousine qui était pourtant sa raison de vivre. Et ce pauvre Godfrey qui était de plus en plus malade. Edna aurait tellement souhaité que sa douce Amélie la réconforte. Au moment où elle en avait le plus besoin, voilà que l'autre semblait indifférente. C'était à n'y rien comprendre. Edna qui l'avait soutenue dans ses multiples épreuves. Edna qui n'avait jamais cessé d'être un *guardian angel* pour elle. Edna qui, cette année-là, n'envoya pas de carte de Noël… amèrement déçue de constater que sa chère Amélie avait décroché.

— Tu as envoyé une carte à la cousine Edna, Amélie?

— Non, je n'ai pas encore reçu la sienne.

— Bah! Ce n'est plus nécessaire. J'ai entendu dire que c'était passé de mode, cette coutume-là. Tu savais que les timbres venaient d'augmenter d'une cenne?

— Je devrais peut-être lui écrire. J'ai peur de passer pour une sans-cœur.

— Voyons donc, elle n'écrit pas, elle non plus.

— Mais c'est aussi à moi de le faire parfois. Je pense que ce n'est pas correct de toujours se fier sur elle. Edna est notre seule et unique cousine.

— Penses-tu qu'elle a besoin de nous? Elle a un mari, une belle maison, des neveux et nièces. Tu t'en fais trop, Amélie. Qui te dit qu'Edna a encore besoin de la parenté? Elle a une grande famille par là et nous sommes si loin d'elle. Tu ne penses pas que je puisse avoir raison?

— Je ne sais pas, Adèle. Peut-être que oui, mais Edna n'est pourtant pas du genre…

— À mettre un frein à ses relations? Tu sais, c'est pas toujours parce qu'on le veut, mais la distance et le temps qui passe font bien souvent que les gens se séparent. Chacun son chemin à un certain moment. Moi, je maintiens qu'on peut être devenues embêtantes pour elle. Elle a peut-être peur de nous avoir à sa charge un jour. Pourquoi n'écrit-elle pas, tu penses?

— Parce que c'est moi qui lui dois une réponse, Adèle, pas elle.

— Comme si on se devait de compter les tours. Voyons donc, Amélie. Attends et tu verras que j'ai raison. Edna ne tient pas à nous avoir sur les bras.

Amélie était bien songeuse. Elle devait une forte somme à sa cousine et cette dernière ne lui avait jamais réclamé quoi que ce soit. Edna lui en voulait-elle face à cet emprunt, d'autant plus qu'Amélie n'avait jamais manifesté le moindre signe depuis qu'elle avait tenu cet argent pour acquis? C'était d'ailleurs ce qui poussait la cadette à ne pas insister outre mesure sur la correspondance. Elle savait qu'elle ne pouvait remettre cette somme et c'était là une forme de désistement. Se taire, s'éloigner d'elle peu à peu et jamais Edna n'oserait réclamer son dû. Amélie savait que c'était mal agir que de prendre un tel moyen. Edna qui lui avait donné toute sa confiance… qui l'aurait tirée d'un sable mouvant si elle s'y était engloutie. Oui, c'était mal et Amélie était jongleuse, mais comme Adèle ne savait rien de cette histoire…

De plus, comme pour se donner meilleure conscience, elle abondait dans les présomptions de son aînée. Elle n'osait le croire pour ne pas admettre qu'il ne pouvait en être ainsi, mais juste pour sauver la face au cas où le remords l'envahirait, elle tentait de se persuader que sa chère Edna voulait peut-être qu'on lui fiche la paix.

Le *Merry Christmas*, *dear cousins* qui n'arriva pas confirma le doute qu'Amélie avait ancré de force dans son cœur. Oui, il fallait que ce soit ça et qu'Edna se détache de peur d'être encombrée par ses deux vieilles cousines. Oui, elle avait enfin l'excuse toute prête, elle qui n'était pourtant pas bête. Edna craignait sans doute que, au seuil de la vieillesse, l'une d'elles, surtout elle… vienne déranger sa prospérité et sa quiétude. Amélie, la douce Amélie qui n'avait jamais commis le moindre péché de sa vie allait avoir à vivre avec sa faute la plus grave. Faute de sous, elle allait perdre la seule personne qui aurait pu la sortir de son marasme. Edna, qui aurait pourtant si bien compris. Amélie allait, pour une fois, jouer le jeu au grand bonheur de sa sœur qui ne savait rien du pourquoi de cet acte impardonnable.

— Je te l'avais bien dit qu'elle décrochait. Avoue que j'ai vu clair.

— Peut-être, Adèle, mais je ne comprends pas. Edna, si bonne, si fidèle.

— Allons donc, pas même une carte de souhaits. Réveille, Amélie!

— Et si je lui écrivais pour en avoir le cœur net?

— Le lendemain du jour de l'An? T'es pas folle, non? Le temps des fêtes s'est écoulé sans le moindre mot d'elle et tu voudrais lui écrire? Et père qui te disait de ne jamais perdre ta fierté! Tu vois bien qu'Edna veut être seule avec son Godfrey. Elle en a sûrement assez de nous, surtout de toi qui l'as accaparée depuis que tu es née. Si elle avait encore le moindre sentiment pour toi, tu aurais reçu ses vœux avec empressement.

Amélie regardait par la fenêtre. Une larme de culpabilité perlait sur sa joue et elle murmura:

— Tu as sans doute raison, Adèle.

De son côté, la cousine de North Bay avait dit à Godfrey:

— *My God*! je ne comprends pas. Amélie n'a pas répondu à ma lettre et nous n'avons pas reçu ses souhaits. Je me demande ce qu'elle a. Vraiment, je ne comprends pas.

— Ses lettres étaient de plus en plus brèves, souviens-toi, Edna. Tu disais toi-même qu'elle n'avait plus grand-chose à dire. Tu crois qu'il serait sage d'insister après tout ce que tu as fait pour elle? Ce n'est pas pour le montant, ma femme, mais elle ne parlait même plus de rembourser. Et puis, ce téléphone qu'elle a fait disconnecter, c'est pas un mauvais signe, ça? C'est elle qui ne répond plus à tes lettres, Edna, pas toi. Elle a peut-être envie d'être seule à présent, de vivre avec ses souvenirs. Et puis… il y a l'argent.

— *My God*! si ce n'était que ça, je la rassurerais rapidement.

— Laisse faire pour un bout de temps, ma femme. Tu verras bien ce qui se passera.

— Amélie ne ferait pas ça, Godfrey. Pas pour une dette d'argent. Elle est peut-être malade?

— Tu l'aurais su, ma femme. Ne t'en fais pas, même si ça te fait mal, Edna. Laisse juste passer un peu de temps. Si elle tient encore à toi, elle t'écrira.

Dans le remords pour l'une et l'attente pour l'autre, Amélie et Edna se perdaient. Adèle, tricot à la main, souriait d'aise. Sans deviner que le drame était tout autre, elle revendiquait le gain d'avoir rompu le dernier lien. Désormais, sa sœur ne serait plus qu'à elle!

L'hiver ne fut pas facile dans cette maison devenue mansarde. La fournaise ne suffisait plus à enrayer de sa chaleur cet air glacial qui s'infiltrait par les fentes des murs et du solage.

— Adèle, on gèle dans cette maison. Je vais attraper mon coup de mort.

— Tu n'as qu'à mettre ton châle et des bas de laine dans tes pantoufles.

— Je vais la vendre, cette damnée maison. C'est le dernier hiver que je passe ici.

— Comme tu voudras, Amélie, mais où penses-tu aller après?

— On pourrait peut-être louer un petit logis chauffé?

— Personne ne loue à des vieilles de notre âge. On n'a même pas les moyens d'y penser. Tu as déjà deux hypothèques sur le dos et tu arrives à peine à rembourser les intérêts. Cette maison n'est déjà plus à nous, ma pauvre sœur.

Si tu la vends, tu règles tes dettes, mais avec quoi allons-nous payer un loyer ailleurs? Tu peux me le dire?

— Mais, avec nos pensions, Adèle. Nous ne sommes pas encore dans la dèche.

— Moi non, mais toi? Tu n'as même pas de quoi te payer un manteau d'hiver. Heureusement que j'avais une vieille doublure à te donner. Tu sais ce qui va t'arriver si tu vends, Amélie? Tu vas te retrouver à l'hospice avec tous ces vieux puants qui attendent de crever. Moi, je pourrais toujours me débrouiller, mais pas toi.

— Jamais je croirai que tu me laisserais aller là, Adèle! Je suis encore ta petite sœur, non? Tu n'aurais pas le droit de faire ça. Papa ne te le pardonnerait pas. Tu irais en enfer si tu faisais une chose comme ça.

— Alors, ne parle plus de vendre la maison, sinon, je ne réponds pas de mes actes.

Elles en étaient rendues là, les sœurs Berthier. Déjà! Les menaces, le chantage de l'une… et les supplications de l'autre. Amélie, meurtrie par la solitude et sa trahison envers Edna, avait lentement dépéri au cours des derniers mois. Sa mémoire était troublée, ses gestes moins calculés. En peu de temps, elle avait fait tant de pas en arrière que l'aînée se réjouissait d'avoir sa pleine lucidité. Du moins, pour le moment. Treize mois entre les murs de cette chaumière et Amélie était méconnaissable. C'était comme si la porte d'un cachot s'était refermée sur elle. Prisonnière de ses ténèbres, elle n'avait pour toute vision que le visage aigri de sa sœur mal-aimée. Oui, voilà qu'elle s'y accrochait comme on se pend à une bouée. Adèle avait repris le dessus sur tout. Avec encore quelques économies, elle gérait tout et se servait de la pension d'Amélie pour sauver de justesse, toujours au dernier moment, la maison qu'on menaçait de saisie. Le tout petit marché qu'elle payait de ses deniers avait amaigri la cadette. Pour son bien, selon l'aînée, Amélie se devait d'être à la diète. La bière n'entrait plus dans la maison et les cigarettes étaient restreintes sous l'administration d'Adèle. C'était petit à petit qu'elle l'enfonçait dans l'univers de la confusion. Pas de nouvelles d'Edna, sauf une carte à Pâques adressée à Amélie et que sa sœur lui cacha. Sans réponse, Edna n'insista pas mais se gratta la tête. Elle s'informa auprès de *the operator* et apprit avec stupeur que les demoiselles avaient un nouveau numéro de téléphone. Adèle avait cru bon de reprendre le service de l'appareil en cas de maladie ou de nécessité. Rassurée, Edna osa un jour téléphoner en l'absence de Godfrey, et c'est Adèle qui répondit, croyant avoir affaire à un mauvais numéro.

— Allô! C'est Edna! *My God*, Adèle, c'est toi? Qu'est-ce qui ne va pas?

— Tout va bien, Edna, tout va bien. Que veux-tu dire par là?

— *My God*! Je n'ai plus de nouvelles de vous deux depuis un an. C'est pas normal, Adèle. Dis-moi ce que devient Amélie.

— Elle se porte bien, Edna, sauf qu'elle est devenue très solitaire et dépressive depuis la mort de sa Germaine. Elle ne veut plus voir personne.

— Allons donc, elle est là? Je pourrais lui parler?

— Attends une minute, je vais voir ce qu'elle en pense.

Adèle fit mine de faire quelques pas. Amélie était dans sa chambre à jouer avec le chat et n'avait même pas entendu la sonnerie du téléphone.

— Allô, Edna? Je suis désolée, mais Amélie refuse de venir au téléphone.

— Mais pourquoi? Qu'est-ce que j'ai bien pu lui faire?

— Amélie m'a dit de te dire qu'elle n'avait plus besoin de parenté.

— Quoi? Mais c'est insensé. Tu pourrais lui faire comprendre, toi.

— Comprendre quoi? Qu'elle a raison, Edna?

— Ai-je bien entendu? Tu maintiens ce que tu viens de dire, Adèle?

— Écoute, Edna. On n'a plus besoin de personne. On est bien toutes les deux et toi, tu vis trop loin pour être de la famille. Amélie en a assez de correspondre. Elle est malade et fatiguée et elle veut être seule, maintenant.

— Adèle, tu mens! Je suis votre seule cousine et je suis sûre qu'Amélie ne dirait jamais une chose comme ça. De ta part, rien ne me surprend, mais de la sienne… Je veux qu'elle me le dise elle-même. Laisse-moi lui parler, Adèle, sinon je prends le premier train et j'arrive.

— Écoute-moi bien, Edna. Nous t'avons eue sur les talons toute notre vie. Il n'y a pas une semaine qui se soit écoulée sans que tu mettes ton nez dans nos affaires. Là, c'est la sainte paix que nous voulons. Tu as ton mari, les enfants de Charles, alors laisse-nous vivre en toute tranquillité. Amélie ne tient pas à renouer quoi que ce soit avec toi. Je n'invente rien, Edna. A-t-elle seulement répondu à ta lettre et à ta carte de Pâques? Ce n'est pas assez pour comprendre, non? Amélie n'est plus la même et, cousine ou pas, laisse-la donc vivre à son choix.

— Je ne te crois pas, Adèle. C'est ton choix, pas le sien. Je suis certaine qu'Amélie ne dirait pas des choses comme ça. Que lui as-tu fait encore? Tu la maîtrises, hein? Laisse-moi seulement lui parler et si ce que tu dis est vrai, vous n'entendrez plus parler de moi.

À ce même moment, Amélie descendit avec son Soleil dans les bras. Adèle posa sa main sur le récepteur pour murmurer à Amélie: «C'est la sœur du curé, tu n'y tiens pas, hein?» Puis, soulevant la main, elle cria à sa sœur:

— Sois honnête, Amélie, dis-le-lui pour qu'elle entende que tu ne veux pas lui parler.

Amélie, soulevée par le bouleversement de son aînée, s'écria pour être entendue:

— Non, je ne veux pas lui parler. Je veux être seule. Je n'ai besoin de personne, surtout pas d'elle. Dis-lui, Adèle, de ne plus jamais me téléphoner!

Adèle, sourire en coin, évitant le «vous» et le «tu», chantonna:

— Est-ce assez clair? On a bien entendu?

Edna fondit en larmes, tenta une dernière phrase… puis raccrocha.

— Vieille bourrique! Elle voulait te vendre encore un billet pour le tirage paroissial!

— Adèle, c'est vrai qu'on a un nouveau pape?

— Oui, Jean-Paul II. Un Polonais, celui-là. C'est le cinquante-sixième pape de l'histoire à ne pas être italien.

— Il a l'air bien, à ce qu'on dit. J'ai hâte de le voir à la télévision.

— Tu le verras aux nouvelles. Un pape qui ressemble à d'autres, quoi.

— J'aimerais aller au cinéma, Adèle.

— Non, Amélie, père n'aimerait pas ça.

— Voyons, tu plaisantes. Il est mort depuis des années.

— Perds-tu la tête, Amélie? Attends qu'il rentre de son travail!

— Adèle, je pense que c'est toi qui t'égares. Tu m'inquiètes.

— Moi? Pauvre folle! Si je n'étais pas là, on t'aurait internée depuis longtemps. Tu as un grave problème, Amélie. Les vivants sont pour toi des morts et vice versa. Je pense que tu as trop travaillé aujourd'hui chez le libraire.

Stupéfaite, Amélie regarda sa sœur. Il lui arrivait dans ses moments de rare lucidité de se demander si elle était en train de perdre la raison. Elle cherchait le calendrier des yeux, fixait sa sœur avec étonnement et cette dernière, la sentant vaincue, lui ordonna gentiment:

— Tu devrais faire un somme. Tiens! prends ce calmant, Amélie. C'est le docteur qui te l'a prescrit. Ce soir, nous irons avec papa visiter Tonio.

Abasourdie, la vieille Amélie se retira dans sa chambre, avala sa petite pilule jaune et sombra dans le sommeil du juste. Adèle, plus cruelle que jamais, sentait que son manège allait bon train. Oui, elle allait la rendre folle, l'avoir à tout jamais à sa merci. Peu à peu, Amélie sombrait dans le doute le plus total. D'un mot à un geste, Adèle manipulait le moindre neurone de son cerveau. Quand sa cadette retrouvait une certaine lucidité, elle s'empressait de la mêler au point qu'Amélie croyait avoir toute sa tête quand elle était confuse. Une lente mais habile transition. Un carnage cérébral. Adèle n'avait plus la moindre parcelle de cœur. Jamais femme n'aurait pu faire subir un tel châtiment à une autre. Encore moins à sa sœur, à son sang. Adèle ne cria au triomphe que le jour où elle poussa la vieille poupée dans le lit d'Amélie et que celle-ci la caressa comme si c'était son petit.

Le 22 septembre 1979. Une lettre arriva de North Bay au nom d'Amélie Berthier. Adèle s'en empara et se cacha dans sa chambre pour la lire.

Chère Amélie,

Je ne sais trop si tu auras la force de m'entendre, mais je pleure souvent en pensant à toi. J'ai une bien triste nouvelle à t'annoncer. Godfrey est décédé la semaine dernière. Il est mort et enterré, Amélie, sans que tu aies été là à mes cotés. Je n'ai jamais eu de nouvelles depuis le jour où je t'ai entendu crier que tu ne voulais plus me parler. Je n'ai jamais compris le silence qui a suivi ce cri qui ne venait pas du fond de ton âme.

My God, Amélie. Toute une vie à nous aimer, toi et moi, et d'un seul coup, plus rien, sans que je sache pourquoi. Que t'arrive-t-il? Serais-tu malade ou hospitalisée? As-tu besoin de moi, Amélie? Je sais qu'Adèle a toujours été une entrave pour toi, mais pas au point de rayer ta cousine à tout jamais de ta vie. J'aurais aimé revenir jusqu'à toi, voir de mes yeux ce qui se passait, mais Godfrey était si malade que je n'ai pas pu le quitter. Là, c'est moi qui suis une vieille dame. Je souffre d'arthrite et j'ai du mal à me déplacer seule. La fille de Charles compte bien me prendre avec elle dès que j'aurai vendu la maison. Je ne m'explique pas ton silence, Amélie. Je ne comprends pas cette distance. Est-ce dû à l'argent que tu me dois? Serais-tu gênée de m'avouer que tu n'as pas les moyens de me le remettre? Si c'était ça, je ne te pardonnerais pas ton éloignement. Je n'ai jamais eu besoin de cet argent, petite cousine. Je te le donne. Il est entièrement à toi. Si tel n'est pas le cas, fais-moi signe, Amélie. Écris-moi, téléphone-moi; moi, je n'ose pas. My God, Amélie, on ne peut pas mourir sans se revoir toutes les deux. Ce serait terrible de partir sans le moindre sourire.

J'ai du mal à t'écrire, Amélie. Mes jointures me font souffrir et je ne pouvais demander à quelqu'un d'autre de le faire pour moi. C'est trop personnel, trop souffrant pour que

d'autres aient de la peine pour moi. Fais-moi signe, Amélie.
Dis-moi que je compte encore pour toi et viens me visiter si tu
en as la santé.

J'aimerais tellement te serrer dans mes bras!
Love,

Edna

Adèle froissa la lettre de sa main dure et ferme. Elle serra les dents: «Ah! la salope! Elle lui devait de l'argent et ne m'en a jamais rien dit. C'est donc Edna qui l'avait gratifiée pour qu'elle n'aille pas travailler. Elle m'a tout caché, la chipie. Moi, sa propre sœur!»

Adèle brûla la lettre et força une Amélie confuse à écrire dans une carte:

Vives condoléances. Désolée de ne pouvoir venir. Je
prierai pour le repos de son âme. Sois heureuse chez ta nièce.

Amélie

C'est ce mot, ce tout petit mot qui transperça le cœur d'Edna. Oui, c'était bien là l'écriture de sa chère Amélie. Main un peu plus tremblante sans doute, mais lettres bien formées. Edna jugea bon de ne pas répondre. Amélie venait de mettre un terme à leur si douce complicité. Elle n'osait le croire, mais se devait de se rendre à l'évidence. Adèle y était certes pour quelque chose, mais Edna, usée par la longue maladie de son mari et épuisée par les ans, ne trouva même pas la force de téléphoner. C'était comme si tout était mort pour elle. Avec Godfrey, elle avait l'impression d'avoir enterré Amélie. Les cris de joie de son enfance, les dialogues des temps heureux, le *dear uncle*, les visites à Montréal, Amélie et son Nick, les doux échanges, les *Merry Christmas, dear cousin…* Tout ça n'était plus de ce monde.

Adèle écoutait un disque de Schumann pendant qu'Amélie se berçait en regardant tomber les premiers flocons de neige. Yeux hagards, triste et solitaire, elle semblait vivre dans un monde renaissant. Son enfance lui revenait en images. Le *candy store* qu'elle revoyait et qui lui arrachait parfois un sourire. De temps en temps elle demandait à Adèle:

— Edna, Rita, Germaine, Tonio… où sont-ils tous? En voyage?

L'aînée, sans lever les yeux, lui répondait:

— Tous morts, Amélie, tous morts!

Plus avaricieuse que jamais, Adèle ménageait le peu qu'il lui restait. On mangeait maigre chez les sœurs Berthier et les seuls pas qu'on pouvait entendre étaient ceux du facteur qui laissait des comptes à payer. Quand Adèle sortait obligatoirement pour quelques courses, des voisines s'informaient. Elle répondait sèchement: «Ma sœur est très malade. Je ne peux la laisser seule bien longtemps.» Vêtements rapiécés, Adèle avait l'allure d'une clocharde.

Une allure de vieille mendiante qui avait tout juste soixante-seize ans. Amélie, robe de ratine, mocassins aux pieds et châle sur les épaules, faisait peine à voir. Son chat, vieux et fidèle compagnon, était mort sans qu'elle s'en rende compte. Depuis deux ans, elle berçait sa poupée chauve en chantonnant. Aux premiers sons d'une sonate de Schumann, ses yeux s'illuminaient. Le piano était pourtant garni de toiles d'araignée. Dans la mansarde, c'était le délabrement le plus total. Adèle n'était pas propre et Amélie ne savait même plus ce qu'était un plumeau. Personne n'entrait et les odeurs étaient de plus en plus nauséabondes. C'est sans doute ce qui fit demander à Amélie un certain soir de novembre:

— Madame Poulin s'en vient nous visiter, Adèle?

Jean Lesage venait de mourir. Adèle n'avait même pas bronché. Parlant seule plus souvent qu'avec sa sœur, mal contagieux, elle en venait à oublier l'horaire de la veille pour se rappeler la rue Saint-Vallier.

— Mon Dieu! vais-je devenir comme elle?

Adèle avait oublié qu'à semer la folie... elle pouvait germer en soi.

Chapitre 17

Décennie horrifiante, monde nouveau que celui des années 80, et la petite maison du boulevard Gouin tenait encore debout de peine et de misère. Par la fenêtre du salon, on pouvait apercevoir, de temps à autre, l'une ou l'autre des vieilles demoiselles qui l'habitaient. De spacieuses résidences voyaient le jour aux alentours et les bicoques encore solides de charpente étaient vendues et rénovées par les nouveaux propriétaires. Plusieurs avaient l'œil sur celle des sœurs Berthier, sur le vaste terrain surtout et ce bord de l'eau plus qu'invitant. Quand on s'avisait de sonner pour s'informer... la porte ne s'ouvrait pas. Une seule fois, de sa fenêtre, Adèle avait crié à un agent immobilier: «Fichez-moi le camp, ce n'est pas à vendre!» Dernier vestige d'une paroisse d'antan, la cabane étouffée par les arbres et les buissons se faisait de plus en plus discrète. C'était comme si elle voulait protéger, de sa muraille, deux femmes dont les complaintes séniles s'unissaient dans le délire. Le facteur s'y risquait de temps à autre quand un compte parvenait et le livreur du dépanneur y avait accès pour y laisser sur le perron quelques victuailles qu'Adèle payait de sa petite fenêtre. Ni bonjour ni merci et sans le moindre pourboire, bien entendu. L'année précédente, l'aînée avait déniché ce petit dépanneur du quartier qui avait un peu de tout et qui livrait sur appel téléphonique. Il avait dit à la vieille demoiselle:

— Vous allez payer plus cher chez moi qu'au super-marché.

— Bah! avait-elle rétorqué. Pour ce que nous mangeons, ma sœur et moi.

Avare de ses sous, Adèle l'était encore plus de ses pas. Elle ne voulait plus sortir, ne plus voir personne, elle voulait rester constamment au chevet de sa chère Amélie. Elle avait fait provision de timbres pour régler ses comptes et se rendait à la boîte aux lettres en vitesse une fois par mois. Elle avait retiré ses économies de la banque, entassant le tout dans des bas de laine, des pots à fleurs, sous une assiette qui ne servait pas, de même que sous le tapis de son horloge grand-père.

Le dépanneur avait accepté de changer leurs chèques de pension chaque mois du fait qu'elles achetaient tout de lui, même le sirop pour le rhume et les analgésiques. Point malades, sans être en forme, les sœurs Berthier ne voyaient jamais le médecin. Quand ça n'allait pas, que la grippe surgissait, c'était tout comme à la mode d'autrefois: l'oignon cru, un peu de miel avec du lait ou le sirop Lambert. Pour les autres malaises, «que le temps», se disaient-elle. «Que le temps, comme les chats!» Le jeune curé, nouveau venu, ayant eu vent de la réclusion de ces paroissiennes, s'était un jour risqué, mais il avait frappé en vain. Adèle, qui d'une fenêtre l'avait vu venir sans pour autant ouvrir, avait dit à sa sœur: «Qu'il aille au diable, celui-là. Il n'aura pas une cenne de moi!»

Le fils du dépanneur venait une fois par mois tondre la pelouse et, l'hiver, déblayer l'entrée lors de tempêtes. Le commerçant ajoutait la somme de ces services sur le compte de la semaine. Non, Adèle et Amélie n'avaient plus à sortir. L'aînée avait tout prévu pour se retirer du monde extérieur avec sa pauvre sœur. Mémoire défaillante, en route pour la sénilité, elle avait eu assez de jugement pour prévenir avant de ne plus pouvoir agir. L'été, elles sortaient toutes deux dans le jardin et là, sur la balançoire qui grinçait sous l'effet de la rouille, Adèle lisait de la poésie pendant qu'Amélie fredonnait des airs à sa catin qui était sa raison de vivre. Quelques voisins avaient pu les apercevoir en étirant le cou, puis, se grattant la tête, se disaient:

— Comment font-elles pour vivre ainsi?

— Tu vois bien qu'elles ne sont pas toutes là, Paul. Surtout celle aux petites lunettes.

— Mais, elles doivent avoir de l'argent, ces vieilles-là?

— Non, juste leur pension. C'est le dépanneur qui me l'a dit.

Mais, que se passait-il donc à l'intérieur de ces murs qui n'émettaient plus le moindre son? Tristesse! Image lamentable d'une misère acheminée. Un laisser-aller de plus en plus pitoyable. L'agréable salon de jadis était gouverné par la poussière. Les tentures se tenaient droites, empesées par la crasse et le miroir embué par le temps ne reflétait que l'ombre des visages qu'il croisait. Les ressorts des fauteuils criaient grâce pendant que les fleurs brodées du tissu disparaissaient d'épuisement une à une. Le piano, inerte, muet, servait de repaire aux araignées du matin pendant que celles du soir se glissaient sournoisement sous le couvercle. Des photos du papa, une d'Amélie au temps de ses concerts, une autre d'Adèle lors de ses vingt ans et celle des petites communiantes qui, jadis, avaient ébahi les badauds de North Bay. Le portrait de noces du père et de la mère, Germaine et

Amélie bras dessus, bras dessous, tante Estelle devant sa petite boutique, et la chère Edna, le jour de ses épousailles. Sur le mur adjacent, une reproduction de Renoir et, sur l'autre, des portraits d'Anna de Noailles et de George Sand. Sur le plus grand des murs, une photo en noir et blanc de Schumann et, sur une petite tablette, un buste en plâtre de Chopin et une statue de la Sainte Vierge. Dans un vase, quelques roses en papier jaunies par le temps et rongées par les punaises. C'était en somme le somptueux salon abandonné des «princesses d'antan». Dans la cuisine, la table de bois usé garnie d'une nappe en plastique à carreaux, trois chaises avec sièges de paille effritée, le poêle à gaz avec tuyaux jusqu'à la cheminée, un vieux réfrigérateur dans lequel on pouvait compter sur un litre de lait caillé, quelques bouteilles de bière, un carré de beurre, trois œufs, des pointes de fromage, du miel et de la mélasse. Oui, Adèle ne privait plus Amélie de sa bière... aussi avare fût-elle. Elle marmonnait: «Quand elle est saoule, elle dort plus longtemps.» Dans la dépense, un demi-pain à moitié sec, du sucre, du sel, quelques épices, un détergent pour la vaisselle, un autre pour la lessive, quelques pains de savon bon marché... et des conserves à perte de vue. Du ragoût, des macaronis au gratin, des fèves au lard, des soupes, du pâté de foie, du jus d'orange en sachets, des tomates étuvées, du riz Uncle Ben's, une boîte de métal remplie de biscuits, des pâtes alimentaires et des pruneaux en pot. Bref, rien de frais, tout en conserve. Adèle ne perdait pas le moindre sou de ses achats. Invraisemblable mais vrai, le menu était toujours le même... ou presque.

Un petit vivoir avec deux fauteuils et un téléviseur en noir et blanc qui fonctionnait tant bien que mal et qu'on ouvrait rarement. Tout à côté, un vieil appareil de radio sur pied qui, lui, avait conservé son ampleur pour le plus grand bonheur d'Adèle. Un tourne-disque à l'aiguille quelque peu ébréchée par les œuvres de son cher Schumann, de Chopin ou de Brahms. Un petit rideau de jute, une lampe torchère et, sur les murs, une nature morte peinte par un inconnu, des reproductions de Van Gogh et de Degas et une petite photo des sœurs assises côte à côte à l'époque de leur glorieuse histoire. La chambre d'Amélie ressemblait de plus en plus à celle d'une enfant. Fenêtre à rideaux blancs croisés, couvre-lit d'un rose tendre, petite carpette de mousse d'un gris perle et une berceuse en chêne blond recouverte d'un coussinet à fleurs des champs. Sur le lit, sa poupée de jeunesse et, sur ses murs, des photos de son passé, un scapulaire, un tableau d'une jeune fille au piano et un rameau tressé datant de vingt et quelques années. Sur sa commode, un miroir et une brosse, derniers morceaux de son ensemble de toilette en porcelaine. La statuette de la Vierge, souvenir de sa première communion, un vase à fleurs de Chine, un album de photos en cuir brun et une bougie intacte dans son chandelier.

Dans ses tiroirs, des babioles et la mèche de cheveux de son petit Jacquot qu'elle avait dérobée à sa sœur. Reste d'un bonheur qui devait la suivre toujours. Dans son album, une seule photo, avec Nick. Une seule sur laquelle il la tient enlacée pendant qu'elle appuie sa tête sur son épaule. Parfois, elle se souvenait. C'était Germaine qui avait pris la photo. Un jour, nuages dissipés, lucidité temporaire, elle avait demandé à sa sœur Adèle:

— Tu n'aurais pas une petite photo de Jacquot?

— Mais non, Amélie. Il est mort avant qu'on ait eu le temps de le photographier.

Fait étrange, la chambre d'Amélie était propre. Dans sa naïveté, cette dernière l'entretenait comme un petit palais.

C'était là qu'elle se sentait heureuse et ce petit coin bien à elle la poussait à y mettre du sien tout comme une enfant l'aurait fait pour sa maison de poupée.

La chambre d'Adèle était moins coquette. On pouvait y discerner toute l'austérité de son ressentiment. Lit de fer à couverture unie de ton mauve. Les murs jaunis par les ans n'affichaient que deux portraits: un de son père au regard plutôt sévère et un autre de Robert Schumann. Les deux seuls hommes qui avaient compté pour elle. Sur sa commode, un pichet, un verre et un flacon de parfum en cristal dont l'odeur était périmée. Aucun objet de piété. Adèle, quasi octogénaire, ne croyait toujours pas en Dieu. Un tapis rond crocheté et, dans un coin, un chien de plâtre gisait par terre. Non par amour, mais pour retenir la porte quand un courant d'air y passait. C'était à peine entretenu. Adèle n'avait pas le culte de son petit univers. Une chambre... tout simplement. Une chambre de vieille fille démunie de tout sentiment. Une chambre pour dormir chaque soir en attendant que le jour se lève.

— Tes cheveux sont blancs, Adèle, blancs comme la neige.

— Les tiens aussi, Amélie. Tu devrais te regarder d'abord.

— Oui, mais toi, tu as toujours été plus vieille que moi.

— Oui, oui, Amélie... et toujours plus belle. Tout le monde le disait.

— C'est vrai, Adèle, tu as toujours été plus belle, mais maman m'a dit qu'on pouvait être jolie même avec des lunettes.

— Tu viens souper? À moins que tu n'aies pas faim...

— Pas tellement. Dis-moi, quel âge as-tu, maintenant?

— Tu me le demandes tous les jours. C'est fatigant, à la fin. J'ai soixante-dix-huit ou soixante-dix-neuf ans. Je ne sais plus et ce n'est pas important.

— Nous sommes quel jour, aujourd'hui, Adèle?

— Ah! pas encore! C'est jeudi, Amélie. Cesse de questionner, et si tu n'as pas faim, laisse-moi manger au moins ma soupe et mon pain.

— Tu permets que je prenne un verre de bière?

— Encore? Toi, tu as vraiment le même vice que ton père! Prends-en un si ça te nourrit. Je pense que c'est ça qui te tient en vie.

— Tu as pris mes cigarettes? Je ne les trouve plus.

— Je n'en achète plus. Tu fumes trop et tu vas finir par mettre le feu.

— Juste une, Adèle. Juste une avec mon verre de bière.

— Une seule, c'est compris? Ouvre la fenêtre et éteins-la comme il faut ensuite. Ah! si papa te voyait, il n'aimerait pas ça.

— J'ai sa permission, tu le sais. Il m'en achète lui-même.

— Bon, tais-toi et range ta maudite catin. Tu l'as toujours dans les bras. Quand on joue à la mère, on ne boit pas de la bière. Tu es insignifiante et tu ne feras rien de bon quand tu seras grande.

— Oui, je serai musicienne et je ferai le tour du monde.

Adèle ouvrit grand les yeux:

— Oui, oui, en jouant Schumann, Amélie, rien que lui!

C'était l'un de ces jours où les sœurs, déchirées par le passé, conversaient en petites demoiselles. Comme si tout était à l'orée alors que le dernier couloir les attendait. L'un de ces jours où tout s'entremêlait. Le rêve et la réalité.

— Allô? Monsieur Bérubé? Ici mademoiselle Berthier. C'est pour une commande.

— Allez-y, je prends ça en note.

— Un paquet de cigarettes Turret, un…

— Des Turret? Mais ça n'existe plus, cette marque-là. Ça fait bien longtemps à part ça. Vous voulez des Black Cat? Ça, c'est revenu sur le marché.

— Oui, oui, ça fera l'affaire. Ma sœur les connaît sûrement.

— Très bien. Ensuite, mademoiselle?

— Trois grosses boîtes de soupe aux pois Habitant, deux livres de sucre, un pain aux raisins et trois grosses Molson. J'ai mes bouteilles vides.

— Ça va. Vous voulez les journaux également?

— Non, je ne les lis plus. C'est une perte de temps.

— J'ai des romans d'amour. Ils viennent tout juste d'arriver.

— Voyons, monsieur Bérubé, pas à mon âge. J'ai ma propre lecture et envoyez-moi juste ça, rien d'autre. Vous direz à votre fils de laisser tout ça sur la galerie.

— Mademoiselle Berthier, il faudrait penser à me payer. Ça fait trois commandes qu'on vous livre depuis dix jours…

— Comment? Je vous dois de l'argent, moi?

— Bien sûr, vingt-quatre dollars et trente-deux sous.

— Voyons! Je paie au fur et à mesure!

— Non, mademoiselle, pas quand on laisse les commandes sur la galerie. Écoutez, je suis un honnête homme, moi. Si vous doutez, je vais vous demander de payer sur livraison à l'avenir. Je veux bien vous faire crédit, mais si c'est pour vous mélanger…

— Non, non, ça va, j'ai dû oublier. Dites à votre fils de sonner et je vais lui payer ce que je vous dois. Vous mettrez cette commande sur mon prochain compte, cependant. Ça va faire trop d'argent d'un seul coup. Ça va aller, monsieur Bérubé?

— Heu… oui, mais à l'avenir, deux commandes à crédit, pas davantage. C'est pas que j'ai pas confiance, mais ça va moins vous mêler.

— D'accord, je payerai à toutes les deux fois, autrement, je risque de payer ce que je ne vous dois pas.

— Vous voyez bien que vous n'avez pas confiance! Non, on arrête ça là. Je livre, mais je collecte sur livraison. C'est à prendre ou à laisser et c'est à vous de décider.

— Bon, bon, ça va. Combien ça va faire, tout ça?

Le marchand lui donna le montant et Adèle promit de régler le tout au livreur. Ayant raccroché, elle marmonna: «Vieux sacripant! Il ne me volera pas comme ça. Il va s'apercevoir que je sais encore compter.» Adèle était passée à deux pas de perdre ses livraisons. Elle avait tout encaissé de peur d'avoir à se déplacer. S'il avait fallu que Bérubé refuse de livrer. Elle en avait des frissons. «Je vais me retenir de lui dire ce que je pense parce qu'il ne faut pas que je sorte. Je ne veux plus jamais croiser des gens. Tas de poison à rats!»

— Regarde, Adèle, il neige! On dirait un tapis blanc… et vois ce petit écureuil qui enterre des provisions!

Amélie était toute joyeuse, les yeux rivés à sa fenêtre. C'était tout juste si elle n'applaudissait pas ce décor féerique qui s'offrait à sa vue. Se tournant vers son aînée, elle ajouta:

— Tu veux bien me nouer ma tresse comme la tienne? Il fait froid ici, Adèle, on devrait faire un feu de bois. Tu as vu mon châle quelque part?

— Cesse donc de te plaindre et de parler sans cesse. Viens que je t'arrange tes cheveux qui sont bien mêlés. Tu devrais les brosser de temps en temps.

— J'ai froid, Adèle. Est-ce déjà l'hiver? J'ai eu froid toute la nuit.

— Tu as de bonnes couvertures, pourtant. Tu n'as pas de sang dans les veines, toi. Chauffer en novembre, c'est trop tôt. Je n'ai pas de bois et je n'ai pas fait remplir le réservoir d'huile. On s'arrangera pour quelques jours.

— Mais je grelotte, Adèle. Regarde, la fenêtre est presque givrée.

— Je te ferai une bonne soupe chaude, Amélie. Je ne peux quand même pas appeler le marchand d'huile aujourd'hui, c'est dimanche.

Amélie s'empara de sa veste de laine qu'elle mit par-dessus sa jaquette de flanelle. Châle en plus et bas de laine dans ses pantoufles, elle ajouta:

— Faudrait quand même pas que j'attrape un rhume. Maman n'aimerait pas ça.

Douce démence. Amélie en était atteinte au plus haut point. Rares étaient les moments où elle pouvait converser comme une femme. Chez elle, cela se fit presque du jour au lendemain. La régression des cellules fut si rapide que la pauvre Adèle se demandait si elle n'y était pas allée un peu fort en lui faisant perdre la tête. Bien sûr que ça l'arrangeait de voir sa sœur au berceau. N'avait-elle pas souhaité prendre le contrôle de la plus petite chose? Quel plaisir elle avait éprouvé à lui redire sans cesse: «Amélie, tu retombes en enfance.» À tel point que la musicienne de jadis se vautrait davantage dans un lointain passé… et ses incontinences. Oui, Amélie mouillait son lit et c'est tête baissée qu'elle se levait pour entendre Adèle crier de là-haut:

— T'as encore pissé au lit? Viens vite changer le drap, Amélie. Je ne vais pas me mettre à faire ça. Ça pue l'urine, c'est pas possible!

Adèle souffrait aussi de gérontisme, mais dans sa tête, c'était à petit feu que la maladie progressait. Il lui arrivait de reculer de cinquante ans pour retrouver assez souvent sa conscience nette et claire. Quand elle avait ce qu'elle appelait «ses mauvais moments», elle en sortait comme d'un mauvais rêve. Le problème, c'est que le mal sournois était de plus en plus fréquent. Esprit alerte, elle pensait: «Non, pas toutes les deux. C'est impossible que ce soit contagieux. Pas moi, pas Adèle Berthier, enseignante de carrière.» Il lui était pénible de ne plus se souvenir de la veille et encore plus quand elle oubliait un compte à payer. Très loin de l'idée d'implorer Dieu, elle invoquait parfois son père: «Pas moi, papa. Amélie dépend trop de moi. Faites quelque chose, sauvez-moi, aidez-moi avant qu'on nous enferme.» Le lendemain, elle avait oublié comment on infusait une poche de thé!

— Il neige, Adèle. Est-ce que ça veut dire que c'est ma fête?

— Pas tout de suite. Ce n'est pas parce qu'il neige que c'est déjà l'hiver.

— Tante Estelle va venir avec Rita. Edna ne te l'a pas dit?

— Elles sont toutes mortes et enterrées, Amélie. Vas-tu finir par te le mettre dans la tête?

— Ah! oui, c'est vrai. Même Edna? Me l'avais-tu dit? Je ne me rappelle pas. Oui, oui, j'y suis. C'est elle qui a été écrasée par une machine, n'est-ce pas? Pauvre elle, si belle et si gentille.

— Alors, prie pour elle, petite sœur. Avec ta foi, ça l'aidera à rester au ciel.

Non, Edna n'était pas décédée. Vieille et recroquevillée, elle habitait maintenant chez sa nièce, mais avec toute sa lucidité. Souffrant d'arthrite, dure d'oreille, il lui arrivait souvent de penser à sa douce Amélie. Elle avait téléphoné une fois de plus et, ironie du sort, c'est Amélie qui avait répondu. Edna avait vite compris que sa cousine bien-aimée n'avait plus sa raison. Elle lui parlait comme au temps du *candy store* et s'informait de la santé... de tous les défunts de la famille. Adèle avait pris le combiné pour lui dire:

— Tu vois bien qu'elle n'a plus sa tête. Tu perds ton temps, Edna. Elle est d'un siècle en arrière. Tu ne devrais plus lui téléphoner. Ça la met dans un tel état que tu ne lui rends guère service.

— Et toi, Adèle, ça va? *My God*, tu es ma cousine, toi aussi, non?

— Vraiment? Et depuis quand, Edna? Tu m'as toujours ignorée et tu n'avais qu'Amélie dans ton cœur. Tu aimerais ça l'avoir à tes côtés, à présent?

— Je voudrais bien, mais je suis trop malade et comme je n'habite plus chez moi...

— Alors, cesse de m'importuner. Moi, je n'ai rien à te dire, ma cousine. Je prends soin d'Amélie du mieux que je peux, mais je ne tiens pas à poursuivre une relation avec toi. Tu ne m'as jamais aimée et c'est réciproque.

— Ne dis pas ça, Adèle, *My God*! C'est toi qui t'éloignais sans cesse de moi.

— Oui, et je continue. Je n'ai besoin de toi ni de personne. Je m'occupe d'Amélie et ça me suffit. Je n'ai pas une minute à perdre avec toi, Edna. Nos relations sont bel et bien finies.

— Comment? Qu'est-ce que tu dis? Je ne t'entends pas.

«Sourde en plus!» marmonna Adèle. Puis, élevant la voix, elle lui cria:

— Ne m'appelle plus, Edna. Moi, je n'ai jamais eu besoin de toi!

Ayant raccroché sans même un bonsoir, Adèle laissa à l'autre bout du fil une cousine stupéfaite. Sa nièce, qui était à ses côtés, voyant qu'elle était troublée, lui demanda:

— *What's going on, aunt Edna?*

— *Nothing, dear, nothing. Poor Amelie.*

Puis, se parlant à elle-même, elle enchaîna: «Elle était pourtant si brillante, si intelligente. C'est injuste, ce qui lui arrive. *My God*, pourquoi avoir laissé faire ça? Il aurait été préférable que vous veniez la chercher.»

Ce fut le dernier commentaire de la cousine chagrinée. Le dernier lien également. Jamais plus les Berthier n'entendraient parler de la vieille mariée devenue veuve. Alitée, la belle dame aux cheveux blancs n'allait plus quitter North Bay jusqu'à ce qu'elle rejoigne ses parents, son frère, sa sœur et son Godfrey, le jour même où elle fêterait ses 100 ans.

— Adèle, j'aimerais ça avoir un sapin et une crèche.

— Trêve de caprices, Amélie. Noël, c'est pour les enfants.

— Au moins, une couronne à la fenêtre, dis? Je pourrais la faire moi-même.

— Pour y mettre le feu par mégarde avec tes cigarettes? N'y pense pas.

— Sois gentille. Écoute, on chante *Petit papa Noël* à la radio.

— J'ai dit non, Amélie. Rien, moins que rien. C'est fini pour nous, les fêtes.

Amélie bouda quelque peu, comme lorsqu'elle était contrariée au temps de sa jeunesse. N'écoutant que son bon vouloir, elle avait posé à la tête de son lit une guirlande ornée d'un ange fait de papier. Elle contempla son œuvre, puis, s'emparant de sa poupée, elle lui chuchota: «T'en fais pas,

Jacquot. Elle est méchante, mais papa le saura. Tu verras, j'aurai plus de cadeaux qu'elle à cause de ça.»

La nuit illuminée de Noël dans les rues fut vécue dans le noir pour la petite maison isolée. À la radio, une voix d'homme chantait *Çà, bergers.* Amélie, émue jusqu'aux larmes, avait murmuré à sa poupée: «Joyeux Noël, mon beau bébé!»

La garde-robe d'Amélie était intacte. Des robes à crinoline, des blouses de soie, des chapeaux de toutes les couleurs, des souliers à talons hauts en rang d'oignons, bref, tout ce qui avait fait ses beaux dimanches autrefois et dont elle ne s'était jamais départie. Dans un tiroir, une trousse à maquillage et des bijoux à perte de vue dont la plupart ne valaient pas grand-chose. Il lui arrivait de palper ces vêtements, d'essayer quelques boucles d'oreilles, mais la vieille demoiselle ne portait plus, depuis plusieurs années, que des jaquettes, une robe de chambre et des pantoufles doublées de fourrure. Et ce, à longueur de journée. Adèle ne l'incitait plus à se vêtir de peur que l'idée de sortir traverse ses pensées enfantines. Pour sa part, l'aînée ne portait que des robes de maison achetées à rabais quelques années plus tôt. Des robes grises ou noires et une autre à motifs floraux. Dans ses pieds, des souliers noirs lacés, comme ceux qu'elle avait détestés étant jeune. Tresse ou chignon, sans aucun artifice, elle avait un béret pour les jours frais et une tuque de laine pour les froids d'hiver. Adèle avait jeté tous ses vêtements d'antan, même ses bijoux, sauf un collier de perles et des boucles d'oreilles de cristal qu'Amélie aimait tant.

— Adèle, Adèle, il pleut dans ma chambre!

L'aînée monta à toute vitesse pour constater avec effroi que l'eau de la fonte du printemps s'infiltrait par le toit. Elle alla vite quérir un seau et ordonna à sa sœur de le surveiller et de le vider dès qu'il serait trop plein. Amélie passa des heures à s'amuser à ce jeu. N'y tenant plus, Adèle téléphona à Bérubé pour savoir si son fils pouvait boucher les fentes du toit vieillot. Le garçon s'amena mais s'aperçut que le toit était en ruine. Il fallait refaire la toiture et au plus tôt. Seul un expert pourrait s'en charger.

— Il n'y a pas moyen de mettre des guenilles et du goudron?

— Voyons, madame, ça va pourrir en deux jours. Il faut tout refaire.

Adèle téléphona à une compagnie qui vint évaluer le travail et la vieille fille faillit s'évanouir quand on lui mentionna le prix. Parlementant du mieux qu'elle put, elle plaida si bien sa cause que le brave homme accepta les trois cents dollars comptant et le reste par versements. L'homme lui avait dit:

— Ça vous permettra d'avoir un meilleur prix quand un acheteur se présentera.

— La maison n'est pas à vendre! avait répondu sèchement Adèle.

Amélie, tout près d'elle, avait lancé:

— Peut-être bien que papa pourrait le réparer?

L'homme, intrigué par l'âge des deux femmes, avait demandé:

— Heu… vous avez encore votre père?

Adèle, stoïque, avait répondu:

— Oui, mais il est peintre en bâtiment et ne connaît rien aux toitures. D'ailleurs, il n'a plus la force de travailler.

— Il doit être très âgé, ce brave homme?

— Pas tant que ça, il vient tout juste de prendre sa retraite. Il n'a que soixante-dix ans.

L'homme resta muet, se gratta quelque peu la tête et sans poser d'autres questions ordonna à son ouvrier:

— Tu peux commencer demain dans la matinée.

Adèle versa, bon gré mal gré, les trois cents dollars exigés et signa une reconnaissance de dette pour le solde à payer. Porte fermée, intrus partis, elle cria:

— Elle va finir par me ruiner, ta maudite cabane!

Amélie, souriante de naïveté, lui demanda:

— Quoi? Elle est à moi, la maison? Tu me l'as donnée? Tu ne m'en avais jamais parlé, Adèle!

Les appels étaient de plus en plus nombreux chez Bérubé. Ayant oublié le pacte, Adèle faisait déposer ses commandes sur la galerie et réglait par montants de plus en plus minimes les sommes dues qui s'accumulaient. À tel point qu'à la remise du chèque de pension du mois de juin, il dut retenir celui d'Adèle au complet pour rembourser la moitié de la dette. Furieuse, elle avait téléphoné et vociféré des injures à l'endroit du pauvre homme. Offensé, Bérubé mit un frein à ce volcan de paroles en lui disant:

— Fini le crédit, et plus de livraisons. Je ne veux plus avoir affaire à vous. Ma mère avait raison quand elle disait qu'en faisant du bien à un cochon, il viendrait faire ses besoins sur notre perron!

— Vous êtes grossier, monsieur. On ne parle pas de la sorte à une dame.

— C'est vous qui l'avez cherché. J'en ai assez de me faire des ulcères avec vous.

Adèle, sentant la soupe chaude, avait pris une voix de couventine.

— Comprenez-moi, ma sœur est si malade. C'est elle qui me fait sortir de mes gonds.

— Je veux bien vous comprendre, mais je ne tiens plus à vous avoir comme cliente.

— Voyons, monsieur Bérubé, je vous ai toujours bien payé?

— Ah oui? Avec ce que j'ai pris de votre chèque, vous me devez encore deux cents dollars.

— Je vais faire un pacte avec vous. Je vous achète une grosse commande avec le chèque de ma sœur. Comme ça nous serons bonnes pour six mois. Par la suite, chaque autre mois servira à vous régler la dette. Ça vous va?

— Ouais… peut-être, si vous me payez les deux cents piastres le mois prochain.

— Soit! Comme il vous plaira. Marché conclu?

— Ça va. Que voulez-vous recevoir, maintenant?

Adèle avait tout calculé et commanda des victuailles pour la moitié d'une année à venir, que des choses non périssables: des conserves, des aliments réfrigérés, des ragoûts, des pâtes, des boîtes de jus de tomate, etc. Pas de pain ni de lait. Désormais, elles allaient s'en passer, sa sœur et elle. Du sucre, du thé, de la bière, des cigarettes, de la mélasse et de la farine pour faire des biscuits. Des articles de toilette, du savon, des pruneaux en conserve et trois boîtes d'analgésiques pour ses douleurs rhumatismales. Le pauvre homme n'en revenait pas. Les quantités étaient telles que la facture s'éleva à cinq cent quarante-deux dollars. Adèle paya comptant et tira vite le verrou. La maison remplie de choses à manger pour longtemps, il ne restait des deux chèques que dix-huit dollars et quelques sous. Elle avait dit à Amélie qui s'extasiait devant autant de provisions:

— Nous n'aurons plus besoin de lui, le vieil écœurant. Il n'a pas fini de courir après ses deux cents piastres. Il m'a assez volée, ce misérable!

— Mais on achètera où, après, Adèle?

— Laisse-moi ça. De toute façon, on a de quoi manger pour un an. Il faudra t'habituer à boire ton thé sans lait, Amélie, et à te passer de pain. À partir d'aujourd'hui, je ne veux plus voir personne et je ne paye plus rien.

Adèle rangea les dix-huit dollars dans un bas. De ses économies, il ne lui restait que cent soixante-douze dollars. La fortune des sœurs Berthier s'élevait donc à cent quatre-vingt-dix dollars et quarante-cinq sous… quand elles s'enfermèrent à clef.

Deux mois passèrent sans que les vieilles ne donnent signe de vie à qui que ce soit. Le facteur laissait des comptes qu'Adèle s'empressait de brûler. Elle ne gardait que les chèques de pension qu'elle cachait sous le vieux tapis du salon. Bérubé avait tenté de téléphoner, mais Adèle avait crié à sa sœur: «Ne réponds pas, c'est sans doute un créancier!»

Il était venu frapper à la porte, mais en vain. Fenêtres fermées, rideaux tirés, les demoiselles n'osaient respirer de peur d'être repérées. Pour Amélie, c'était un jeu qui semblait l'amuser. Interrogée par Bérubé, une voisine avait répondu: «Elles sont là, j'en ai vu une dans le jardin ce matin.» C'était Amélie qui, parfois, se risquait jusqu'à la balançoire, mais qui courait s'enfermer au moindre bruit de pas, comme le lui avait ordonné sa sœur. Une autre dame avait insisté: «Je ne sais pas ce qui se passe, elles ne sortent même plus la poubelle. Je me demande ce qu'elles font de leurs vidanges.» C'était pourtant simple. La nuit venue, Adèle se rendait jusqu'à la rivière et là, en y déposant des pierres, elle poussait sa boîte d'ordures jusqu'à ce qu'elle atteigne le fond de l'eau. «Bah! se disait-elle, c'est pollué, de toute façon.»

Enfermées à double tour, les deux sœurs jouaient aux cartes ou au *Parchesi* quand ce n'était pas à la mère comme au bon temps de leur enfance. Le téléphone sonnait sans cesse, mais ni l'une ni l'autre ne répondait.

— On devrait peut-être l'arracher du mur, avait suggéré Amélie en riant.

— Non, non, au cas où le bébé serait malade. Ne t'en fais pas, ma petite sœur, on va finir par nous le couper et on aura enfin la paix.

L'entrepreneur qui avait réparé la toiture fit parvenir des lettres qu'elles brûlèrent aussitôt. Elles firent de même avec les comptes de taxes et ceux de la compagnie d'huile. Les comptes d'électricité subissaient un sort semblable. On téléphonait, on venait frapper et le facteur se lassait de déposer autant de requêtes. Une nuit, devant l'accumulation des comptes «dernier avis», Adèle se glissa jusqu'à la boîte aux lettres et en disposa discrètement. Sur chaque enveloppe, elle avait inscrit «déménagées».

— Voilà qui va sauver du temps, dit-elle à Amélie. De toute façon, nous n'avons pas d'argent, mais nous avons de quoi manger pour encore longtemps.

Inquiète, la cadette avait demandé:

— Mais après, Adèle, quand on n'aura plus rien?

— Laisse-moi ça, je trouverai bien un autre moyen.

Le mois d'août et sa chaleur. Les vieilles restaient à l'intérieur, aux aguets du moindre pas. Elles en étaient même venues à redouter ceux du facteur. Par un soir de pluie, vers minuit, Adèle se glissa jusqu'à la porte de la clôture et y posa un énorme cadenas trouvé dans le coffre à outils de son père. Elle revint avec un fou rire. Un rire auquel la démence se mêlait.

— Fini le facteur! Il va se cogner le nez sur la barrière. Finies ses lettres, Amélie.

Le soir suivant, Adèle, plus douce qu'une mouche, avait encerclé sa sœur de ses deux bras. Minouchant cette dernière, elle lui avait murmuré:

— Je suis certaine que tu pourrais jouer Schumann si tu le voulais.

— Mais… je n'ai pas d'expérience. Je n'ai pas suivi de cours, Adèle.

— Allons, fais un effort. Joue pour moi comme tu l'as fait pour le gros Tonio hier soir. Je suis certaine que papa va être fier de toi.

— Tu crois? Tu penses que je peux jouer la musique de ton beau cavalier?

— Oui, oui, Amélie, toi seule peut le faire. Joue *Le Pèlerinage de la Rose* comme tu l'as fait hier. Je vais t'aider à trouver les premières notes.

Adèle avait soulevé le couvercle du piano désaccordé et tiré le banc pour qu'Amélie puisse y prendre place. Cette dernière, craintive et médusée, tenta de résister, mais Adèle l'avait soulevée pour ensuite lui placer les doigts sur le clavier inanimé. Pour faire jaillir d'elle un sursaut de savoir-faire, elle avait fait tourner la fameuse œuvre à deux reprises. Ouïe tendue, les yeux d'Amélie s'allumèrent tout comme jadis lorsqu'elle était jeune et belle. Ses doigts se déposèrent sur les accords et, après un brin d'hésitation et quelques fausses notes, le talent inné eut raison de sa sénilité. Les notes s'enchaînèrent et Amélie joua dans un dernier effort *Le Pèlerinage de la Rose* du plus grand des compositeurs. Adèle, subjuguée, avait les larmes aux yeux. Amélie allait se lever quand l'autre implora:

— Et sa *Première Symphonie,* tu peux aussi?

Elle fit tourner le disque et, après vingt secondes, Amélie enchaîna sans se tromper d'une seule note. Ses doigts étaient plus rigides, sa touche plus coriace, mais le talent venu du cœur faisait fi de la mémoire. Un sublime récital, le dernier de l'artiste. Amélie, radieuse et troublée, murmura:

— Qui m'a appris à jouer tout ça? C'est toi, Adèle, n'est-ce pas?

La ligne téléphonique n'était plus en service depuis un mois et Adèle maugréait:

— Tant pis! Si l'une est malade, on fera appel aux voisins.

Les feuilles tombaient déjà sur la pelouse aussi haute que les blés, dégageant peu à peu la maison camouflée derrière les nombreux arbres.

— Adèle, Adèle, il n'y a plus d'électricité!

— On a des chandelles, Amélie, On s'arrangera bien avec ça.

— Oui, mais la soupe et les boulettes?

— On se servira du poêle à bois.

— Quel bois, Adèle? On n'en a pas!

— Avec toutes ces feuilles et les écorces des bouleaux? T'en fais pas, je te dis qu'on s'arrangera. On a aussi de vieilles chaises qui ne servent pas.

— Et sans électricité, tes disques et tes concerts à la radio, Adèle?

— Ce n'est pas grave, Amélie, tu me joueras du piano!

Adèle était déconcertante. Calme, pondérée, elle se faisait rassurante pour la nerveuse Amélie qui dépendait entièrement d'elle. Pendant ce temps, on s'inquiétait dans le voisinage:

— Sont-elles encore là? Les voyez-vous parfois?

— Oui, quand elles passent devant leur fenêtre. Dernièrement, nous avons même entendu l'une d'elles au piano et elle jouait fort bien. La fenêtre était entrouverte et on n'a pu la voir que de dos. Nous ne savions même pas qu'il y avait une musicienne dans la maison.

— Elles ne sortent jamais?

— La plus petite sort parfois, mais pas longtemps. Dès qu'elle entend du bruit, elle court vers la maison. Elle est bizarre, celle-là. Mon mari prétend qu'elle n'a pas toute sa tête à elle juste à la voir faire. Chose certaine, elles ne sont pas dérangeantes. On dirait une maison abandonnée tellement c'est tranquille.

— Vous n'avez jamais tenté de leur parler?

— Pensez-vous? Elles ont peur du monde, c'est pas croyable. La plus petite m'a déjà souri, mais n'a pas répondu à mon «bonjour».

Il pleuvait à boire debout lorsque des pas se firent entendre sur les marches de la galerie. Adèle tira le coin du rideau et reconnut Bérubé encadré de deux policiers et de trois autres hommes dont l'un ressemblait à l'entrepreneur.

— Ouvrez, nous savons que vous êtes là. La police veut vous parler.

C'était Bérubé qui avait scandé l'ordre, mais Adèle ne broncha pas.

— Il faudrait peut-être forcer leur porte, monsieur l'agent.

— On ne peut pas faire ça. On n'a pas de mandat d'émis.

L'entrepreneur tenta une autre manœuvre:

— Et si elles étaient malades ou même mortes?

— Non, répondit le policier. J'en ai vu une passer d'une pièce à l'autre.

— Elles ont donc le droit de ne pas ouvrir? Et nous, les créanciers, qu'est-ce qu'on fait dans tout ça?

— Vous n'avez qu'à voir vos avocats ou à vous adresser à de plus hautes instances. La loi ne peut rien contre ces femmes. On n'a pas le droit d'entrer de force... pas encore, du moins.

— Dans ce cas-là, je vais tout faire pour qu'une loi s'applique. On ne peut pas laisser deux personnes se foutre des gens parce qu'elles sont âgées et inoffensives. Nous avons aussi des droits à faire respecter. Je verrai mon avocat.

— C'est ça, monsieur, informez-vous. Nous, nous ne pouvons rien faire d'autre pour vous.

Ils s'éloignaient en maugréant et Adèle échappa un soupir de soulagement. Amélie, apeurée, dans un coin, lui chuchota:

— Qu'est-ce qu'ils veulent, ces gens? Ils sont méchants, Adèle?

— Des malotrus, de vilains culs, Amélic. Ils veulent notre argent.

— Mais, nous n'en avons pas! Tu m'as dit qu'on n'avait plus rien.

— C'est vrai, mais eux ne le savent pas. Allume les chandelles maintenant et surveille ta cigarette. Tu vas finir par mettre le feu.

Quelques semaines s'écoulèrent et les deux vieilles, surtout Adèle, pensaient bien que tout s'était calmé. Adèle, de plus en plus sénile, s'était adoucie avec la maladie et avait complètement oublié la visite inattendue qu'on leur avait faite. C'était frisquet dans la maison et on avait de moins en moins de quoi chauffer le poêle. Les deux sœurs mangeaient même leur soupe froide quand ce n'était pas des pâtes mouillées qu'on conservait dans l'évier faute de réfrigérateur. Le désarroi, la misère incarnée. Les voisins n'en revenaient pas de les voir à la lueur de la chandelle quand venait le soir.

C'est tous ensemble, appuyés par Bérubé, qu'ils se mirent à faire pression sur les autorités. On ne pouvait laisser deux femmes âgées dans un tel état. Le jeune curé s'en mêla et, après étude du dossier et l'avis de nombreux créanciers, on se décida à intervenir au nom de la loi, mandat signé à l'appui.

Deux hommes, une dame du CLSC et deux policiers se présentèrent au début de novembre au domicile des sœurs Berthier. Pour ce faire, ils avaient dû briser le second cadenas qu'Adèle avait entouré d'une chaîne cette fois. Elle les vit venir mais décida de leur tenir tête.

— Ouvrez, au nom de la loi, ouvrez. C'est un ordre, madame.

Affolée, Adèle leur cria:

— Allez-vous-en, vous n'avez pas le droit. Le petit dort.

Ils frappèrent plus fort et se firent plus menaçants.

— Si vous n'ouvrez pas, nous serons forcés de défoncer. Nous ne vous voulons aucun mal. Nous sommes là pour vous aider.

— On n'a besoin de personne. On est ici chez nous. Partez!

Ils firent mine d'enfoncer la porte d'un coup d'épaule. Amélie, plus morte que vive, cria à son aînée:

— Ouvre, Adèle, ouvre. Ils vont défoncer. Ouvre, j'ai si peur!

Adèle, furieuse et alarmée, leur cria:

— Bande de voyous! Attendez!

Elle ouvrit finalement la porte dont la penture était déjà rouillée. Les policiers firent deux pas et reculèrent. Une puanteur les empêchait de respirer. La dame osa entrer, puis, faisant la grimace, se tourna vers les huissiers pour leur dire:

— C'est pas croyable!

Ça sentait l'urine à plein nez et l'on pouvait voir les coquerelles danser sur les boîtes de conserve éparses sur le sol. Une odeur de charogne régnait dans le taudis. Vêtements par terre, bouteilles de bière sur la table, cendriers remplis de mégots, on étouffait. À tel point que les constables prièrent les vieilles dames de sortir pour les suivre jusqu'à leur autopatrouille. Amélie pleurait et, pendant que la dame la couvrait d'un manteau, elle murmurait:

— Je veux qu'on emmène mon petit Jacquot avec moi.

— Quoi? Vous gardez un enfant ici? Où est-il?

Amélie se dirigea au salon et revint sur ses pas, tenant, telle une mère, sa poupée chauve entre ses bras. Adèle gémissait, se défendait et y allait de ses complaintes.

— Vous n'avez pas le droit. On n'a pas d'argent, on n'a rien. Attendez que mon père arrive, ça va se passer autrement.

Il n'en fallait pas davantage pour qu'on devine la confusion de ces vieilles personnes laissées trop longtemps à elles-mêmes. Avec des mots doux, des gestes de tendresse, la dame parvint à les convaincre de les suivre. Les deux vieilles n'offrirent alors aucune résistance. Elles se laissaient conduire comme des enfants portées disparues qu'on aurait retrouvées. Adèle, vaincue et désarmée, les supplia:

— Ne touchez pas à ma petite sœur. Elle est très malade, vous savez.

Pris de compassion, les représentants de l'ordre se regardèrent, s'interrogèrent. Que faire d'elles?

— On devrait les conduire à l'hôpital. On verra ce que l'on pourra faire après, suggéra la dame.

Adèle avait entendu.

— À l'hôpital? Pourquoi? C'est elle qui est malade, pas moi.

— Allons, madame, vous voulez bien lui tenir compagnie, n'est-ce pas?

— Oh! oui, si c'est pour ça, oui. Amélie serait perdue sans moi.

Les deux femmes furent conduites à l'hôpital le plus près et l'on se livra à une vérification complète de leur état de santé. Madame Arnaud du CLSC en profita pour suggérer une bonne toilette des deux patientes et insista pour qu'on les garde sous observation étant donné leur âge. On s'y opposa, bien sûr, mais après des pourparlers, on accepta de les garder jusqu'au lendemain, pas davantage. Pour la travailleuse sociale, c'était un jour de sauvé. Il était impensable que les vieilles regagnent leur taudis. Il fallait donc passer vite à l'action et trouver un refuge pour ces demoiselles qui n'opposaient plus la moindre résistance. C'est comme si leur bicoque était chose du passé. Elles allaient au gré des heures, errantes comme des mendiantes. Adèle, croyant sa sœur gravement malade, se pensait indispensable. Quelle ne fut pas sa surprise quand on lui désigna également un lit. Épuisée par la journée et les tracas, elle ne résista pas et suivit de plein gré l'infirmière qui la plaça juste à côté de sa petite sœur dans le couloir des déshérités.

Madame Arnaud avait tout juste vingt-quatre heures pour agir. D'un appel à un autre, elle réussit tant bien que mal à persuader la directrice de la Résidence des lilas d'accueillir ces deux nouvelles pensionnaires. On s'informa de leur avoir, de leur santé, de leur potentiel. Bref, on s'informait comme si c'était des «couventines» qu'on plaçait dans les refuges! Le lendemain, à quatre heures de l'après-midi, les deux vieilles dames faisaient leur entrée à la Résidence des lilas sans savoir qu'elles en étaient à leur dernière demeure. Là, dans un éclair de raison, Adèle avait protesté:

— Où nous conduisez-vous? Je veux qu'on nous ramène à la maison. Vous n'avez pas le droit de disposer ainsi de moi. J'ai mes biens, mes effets…

— Soyez raisonnable, mademoiselle Berthier. Vous ne serez ici que pour quelque temps et c'est pour le bien de votre sœur. C'est une maison de convalescence, ici, pas un hôpital. Amélie a besoin de vous auprès d'elle.

— Dans ce cas, j'accepte, mais dès qu'elle sera rétablie, nous retournerons à la maison, c'est compris? Je n'ai même pas de vêtements avec moi.

La maison des sœurs Berthier était infecte. L'enquête, qui dura trois jours, ne permit pas de retracer la moindre parenté qui soit. Après maints appels, on finit par retrouver tous les créanciers. Endettées jusqu'au cou, les sœurs Berthier n'avaient plus un traître sou, et ce toit qu'Adèle réclamait n'était plus le leur en raison des nombreuses hypothèques, des taxes impayées, des dettes multiples et du délabrement complet de la demeure. Elles devaient plus que la valeur de la maison. On retrouva quelques dollars par-ci par-là, des chèques de pension non encaissés et des redevances réclamées mais non payées. On fit rétablir l'électricité pour les besoins de la cause et il fallut plusieurs bénévoles pour chasser les rats et les bestioles de la mansarde dont les odeurs étaient insupportables. Ordre de procuration, infiltration de l'assistance sociale, on retrouva les papiers ayant trait à la propriété signés par un notaire décédé. Amélie Berthier, la plus sénile des deux, était l'unique propriétaire des lieux. Dès lors, Adèle perdait le moindre droit de réclamer. L'aide juridique, sur ordre du tribunal, allait se charger de la vente de la maison et payer, à juste partage, les créanciers qui se pressaient. On vendit tous les meubles dont le piano de la chère Amélie. Madame Arnaud, juste et honnête, ramassa les effets personnels des deux sœurs tout en jetant aux déchets livres et bibelots rongés par la vermine. On désinfecta tant bien que mal, on chassa l'air corrompu, en laissant entrer dans la maison une brise automnale, et la demeure fut cédée au plus offrant, soit un homme d'affaires qui s'empara du site pour y construire un restaurant. La petite chaumière d'Amélie venait de rendre l'âme sous les derniers coups de la grue. L'ultime lien avec Nick venait de sombrer dans l'oubli. Effets dans une grosse boîte, partage des profits entre les créanciers, il ne restait aux deux vieilles filles que les chèques de pension à venir. Quelques-uns auraient voulu poursuivre, mais que faire contre deux femmes dont le seul mal avait été d'avoir perdu la raison? Bérubé avait fait une croix sur ses deux cents piastres. L'entrepreneur s'était contenté de presque rien et la Ville avait fermé les yeux sur les taxes.

Madame Arnaud avait si bien plaidé sa cause auprès de la directrice que cette dernière accepta à la Résidence des lilas ces deux vieilles pensionnaires, pour le prix de leur pension, pas davantage. D'ailleurs, ce foyer était gratifié de subventions. Dans une chambre à deux, Adèle avait gémi en apercevant la travailleuse sociale.

— Comment? Nous ne retournons pas à la maison? Où sont toutes nos affaires?

La brave dame lui expliqua tant bien que mal la saisie de leur demeure. Elle lui fit part de la vente, des dettes remboursées, sans omettre de lui dire que seule Amélie était responsable de tout ce branle-bas en tant que propriétaire. Soulagée, dans sa torpeur, Adèle avait demandé:

— On ne doit plus rien à personne? On ne recevra plus aucun compte?

— Non, mademoiselle, ne craignez rien, tout a été réglé. On ne vous embêtera plus, vous et votre sœur. C'est maintenant ici que vous habiterez. Vous verrez, vous serez très bien traitées. Vous y serez comme à l'hôtel.

— C'est vrai? Et Amélie sera sans cesse auprès de moi?

— Bien sûr, et c'est vous qui aurez à veiller sur elle. Regardez, elle est déjà heureuse avec son petit entre les bras. Là-bas, sans chaleur, sans électricité, elle devait se faire bien du souci, vous savez. Voyez comme elle a l'air reposé.

— Oui, je vois… mais elle a tellement dépensé, la chipie!

— Allons, n'y pensez plus. Tout est terminé à présent. Ici, c'est une autre vie qui vous attend. Vous êtes sûre de n'avoir aucune parenté?

— Non, tous morts, du premier au dernier… sauf papa.

Amélie, qui écoutait sans rien dire, se tourna pour ajouter:

— Tu es certaine qu'il n'est pas mort, Adèle? Pourquoi ne vient-il pas?

— Parce qu'il travaille, pauvre idiote. Pour te faire vivre, à part ça. Dites-moi, madame, nous avons beaucoup d'effets là-bas…

— Je les ai récupérés, mademoiselle Adèle. Vous n'avez qu'à faire votre choix et à jeter le reste. Ne gardez que le nécessaire et ce qui vous est cher.

— Et le piano d'Amélie, qu'en avez-vous fait?

— Il a été vendu. Il sonnait faux et il était rongé par les termites.

— Mais sur quoi va-t-elle jouer Schumann, à présent?

— Parce que votre sœur est musicienne?

— C'est une grande artiste. Elle a donné plusieurs concerts, vous savez. Elle a même remporté des concours et elle a joué en public plusieurs fois.

— Oui, au sous-sol de l'église, je m'en souviens…
s'écria Amélie.

— Et devant le maire et les notables aussi. Amélie est une
grande pianiste.

— Et vous, que faisiez-vous dans la vie?

— J'enseignais. J'étais institutrice et je le suis encore.
Dites donc, allez-vous aviser l'école de mon absence pour
quelque temps?

— Oui… oui, c'est fait. J'ai trouvé dans le tiroir
d'Amélie une lettre d'une cousine prénommée Edna. Elle vit
encore, cette dame?

— Non, non, elle est morte je ne sais trop quand, mais
elle est partie.

— Oui, oui, écrasée par une machine. Pauvre Edna, elle
était si belle.

— Donc, plus personne, si je comprends bien. Que vous
deux?

— Oui, oui.. Mais non, je vous ai dit que nous avions
encore papa. Comment saura-t-il que nous sommes ici? Il
faudrait l'aviser. Je suis certaine qu'il est parti prendre une
bière chez la Poulin.

— Je m'en charge, mademoiselle Adèle. Je l'aviserai dès
ce soir.

Madame Arnaud regardait ces femmes avec grande
émotion. Elle avait senti, par leur vocabulaire, la dignité qui
les habitait jadis. Comment avaient-elles pu en arriver à ce
piètre état? La solitude mène-t-elle à ce presque trépas?
Madame Arnaud était bouleversée.

Amélie, assise sur sa chaise et regardant par la fenêtre,
fredonnait en berçant sa poupée chauve. Elle la tenait de
façon maternelle, si maternelle…

— Vous avez eu des enfants, madame ou mademoiselle?

— Oui, j'en ai un. Regardez comme il est beau, mon Jacquot!

Adèle suivait la scène des yeux. Elle se pencha vers la dame pour ne pas être vue de sa sœur et lui livra en toute confidence:

— Il est mort, son petit. Il avait à peine un an. C'est après que Nick est parti pour son pays. Il l'a abandonnée, vous savez.

Madame Arnaud, ébranlée, endossait son manteau. Adèle ajouta:

— Papa a raison quand il dit qu'ils sont tous pareils, ces maudits Grecs!

Puis ce fut leur premier Noël à la Résidence des lilas. Avec leur extrait de baptême et leur carte d'assurance-maladie, on savait maintenant leur âge et l'endroit de leur naissance. Amélie était folle de joie.

— Regarde, Adèle. Garde Dubé a déposé un petit sapin sur mon bureau.

— Et puis? Je suppose que ça va te faire pleurer?

— Non, non, mais c'est pour le petit. Regarde comme il sourit.

C'est dès lors qu'elles étaient devenues «les petites filles» pour l'infirmière qui n'avait pas hésité une seconde à les tutoyer. De prime abord, Adèle, qui était dans l'un de ses bons jours, avait sursauté.

— Vous n'êtes pas très polie. On ne tutoie pas ainsi les étrangers.

— Allons, Adèle, je veux simplement être ton amie.

— Moi, je n'y tiens pas et je persiste à dire que vous êtes mal élevée. Aucun de mes élèves ne m'a tutoyée. Je ne le permettais pas.

— Et toi, Amélie, tu veux bien que je sois ton amie?

— Oui, madame, le sapin est si joli. Vous êtes très bonne, vous savez.

— Tu peux me tutoyer également, si tu veux. Je m'appelle Thérèse.

— Oh non! Papa m'a toujours dit de vouvoyer les grandes personnes.

Adèle, qui n'écoutait plus, boudait dans son coin. Le regard haineux, elle avait ajouté:

— Faudrait pas venir trop souvent ici, vous n'êtes pas la bienvenue.

— Mais je suis votre infirmière à toutes les deux. Je serai ici tous les jours.

— Mais, ce n'est pas un hôpital, ici? Pourquoi une infirmière?

— Allons, calme-toi, Adèle. Tu verras, on va bien s'entendre, toutes les deux.

Adèle s'évada de la réalité. Les yeux levés au plafond, elle murmura:

— Attendez que papa arrive. Il va nous sortir d'ici, lui!

Adèle reçut une veste de laine et Amélie, un châle vert, cadeaux de bénévoles. La cadette était ravie.

— Regarde, Adèle, un cadeau de Noël!

— Oui, oui, je sais. Qu'est-ce que tu penses que ça me fait?

— Tu n'as pas reçu un *Merry Christmas* de la part d'Edna?

— Mais non, pauvre idiote. Elle est morte, ta stupide Edna. Morte et enterrée!

Chapitre 18

Allongée sur son lit d'hôpital, Adèle respirait difficilement. Elle fixait un petit cadre suspendu au mur représentant la Sainte Famille. Pensive, elle s'interrogeait tout comme lorsqu'elle était petite. Perdue dans ses souvenirs, ses yeux imploraient un passé comme si elle voulait le saisir pour mieux le changer. L'infirmière de garde lui épongea le front, changea son soluté, lui demanda avec tendresse:

— Vous voulez un petit bouillon de soupe, madame Berthier?

Adèle s'évada de son triste rêve, la regarda, baissa les yeux.

— Non, je n'ai pas faim, je veux dormir. Il fait trop clair, ici.

— Vous devriez manger un peu. Vous perdez des forces à ne pas le faire.

Adèle ne l'entendait plus. Égarée, elle s'exclama:

— Vous n'avez pas de musique? Vous n'avez rien de monsieur Schumann?

— Non, ma petite dame, mais il y a le téléviseur si vous le désirez.

— Non, non, pas d'images, ça me rend nerveuse. Laissez faire, laissez-moi dormir, ensuite, j'aimerais bien voir ma sœur.

— Elle viendra, m'a-t-on dit, dès qu'elle sera en mesure de sortir.

— Quoi? Amélie est malade? Maudite boisson! Ça doit être encore ça. Elle sait pourtant que la bière lui donne des crampes.

Puis, fermant les yeux, elle murmura:

— Vous n'auriez pas un chapelet à me prêter?

— Un chapelet? Non. Vous n'avez pas le vôtre avec vous?

— Non, c'est Amélie qui me l'a pris. Je pense le lui avoir donné, mais j'aimerais bien en avoir un autre. J'aimerais ça prier… juste un peu.

— On va tenter de vous en trouver un. Il y a sûrement une patiente ici qui pourrait vous prêter le sien. Je vais y voir, madame.

— Mademoiselle! Je ne suis pas encore mariée.

C'était le mardi 8 août 1989. La lourde canicule des derniers jours semblait avoir pris fin. Le temps était plus frais, mais craignant une récidive d'humidité intense, l'infirmière avait demandé au médecin:

— Vous ne pensez pas qu'on devrait lui couper ses longs cheveux? Elle a eu si chaud la semaine dernière, la pauvre vieille.

— Non, n'en faites rien à moins qu'elle ne l'exige. Cette patiente n'en a pas pour longtemps, garde. Laissons-lui au moins la joie de partir avec cette chevelure abondante qu'elle a entretenue toute sa vie.

— Vous avez raison, docteur. Entre nous, elle a dû être très belle, cette dame. Je regardais ses traits hier… et vous avez vu les yeux qu'elle a? Moi, je donnerais cher pour voir de quoi elle avait l'air à vingt ans.

— Elle a quand même du caractère, la vieille, vous ne trouvez pas?

— Oui, docteur, mais quand on la prend par la douceur, ça va très bien. On dirait qu'elle a manqué d'affection. Dès que je lui prends la main, c'est comme si je lui réchauffais le cœur. Je ne sais pas pourquoi, mais j'éprouve beaucoup de tendresse pour elle. De toute façon, je fais tout ce que je veux avec elle. À moi, elle demande tout. Là, il faut que je lui trouve un chapelet. Dites-moi, docteur, vous croyez qu'elle va partir comme un petit poulet?

— Sans doute. Elle est usée jusqu'à la corde, cette pauvre femme. C'est en plein le genre à nous quitter dans son sommeil. Nous allons tout faire pour elle, mais, d'après les spécialistes, elle n'en a pas pour longtemps. Elle n'a plus de forces, elle ne mange pas, se laisse aller inconsciemment. De plus, cette sénilité, voilà quelque chose qui n'aide pas. Il est très difficile d'aider quelqu'un qui ne veut plus s'aider. On va quand même tout faire pour elle, mais son cas ressemble à tous ceux que l'on perd.

La jeune infirmière lui avait déniché un chapelet quelque part.

— Voilà, c'est pour vous. Vous pouvez même le garder, je vous le donne.

— Merci, vous êtes bien bonne. Il fait froid dans cette chambre, garde.

L'infirmière baissa la fenêtre et, comme elle allait quitter, elle entendit: «Je vous salue, Marie, pleine de grâce. Le

Seigneur est avec vous. Vous êtes bénie entre toutes les femmes et le fruit de vos entrailles…»

Tout comme au temps de sa première communion, Adèle y allait de phrases saccadées, oubliant parfois un mot, sautant une ligne. À l'orée du trépas, Adèle Berthier se rapprochait de Dieu comme si son âme quémandait la porte du ciel. Au seuil de l'agonie, épuisée de combattre, la douceur prenait place en son cœur. Une vieille dame qui l'avait aperçue avait dit à une compagne: «Regarde comme elle ressemble à sainte Anne.» La démoniaque du temps d'une vie s'était transformée en ange au moment de la quitter. On pouvait lire un bréviaire de bonté dans ses yeux. Adèle Berthier n'était pas née pour être celle qu'elle avait été. La vie s'était chargée d'en faire celle qu'elle était devenue. Destin dévié dès sa plus tendre enfance, la chatte était devenue lionne. Mordre avant d'être griffée. Sur la défensive sans cesse et sans relâche. D'une déception à une autre, elle n'avait bu son dépit que pour en survivre. Mal-aimée, rabrouée, sa vie l'avait frustrée au point d'en éteindre la moindre passion. Même au temps de son René à qui elle s'était refusée. Oui, même au temps de ce péché qu'elle regretta toute sa vie de ne pas avoir commis. Et Amélie qui, elle… Voilà bien le fiel qui empoisonnait l'existence d'Adèle. Amélie avait osé, Amélie avait aimé. Amélie avait eu un petit. Qu'importait le mari! Amélie avait connu les plaisirs de la chair. La vie n'avait plus de secrets pour elle, tandis qu'elle, Adèle, était restée ignare de la joie d'être femme. Voilà ce qui avait miné Adèle. Oui, voilà bien ce qui avait fait d'elle la bête qui avait peu à peu détruit la belle. Voilà aussi pourquoi elle avait toujours tenu sa sœur au bout d'une ficelle. Par vengeance… et aussi par amour. Un amour issu d'un instinct maternel. Un amour tendre et sauvage à la fois. Un amour possessif, maladif, si fort, si fou, qu'Amélie en avait perdu la raison. Un amour si bien tissé que jamais plus l'autre n'avait pu aimer. Et pourtant, à l'heure plus qu'ultime, avec quelques brins de lucidité, c'est encore celle qu'elle avait haïe que son cœur réclamait. Celle qu'elle avait détestée pour l'avoir trop enviée… trop aimée.

— Garde, garde… je voudrais voir ma sœur.

À la Résidence des lilas, on tentait tant bien que mal de contrer les dernières chaleurs de l'été en aérant le plus possible les chambres des pensionnaires. Dans celle des demoiselles Berthier, un lit était propre et bien fait, celui d'Adèle. La pauvre Amélie, qui se sentait bien seule, se complaisait à dire à celles qui l'interrogaient sur l'absence de sa sœur:

— Elle est partie à North Bay visiter tante Estelle. Elle m'a promis de me rapporter des «lunes de miel» du *candy store*.

Puis, reprenant sa poupée, elle lui fredonnait: *Ange de mon berceau…*

Garde Dubé entra avec une dame âgée à qui elle dit gentiment:

— Voilà, Madame Forget, c'est votre lit et votre place, ici.

Amélie, pétrifiée de l'intrusion et hébétée de voir la dame poser ses effets sur le lit, lança:

— Que faites-vous ici? C'est le lit de ma sœur…

Garde Dubé la regarda, puis, poliment pour une fois… à cause de la dame:

— Amélie, il faut que je vous dise. Votre sœur est très malade et ne reviendra pas ici. Ils vont la garder à l'hôpital, et si jamais elle prend du mieux, on lui redonnera sa place.

— Non, non, Adèle est à North Bay et elle va revenir demain. Vous n'avez pas le droit de prêter son lit à une autre personne. C'est la place d'Adèle. Allez-vous-en, madame, vous n'êtes pas chez vous, ici. C'est ma maison et celle de ma sœur, pas la vôtre.

Garde Dubé s'empressa d'entraîner Amélie jusqu'au solarium. Pendant ce temps, une consœur avait transporté les effets personnels d'Adèle jusqu'à la petite commode d'Amélie pour que la brave dame puisse s'installer à l'endroit qui lui était assigné.

— Vous savez, je ne voudrais pas causer de trouble. Je ne veux surtout pas avoir une voisine de chambre détestable.

— Ne vous en faites pas, madame Forget. Amélie est douce comme la soie. Elle retombe en enfance tout simplement, mais elle ne ferait pas de mal à une mouche. Vous verrez, avec un mot gentil, vous allez l'avoir dans votre manche. Dites-lui que vous êtes là pour veiller sur elle et prendre soin de la place de sa sœur et elle le croira.

— Vous êtes sûre qu'elle ne reviendra pas, sa sœur?

— Hélas! Elle est hospitalisée et se meurt doucement. Elle est très âgée, elle n'a pas votre âge ni votre santé.

— Écoutez, je veux bien vivre ici selon le désir de ma fille, mais ce n'est pas une raison pour me placer à côté d'une folle. J'ai toute ma tête, moi!

— Amélie n'est pas folle, madame Forget. Elle est un peu sénile, mais inoffensive. Elle a un excellent caractère et parle peu.

— Raison de plus. Je vais m'ennuyer à mourir avec elle.

— Voyons, madame Forget, pas avec toutes les pensionnaires que nous avons ici. De toute façon, vous n'avez pas l'intention de rester enfermée dans votre chambre? Il y a plein d'activités pour des personnes comme vous et vous connaissez déjà deux dames de l'étage.

— Alors, pourquoi ne pas me placer avec l'une d'elles?

— Parce que tous les lits sont pris, madame. Votre fille savait que c'était là le seul dont nous disposions.

— C'est ça! On les élève à la sueur de son front pour ensuite se faire placer à l'hospice. Mes garçons ne sont pas mieux qu'elle, vous savez.

— Ce n'est pas un hospice, ici, madame, mais une résidence. Vous allez voir à quel point vous allez être bien. Nous allons prendre soin de vous. Nous allons vous dorloter, nous...

— N'empêche que c'est ingrat, des enfants. Vous avez vu? Elle n'est même pas montée avec moi. Elle a préféré prendre la porte au plus sacrant. Elle avait peur d'avoir honte. Ça faisait des mois que je l'entendais comploter avec mon gendre. Je les embarrassais, je le savais. Mon mari a eu plus de chance que moi. Il est mort... lui! Je le savais bien que ça finirait comme ça. Pensez donc! On se morfond, on les torche, on passe des nuits blanches à veiller sur eux et, quand on devient vieux, on nous place sans même nous consulter. Plus ingrats que ça, cherchez-en!

Pendant que la pauvre dame se plaignait de son sort, comme toutes celles qui avaient pleuré avant elle, garde Dubé tentait, sans aucune diplomatie, de convaincre Amélie du bien-être de sa sœur.

— Elle est bien mieux à l'hôpital qu'ici. On va prendre soin de ses derniers jours, au moins. Tu ne penses pas, Amélie?

— Adèle n'est pas malade, elle est à North Bay. C'est elle qui ne veut pas revenir, hein? Elle préfère me laisser toute seule?

— Ça ne sert à rien de discuter, Amélie, tu ne comprends pas. Ta sœur est à l'hôpital et elle ne peut même plus marcher. Là, tu vas être fine avec la dame qui a pris sa place. Elle sera une bonne compagne pour toi. Si tu es gentille avec elle, elle le sera avec toi.

— Je ne veux pas qu'elle prenne la place d'Adèle. C'est son lit à elle.

— Assez discuté, reviens à ta chambre maintenant et sois sage. Ton petit t'attend et tu ne dois pas le laisser seul, ce pauvre enfant.

Amélie regagna son lit et sa fenêtre. Elle jeta un coup d'œil furtif à la dame qui déballait ses quelques affaires.

— Ma sœur a toutes ses choses dans son tiroir.

— Non, madame. La garde a tout mis dans le vôtre.

Amélie constata le fait, versa une larme ou deux et reprit:

— Si elle revient, vous allez lui redonner son lit?

— Je ne demande pas mieux. Vous pensez que je suis contente d'être ici, moi?

— Alors, pourquoi êtes-vous venue?

— Parce que ma fille s'est débarrassée de moi. Oui, comme un chien pour qui on n'a même plus un os.

Amélie reprit sa catin dans ses bras et se mit à chanter tout doucement. La nouvelle arrivée la regarda puis, se prenant la tête entre les mains, se mit à sangloter en marmonnant: «C'est assez pour devenir folle, ici. Pourquoi t'as fait ça, Pauline? Ta propre mère, à part ça!» Amélie s'étendit, poupée entre les bras, et n'émit plus le moindre son. Madame Forget la regarda et, jugeant de sa sénilité, murmura: «Pauvre femme! Mais c'est peut-être aussi bien d'être comme ça!»

Le docteur Girard était au chevet d'Adèle. Fidèle à sa patiente, même si elle était maintenant entre les mains des spécialistes, il ne voulait pas que cette femme parte sans avoir auprès d'elle une présence rassurante.

— Comment vous sentez-vous aujourd'hui, mademoiselle Berthier?

Adèle ouvrit les yeux et le regarda quelques secondes.

— Je vous connais, vous. Dites-moi, je peux me lever?

— Nous aimerions beaucoup, mais à chaque essai vous n'en avez pas la force.

— Je suis étourdie et mes jambes ne me supportent pas.

— Vous devriez faire un effort pour avaler quelques bouchées.

— C'est pas bon, ce qu'on me donne. Je le vomis au fur et à mesure. Je suis fatiguée d'avoir cette aiguille plantée dans la veine. Des fois, ça me fait mal, c'est pas possible. Vous pouvez me l'enlever?

— Non, mademoiselle, c'est la seule façon de vous donner des forces.

Adèle était dans l'une de ses bonnes journées où la raison s'infiltrait un tantinet en guise de virgule. Découragée, elle déclara au médecin:

— Si seulement je pouvais crever, docteur. Je suis si fatiguée d'être couchée. J'ai mal aux reins et les frictions ne m'aident pas.

— Allons, mademoiselle, il ne faut pas parler comme ça. Vous avez encore le pouvoir de récupérer, vous savez. Il faudrait que vous vous aidiez.

— Pourquoi faire? Je suis si vieille. J'ai quel âge, au fait, docteur?

— Vous avez célébré vos quatre-vingt-cinq ans en mai dernier. Il y a des gens qui vivent heureux jusqu'à cent ans, le saviez-vous?

— Pas moi, je n'ai pas la santé et je n'y tiens pas. J'ai chaud, j'ai froid, je transpire…

Adèle ferma les yeux, détourna la tête et, songeuse, ajouta:

— Quatre-vingt-cinq ans, vous avez dit? Ça ne se peut pas, mon père a cet âge-là. Vous savez qu'il travaille encore, le vlimeux. C'est lui qu'il faudrait mettre au repos.

Le docteur Girard hocha la tête tout en regardant l'infirmière.

— Vous êtes heureuse dans cette petite chambre privée? Vous êtes tranquille?

— Oui, mais il n'y a pas de musique et je voudrais voir ma sœur, monsieur.

Avec tout le bon vouloir possible, le docteur Girard s'informa auprès de la directrice de la capacité d'Amélie à se rendre au chevet de sa sœur.

— Peut-être bien, docteur, mais qu'est-ce que ça donnera? Je me demande même si elle la reconnaîtra. Amélie retourne au berceau de plus en plus. En outre, elle est incontinente. Il faudrait que Thérèse l'accompagne et je me demande si elle aurait le temps voulu…

— Je ne veux pas de garde Dubé dans ces retrouvailles. Vous savez ce que je pense d'elle, n'est-ce pas? Je préférerais une aide-malade ou une bénévole. De plus, je serai là pour l'accueillir.

— Les bénévoles se font de plus en plus rares, docteur. Vous croyez vraiment que l'idée soit bonne? La condition d'Amélie…

— Madame, c'est Adèle qui la réclame. On ne peut refuser cette faveur à une femme à l'agonie. Une telle réunion ne peut être néfaste. Au contraire, elle risque d'améliorer l'état d'Adèle.

— Bon, si vous insistez, je demanderai à la petite Margot de l'accompagner. C'est elle qui s'occupe des dégâts des malades. Elle n'est pas à la hauteur sur le plan psychologique, mais elle est serviable.

— Ce sera sûrement mieux qu'avec garde Dubé, croyez-moi. Une autre chose, vous ne disposez pas d'un petit appareil à cassettes, par hasard?

— Si ce n'est que pour quelque temps, je pourrais vous prêter le mien. Il ne sert pas actuellement et j'en ai un plus perfectionné chez moi.

— Oui, votre petite radio fera l'affaire. J'achèterai quelques cassettes de Schumann en passant. Adèle réclame sans cesse de la musique et je suis assuré que ces petits concerts sauront agrémenter ses derniers jours.

— Vous n'avez donc aucun espoir pour elle, docteur?

— Hélas! La fin approche. Adèle s'en va tout doucement.

— Vous savez que j'ai donné son lit à une autre pensionnaire?

— Ah oui? Comment Amélie a-t-elle accueilli cette étrangère?

— Avec protestations au début, mais il fallait s'y attendre, c'était la place de sa sœur. Là, ça va mieux et madame Forget qui était d'abord rebelle a beaucoup de compassion pour la pauvre vieille. Elle l'a prise en pitié et se dévoue beaucoup pour elle. Amélie semble l'aimer. Vous pensez que j'ai bien fait de donner le lit d'Adèle aussi vite à une autre?

— Oui, parce que, de cette façon, Amélie s'habituera plus rapidement à l'absence de sa sœur quand elle sera décédée. Elle finira par croire que cette dame a toujours été sa compagne. C'est malheureux à dire, mais avec ce quotient qui l'habite, celui d'une enfant de sept ans, on oublie vite ce qu'était hier pour s'éblouir de ce qui arrive le lendemain. Amélie vivra aussi heureuse en compagnie de cette dame qu'avec sa sœur.

— C'est pourquoi je m'inquiète face à la confrontation que vous désirez. Vous savez, Amélie parle de moins en moins de son aînée.

— Oui, je sais, mais je ne peux me dérober aux dernières volontés d'une mourante qui réclame sa sœur à grands cris. Contrairement à Amélie, mademoiselle Adèle a des moments de lucidité et on ne peut la priver de cette dernière joie. Faites en sorte que ce soit cette semaine et avisez-moi pour que je puisse être là.

La rencontre fut prévue pour le dimanche 30 août. Il faisait un temps superbe et ce n'était pas trop chaud. Le docteur Girard, profitant d'un jour de congé, s'était excusé auprès de son épouse afin d'être là quand les deux sœurs se rencontreraient. La petite Margot avait accepté de bon gré d'accompagner la vieille demoiselle jusqu'à l'hôpital. Quand on avait avisé Amélie qu'elle irait voir sa sœur, elle avait demandé:

— À North Bay? Et Edna sera là sur le quai de la gare?

On tenta de lui faire comprendre que sa sœur était hospitalisée, mais c'est sans relever l'argument qu'elle accepta qu'on lui fasse un brin de toilette. Chignon noué, robe grise avec col de dentelle, Amélie avait insisté pour porter des boucles d'oreilles. De plus, elle voulait à tout prix traîner «son Jacquot» avec elle, mais on l'avisa que la chaleur allait l'accabler et que garde Dubé allait s'en occuper.

— Non, non, c'est Clémentine qui veillera sur lui!

Clémentine, c'était madame Forget, sa compagne de chambre. La dame avait réussi à convaincre Amélie de l'appeler par son prénom, prétextant être à la fois une ancienne compagne de classe et sa meilleure copine. Amélie, enfantine à souhait, ravie de la présence de «sa petite amie», avait même adopté le «tu» envers elle comme le font les enfants, ce qui ne choqua pas la septuagénaire. Oui, Clémentine s'était prise d'affection pour cette pauvre Amélie. Seule, sans visite de ses enfants, elle avait jeté son dévolu sur elle et la surprotégeait comme si elle était sa propre fille. Elle lui disait souvent:

— Tu vois? La Pauline n'est pas encore venue me voir. Elle a mon sort sur la conscience, Amélie. C'est le bon Dieu qui la punit.

Lorsque garde Dubé ajoutait:

— Et vos fils, madame Forget?

Cette dernière répondait:

— Ils sont au diable vert tous les quatre. Je ne les blâme pas, eux, mais elle, la Pauline, c'est pas pareil!

La petite Margot arriva à l'hôpital vers deux heures avec, à son bras, une Amélie fort inquiète et désemparée d'être parmi la foule. C'est comme si elle n'appartenait plus à ce monde en effervescence. C'est même avec un certain recul qu'elle entra dans l'ascenseur. Une certaine phobie, celle de la foule sans doute, la crispait de tout son être. Le docteur Girard l'attendait et l'accueillit en lui disant qu'elle était très élégante. Ce à quoi Amélie répondit: «Je viens tout juste d'acheter ces boucles d'oreilles.» Margot attendit dans le couloir pendant que le médecin guidait Amélie de son bras ferme jusqu'au chevet de la moribonde. Adèle sommeillait et Amélie, s'approchant du lit, la contemplait sans rien dire. C'était comme si elle vivait un rêve. Elle la regardait et la vue de sa sœur aussi blanche qu'un suaire et allongée sur le dos fit chavirer sa mémoire.

— Mais, c'est Adèle? Elle est malade? Où donc est mon père?

Adèle, au son de la voix, ouvrit les yeux et, apercevant Amélie, murmura:

— C'est toi? Tu es venue me voir? Si tu savais comme je suis contente.

Amélie ne savait que dire. Adèle lui prit la main, la serra dans la sienne.

— Je m'ennuie de toi, Amélie. Comme tu as une belle robe. Tu l'as achetée chez Dupuis Frères?

Adèle n'était pas dans l'un de ses bons jours. C'était donc la sénilité face à la sénilité. Deux passés qui allaient s'amalgamer en trente secondes.

— C'est papa qui me l'a achetée. Il a fait beaucoup de sous dernièrement.

— Tu prends soin de la maison, Amélie? Tu as payé le compte chez Bérubé?

Amélie auscultait sa mémoire et quelques images surgissaient.

— Je donne encore des leçons de piano, tu sais. J'ai trois élèves à présent.

— Et Schumann… tu joues encore Schumann?

— Oui, et j'ai même été invitée par le curé pour une fête paroissiale.

— Tu as encore mis mes boucles d'oreilles? Tu as la tête dure, toi!

— Tu me les a données, Adèle. Tu ne t'en souviens pas?

— Tu n'as pas l'air bien, Amélie. Tu as vieilli et ta peau est ridée.

Amélie ne releva pas la remarque, se contentant de regarder par la fenêtre. Le docteur, qui observait, était fort troublé par ces retrouvailles du temps de la guerre. Il aurait tant souhaité que l'une et l'autre, dans un moment aussi ultime, soient confrontées à la réalité. C'était hier, pour elles, hier comme jadis, avec reproches et réconciliation. Dans son for intérieur, le docteur Girard pensa: «C'est peut-être aussi bien comme ça. Quand l'une partira, l'autre ne suivra pas.»

— Tu as un chapelet neuf? Qui te l'a donné?

— Heu… je ne sais plus. C'est un cadeau, mais je ne sais pas de qui…

— Tu récites des prières? Tu ne vas même pas à la messe, Adèle!

— Je prie pour toi, Amélie. Tu as beaucoup de péchés à te faire pardonner.

— Tu penses? C'est pas ce que papa m'a dit…

— Vous êtes pareils, tous les deux. La même misère.

— Tu vas revenir à la maison? Je pense qu'Edna va venir faire son tour.

— Ne l'invite pas avant que je sois là. Tout est en désordre, tu le sais. Il faudrait que tu te débarrasses de ton chat, Amélie.

— Quel chat? Je n'ai pas de chat, Adèle!

— Tu parles trop, tu déranges monsieur. J'aimerais dormir, je suis si fatiguée.

Le docteur, qui voyait bien que la rencontre ne menait nulle part, entraîna gentiment Amélie hors de la chambre. Adèle, épuisée par cet effort de conversation, excitée par le ton, avait fermé les yeux et somnolait déjà.

— Elle va revenir à la maison, docteur? Elle semble bien, maintenant.

— Oui, oui, Amélie. Venez, Margot va vous raccompagner.

— Je pense qu'elle fait semblant d'être malade, vous savez. Adèle a toujours aimé se faire plaindre. Elle est rusée, la bougresse!

Amélie regagna la résidence, trouva d'un trait sa chambre et s'empara de la poupée restée sur le lit.

— Maman est revenue, Jacquot. J'étais juste partie chez Bérubé acheter du manger pour le chat.

Que de confusion! Tout s'entremêlait dans sa mémoire défaillante. Elle avait déjà oublié le parcours des dernières heures et Adèle n'était même plus dans ses pensées, quand madame Forget lui demanda:

— Elle va bien, votre sœur, Amélie?

— Elle est encore à North Bay, répondit-elle évasivement. Tante Estelle insiste pour la garder.

Le docteur Girard croisa la directrice le lendemain et celle-ci lui demanda:

— Vous êtes satisfait de la rencontre des sœurs Berthier?

— Pauvre madame, c'est comme si elle n'avait jamais eu lieu. Vous aviez bien raison de dire que ça n'arrangerait rien, mais j'aurai au moins la conscience en paix. Adèle aura vu sa sœur avant de partir.

— Elle ne l'a pas reconnue?

— Non, non, il y a eu échange, mais vous auriez dû être là. Deux petites filles qui se retrouvaient pour mieux s'obstiner à cause d'un chat mort depuis belle lurette et d'un bijou mal partagé. C'était pitoyable et bouleversant à la fois. Quand on pense que ces femmes ont eu l'esprit des grands salons. C'est incroyable, ce que la vieillesse peut anéantir.

— Vous songez à les remettre en présence l'une de l'autre une seconde fois?

— Non, c'est inutile. Ce serait abréger le sursis de la pauvre Adèle. Elle avait le pouls très faible après le départ d'Amélie. Ce n'est pas bon pour son cœur.

Le lundi 4 septembre 1989, fête du Travail. La température était superbe et c'était comme si le soleil avait décidé de réchauffer les cœurs des humains pour une avant-dernière fois avant d'accueillir son automne. Dans les parcs, les enfants jouaient déjà sous la surveillance des mamans pendant que les pères s'affairaient à tondre leur pelouse ou à effectuer de légers travaux laissés de côté en prévision de ce jour de congé. Au creux de son lit blanc, Adèle Berthier reposait, retenue doucement par un dernier souffle de vie. Non, la terre n'arrêtait pas de tourner pour autant. Une petite famille partait pour une randonnée, un chat se pourléchait les babines, les oiseaux picoraient les poires d'un arbre et un jeune couple rempli de promesses déambulait main dans la main en ce jour où la détente était de rigueur. À quelques rues de l'hôpital, à l'insu de la moribonde, une dame d'un certain âge lisait sur son balcon pendant qu'à quelques pâtés de maisons, un romancier traçait les lignes du dernier chapitre de son manuscrit. Oui, la terre valsait au gré des heures qui s'écoulaient, accueillant les bébés naissants et faisant fi des mourants. On était en période électorale et les infirmières menaçaient de faire la grève. «Ça va toujours aussi mal!» se serait écrié Henri s'il avait été vivant. À la Résidence des lilas, Amélie avait pris son petit déjeuner et implorait maintenant sa voisine de chambre de lui trouver une couche propre pour son bébé. Elle s'était habituée à Clémentine qu'elle appelait parfois Germaine, et avec qui elle déblatérait sur le compte d'Adèle.

— Elle n'a même pas voulu que je touche à son crucifix. Attends que je le dise à papa!

Adèle allongea difficilement le bras et atteignit la sonnette d'urgence. Au poste, deux infirmières se regardèrent et l'une d'elles maugréa:

— C'est la vieille du 404. Qu'est-ce qu'elle peut bien vouloir encore!

D'un pas lent, épuisée par ses dix-huit heures de service, elle se dirigea vers la petite chambre qui avait vu partir tant de gens.

— Qu'est-ce qu'on peut faire pour vous ce matin? Un peu d'eau, peut-être?

Adèle, yeux mi-clos, main sur la poitrine, lui murmura avec difficulté:

— Je me meurs, garde, je me meurs. Ne me laissez pas toute seule.

Puis, rassurée par une présence, un râle, un hoquet, un évanouissement.

L'infirmière sonna, alerta les médecins de garde et, en moins de temps qu'il n'en faut pour réciter un *Ave*, Adèle fut conduite d'urgence au bloc opératoire où quatre médecins s'affairèrent auprès d'elle. Massage cardiaque, réanimation avec effort et l'on réussit tant bien que mal, à l'aide d'une machine, à maintenir un souffle naturel contre vingt-huit artificiels. Aux soins intensifs, Adèle ne reprit pas conscience. Le docteur Girard fut appelé de toute urgence et, voyant la pauvre vieille, murmura à une bénévole qui s'en inquiétait:

— Elle est partie. Elle ne s'en sortira pas.

— Alors, pourquoi insister, docteur?

— Parce que nous sommes là pour sauver des vies, madame, pas pour en perdre.

— Et si elle avait manqué d'oxygène? Si elle reprenait conscience? Et la qualité de vie, docteur, on y pense quelquefois? J'ai tellement vu de ces…

Le docteur Girard, qui ne pouvait faire autrement qu'approuver, murmura:

— Ils n'iront pas plus loin. Ils ont fait l'impossible pour elle.

Il était trois heures de l'après-midi. Dehors, des enfants chantaient pendant qu'Adèle s'éteignait sans avoir repris conscience. Le bon Dieu avait eu raison de la science. Heure sonnée, il était venu chercher la demoiselle comme on s'empare d'un muguet. Le docteur Girard retira de son index une bague sertie d'une émeraude et la déposa avec ses effets. Les infirmières attristées mais soulagées venaient de perdre… un cas désespéré.

— Elle allait pourtant assez bien, hier, vous savez. On lui a fait jouer la petite cassette de Schumann et elle souriait. C'est comme si elle avait retrouvé la raison un petit moment. Elle a même réclamé sa sœur en me disant qu'il lui fallait veiller sur elle.

Oui, Adèle était partie, mais non sans avoir recouvré un coin obscur de sa mémoire. Sur un relais d'intelligence, elle avait murmuré en pleurant:

— Ma pauvre sœur ne peut rien faire sans moi. Elle n'a plus sa tête, vous savez!

Jusqu'à son dernier souffle, l'aînée des Berthier avait manifesté son emprise. Jusqu'à son dernier râle, elle aurait voulu avoir auprès d'elle cette Amélie pour qui, selon elle, elle avait sacrifié sa vie. Cœur tendre de dernière heure, elle avait même chuchoté: «C'est une grande pianiste, vous savez.» Admiration, envie, haine et amour. Le dernier combat des sentiments s'était livré, mais ce fut, hélas, la perte d'une dernière guerre. Vaincue, lasse et quasi emportée vers l'éternité, personne n'avait su qu'elle avait pensé en silence: «Faudrait pas que je parte la première.» Puis, une succession d'images. Amélie, Nick, Germaine et le cher petit Jacquot qu'elle avait tant aimé. Un autre voile et c'était René, les bals, les somptueuses toilettes et le souvenir amer de Marie-Thérèse. Un dernier... et c'était la rigidité de son père, si distant avec elle, ses jurons, ses quelques pardons. De sa mère, aucune vision... mais Amélie, sa sœur, qui tirait sans cesse le rideau de tous ses décors. Amélie qu'elle avait tant bafouée. Amélie qu'elle avait trop aimée. Puis, un léger sourire. Amélie... qui ne l'avait jamais quittée.

Il était inutile d'aviser Amélie du décès de sa sœur. Le docteur Girard avait certes informé la directrice de la résidence, mais la consigne du silence fut respectée. C'est le docteur lui-même qui se chargerait d'apprendre la nouvelle à la cadette. Le brave médecin prit tout à sa charge. Il put apprendre en furetant dans les papiers personnels déposés au bureau de la directrice, que les parents de la défunte reposaient au cimetière Côte-des-Neiges. Discrètement, sans autre témoin que sa dernière volonté, mademoiselle Berthier fut inhumée auprès de sa mère et de son père. Celle qui avait jadis brillé de mille feux avait été portée en terre dans un cercueil de bois. Celle dont la beauté d'antan avait attiré tous les regards était ensevelie par un vieux fossoyeur, sans la moindre fleur... et aux frais de l'État.

Ce n'est que trois jours plus tard que le brave médecin se décida à affronter la pauvre malade. Assise dans son lit, Amélie, cheveux noués, pressait sur son sein sa première poupée. Sa voisine, Clémentine, tricotait silencieusement et leva à peine les yeux sur l'intrusion du docteur accompagné de garde Dubé. L'apercevant, Amélie esquissa un sourire.

— Vous venez pour mon bébé? s'enquit-elle. Je crois qu'il s'est enrhumé.

Le docteur tira une chaise et la regarda avec une vive compassion.

— J'ai une bien triste nouvelle pour vous, Amélie, mais je suis certain que vous allez être forte. Vous voulez bien m'écouter un instant?

— Je sais ce que vous allez me dire... papa ne viendra pas.

— Non, ce n'est pas ça, il viendra, votre père. C'est au sujet de votre sœur Adèle.

— Adèle? Elle est encore à North Bay. C'est ça, n'est-ce pas?

— Non, Amélie, Adèle est partie. Le bon Dieu est venu la chercher pour l'amener au paradis. Adèle est morte, mademoiselle Amélie.

— Morte? Vous vous trompez, c'est maman qui est morte, pas Adèle.

— Comprenez-moi, Amélie. Adèle est partie rejoindre votre mère.

— Où ça? Elles sont parties sans m'emmener? Pas chez Edna, Adèle ne l'aime pas. Elles sont parties sans moi, hein? Pourquoi maman a-t-elle fait ça?

Puis, se tournant vers Clémentine qui écoutait tristement la conversation:

— Tu vois, Germaine? Je te l'avais bien dit qu'Adèle ne reviendrait pas de North Bay. Je gagerais que tante Estelle l'a engagée à sa boutique. Ma sœur aime tellement ses chapeaux. Tu vois, Germaine? Si c'est ça, qu'elle y reste. Tant pis pour elle!

Puis, pressant sa poupée sur sa poitrine, elle murmura:

— Elle ne te prendra plus, Jacquot. Tu seras juste à moi, à présent.

Amélie embrassa son bébé comme si elle était seule avec lui et se mit à chantonner en anglais: *Old MacDonald has a farm...*

— Tu te rappelles? C'est ça que ton papa te chantait quand tu allais le voir au restaurant.

Le docteur Girard pria madame Forget de se retirer et celle-ci acquiesça tout en disant à garde Dubé:

— Je l'aime bien... mais j'ai toute ma tête, moi!

Seul avec Amélie et garde Dubé, le docteur s'adressa à la malade:

— C'est vous qui avez tous les effets de votre sœur, Amélie?

— Je ne sais pas. D'habitude, c'est dans son tiroir à elle.

— Vous permettez que je jette un coup d'œil dans le vôtre?

— Oui, mais ne faites pas trop de bruit. C'est pour le petit...

Le médecin ouvrit le tiroir et y découvrit un tel fouillis qu'il en fut renversé. Un portrait de son père, des poèmes d'Anna de Noailles, la lettre adressée à Cosima Wagner en 1924, des boucles d'oreilles serties d'émeraudes, un chapelet que la morte avait égrené au seuil du grand départ, des coupures jaunies des récitals d'Amélie, un flacon vide de parfum de Paris, une partition d'une étude de Schumann et la mèche de cheveux que le docteur sortit pour l'examiner de plus près. Voyant le geste, Amélie s'imposa:

— Ce sont les cheveux de mon petit Jacquot. Adèle les garde pour elle, mais c'est mon enfant, vous savez. Vous allez m'apporter du sirop pour lui?

— Oui, oui, Amélie, je vais m'occuper de cela.

— Je veux le Deux Sapins, c'est le meilleur sirop qui soit. C'est celui de papa et il guérit tous ses rhumes avec ça.

— Et vous, Amélie, ça va bien? La santé…

— Elle est très bonne et je n'ai besoin de rien. De toute façon, mon père s'occupe de moi et pour ne pas vous le cacher, on va même prendre une petite pinte de bière ensemble ce soir. J'espère juste qu'Adèle ne nous voie pas.

Amélie ricana et l'on put compter les quatre ou cinq petites dents cariées qui s'accrochaient à sa gencive de peur de tomber. Le docteur Girard souriait. Cette petite dame recroquevillée attirait sa sympathie. Il regardait ses yeux, son nez fin et délicat et murmura à garde Dubé:

— Comme elle a dû être mignonne autrefois!

L'infirmière, qui secouait l'oreiller de madame Forget, haussa les épaules.

— Nous le sommes toutes un jour ou l'autre, non? C'est la seule justice ici-bas.

Amélie étirait le cou et observait de sa fenêtre ce qui se passait à l'extérieur.

— Regardez! Encore un chat écarté. Un autre qui va recevoir des roches! Ah! les p'tits vlimeux. Juste bons à maganer les bêtes!

— Est-ce qu'Adèle va vous manquer, Amélie?

— Elle? Sûrement pas! C'est quand elle est partie que je peux faire ce que je veux dans cette maison. Elle a bon cœur, c'est vrai, mais elle s'arrange toujours pour être une peste. Papa a bien raison de rugir. Si tante Estelle la garde un bon bout de temps, personne ne s'en plaindra. Papa pourra même inviter Tonio sans se le faire reprocher. Je vous le dis, il y a des jours où elle n'est pas endurable. Mon père dit que c'est parce qu'elle a mangé de la vache enragée!

Amélie éclata de rire et poursuivit:

— Elle le rend à bout de nerfs, mais il retrouve vite son calme. Il dit toujours que ce n'est pas de sa faute, qu'elle a son caractère à lui, mais ça je peux pas le croire. Papa est si gentil.

Le docteur Girard l'écoutait sans l'interrompre. Comme s'il voulait cerner le temps et l'heure dans lesquels s'était réfugiée la mémoire d'Amélie. Par certains propos, elle était tantôt la communiante de jadis pour ensuite devenir la jeune femme à l'époque d'un grand amour. Ses joies comme ses peines vacillaient entre l'enfance et l'effeuillage de la marguerite.

— Vous savez ce que mon père a dit de Duplessis, hier?

— Non, mais je sens que vous allez me le répéter, Amélie.

— Il l'a traité d'enfant d'chienne! Je sais que ce n'est pas joli, que ce n'est pas poli, mais c'était pas une raison pour qu'Adèle se mette en furie.

— Et à North Bay, Amélie, vous aimeriez y retourner?

— Oh oui! J'aimerais ça voir Edna et Rita! Vous savez, j'ai même un petit cavalier qui m'offre des fleurs. Adèle est jalouse, mais avec son caractère, qui voudrait d'elle? On pourrait aller au *candy store* et visiter la cathédrale. C'est moi qu'on a baptisée la première dans cette église-là. C'est même écrit en grosses lettres dans la gazette.

— Vous jouez encore du piano?

— Du piano, heu… ah! oui! Le piano. Pour faire plaisir à Adèle. Schumann, toujours Schumann, juste pour elle. Moi, j'aime bien mieux Chopin, mais s'il fallait que je le lui dise, elle serait en colère. Vous savez ce qui est arrivé à Adèle l'autre jour?

— Non, je ne le sais pas.

— J'ai été invitée à jouer chez… attendez, je ne me rappelle pas qui, mais il y avait beaucoup de monde.

Imaginez-vous donc qu'elle s'est amourachée d'un homme marié. Elle ne le savait pas, mais sa femme était juste à côté.

Amélie éclata de rire. D'un rire nerveux et triste à la fois.

— Et ça vous fait rire, mademoiselle Amélie?

— Je sais que ce n'est pas drôle, mais elle pensait avoir un prétendant avec beaucoup d'argent. Elle a toujours aimé l'argent, vous savez. Papa a toujours dit qu'elle pétait plus haut que le trou!

Amélie s'esclaffa et garde Dubé, médusée par ces révélations, lui demanda:

— Et toi, Amélie?

Le docteur fronça les sourcils.

— Et vous, Amélie? Vous n'aimiez pas l'argent?

— Bah! juste ce qu'il faut. C'est pas de ma faute si Nick en a. Je ne veux pas le marier pour son avoir, moi. Tout ce que je veux, c'est un père pour Jacquot. Nick aime beaucoup son enfant.

— Dans ce cas, pourquoi ne pas l'avoir épousé?

— On va se marier, craignez pas. C'est qu'on n'est pas de la même religion, lui et moi. Dès qu'on va régler ça, on va se marier tous les deux. Papa n'est pas sûr que ça va s'arranger, mais moi, j'en ai déjà parlé au curé.

— Et votre maison du boulevard Gouin, votre emploi chez le libraire? questionna le docteur.

— Quelle maison? Un libraire? Je ne sais pas ce que vous voulez dire. Vous, monsieur, vous me mélangez avec quelqu'un d'autre. Nick ne veut pas que je travaille. Il a de quoi me faire vivre. Après le restaurant, plus de travail pour moi. Juste lui, moi et le petit. C'est ça que Nick m'a dit.

Le docteur Girard venait de comprendre que l'univers d'Amélie s'était éteint après ce fait marquant de sa vie. La douce Amélie ne s'était jamais remise de l'abandon de son bien-aimé. Telle une fleur piétinée, son passé était mort dès ce triste moment. Les années qui suivirent ne furent-elles que celles du courage de cette femme blessée? Dans sa sénilité, ce retour en arrière, Amélie avait un cran d'arrêt à cet instant précis sauf pour quelques faits sans importance. Après Nick, plus rien dans sa mémoire défaillante. Le purgatoire de son existence s'était anéanti. Il ne restait de ses souvenirs que ses plus belles années d'amour. Les autres, celles de son amertume, de son désarroi, n'étaient que cendres. Pour elle, les pages des calendriers s'étaient déchirées. L'après de son avant était mort-né. Même Germaine, sa douce Germaine, semblait encore à ses côtés… du fait d'avoir été complice de sa passion démesurée. Le docteur Girard regarda garde Dubé et lui murmura:

— Le bon Dieu a été bien indulgent pour elle. Moi, si j'avais un jour à subir son sort, je souhaiterais qu'il m'aime autant qu'elle.

— Regardez, monsieur. Vous êtes monsieur qui, déjà?

— Je suis votre médecin, mademoiselle. Le docteur Girard.

— Ah oui? Regardez, monsieur. Il y a une feuille jaune tombée de l'arbre. Je pourrais l'avoir pour la mettre dans mon cahier?

— C'est la première de l'automne. Il y en aura bien d'autres, vous savez.

— Oui, mais celle-là, je pourrais la faire sécher. Quand elles sont trop rouges, elle se déchirent. Papa ne ramasse que les jaunes et si vous me la récupérez, il se chargera de la cirer.

— Et vous la mettrez dans quel cahier?

— Celui de Miss Thompson, celui que j'ai couvert de papier bleu. Si vous en trouvez deux, je mettrai l'autre dans la carte de souhaits d'Edna.

— Vous l'aimez beaucoup, cette personne-là. Qui est-elle?

— C'est ma petite cousine. Elle est fine et belle comme un cœur. Je sais qu'Adèle ne l'aime pas, mais c'est parce qu'elle n'a pas eu son *Merry Christmas* cette année. Edna est fâchée contre elle parce qu'elle n'aime pas Charles et qu'elle le lui a dit.

— Elle vit encore, cette Edna?

— Ben, voyons donc! Elle n'a que douze ans. C'est son père qui est mort, pas elle. On l'a enterré avec Rita. Elle était bien grosse, la Rita. Elle mangeait tout le temps et c'est pour ça que les garçons n'en voulaient pas.

— Et vous, vous plaisiez aux garçons, Amélie?

— Un peu. Beaucoup plus qu'Adèle en tout cas. Papa me dit que je suis douce comme ma mère et que je lui fais souvent penser à elle.

— Vous l'avez bien connue, votre mère?

— Oh oui! Et elle est belle, vous savez. Elle joue de la musique, elle aussi. Papa a dit que le bon Dieu était venu la chercher parce qu'il avait besoin d'un ange dans son ciel. Il a dit qu'il l'avait empruntée pour ses concerts célestes. Elle n'est pas encore revenue, mais je sais qu'elle se cache à North Bay avec Adèle. Elle était bien douce, maman, mais ce qu'elle n'aimait pas, c'est quand papa parlait mal devant les enfants. Vous auriez dû l'entendre lui dire: «Henri, les petites!»

Amélie ricana et toussa d'avoir tant parlé. Elle avait déposé sa poupée sur le lit et gesticulait comme si le rideau de scène était encore ouvert sur les plus belles histoires de sa vie.

— J'ai même eu un élève qui était amoureux de moi.

— Ah oui? Quand ça, mademoiselle Berthier?

— Heu… je ne sais pas, mais j'en suis sûre, je ne vous mens pas. Il était bien beau… Attendez, c'était… je ne sais plus, mais je le vois encore. Je pense qu'il est marié à présent. Oui, oui, c'est ça, il a même des enfants.

— Vous avez joué de l'orgue également?

— Oui, oui, ça m'arrive encore, mais pas comme Ethel Smith. Elle, c'est une grande artiste. Moi, je joue à la messe le dimanche pour faire plaisir aux dames de Sainte-Anne. J'accompagne les enfants de chœur dans le *Tantum Ergo*.

Le docteur Girard se rendit compte que tout ce qui concernait le passé, la vieille dame le vivait au présent… perdue dans les méandres de sa jeunesse. C'était comme si Amélie voyait se dérouler un film en noir et blanc auquel elle ajoutait la couleur de ses sentiments. Les «vous étiez» étaient des «je suis» pour elle. Dans son esprit perturbé, Nick était encore là, beau et aimant… et son petit Jacquot venait à peine de naître. Adèle était coquette et son père buvait trop. Et c'est un docteur complètement dérouté qui entendit prononcer les noms de Vanera et de la Poulin!

Garde Dubé, poussée par son flair, déclara au médecin traitant:

— Vous l'avez surexcitée, docteur. Je sens qu'elle a encore pissé au lit.

— C'est une incontinence normale à son âge. Vous auriez intérêt à modifier votre vocabulaire. J'ai peine à croire que vous en soyiez encore à des termes semblables.

— Appelez ça comme vous voulez, mais c'est pas vous qui aurez à la changer.

— Voilà qui fait partie de votre mission, garde. Quand on œuvre en gérontologie, il faut s'attendre à ces choses-là. Vous préféreriez peut-être le bloc opératoire d'un grand hôpital?

— Non, merci, la vue du sang, moi…

— Dans ce cas-là, soyez donc à l'aise avec l'urine!

Le docteur Girard était sorti en douceur de la chambre de sa patiente. Il avait demandé à garde Dubé d'installer Clémentine ailleurs jusqu'au lendemain. Il voulait qu'Amélie soit seule pour la fin de la journée. Il désirait qu'elle voie à son aise ce lit vide à côté du sien, ne serait-ce que pour qu'elle se rende compte que sa sœur ne l'occuperait plus. Il lui avait quand même annoncé le décès et redoutait pour ne pas dire «souhaitait» des effets secondaires qui la feraient réagir. Positivement ou négativement, il espérait qu'Amélie retrouvât, ne serait-ce qu'un instant, une raison qui lui ferait se rendre compte que sa sœur était partie à tout jamais. C'était parfois dans de tels moments que la mémoire revenait. Le choc n'était pas dissipé. Il était ancré au fond d'un tiroir du cervelet et, comme on ne sait jamais... Amélie était confuse, tout simplement confuse. «Qui donc savait si la lumière ne jaillirait pas?» «Qui donc pouvait dire que la raison était vraiment éteinte?»

«Il s'illusionne, pensa garde Dubé. Voyons donc. Comme si une vieille débile de bientôt quatre-vingt-quatre ans pouvait retrouver ses esprits d'un jour à l'autre. Il croit aux miracles, celui-là. Un apôtre de l'espoir, quoi!»

La directrice se plia de bonne grâce aux observations du médecin.

— Laissez-le faire, Thérèse. Sans lui, ici, nous serions bien mal prises.

La nuit s'écoula, douce pour les étoiles, agitée pour le cœur d'Amélie. Elle avait mal dormi, tourné maintes fois dans son lit. Sa poupée était même tombée par terre et c'est en sanglots qu'elle était allée la ramasser pour lui dire:

— Tu t'es fait mal, mon Jacquot? Ne pleure pas, maman est là. Tu n'as rien de cassé, au moins? Si tu ne bougeais pas autant, aussi. Tu vois, ça va déjà mieux, mais là, je vais te surveiller.

Amélie fixait le lit vide à ses côtés. Elle avait oublié la Clémentine qui, hier encore, l'avait occupé. Elle murmura à son bébé:

— Chut! Ne pleure pas. Adèle est juste partie aux toilettes.

Au lever du jour, déjà assise dans son lit, elle parlait à sa poupée inanimée:

— Tu vois? Tu as bu ta bouteille au complet. Tu avais faim, hein? T'as bien raison d'être gourmand. Maman veut un bébé dodu et en santé.

Puis, ouvrant le tiroir de sa commode, elle faisait des yeux l'inventaire de son contenu. Elle tâta les objets de sa sœur et murmura à sa poupée:

— Tu vois? Tout est à elle. Moi, je n'ai que cette brosse à cheveux et ce petit col de dentelle. Ta tante veut t'arracher à moi, tu sais, mais elle ne réussira pas. Ton papa ne la laissera pas faire, crois-moi. Elle n'est pas méchante, Adèle, elle est juste un peu jalouse de moi. Elle ne te voulait pas, tu sais, mais là, elle t'aime elle aussi. Je me demande comment elle a pu faire pour avoir tes cheveux. Elle a dû te les couper pendant que je ne regardais pas. Ah! la sournoise! Elle a bien des tours dans son sac, tu sais. Mais toi, tu es à moi, rien qu'à moi et à ton papa. Il m'a promis de t'acheter une belle couchette et tu n'auras plus à dormir dans mes bras. Tu auras une chambre juste pour toi et ensuite, un beau carrosse anglais. Moi, je l'aime beaucoup, ton père. Il y a juste moi qui le connais et qui sais à quel point il est bon. Non! c'est vrai, j'oubliais, Germaine le connaît aussi. Si seulement papa peut l'accepter. Il a la tête bien dure, ton grand-père. Il dit que ton papa est un importé. Avec le temps, il va comprendre, tu verras. Il nous aime tant tous les deux que j'ai confiance. Si Adèle cesse de lui monter la tête, tout va s'arranger pour le mieux. Edna doit venir de North Bay pour te voir. Avec elle, je suis certaine que ton grand-père va changer d'idée. Il l'aime tellement qu'il ne pourra rien lui refuser. Et puis, après, on va faire de beaux pique-niques ensemble. Je vais t'acheter des petits *overall* et des bottines lacées. T'auras même un cheval de bois si tu es sage. Faudrait que tu arrêtes de pleurer comme ça. Ça irrite grand-papa et je ne peux pas croire que tu sois toujours malade. Il y a sûrement un peu de caprice dans tout ça. Chut! Tiens-toi tranquille, je pense que c'est Adèle qui revient. S'il fallait qu'elle passe encore la nuit blanche à cause de toi, j'en entendrais parler pendant des mois. Tant pis pour elle! Elle n'a qu'à aller coucher dans sa chambre. Je le lui ai dit cent fois, mais tu la connais, hein? Une vraie tête de pioche, celle-là!

Quelques heures de sommeil et, cette fois, c'est au bruit de pas de garde Dubé qu'Amélie se réveilla, son bébé de plâtre emmitouflé dans les bras.

Désemparée, déboussolée, retrouvant peu à peu l'ambiance familière de cette chambre, elle regarda le lit vide à côté du sien et une vive inquiétude s'empara d'elle.

Garde Dubé ne semblait pas dans son assiette. Levée de mauvais pied? Sans doute… comme d'habitude.

— Où est Adèle, garde? Où est ma sœur?

— Ah non! Amélie, t'as pas encore pissé au lit? J'ai beau te mettre une couche que ça passe à travers. Maudit que j'suis tannée! T'as pourtant la bassine juste à côté. On dirait que tu le fais exprès. Et dire que le docteur veut que je te dorlote. Une fille qui n'est même pas propre. Viens pas me dire que tu ne pourrais pas te retenir! Tous les matins, c'est ça qui m'attend avec toi. De la pisse pis encore de la pisse! Une vraie cochonne, Amélie! Viens! grouille que je change ton lit!

Amélie, peu habituée aux réprimandes, insista:

— Où est Adèle, garde? Pourquoi son lit n'est pas défait?

Garde Dubé, irritée plus que jamais, y alla sans le moindre ménagement.

— Elle est morte, ta sœur. Morte et enterrée! Ça fait deux jours qu'on se morfond à te le dire! Elle est morte, partie au paradis. C'est pourtant pas difficile à comprendre, ça? Une de moins pour moi!

— Vous êtes dure. Je vais le dire à mon père ce soir.

— Oui, oui… ton père. Tu iras lui dire tout ça au cimetière.

Assise dans un fauteuil, Amélie, songeuse et déroutée, regardait la femme qui l'avait quelque peu bousculée pour changer ses draps.

— Vous ne voulez pas me dire où elle est, hein? Ça ne fait rien, je vais porter plainte. Je vais le dire à Germaine et même à Miss Thompson.

— Oui, oui, Amélie, à qui tu voudras. En attendant, arrive que je change ta couche!

Voilà donc où en était celle qui, jadis, donnait des concerts et cumulait les bravos. Celle qui avait été aimée et respectée. Celle qu'on appelait dans toute sa dignité «Mademoiselle Berthier».

Épave réchappée de la mer du passé, elle n'était plus au présent qu'un emmerdement au sein d'un monde nouveau qu'on disait évolué. Sans défense, face à son cruel destin, Amélie Berthier était devenue, comme tant d'autres, la proie d'un âge trop avancé.

Respectant la consigne, le lit voisin était resté vide jusqu'au petit matin. Garde Dubé était venue à maintes reprises, mais Amélie, repliée et apeurée, n'avait rien osé dire. Sous le choc de la réprimande, son cœur d'octogénaire s'était fermé… de peur d'éclater.

Soleil couché, ténèbres tamisant peu à peu la lumière du jour, elle était restée étendue sur son lit, sa poupée entre les bras, l'âme meurtrie, les yeux embués de tristesse.

Garde Dubé, la voyant ainsi, prise de quelque remords mêlé d'embarras, s'avança près d'elle et lui dit:

— Pourquoi pleures-tu, Amélie? Je ne t'en veux plus, tu sais, j'ai oublié, moi.

Amélie leva les yeux sur elle. Un torrent de larmes coulait sur ses joues.

— Adèle, je veux revoir Adèle.

— Elle est partie, Amélie. Le bon Dieu l'a rappelée auprès de lui.

— Non, ce n'est pas vrai… Vous l'avez encore chicanée et punie pour rien.

Puis, pleurant de plus belle, pressant sa catin sur son cœur, elle lui murmura en se mouchant le nez du revers de sa manche…

— C'est vrai, hein, Jacquot… qu'elle n'a pas été si vilaine aujourd'hui?

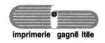
imprimerie gagné ltée

IMPRIMÉ AU CANADA